C0-DKN-888

DICTIONNAIRE
D'HISTOIRE ET DE GÉOGRAPHIE ECCLÉSIASTIQUES

FASCICULE 191

BOISSONNET (Victor-Daniel), prêtre français, liturgiste (1797-1869).

Il est né à Voiron (Isère) le 29 sept. (et non décembre comme parfois indiqué) 1797. Il n'est baptisé qu'en 1807, puisque son père, instituteur, était un prêtre défroqué sous la Révolution. Après des études au collège de Montélimar puis au grand séminaire de Romans, il est bachelier en 1823 et ordonné prêtre le 26 févr. 1825. Il occupe successivement les fonctions de vicaire à Nyons, curé de Saint-Maurice, puis curé d'Épinouze en 1831. Il est nommé professeur au grand séminaire de Romans en octobre 1836, où il enseigne l'écriture sainte, le droit canon et la liturgie, et ce jusqu'à sa retraite en 1867. Spécialiste des questions liturgiques, il milite pour l'adoption du rite romain en publiant nombre d'articles et de consultations dans *La Voix de la Vérité* de l'abbé Migne qui devient par la suite *La Vérité historique, canonique, liturgique, etc.* ; puis dans la *Revue des sciences ecclésiastiques* de l'abbé Bouix. Il a ainsi publié dans l'*Encyclopédie théologique* de l'abbé Migne, un *Dictionnaire alphabético-méthodique des cérémonies et des rites sacrés d'après la liturgie romaine* qui donne un commentaire des rubriques du bréviaire et du missel et une traduction intégrale du rituel, du pontifical et du cérémonial romains. Il est décédé à Romans (Drôme) le 23 nov. 1869.

Écrits. *Dictionnaire alphabético-méthodique des cérémonies et des rites sacrés [...] d'après la liturgie romaine*, Paris, 1846. – *Dictionnaire dogmatique, moral, historique, canonique, liturgique et disciplinaire des décrets des diverses congrégations romaines*, Paris, 1852. – (traduction) *Institutions liturgiques, à l'usage du clergé en général des séminaires en particulier, rédigées en latin pour le séminaire romain par Jean Fornici*, Paris, 1852. Tous ces ouvrages sont disponibles en téléchargement gratuit sur Internet.

Sources. C. Perrossier, *Notice sur l'abbé Boissonnet* (extrait du *Journal de Montélimar*, 15 et 31 déc. 1869). – J. Brun-Durand, *Boissonnet, Victor-Daniel* dans *Dictionnaire biographique et biblio-iconographique de la Drôme*, t. 1, Grenoble, 1900-1901, p. 121-122.

V. Petit

BOULANGER (Narcisse-Auguste-Noël), député modéré sensible aux intérêts de l'Église, né à Audembert le 14 janv. 1854 et décédé à Guînes le 14 juin 1937.

Fils de Narcisse Boulanger et d'Augustina Rochart, neveu d'Auguste Boulanger-Bernet, député opportuniste, il devient propriétaire exploitant, entre dans le conseil municipal de Guînes en 1881 et devient maire de 1885 à 1932 en assurant la présidence du bureau de bienfaisance de la ville. Élu conseiller général dans le canton de Guînes en 1901, il le demeure jusqu'en 1932 tout en continuant d'exercer des responsabilités professionnelles telles que président de la société d'agriculture de Boulogne, ou de la cinquième section des « wateringues ». En 1903, ce républicain libéral et social attaché à la présence des sœurs de la Providence de Rouen au service des enfants pauvres s'efforce en vain de les maintenir dans sa commune. Il accède à la charge de député dans la 3e circonscription de Boulogne le 10 mai 1914 face à M. de France. Il choisit le groupe des républicains de gauche et participe à la commission des Mines, celle des Pensions civiles et militaires, à la commission du Travail et à celle de la Marine marchande. Ses interventions en séance portent sur des questions liées aux mutilés de guerre, à la fiscalisation des bénéfices de guerre, à l'assistance aux vieillards, infirmes et incurables en 1918, aux réparations des dommages causés par la guerre, à la reconstruction industrielle, à l'octroi de la Légion d'honneur à titre civil durant la guerre. Il interpelle le gouvernement sur des questions pratiques telles que l'acheminement des colis postaux aux soldats, la correspondance avec les pays envahis, le ravitaillement du pays en denrées alimentaires durant le conflit. Sa conduite patriotique durant la guerre lui vaut une citation à l'ordre de la Nation en octobre 1919 et de devenir chevalier de la Légion d'honneur le 1er janv. 1919.

Il est réélu en novembre 1919 sur la liste d'Union républicaine sociale et nationale aux côtés du catholique Alfred Lefebvre du Preÿ. Très hostile au bolchévisme et proche de Charles Jonnart, républicain modéré, nommé ambassadeur de France près du Saint-Siège en vue de renouer les relations diplomatiques avec le Vatican, il s'inscrit dans le même groupe parlementaire et continue d'être aussi actif dans les diverses commissions de l'Agriculture, de la Marine militaire, des Mines, et de la Marine marchande. Il prend la parole au sujet de la main-d'œuvre étrangère, du ravitaillement, interpelle le gouvernement sur la situation sociale de l'immédiat-après-guerre, sur l'Algérie, les anciens combattants et victimes de guerre, sur les problèmes de liquidation des stocks et la politique agraire. Il s'intéresse au sort des régions libérées, aux bouilleurs de cru, au personnel des douanes, aux séquelles du conflit par l'entremise de la gestion des pensions civiles et militaires avec le projet de création d'une caisse spécifique. Après avoir conservé son siège en 1924, il s'inscrit dans le groupe de la Gauche républicaine démocratique et s'investit dans les commissions des Mines et de la force motrice, du Travail. En dehors des questions déjà évoquées précédemment, il donne son opinion sur la création d'une contribution nationale exceptionnelle pour l'amortissement de la dette politique en 1925, sur le reboisement des terrains dévastés par la guerre. Il interpelle le gouvernement sur des événements militaires au Maroc, sur la politique agricole et sur des questions relatives à des sanctions à l'encontre de cheminots. Lors de son troisième mandat de 1928 à 1932, il siège toujours dans le groupe des républicains de gauche. Son activité plus restreinte se borne à des questions de dates d'élections et de réflexions sur le budget de l'Intérieur en 1928. Officier de l'ordre de Léopold de Belgique, il est également officier du Mérite agricole et de l'Instruction publique.

J. Jolly (dir.), *Dictionnaire des Parlementaires français. 1889-1940*, t. 2, Paris, 1962, p. 710-712. – Y.-M. Hilaire, A. Legrand, B. Ménager et R. Vandenbussche, *Atlas électoral Nord-Pas-de-Calais. 1876-1936*, Villeneuve d'Ascq, 1977.

B. Béthouart

BRIFAUT (Armand), avocat, conférencier et militant catholique (1849-1894).

Sixième et dernier enfant des négociants bruxellois Napoléon Brifaut et Florence Antoine, Armand Brifaut (Bruxelles, 11 déc. 1849-Appilly (Oise), 9 sept. 1894) mena de brillantes études secondaires à l'Athénée royal de Bruxelles jusqu'en août 1867, avant d'entamer une année de candidature en philosophie et lettres à l'Institut Saint-Louis, puis de poursuivre ses études de droit à l'Université libre de Bruxelles dont il sortit avocat en avril 1873. Issu d'un milieu plutôt libéral qu'il contribua à christianiser, c'est un catholique convaincu de tendance progressiste, qui appartint au Cercle Académique de l'Institut Saint-Louis dès 1869 et fut un des premiers membres de l'Association des anciens élèves de Saint-Louis en 1874, puis préfet de la Congrégation des anciens en 1887. À la sortie de ses études, il intégra durant quelque mois le Collège Belge de Rome pour devenir prêtre, jusqu'à ce qu'il réoriente sa carrière vers le milieu bancaire en septembre 1874. Fin 1879, il devint Intendant Général de la Maison de Ligne quelque temps, jusqu'au décès soudain du prince Eugène de Ligne (1804-1880). Il rejoignit par après le barreau bruxellois et fut porté au tableau de l'ordre des avocats exerçant près la Cour d'appel de Bruxelles en

décembre 1883, où il exerça durant douze années, avec un court passage de quelques mois dans la magistrature comme juge suppléant au tribunal de première instance fin 1884. En avril 1885, il fut pressenti pour devenir Intendant de la Liste Civile du roi Léopold II, mais sans que cela aboutisse. En novembre 1888, il devint par contre secrétaire du Conseil Supérieur de l'État Indépendant du Congo, une cour judiciaire créée à Bruxelles par Léopold II, mission qu'il remplit jusqu'en juillet 1890. Il décéda subitement, à l'âge de 44 ans, dans un accident ferroviaire à Appilly (France) en 1894.

Parallèlement à ses activités professionnelles, Armand Brifaut milita sa vie durant pour sa foi, avec un intérêt particulier pour la formation de la jeunesse. En 1891, il participa notamment à l'Assemblée générale des catholiques à Malines, où il présenta un rapport sur les « *Moyens de grouper les jeunes gens catholiques au sortir du Collège* », militant pour la création de sociétés de Saint-Vincent de Paul, de cercles littéraires et de congrégations de la Sainte Vierge. Il fut membre de divers cercles littéraires où il présenta de multiples conférences sur des personnalités catholiques, notamment sur Frédéric Ozanam, Auguste Cochin, Charles de Montalembert (1875), Mgr Félix Dupanloup (1884) ou encore l'abbé Jacques-André Emery (1887). Il connaissait Montalembert, par le biais de son ami François de Hemricourt de Grunne, et comptait parmi ses connaissances proches les hommes politiques catholiques Auguste Beernaert et Joseph Devolder. Il fit partie de l'Association conservatrice de Bruxelles, groupe politique catholique dont il fut un temps le secrétaire. Dans ses souvenirs politiques, Henry Carton de Wiart le présentait ainsi : « *Armand Brifaut, une des lumières du barreau bruxellois, prodiguait volontiers à la jeunesse ses dons de causeur disert et de psychologue averti* ».

Écrits. A. Brifaut, *Le Christ, l'Église et la Charité. Trois lettres*, Bruxelles, 1870 ; Id., *À Messieurs les Membres de la Société générale des étudiants*, Bruxelles, 1872 ; Id., *Frédéric Ozanam : conférence*, Bruxelles, 1872 ; Id., *Des Moyens de grouper les jeunes gens catholiques au sortir du collège*, Bruxelles, 1891 ; *Armand Brifaut à ses amis. Lettres*, Bruxelles, 1902.

Travaux. E. Van der Smissen, *Léopold II et Beernaert d'après leur correspondance inédite de 1884 à 1894*, Bruxelles, 1920. – H. Carton de Wiart, *Souvenirs politiques*, t. 1, Bruges, 1948, p. 19. – G. Braive, *Histoire des Facultés universitaires Saint-Louis. Des origines à 1918*, Bruxelles, 1985, p. 197, 204-206, 214 et 280. – J.-F. de le Court et T. Scaillet, *Les familles Brifaut et Briavoinne de Bruxelles*, Bruxelles, 2017.

T. Scaillet

BRIFAUT (Valentin), avocat, conférencier et homme politique catholique.

Deuxième enfant de Léonce Brifaut et de Valentine Briavoinne, Valentin Brifaut (Bruxelles, 14 juil. 1875-Ixelles, 15 nov. 1963) naît au sein d'un milieu aisé, son père étant banquier et sa mère, riche héritière. Après avoir effectué ses études primaires et secondaires au collège jésuite Notre-Dame de la Paix à Namur de 1884 à 1894, il se destine tout d'abord à la prêtrise, avant d'entamer des études de droit à l'Institut Saint-Louis à Bruxelles, puis à l'Université de Louvain, dont il sortit docteur en droit le 18 nov. 1899. Il compléta son cursus universitaire de deux licences, l'une en sciences commerciales et consulaires en 1900, l'autre en sciences politiques et sociales en 1904. S'il envisage un temps de se lancer dans une carrière coloniale, il finit par s'inscrire au Barreau de Bruxelles en décembre 1899 et plaide pour la première fois en avril 1900. Il n'exerça toutefois guère comme avocat et son mariage en mai 1902 avec Louise Claes, fille aînée du notaire Charles Claes de Hal, lui donna une aisance matérielle qui lui permit de s'épanouir dans ce qui fut sa vraie passion : la propagande et les œuvres catholiques.

Dès ses études, il s'investit dans l'Œuvre des Missions Catholiques de l'État Indépendant du Congo, une association étudiante créée à Louvain en novembre 1897 pour encourager l'évangélisation du Congo, dont il fut le secrétaire général de 1897 à 1909. À l'occasion de la défense de cette œuvre, il fut frappé par le développement de la franc-maçonnerie au Congo belge, qui menaçait à ses yeux l'œuvre de Léopold II. Dès 1905, ce constat initia son engagement dans la lutte contre la franc-maçonnerie et le conduisit à participer à la création de la Ligue Antimaçonnique belge au cours de l'été 1910, où il fut très actif jusqu'au déclenchement de la Première guerre mondiale, notamment à travers son organe de presse, le *Bulletin Antimaçonnique*. Ces premiers engagements conduisirent le parti catholique à s'intéresser à lui et c'est au sein des Jeunes Gardes Catholiques que Valentin fit ses premiers pas vers la politique. Ce mouvement avait pour but de recruter et de former des militants pour le parti, de mener campagne en période préélectorale et d'assurer le service d'ordre et la protection des candidats lors des meetings. Membre du mouvement depuis 1905, il en assura la présidence de 1910 à 1933.

Sa carrière politique débuta réellement à Ixelles, où il fut élu conseiller communal en 1907, mission qu'il remplit jusqu'en 1921, puis de 1927 à 1946. Dès avant la guerre, il intégra aussi la Fédération des associations et cercles catholiques, une des structures de soutien du parti catholique, où il fut actif durant tout l'Entre-deux-guerres. En 1912, il fut élu député de Dinant-Philippeville, une représentation qu'il assuma jusqu'en 1925, avant d'abandonner provisoirement la vie politique. Il fut encore député suppléant de Bruxelles de 1929 à 1933, puis rejoignit le Sénat comme sénateur suppléant de Bruxelles en 1933, devenant sénateur effectif de 1944 à 1946, avant de cesser ses activités. Si Valentin appartint à la franche conservatrice du parti catholique, il garda néanmoins en tout temps une certaine liberté d'esprit, qui le conduisit parfois à prendre des positions politiques en contre-pied de la majorité de son parti. Il ne fut néanmoins pas un député et un sénateur très actif, étant surtout un récolteur de voix pour le parti, son tempérament étant davantage tourné vers la propagande.

Doté d'une voix de stentor et d'un grand talent de conteur et de polémiste, Valentin Brifaut fut un conférencier reconnu de son temps. Ce sont des centaines de conférences, sur une grande diversité de thèmes, qu'il prononça durant son existence, non sans oublier la plume pour soutenir et diffuser ses opinions, notamment dans la *Revue catholique des idées et des faits* ou la *Revue Générale*. Si sa première conférence porta sur Montalembert en février 1896, ses premiers écrits furent consacrés à la défense des Arméniens lors des premiers massacres qu'ils connurent au cours des années 1894-1896. Son talent oratoire et sa plume furent ensuite mis au service de la défense des missionnaires, de la lutte

Valentin Brifaut (juin 1912). Photo envoyée par M. Thierry Scaillet, coll. Famille de le Court, Bruxelles.

contre la franc-maçonnerie, puis contre le bolchévisme, mais aussi pour présenter de grandes figures patriotiques ou politiques, pour traiter de questions religieuses, particulièrement dans le cadre des Congrès eucharistiques internationaux où il fut très actif de 1902 à 1945, ou encore pour se positionner quant à la Question Royale qui divisa la Belgique après la Seconde guerre mondiale.

Les actions de propagande et conférences de Valentin Brifaut s'inscrivent la plupart du temps dans le cadre d'associations auxquelles il participa activement. Il fut ainsi impliqué dans au moins une trentaine d'œuvres différentes au cours de son existence, aux vocations essentiellement éducatives, patriotiques ou religieuses. Dans le champ de l'éducation, il s'engagea surtout dans la promotion du scoutisme catholique comme mouvement de jeunesse, mais aussi dans le développement structurel de l'enseignement primaire catholique en Belgique. Il fut ainsi président de la Fédération des Scouts Catholiques (FSC) de 1929 à 1936, où il est actif depuis la fin de la Première guerre mondiale, contribuant à professionnaliser le mouvement et à lui donner l'honorabilité nécessaire pour favoriser son adoption par l'opinion publique catholique, qui était initialement méfiante vis-à-vis du scoutisme. Il fut ensuite président du Conseil Central de l'Enseignement Primaire Catholique (CCEPC) de 1938 à 1955.

ÉCRITS. V. Brifaut, *Les massacres arméniens*, Bruxelles, 1897 ; Id., *Rapport sur l'œuvre des missions catholiques de l'État indépendant du Congo érigée à Louvain*, dans *Congrès régional des œuvres catholiques de l'arrondissement de Bruxelles. 6ᵉ section. Rapports sur les œuvres universitaires*,

Bruxelles, 1901, p. 55-59 ; Id., *L'action de la franc-maçonnerie sur l'évolution du parti libéral en Belgique*, Bruxelles, 1907 ; Id., *Chansonnier des Jeunes Gardes Catholiques*, Bruxelles, 1907 ; Id., *San Francisco et la Californie. Impressions de voyage*, Lille, 1907 ; Id., *LXXV ans d'enseignement catholique, 1832-1907. Le collège N.-D. de la Paix à Namur*, Namur, 1908 ; Id., *L'Eldorado Californien. Conférence donnée à Aix-la-Chapelle, le 11 mars 1909*, Luxembourg, 1910 ; Id., *Rapport sur le plan maçonnique en matière scolaire*, Bruxelles, 1910 ; Id., *Rapport sur la propagande par la presse en Belgique*, Lyon, [1910] ; Id., *Le Général Mangin*, Bruges, 1925 ; Id., *La tragédie marocaine. Impressions et souvenirs*, Bruges, 1926 ; Id., *Conférences patriotiques données au Cercle « Union et Travail » à l'occasion du centenaire de l'Indépendance*, Bruxelles, 1930 ; Id., *Les devoirs des anciens étudiants envers l'université catholique*, dans *Actes du VIᵉ Congrès catholique de Malines*, V, *Culture intellectuelle et Sens chrétien*, Bruxelles, [1936], p. 329-333.

TRAVAUX. *La Belgique active. Monographie des communes belges et biographies des personnalités. Bruxelles. Brabant-Hainaut*, Bruxelles, 1931, p. 105. – J. Pierry, *In memoriam Valentin Brifaut (1875-1963). Ancien président du Conseil central de l'enseignement primaire catholique*, dans *Enseignement catholique*, 6, 1963, p. 236-241. – P. Van Molle, *Le Parlement belge, 1894-1969*, Ledeberg-Gand, 1969, p. 27. – E. Meuwissen, *Richesse oblige. La Belle Époque des Grandes Fortunes*, Bruxelles, 1999, p. 159-160 et 318. – T. Scaillet, *Valentin et Henry Brifaut. Parcours de vie d'un père et d'un fils*, Bruxelles, 2008 ; Id., *Valentin Brifaut, du combat antimaçonnique au champ éducatif*, dans G. Zelis, L. Courtois, J.-P. Delville et F. Rosart (éd.), *Les intellectuels catholiques en Belgique francophone aux 19ᵉ et 20ᵉ siècles*, Louvain-la-Neuve, 2009, p. 53-103. – J.-F. de le Court et T. Scaillet, *Les familles Brifaut et Briavoinne de Bruxelles*, Bruxelles, 2017, p. 135-158.

T. SCAILLET

BRISCALL (Samuel), pasteur anglican, aumônier dans l'armée britannique (1778-1848).

Il s'agit sûrement de l'aumônier militaire le plus connu (ou plutôt faudrait-il dire le moins méconnu) des guerres de l'époque napoléonienne. Né en 1778 à Stockport (comté du Grand Manchester), Samuel Briscall entra à Brasenose College (Oxford) en septembre 1797 et obtint sa maîtrise de lettres en 1804. Entré dans la cléricature anglicane en 1804, il fut ordonné diacre le 2 déc. 1805 et nommé vicaire à Burnham (Buckinghamshire) le 17 mai 1806. Cette même année, le 1ᵉʳ juin, il fut ordonné prêtre à la cathédrale de Christ Church par l'évêque John Randolph (1749-1813).

En 1808, il s'engagea comme aumônier dans l'armée anglaise et arriva juste à temps au Portugal pour être témoin de la bataille de Vimeiro (20 août 1808) entre les Anglais et les Français. Il y fut d'abord affecté comme aumônier de la brigade du général John Moore (1761-1809), prenant part en décembre 1808 à l'éprouvante marche de retraite des forces anglaises vers le port de La Corogne. Éprouvé une première fois par la maladie, Briscall fut évacué vers l'Angleterre et revint au Portugal après six mois de convalescence, à la fin du mois de juin 1809. Durant cette Guerre péninsulaire, il fut promu en septembre 1810 au quartier général de l'armée afin de superviser l'activité des autres aumôniers militaires. Dans une missive, il fait l'éloge du sens tactique d'Arthur Wellesley, duc de Wellington, à la bataille de Buçaco (27 sept. 1810). Briscall n'a manifestement pas trop bien vécu son expérience portugaise. Dans une lettre adressée à sa sœur Mary, Briscall, accablé par le climat très chaud du pays, ironisant sur le teint foncé des autochtones et leur langue ridicule, évoque un « Hottentot Country » (une métaphore africaine qu'il trouve très appropriée à son dégoût) et avoue qu'il ne trouve rien de vraiment amusant à raconter sur le Portugal. Sur place, ses tâches principales consistaient à visiter les nombreux malades et blessés, à assurer les messes (courtes et souvent sèches, c'est-à-dire sans communion) ainsi que les services funéraires. En 1811, Samuel Briscall s'était ému publiquement auprès de Wellington de la manière dont les hôpitaux d'Elvas et de Lisbonne traitaient les corps des soldats morts, en les jetant simplement dans des fosses communes. Wellington s'en étant ouvert à l'Adjudant-général Harry Calvert (1763-1826), ce dernier adressa à son tour une requête à l'Inspecteur général des hôpitaux afin qu'on enterre les morts avec davantage de dignité. Il n'appréciait guère non plus de devoir assister religieusement les soldats condamnés à mort pour désertion ou autre crime, la répétition de ces exécutions pesant lourdement sur son moral. Au Portugal, le duc de Wellington avait aussi dévolu aux aumôniers une autre fonction : contrer l'influence grandissante du méthodisme au sein de l'armée anglaise. En effet, le Duc redoutait au plus haut point que le méthodisme, répandu par les soldats et des sous-officiers prédicateurs, ne constitue une menace pour la cohésion du commandement, en plaçant sur un pied d'égalité soldats, sous-officiers et même officiers, et par là-même ne débouche sur des conflits internes. L'Aumônier-général, John Owen (1754-1824), avait également donné comme consigne à Briscall de chercher à diminuer le succès du méthodisme par la persuasion, le ménagement, l'intégration en douceur des méthodistes aux cérémonies religieuses anglicanes, et des sermons brefs et efficaces. Ainsi le sergent John Stevenson des Gardes, prédicateur méthodiste de renom, se souvenait parfaitement avoir servi comme assistant de l'aumônier Briscall pendant les eucharisties. Si Wellington se plaignait souvent dans ses écrits du manque de zèle des aumôniers militaires, il appréciait Briscall et son sens du devoir, le jugeant irréprochable sur ce point. Frappé à son tour par la maladie, Briscall dut être rapatrié au pays à la fin de l'année 1811 et il ne retourna sur le terrain ibérique, au quartier général de Wellington établi alors tout au Nord de l'Espagne, qu'en juin 1813. Il fut témoin des batailles de la Nivelle (10 nov. 1813) qui permit l'invasion du territoire français par les Anglais, et de la Nive, près de Bayonne (9-13 déc. 1813). Le dimanche 7 nov. 1813, il prononça un sermon pour le quartier général anglais installé à Vera de Bidasoa (aujourd'hui Bera, Navarre), prêche que l'avocat-général des forces britanniques, Francis Seymour Larpent (1776-1845), trouva « homely and familiar, but good for the troops, I think, and very fair and useful to any one ». Par contre, le jeune enseigne écossais du 85ᵉ régiment d'infanterie légère et futur aumônier-général de l'armée anglaise, George Robert Gleig (1796-1888), n'est pas tendre avec Briscall dans ses mémoires. Le décrivant comme raffiné et avec de bonnes manières, il affirme cependant que lui et beaucoup d'autres n'ont jamais vu Briscall célébrer le service divin durant la guerre péninsulaire et qu'il ne visitait pratiquement jamais les malades à l'hôpital du fait de sa peur compulsive de la maladie et des infections. Les hostilités avec la France provisoirement terminées, à Pâques 1814, Briscall accompagna brièvement Wellington à Paris en tant qu'aumônier de l'ambassade britannique. De retour en Angleterre en décembre 1814, Briscall obtint le poste de prédicateur à la chapelle de Rodborough (Gloucestershire), doté d'un revenu annuel de 40 £.

Comme il n'avait pas quitté son poste d'aumônier de l'armée, il était encore en service actif lors de la campagne de Waterloo, et en mai 1815, il repassa donc sur le continent, en compagnie de six autres aumôniers appelés comme lui en renfort, toujours pour occuper le poste d'aumônier du quartier général de Wellington. Son nom figurait d'ailleurs en dernier (orthographié Brixall...) sur la liste des invités au fameux bal de la Duchesse de Richmond organisé à Bruxelles le 15 juin 1815. On ne sait rien de son activité comme aumônier lors de la célèbre bataille et il est fort peu probable qu'il y assista, demeuré sans doute à Bruxelles. Mais il s'attira en tout cas l'inimitié d'un autre aumônier déjà présent avec les troupes anglaises, George Griffin Stonestreet (1782-1857), qui craignait alors, non sans raison, de perdre son poste d'aumônier au quartier général, et peignit dans ses mémoires un portrait peu flatteur de Briscall, le présentant comme un vaniteux immature sans grande compétence. Samuel Briscall demeura avec l'armée anglaise d'occupation en France jusqu'en 1818 avant d'être mis à la retraite de l'armée avec demi-solde en janvier 1819. Rentré en Angleterre, il devint, à partir d'avril 1822 et grâce à l'appui de Wellington, recteur au presbytère de South Kelsey (Lincolnshire), puis, en juin de cette même année, il combina cette charge avec le poste de vicaire à la paroisse de Stratfield Saye (comté de Hampshire), près du château qui était la propriété personnelle du Duc et où Briscall pouvait résider. Et toujours grâce à l'influence bienveillante du Duc, ses revenus en tant que prédicateur à Rodborough passèrent à 100 £ annuelles. En 1836, peut-être brouillé avec le Duc pour une question d'argent, en l'occurrence une dette de 500 £ qu'il aurait contractée auprès de Wellington et qu'il était incapable de rembourser dans les délais (c'est en tout cas la thèse avancée par son rival auprès du Duc, George Robert Gleig) ou plus simplement parce que Wellington voulait offrir Stratfield Saye à son propre neveu devenu recteur de la paroisse, il dut quitter la résidence de Stratfield Saye. À cette occasion, ses paroissiens, qui semblaient malgré tout avoir estimé ses services, lui offrirent une belle pièce d'orfèvrerie. Samuel Briscall se retira à Painswick (Gloucestershire) où il rendit l'âme en 1848, victime d'une infection pulmonaire.

ÉCRITS. La correspondance de Samuel Briscall est conservée au *National Army Museum* de Londres, sous la cote 0-205-3.

TRAVAUX. *A List of the Officers of the Army and Royal Marines on Full and Half-Pay*, London, 1821, p. 398. – *The British magazine, and monthly register of religious and ecclesiastical information, parochial history, and documents respecting the state of the poor, progress of education, etc.*, vol. 10, London, 1836, p. 376. – G. Larpent (éd.), *The private journal of F. S. Larpent, Esq., Juge Advocate General of the British forces in the Peninsula, attached to the Head-Quarters of Lord Wellington during the Peninsular War from 1812 to its close*, vol. 2, London, 1853, p. 150-151. – M. E. Gleig (éd.), *Personal reminiscences of the First Duke of Wellington with sketches of some of his guests and contemporaries by the late George Robert Gleig, M.A.*, Edinburgh-London, 1904, p. 128-133. – M. Glover, *An*

"excellent young man" : the Rev. *Samuel Briscall 1788-1848*, dans *History Today*, 18, 1968, p. 578-584. – M. F. Snape, *The Royal Army's Chaplains' Department 1796-1953 : clergy under fire*, Woodbridge, 2008, p. 42-45, 51-55. – G. Glover (éd.), *Recollections of the Scenes of which I was Witness in the Low Countries & France in the Campaigns of 1814 and 1815 and the Subsequent Occupation of French Flanders. The Journal and Letters of the Reverend George Griffin Stonestreet 1814-1816*, Huntingdon, 2009, p. 34, 49, 52, 62. – R. D. Burley, *An Age of Negligence ? British Army Chaplaincy, 1796-1844*, thèse de doctorat de l'Université de Birmingham, 2013 (texte intégral disponible sur le site Internet eTheses Repository de l'université), p. 15-16, 86, 91, 95-97, 101, 164. – G. Daly, *The British Soldier in the Peninsular War. Encounters with Spain and Portugal, 1808-1814*, Basingstoke, 2013, p. 58, 161, 237, n. 61, 274 (coll. War, Culture and Society, 1750-1850). – H. R. Boudin (dir.), *Dictionnaire historique du protestantisme et de l'anglicanisme en Belgique du 16ᵉ siècle à nos jours*, Arquennes-Bruxelles, 2014, non paginé. – E. Louchez, *Des hommes de Dieu au milieu de la violence des hommes. L'aumônerie anglicane à l'époque de la bataille de Waterloo*, dans *La dimension religieuse et mémorielle de la bataille de Waterloo (1815-2015)*, numéro spécial de la *Revue d'histoire du Brabant wallon. Religion, patrimoine, société*, t. 29/2, 2015, p. 139-156. – Site Internet *Clergy of the Church of England Database*.

E. LOUCHEZ

CATRY (Benjamin), député gaulliste, maire d'Arques (Wambrechies 8 mai 1914-Arques 1ᵉʳ sept. 1981).

Décédé à l'âge de 67 ans des suites d'une longue et cruelle maladie, Benjamin Catry est le dernier né d'une famille croyante et pratiquante de 15 enfants dont un frère, Joseph (1899-1968), est devenu jésuite. Après des études dans les collèges de Tourcoing et de Reims où il participe à une finale nationale de concours d'éloquence, il fait son service militaire au 43ᵉ régiment d'infanterie de Lille. Marié avec Paule Canler, issue d'une vieille famille d'Arques, il devient négociant en vins, bières et spiritueux. Rappelé en 1939, il est fait prisonnier à Dunkerque et envoyé comme prisonnier de guerre en Pologne. Rapatrié en avril 1941 comme père de famille nombreuse, il reprend ses activités professionnelles et préside la société des anciens prisonniers de guerre 1939-1945. En 1953, Benjamin Catry devient maire d'Arques et conserve son mandat jusque 1977. En 1958, il est élu conseiller général et député suppléant puis en 1962, il est élu député apparenté au groupe U.N.R. dans la 8ᵉ circonscription. Battu en mars 1967, il est réélu en juin 1968 en affichant clairement son attachement au général de Gaulle. Chevalier des Palmes académiques et chevalier du Mérite social, père de cinq enfants et grand-père de 15 petits-enfants, Benjamin Catry, sans jamais faire état de ses convictions religieuses, a toujours pris parti en faveur d'une politique familiale tant dans sa commune que dans ses mandats départementaux et nationaux : il a reçu la croix de chevalier de la Légion d'honneur.

La Voix du Nord, 1ᵉʳ et 3 sept. 1981. – Archives d'A. Caudron.

B. BÉTHOUART

CAZAUX (Antoine), évêque de Luçon (1897-1975).

Né à Pouillon, petite ville des Landes, le 13 juin 1897, Marie-Joseph-Louis-*Antoine* Cazaux appartenait à une famille de notables établie anciennement dans la commune. Son grand-père, Robert Cazaux, fut maire de Pouillon de 1863 à 1878. Son père, Lucien Cazaux,

Mᵍʳ Antoine Cazaux, tiré de Wikipedia, travail de
Louis-Marie Caillaud, 2015, CC BY-SA 4.0, image
recadrée et corrigée.

avocat au barreau de Dax, siégea au Conseil général
du département de 1889 à 1906 ; catholique engagé, il
fut aussi un des fondateurs de l'Union catholique des
Landes qui tint son premier congrès les 9 et 10 nov. 1907.

Antoine Cazaux a fait ses études secondaires au Petit
Séminaire de Larressore, alors exilé à Belloc, puis entre,
après le baccalauréat, en 1914, au Grand Séminaire
d'Aire, alors exilé à Poyanne. Pendant la Première guerre
mondiale, mobilisé à 18 ans comme simple soldat, il passe
par l'École militaire de sous-officiers de Saint-Maixent
puis sert dans les rangs du 88ᵉ Régiment territorial
d'infanterie. Valeureux combattant, grièvement blessé le
22 avr. 1918, il termine la guerre avec six citations, la
Croix de guerre avec palmes et le grade de lieutenant. Il est
nommé chevalier de la Légion d'honneur le 30 nov. 1918.

Il envisagea un moment de faire une carrière
militaire, mais sa vocation l'emporta et il retourna
au Grand Séminaire de Poyanne. Ordonné prêtre le
29 juin 1922, il est envoyé par son évêque poursuivre
des études à Rome. Après avoir obtenu un doctorat en
philosophie et un doctorat en théologie à l'Université
grégorienne, il poursuit une carrière classique et active
dans son diocèse : vicaire à Mont-de-Marsan de 1924
à 1928, curé d'Orthevielle de 1928 à 1930, directeur
du Grand Séminaire en 1930. En 1935, il est nommé
curé-archiprêtre de la cathédrale de Dax et chanoine.
Il s'attache notamment au développement de l'Action
catholique. Lors de la Seconde guerre mondiale, il est
à nouveau mobilisé. Il sera blessé à l'abdomen en juin
1940. Après sa convalescence, démobilisé, il retrouve
ses activités pastorales à Dax.

Nommé évêque de Luçon le 11 oct. 1941, il est consacré
le 8 décembre, devenant à 44 ans le plus jeune évêque de
France. Datée du jour de sa consécration épiscopale, sa
première lettre pastorale, *La Mission épiscopale*, exposa le

sens qu'il donnait à la devise épiscopale qu'il avait choisie,
Veritatem in caritate (la vérité dans la charité). Dans la
lignée intransigeante commune à beaucoup d'évêques de
cette époque, il se voulait « ouvrier de la vérité », parce
que « ce fut l'erreur du rationalisme d'essayer de faire
de l'esprit humain la mesure et la règle de la pensée.
[…] En réalité la vérité n'est pas de fabrication humaine.
Dieu seul est l'auteur de la vérité ». Mais il œuvrerait
« dans la charité », proche de ses fidèles, et affirmait-il,
il « saura aimer les Vendéens ».

Mᵍʳ Cazaux prit possession de son siège épiscopal le
30 déc. 1941. Le département de la Vendée, comme tout le
littoral atlantique, était soumis à l'occupation allemande
depuis le 22 juin 1940. À l'égard de l'État français dirigé
par le maréchal Pétain et de la « Révolution nationale »,
Mᵍʳ Cazaux pratiqua, comme la majorité des évêques de
France, un « loyalisme sans inféodation ». Il appréciait
le souci du nouveau régime pour les familles et l'aide
apportée par l'État français à l'enseignement catholique.
Bien des thèmes de la Révolution nationale, sur le travail,
la nécessaire réconciliation nationale, la formation morale
et civique de la jeunesse, ne pouvaient que convenir à
Mᵍʳ Cazaux. Mais tout au long de la guerre son souci
premier fut pour le sort des populations. On relèvera aussi
le parrainage qu'a établi le diocèse en faveur du camp
de prisonniers de Rawa-Ruska en Ukraine.

En revanche Mᵍʳ Cazaux sut refuser toute collaboration
avec les autorités allemandes et avec les mouvements
collaborationnistes. Si, à la différence de certains évêques,
il ne prit pas de position publique pour protester contre les
persécutions dont étaient victimes les Juifs, le diocèse en
a accueilli et caché un certain nombre pendant la guerre.
Au moins deux communautés religieuses, les Ursulines
de Chavagnes-en-Paillers et les Passionistes de Melay,
ont pris une part très active à cet accueil clandestin. Si
apparemment elles ne l'ont pas fait à la demande de
l'évêque, un tel refuge n'a pu perdurer sans son accord.
Après la Libération, le nom de Mᵍʳ Cazaux ne figurera
sur aucune des diverses listes des évêques à « épurer »
qui circuleront dans les milieux gouvernementaux.

Le diocèse vendéen a été, tout au long du XIXᵉ siècle,
une terre riche en vocations religieuses et sacerdotales.
Lorsque Mᵍʳ Cazaux arriva en Vendée le diocèse
comptait 555 séminaristes (parmi lesquels 320 dans
les petits séminaires). Sur la période 1945-1964, le
diocèse compte en moyenne 38,7 ordinations par an.
Mᵍʳ Cazaux va être attentif durant tout son épiscopat
au développement des séminaires. En 1946, il lance la
construction d'un petit séminaire aux Herbiers, venant
compléter le petit séminaire déjà existant à Chavagnes-
en-Paillers. Le grand séminaire, à Luçon, est lui aussi
complété par un séminaire des vocations tardives établi
en 1959 à La Flocellière.

Durant l'épiscopat de Mᵍʳ Cazaux, le nombre des
prêtres originaires du diocèse de Luçon connaît une
croissance continue. De 1941 à 1966, le nombre des
prêtres vendéens passe de 968 à 1410. Le diocèse
saura se montrer généreux à l'égard des diocèses où
le recrutement sacerdotal est plus faible et sera un vivier
pour les congrégations missionnaires. Le chanoine
Boulard dans son célèbre essai *Essor ou déclin du clergé
français ?* (1950, p. 220) relevait : « De 1941 à 1947
inclus, l'évêque de Luçon a donné leur *exeat* à 24 prêtres
et à 136 séminaristes (à la sortie du petit séminaire ou

dans les premières années du grand), qui sont partis pour la Mission de France, les missions étrangères et les congrégations religieuses ». Cette tendance se poursuivra. Au total, de 1941 à 1966, le nombre des prêtres originaires de Vendée exerçant leur ministère au-dehors de leur diocèse aura presque doublé, passant de 366 à 678.

Mgr Cazaux fut connu aussi comme « l'Évêque des écoles ». Au lendemain de la Libération, les subventions que l'État français avait accordées aux établissements scolaires privés furent remises en cause. L'enseignement catholique qui, en France, scolarisait plus de 17 % des élèves du primaire et environ 40 % des élèves du secondaire, allait être réduit au seul financement privé, c'est-à-dire à l'argent versé par les parents d'élèves. Dès octobre 1944, Mgr Cazaux s'engagea très activement en faveur de l'enseignement libre qu'il considérait comme une « cause sacrée ». C'est un combat qu'il mènera pendant une quinzaine d'années, multipliant les mandements, les lettres pastorales et les déclarations dans la presse.

Tous les diocèses de l'Ouest partageaient la même inquiétude pour l'avenir de l'enseignement catholique. Le 3 mai 1945, un Comité d'Action pour la Liberté Scolaire (CALS) fut créé. Présent dans les douze diocèses de l'Ouest, il était « chargé d'harmoniser et de synchroniser la défense scolaire ». Il sera renforcé bientôt par des comités paroissiaux ou cantonaux. Le 4 nov. 1945, un premier meeting de protestation fut organisé en Vendée. Il rassembla quelque 35 000 personnes. Mgr Cazaux y prit la parole pour dénoncer « les partisans de la laïcité intégrale » et défendre les droits et le devoir des parents de donner à leurs enfants une éducation conforme à leurs convictions religieuses. Ces manifestations se multiplieront dans les années suivantes, prenant des formes diverses, notamment des kermesses et des spectacles organisés en faveur des écoles libres. Ces kermesses donnèrent lieu à controverse, l'administration fiscale réclamant le paiement de taxes. Entre 1947 et 1949, dans différents départements, une vingtaine de procès seront intentés aux organisateurs. Plusieurs évêques furent cités comme témoins devant les tribunaux. Mgr Cazaux témoignera à décharge dans deux procès intentés en Vendée.

Par ses multiples interventions et prises de position, et par sa détermination, Mgr Cazaux apparut comme le chef de file de cette défense des écoles libres. Il entretenait de bonnes relations avec le nonce à Paris, Mgr Roncalli (le futur Jean XXIII). Il fut reçu plusieurs fois par le nonce qui l'encourageait à poursuivre tranquillement le combat.

Une épreuve de force s'engagea sur le terrain fiscal et financier. Elle allait durer plusieurs années et atteindre son sommet au printemps 1950. Courant 1947, à l'initiative du CALS, des milliers de contribuables adressèrent aux directions départementales des impôts une demande de dégrèvement de 10 % de leurs impôts pour compenser l'aide que l'État ne versait plus à l'enseignement catholique. En 1948, un certain nombre de maires, dans l'Ouest de la France, décidèrent de voter des subventions aux écoles privées. Les préfets des départements concernés firent annuler ces subventions. Il s'ensuivit un mouvement de grève administrative, les maires concernés fermant leur mairie pendant plusieurs semaines.

Au Congrès national des syndicats de l'enseignement libre, réuni aux Sables d'Olonne le 24 avr. 1949, Mgr Cazaux prit à nouveau la parole pour défendre l'enseignement catholique et les droits des parents. Deux mois plus tard, le nonce, Mgr Roncalli, vint pour la première fois en visite dans le diocèse de Luçon. Il fut admiratif de l'essor des œuvres catholiques, des séminaires et des congrégations religieuses. Le catholicisme vendéen lui rappelait la vitalité catholique de Bergame, sa région d'origine : « Spectacles de foi touchante, comme dans la région de Bergame. [...] Vraiment une Vendée fidèle et glorieuse ». « Admirable Vendée », écrit-il aussi dans son *Journal*, gouvernée par « l'incomparable Mgr Cazaux ».

Lors de sa réunion à Angoulême en décembre 1949, le CALS décida qu'un mot d'ordre de suspension du paiement des impôts serait lancé avant Pâques si aucune solution n'était trouvée à la crise qui durait maintenant depuis cinq ans. Le 23 avr. 1950, quatre grands rassemblements eurent lieu simultanément dans les départements de l'ouest : près de Tours, à Pontmain, au Folgoët et à Saint-Laurent-sur-Sèvre. Mgr Cazaux présidait ce dernier rassemblement. Devant une foule de 120 000 personnes, il protesta une nouvelle fois contre « l'injustice trop criante » faite aux parents d'élèves catholiques qui paient leurs impôts sans que les écoles qu'ils ont choisies pour leurs enfants ne reçoivent la moindre aide publique. Puis relayant la décision du CALS, et « en plein accord » avec les évêques de Nantes, d'Angoulême, de Poitiers et d'Angers, il appela à une grève de l'impôt.

Cette annonce fit sensation et donna lieu à de virulents débats dans la presse et à la Chambre des Députés. L'épiscopat lui-même se divisa sur la question. Certains évêques, notamment le card. Roques, archevêque de Rennes, et Mgr Chappoulie, nouvel évêque d'Angers, ne souhaitaient pas entrer en conflit avec le gouvernement dirigé par le démocrate-chrétien Georges Bidault. Mgr Roncalli chercha à désamorcer le conflit. Il fallut l'intervention de Rome – Mgr Cazaux rencontra à deux reprises Pie XII en mai et en juin 1950 – et un changement de gouvernement pour qu'en août suivant, « prenant acte des récentes promesses ministérielles de constituer une commission destinée à résoudre le problème scolaire », le CALS suspende la grève de l'impôt. Deux lois seront votées l'année suivante – la loi Marie du 21 sept. 1951 et la loi Barangé du 28 septembre – pour apporter une aide financière aux parents qui souhaitaient scolariser leurs enfants dans l'enseignement privé. Ces dispositions, quoique non négligeables, parurent « bien maigres » à Mgr Cazaux. Sans vouloir engager une nouvelle campagne, il continua à se faire le défenseur « de la liberté et de la justice scolaires ». Dans les débuts de la Ve République, la loi Debré, du 31 déc. 1959, constituera une étape significative en instituant pour les établissements d'enseignement privé la possibilité de « passer avec l'État un contrat simple » qui permettait, notamment, aux maîtres et professeurs des établissements privés d'être payés par l'État.

Le 25 janv. 1959, Jean XXIII annonçait la convocation d'un concile œcuménique à Rome. La Commission antépréparatoire commença par consulter les évêques du monde entier, invités à exprimer « en toute liberté et sincérité, les remarques, *consilia* et *vota* [...] sur les matières et sujets qui pourront être discutés au prochain concile ». Dans son *votum*, daté du 23 août 1959, Mⁱʳ Cazaux estimait nécessaire que face aux « systèmes philosophiques d'aujourd'hui » qui « enferment la raison de l'homme », le futur Concile affirme « de nouveau l'objectivité et l'immuabilité de la vérité, ainsi que la valeur absolue des définitions dogmatiques ». Il souhaitait aussi que « l'autorité doctrinale de l'Église » soit réaffirmée et que le futur Concile « expose la nature » du Magistère ordinaire de l'Église. Il estimait également nécessaire de combattre certaines erreurs doctrinales relatives au péché originel, aux fins dernières et aux « conditions du salut éternel ». La partie disciplinaire du *votum* de l'évêque de Luçon comportait deux points. Il souhaitait « que le futur Concile rappelle à nouveau à l'esprit de tous, et surtout des clercs, la nécessité de la prière et de l'étude, et, spécialement dans le domaine de la chasteté, les obligations de la vertu de prudence, et, de façon plus générale, la nécessité de la mortification pour promouvoir la vie spirituelle ». Par ailleurs, il souhaitait que le concile « détermine plus précisément » l'organisation de l'apostolat des laïcs.

Durant les quatre sessions du concile, qui s'étaleront de 1962 à 1965, Mⁱʳ Cazaux n'eut pas un rôle majeur bien qu'il fut membre de la Commission des études et séminaires présidée par le card. Pizzardo. Mais dans le diocèse de Luçon, les changements concrets ont été visibles très tôt. Quelques jours avant l'ouverture de la Iʳᵉ session du concile, une ordonnance de Mⁱʳ Cazaux autorisait le clergé à porter « le costume de clergyman qui sera noir ou gris foncé », tout en précisant que « le costume civil est absolument interdit aux clercs ». Comme dans beaucoup de diocèses de France, la réforme liturgique fut engagée avant même la fin du concile. Dès le mois de mai 1963, Mⁱʳ Cazaux organisait un Congrès diocésain de Pastorale Liturgique. C'était le premier du genre en France, jusque-là il n'y avait eu que des Congrès nationaux. Il réunit 3500 participants (prêtres, religieux, religieuses et laïcs).

Lorsque le concile Vatican II s'acheva, le 8 déc. 1965, Mⁱʳ Cazaux était âgé de 68 ans.

Son état de santé – il était atteint de la maladie de Parkinson – incita les autorités romaines et le nonce apostolique à Paris à préparer en douceur sa succession. Mⁱʳ Charles Paty était nommé évêque auxiliaire de Luçon le 3 janv. 1966, évêque coadjuteur dès le 7 décembre suivant, évêque en titre le 4 juil. 1967 après la démission de Mⁱʳ Cazaux.

Mⁱʳ Cazaux mourait huit ans plus tard, le 1ᵉʳ juil. 1975. Il resta dans la mémoire du diocèse, selon l'expression de son successeur, comme « l'évêque des écoles et l'évêque des vocations ».

ÉCRITS. Hormis les nombreuses lettres pastorales et déclarations publiées dans la *Semaine catholique du diocèse de Luçon*, Mⁱʳ Cazaux a publié : *La Sainte de la Patrie, les dicts de Jehanne*, Orléans, 1945 [panégyrique prononcé à la cathédrale d'Orléans le 8 mai 1945]. – *Le Concile. Impressions et perspectives*, Luçon, 1963. – *Pour la liberté scolaire (1944-1960)*, Luçon, 1964.

SOURCES. *Acta et documenta concilio œcumenico Vaticano II apparando.* Série I, *Antepraeparatoria*, II/1, Città del Vaticano, 1960, p. 310-311 (*votum* de Mⁱʳ Cazaux). – Archives départementales des Landes, état civil de Pouillon. – Archives de la Grande Chancellerie de la Légion d'honneur : Dossier

19800035/1338/55050. – Centre des Archives diplomatiques de Nantes (CADN) : Roma/Santa Sede, 575/PO 1, 1238 ; Roma/Santa Sede 575/PO 1, 1292. – *Répertoire des visites pastorales*, I, 1990, p. 351-354. – A. Roncalli, *Journal de France*, t. II : *1949-1953*, Paris, 2008, p. 108-109, 255, 274, 294.

TRAVAUX. *Au service du peuple de Dieu depuis 25 ans, Mⁱʳ Cazaux*, numéro spécial d'*Église de Luçon*, 47, 10 déc. 1966, p. 729-785. – T. Heckmann, *De la Vendée à Rawa-Ruska : solidarité face au nazisme*, dans *Les Vendéens dans la Seconde Guerre mondiale*, La Roche-sur-Yon, 2013, p. 125-188. – P. Legal, *1946-1950. De l'affaire des kermesses à la rébellion fiscale. Les luttes pour la liberté scolaire*, dans *Recherches vendéennes*, 6, 1999, p. 349-356 ; Id., *De la norme à l'action : la réception du concile Vatican II dans le diocèse de Luçon*, dans *Cinquantenaire du concile Vatican II. Une herméneutique de la continuité*, La Roche-sur-Yon, 2012, p. 113-174 ; Id., *Liberté spirituelle et sujétions politiques. Prise de possession et gouvernement du diocèse de Luçon par Mⁱʳ Cazaux (1941-1945)*, dans *Les Vendéens face à la Seconde Guerre mondiale*, La Roche-sur-Yon, 2013, p. 159-216. – F. Le Moigne, *Cazaux, Roques Villepelet : trois portraits politiques d'évêques de l'Ouest*, dans G. Richard et J. Sainclivier (dir.), *La recomposition des droites à la Libération*, Rennes, 2004, p. 343-353 ; Id., *Les manifestations du militantisme scolaire catholique de l'Ouest, 1945-1950*, dans B. Waché (dir.), *Militants catholiques. De l'action religieuse aux nouveaux militantismes XIXᵉ-XXᵉ s.*, Rennes, 2004, p. 199-211 ; Id., *Les évêques français de Verdun à Vatican II. Une génération en mal d'héroïsme*, Rennes, 2005, p. 241-273 ; Id., *Cazaux (Antoine)*, dans D.-M. Dauzet et F. Le Moigne (dir.), *Dictionnaire des évêques de France au XXᵉ siècle*, Paris, 2010, p. 129-131. – Y. Chiron, *Mⁱʳ Cazaux, évêque de combat et pasteur (1941-1967)*, dans *Recherches vendéennes*, 23, 2018.

Y. CHIRON

COLLE (Bartolomeo da), franciscain italien de l'Observance décédé vers 1484. Ce personnage est classé par erreur sous le vocable *Lippi* dans le *Dizionario biografico degli Italiani*, à la suite d'un rapprochement avec son grand-père Filippo (Lippo) da Colle.

Né à Colle di Val d'Elsa en 1421, Bartolomeo da Colle était fils d'un fabricant de papier, Giovanni di Lippo, et de sa première femme Santa (*cf.* Archivio di Stato à Florence, *Catasto di Colle di Valdelsa*, 212, fᵒ 66rᵒ-67vᵒ). Il n'était pas le frère du poète Lorenzo Lippi (1440-1485) contrairement à ce qu'ont affirmé des historiens compétents (équivoque engendrée par l'interprétation erronée d'un génitif patronyme concernant son grand-père Lippo [Filippo] di Giovanni di Francesco di Corsuccio). Il prit l'habit des franciscains de l'Observance alors qu'il était à Pérouse, en 1440, après avoir entendu une prédication de S. Jean de Capistran, qui l'accueillit dans l'ordre en même temps que d'autres jeunes étudiants de la faculté des Arts. Il fut ordonné prêtre à Rome le 21 déc. 1448 (*cf.* Archivio Segreto Vaticano, *Formatarum Liber 3*, fᵒ 29rᵒ).

Trois papes lui conférèrent la charge de prêcher contre les Turcs : Calliste III l'envoya à Terni, Narni, Amelia, Tivoli et à l'abbaye de Farfa en Sabine (1455-1456 ; *cf.* Archivio Segreto Vaticano, *Introitus et Exitus*, 432, fᵒ 109vᵒ en latin, fᵒ 82vᵒ en italien ; 459, fᵒ 9rᵒ en latin ; 432, fᵒ 86rᵒ en italien) ; Pie II, par la bulle *Cum te ad Provincias*, le nomma nonce apostolique dans la Marche d'Ancône et dans la *Massa Trabaria* (1463-1464) ; enfin, durant le pontificat de Sixte IV, il prêcha à Naples *coram totum exercitum* (1472).

La nomination de Bartolomeo comme vice-provincial de Candie et de Terre Sainte, dont témoignent les *Croniche* de Marc de Lisbonne, doit dater du début du 1458, car les *Regesti* de l'ordre franciscain mentionnés par Wadding affirment comme une chose certaine qu'il occupait déjà cette fonction lorsque le chapitre général de l'Ara Coeli, qui eut lieu le 19 mai de cette année, le désigna comme commissaire et visiteur du couvent du Mont Sion à Jérusalem et de la Terre Sainte. Mais il ne gouverna pas, contrairement à ce que certains ont affirmé, la Custodie de Terre Sainte.

En 1463, il fut le promoteur de la fondation du *Mons Christi* d'Orvieto après avoir prêché durant le carême dans la cathédrale de cette ville de l'Ombrie (*cf.* Archivio di Stato d'Orvieto, *Riformanze*, 216, fᵒ 22vᵒ, 23rᵒvᵒ, 28rᵒ-29vᵒ, 56vᵒ-57rᵒ, 60rᵒvᵒ, 63vᵒ-64vᵒ). Le conseil municipal décida d'interdire l'usure et la restitution des gages détenus par les juifs. Les statuts du mont-de-piété furent rédigés à la hâte et soumis à la Chambre apostolique ; ils furent approuvés par Pie II. Mariano de Florence, Pietro Ridolfi de Tossignano et Bonaventure de Decimo mentionnent Bartolomeo parmi les prédicateurs les plus célèbres du XVᵉ siècle et dans le ms. *Conv. Soppr. J.1.40* de la Bibliothèque Nationale de Florence, il est signalé comme « famosissimus vir » (fᵒ 1rᵒ) par l'auteur anonyme de la rubrique introductive.

Nous n'avons pas conservé les sermons de carême qu'il prêcha à Orvieto en 1463, à Sienne en 1466 et à Mantoue en 1470, lorsqu'il fut écouté par Bernardin de Feltre ; celui-ci, admirant son style, se proposa de l'imiter (*cf.* Bernardino Guslino, *Vita del B. Bernardino da Feltre*, cp. 888, 3-4, éd. par A. Ghinato dans *Le Veneziane Franciscane*, 25, 1958, p. 17).

Il faut signaler la présence de Bartolomeo à Arezzo, lorsque son art oratoire lui valut un remarquable succès. L'estime qu'on lui vouait est attestée par les quelques distiques latins transmis par le ms. *F.II, 23* de la Bibliothèque communale de Sienne (fᵒ 56vᵒ-57rᵒ), où l'on retrouve un écho de la sévère polémique antijuive contre l'usure pratiquée par les Juifs. Le ms. *1186C* de la Biblioteca Riccardiana de Florence contient le résumé fait par un auditeur qui avait assisté à deux sermons prononcés les 11 et 17 avr. 1474 dans l'église Santa Croce (ms. *Florence, Bibl. Riccardiana 1186C [1186/3]*, fᵒ 42rᵒvᵒ).

Le répertoire de florilèges écrits par Bartolomeo concernant son activité comme prédicateur est aussi considérable. Un premier témoignage est le ms. autographe *Vat. lat. 7643*, qui contient le début du *De Civitate Dei* de S. Augustin (fᵒ 1rᵒ-85rᵒ), le *Super Psalmos* (fᵒ 100vᵒ-128rᵒ) et le *Liber confessionum* (fᵒ 128rᵒ-137vᵒ).

Les *flores* de S. Jérôme compilées en 1469 par Bartolomeo sont conservées dans les trois manuscrits dérivant du manuscrit original, à savoir : le témoignage provenant du couvent florentin de S. Marco (296) sur demande probablement des dominicains de Florence ; celui copié en 1470 par son confrère Ludovico Brogholo de Mantoue, lequel, d'après le colophon, retranscrit le 15 avril les sermons de carême de son confrère (ms. *Metz Bibl. Munic. 1267*, fᵒ 2rᵒ-213vᵒ) ; et enfin le ms. *Canon. Lat. Script. Eccl. 121*, de la Bibliothèque Bodléienne d'Oxford.

La Biblioteca Casanatense de Rome conserva des florilèges dans les mss *8 (A.VI.7)* et *1557 (A.V.22)*. le premier contient la transcription autographe de 7 textes : l'*Epistola contra Judeos* (Alphonsus Bonihominus Hispanus, *Epistola rabbi Samuel de Fez de adventu Messiae*, fᵒ 13rᵒ-30rᵒ), l'*Epistola ad Damasum* du pseudo-Eusèbe de Crémone (fᵒ 39rᵒ-78rᵒ) ; l'*Epistola ad Cyrillum* du pseudo-Augustin (fᵒ 78rᵒ-85vᵒ), l'*Epistola ad b. Augustinum de mirabilibus beati Jeronimij* du pseudo-Cyrille (fᵒ 86rᵒ-118vᵒ), l'*Epistola ad Marcellam de urbe recedendum* de Jérôme (fᵒ 119rᵒ), la *Legenda minor beati Francisci* de Bonaventure de Bagnoreggio (fᵒ 134rᵒ-160rᵒ) et l'*Epistola ad Eremitas* du pseudo-Augustin (fᵒ 161rᵒ-162vᵒ). Une source complémentaire des *Flores S. Hieronimi* est le ms. *1557* de la Biblioteca Casanatense (que Bartolomeo fit copier à S. Gimignano et paya avec les aumônes récoltées), qui reproduit la IVᵉ et dernière partie des *auctoritates* transcrites par le juriste Giovanni di Andrea dans le recueil intitulé *Hieronimianus*.

Le florilège autographe *4086* de la Biblioteca Riccardiana de Florence est divisé en deux parties : la première contient des extraits de S. Cyprien, précédés de brèves citations de S. Jérôme, du *Liber de viris illustribus* (fᵒ 23rᵒ) et de S. Augustin ; la seconde, qui comporte la quasi-totalité du manuscrit, est consacrée aux *Moralia in Job* de Grégoire le Grand (fᵒ 33rᵒ-222rᵒ). Les *Tragedie Senece* contenues dans le ms. *Paris, Bibl. Nat. Lat. 10312* n'ont pas été transcrites par Bartolomeo ; comme celui-ci le précise dans une note autographe, le manuscrit, acquis en 1433 par son confrère Giovanni da Colle pour son usage personnel, fut, à l'initiative de Bartolomeo, racheté par un marchand juif auquel il avait été cédé en gage et remis à la disposition de l'ordre franciscain. On peut à juste titre émettre l'hypothèse que Bartolomeo a utilisé pour sa prédication des sections provenant de son *Tractatus de fide* (1461), un manuscrit autographe conservé à la Bibliothèque du Vatican, dont la rédaction définitive se trouve dans le ms. *Vat. lat. 7618*. On en connaît trois autres manuscrits : le ms. (probablement apographe) *Vat. lat. Urb 626* [Cassa Vec. 10ᵃ, nᵒ 107 ; Cassa nᵒ 56, nᵒ 584 ; *cf.* ms. *Rome, Bibl. Nat. Manoscritti gesuitici 146* (*Opuscula varia theologica*, Cassa IX, nᵒ 108), fᵒ 64vᵒ (*cf.* A. Vanni, *Indice alfabetico della libreria manoscritta d'Urbino 1640*) ainsi que deux copies mutilées reprises de deux manuscrits de la Bibliothèque Nationale de Naples (VII.F.1/XIII.E.18, fᵒ 17rᵃ-44vᵇ et XII.F.40/I. XII.5.70, fᵒ 139vᵃ-147vᵃ). Le *De fide* peut être considéré comme un écrit unitaire qui recueille, à l'intérieur d'un *corpus* structuré, une série de sermons à thèmes, dont les titres correspondent à des thèmes destinés à devenir l'objet de prédications séparées : Dieu et ses attributs, la prédestination, la condamnation des mauvais, les tentations dont les justes sont victimes, la diffusion du mal dans le monde, la miséricorde et la justice de Dieu, la création, le ciel, la terre, les réalités visibles, les anges, l'apostasie angélique, les tentations et l'âme raisonnable (fᵒ 290rᵒ-359vᵒ). Le manuscrit de la Bibliothèque Vaticane contient une explication symbolique du Symbole : elle développe un argument théologico-dogmatique qui provoquait au XVᵉ siècle d'âpres discussions après que les écrits de Lorenzo Valla sur le Nouveau Testament eussent nié l'origine apostolique du Symbole des Apôtres qu'ils attribuent aux Pères réunis à Nicée en 325. Les principales *auctoritates* citées proviennent soit de la tradition patristique, ecclésiastique et monastique (Augustin, Ambroise, Jérôme, Grégoire le Grand, Jean

Chrysostome, Bernard, Anselme et Léon le Grand), soit de la tradition littéraire latine (Sénèque, Cicéron, Ovide, Lucain et Virgile).

Bartolomeo fait preuve d'un intérêt particulier pour la *Divine Comédie* de Dante. Il en transcrit divers passages (f⁰ 7r⁰, 16v⁰-17v⁰, 28r⁰, 41r⁰, 51r⁰-52r⁰, 61r⁰, 70v⁰, 75v⁰, 80r⁰, 112v⁰-113r⁰, 131r⁰, 133v⁰-134r⁰, 139r⁰v⁰, 140r⁰v⁰-141v⁰, 161r⁰, 191r⁰, 340r⁰, 348r⁰v⁰), certains accompagnés de gloses en latin et de *postillae* interlinéaires. Des notes autographes sont transcrites au verso du premier feuillet de garde ; il s'agit de brèves citations théologiques provenant de Perse, de Sextus Pithagoricus et de Sénèque (chez qui Bartolomeo trouve également des citations de Platon et de Pythagore), ainsi que d'Hermés Trismégiste. Bartolomeo cite dans son entier le *corpus* du Stagirite mais on ne peut supposer qu'il se borne à utiliser des florilèges (qu'il n'est pas possible d'identifier pour le moment). Il montre qu'il connaît la logique, la physique, la métaphysique et la psychologie d'Aristote ainsi que le *Liber de causis*, un écrit attribué à l'époque à Aristote et que Bartolomeo considérait comme étant de celui-ci. Une autre source de la pensée de Bartolomeo est constituée par les maîtres franciscains du XIIIᵉ siècle : Bartolomeo cite surtout Alexandre de Hales et Bonaventure de Bagnoregio.

À une date non précisée il écrivit un second traité, le *De confessione* (ms. *Bologne, Univ. Lat.*, 2713, f⁰ 17r⁰-29v⁰, autographe ; *Florence, Bibl. Riccardiana 1637*, f⁰ 50r⁰-68v⁰), recueil de formules à usage pénitentiel dédié à Bernardo Rucellai, un parent de Laurent de Médicis, diplomate et érudit humaniste.

Le 19 mai 1475, le chapitre général des Observants, qui se réunit à Naples dans le couvent de Santa Croce, élut à nouveau Bartolomeo comme vice-provincial de Candie et de Terre Sainte, mais il préféra laisser cette fonction à Alberto de Falcibus de Vérone ; Bartolomeo resta dans le couvent de S. Lucchese, près de Poggibonsi, dont il avait été élu gardien le 14 avril de cette année. On peut considérer que désormais, vieilli et souffrant de la goutte, Bartolomeo ne s'est pas éloigné de la Toscane : en 1475, sa présence est signalée à San Miniato (Simone di Angelo de'Bocci, *Dialogus de saeculo et religione*, ms. *Sienne, Bibl. Com.*, *U.VI.10*, f⁰ 5r⁰). Lors du carême de 1476, il prêcha dans l'église principale de Colle di Val d'Elsa (Archivio di Stato de Florence, Notarile Antecosimiano 8533 [Notai G 29 : protocole de Giovanni di Cristofani Galganetti, n⁰ 1475 n⁰ 14]). En 1477, on le retrouve à San Lucchese, où il termina avant la fin de l'année de transcrire la *Legenda beati Luchesii* de fra Bartolomeo de'Tolomei de Sienne (1370), une version du XVᵉ siècle sera publiée par les bollandistes dans les *Acta Sanctorum* d'avril (t. III, p. 601b, 604a-616a ; mss. *Modène, Bibl. Estense, Campori*, γ, X, 5, 14 = App/Campori, 261/x, 5, 14 ; *Sienne, Bibl. Com.*, *K.VII, 37*, Poggibonsi, Convento dei Frati Minori, *Filza di S. Lucchese*, codice Marzi). De cette période datent également trois lettres adressées à Lorenzo de'Medicis, en date des 28 mai et 11 déc. 1475 ainsi qu'à une date non précisée de mars-avril 1478 (Florence, Archivio di Stato, Mediceo avanti il Principato, XXXII, 207 [XXXII, 212] ; XXXII, 559 [XXXII, 567] ; XXII, 408 [XXII, 416] ; la première et la troisième lettres sont autographes).

Au cours des dernières années de sa vie, qu'il passa au couvent de San Lucchese, Bartolomeo s'appliqua à recopier intégralement la *Divina Commedia* (mss autographes *Vat. lat. 7566* [digitalisé sur le site Internet *DigiVatLib*, f⁰ 1r⁰-168v⁰], *Vat. lat. 7567* [digitalisé sur le site Internet *DigiVatLib*, f⁰ 166r⁰-335v⁰] ; *Vat. lat. 7568* [digitalisé sur le site Internet *DigiVatLib*, f⁰ 333r⁰-502v⁰]), tout en entreprenant le commentaire du *Paradiso*. Il se désigna à la troisième personne comme le *scriptor* dans un poème latin en 8 hexamètres placé en colophon à trois manuscrits de la Bibliothèque Vaticane. L'analyse du texte permet d'identifier à coup sûr l'autographe de Bartolomeo (ce qui a confirmé la thèse de M. G. Ponta, citée par P. Colomb de Batines dans sa *Bibliografia dantesca*, t. II, Prato, 1846, p. 338). Seule la troisième partie de la *Divina Commedia* contient dans les marges le commentaire de Bartolomeo (f⁰ 333r⁰-342v⁰) ; pour les passages qui requièrent un développement ultérieur, il poursuit dans les f⁰ 493r⁰-496r⁰. De larges espaces ayant été laissés libres, on peut supposer que Bartolomeo avait réservé la place pour les développements ultérieurs qui auraient accompagné intégralement le poème de Dante. La première et la deuxième partie ne présentent aucun commentaire mais uniquement de brèves *postillae* interlinéaires en latin et en italien. Le texte des trois parties et le commentaire latin du *Paradiso* (I-III, 1) ont été publiés pour la première fois avec la tradition latine de la *Commedia* de Giovanni Bertoldi de Serravalle (*Fragmenta Commentarii super Comoediam Dantis Aldigherii per fratrem Bartholommaeul a Colle*, dans Marcellino [Ranise] da Civezza et T. Dominichelli, *Fratris Iohannis da Serravalle Ord. Min. Episcopi et Principis Firmani Translatio et Comentum totius libri Dantis Aldighierii cum texto italico fratris Bartholomaei a Colle eiusdem ordinis*, Prato, 1891, p. 1219-1233 (rééd. anastatique par Giovanni Bertoldi da Serravalle, *Traduzione e commento della Divina Commedia di Dante Alighieri*, San Marino, 1986 (III). Le commentaire a été réimprimé en 1922 par E. Mattone-Vezzi (*Fra Bartolomeo da Colle commentatore della Divina Commedia*, p. 43-122) avec l'addition d'une traduction en italien par le chanoine Rovigo Marzini.

La date de la mort de Bartolomeo, le 15 mars, est fournie par le *Martyrologium francicanum* mais les historiens ne sont pas d'accord sur l'année (entre 1478 et 1484). Ceux qui préconisent la première date peuvent se tromper car Bartolomeo a laissé en 1480 une note autographe (ms. *Vat. lat. 7568*, f⁰ 492v⁰) affirmant avoir terminé cette année la copie du poème de Dante. Mais il se pourrait que cette note ait été ajoutée par un autre.

Le nom de Bartolomeo est mentionné dans le t. II de *Mars* des *Acta Sanctorum* (1865, p. 367a). Les chroniqueurs franciscains, en particulier Dionisio Pulinari, le mentionnent parmi les bienheureux franciscains. Il en va de même dans le *Catalogus Dei servorum, beatorum ac sanctorum nostralium*, des *Officia propria* du diocèse de Colle, sans que soit indiqué le jour de la fête. Carlo Guido Forti le cite dans son *Catalogus Agiologicus Hetruscus*. En 1891, Marcellino da Civezza et Teofilo Dominichelli, de même que d'autres auteurs franciscains contemporains, donnent à Bartolomeo le titre de bienheureux mais l'Église ne lui a jamais donné ce titre et aucun procès canonique de béatification n'a jamais été entrepris.

E. Mattone-Vezzi, *Fra Bartolomeo da Colle commentare della Divina Commedia. Notizie storiche col testo dantesco e commento*, Siena, 1922. – M. Arosio, *Bartolomeo da Colle (1421-1484), predicatore dell'Osservatore francescana e dantista minore*, dans *Gli Ordini mendicanti in Val d'Elsa* (Biblioteca della Miscellanea Storica della Valdelsa, 15), Castelfiorentino, 1999 [2000], p. 73-189 (Atti del Convegno di studio organizzato dalla Società Storica della Valdelsa. Colle Val d'Elsa, Poggibonsi (Convento di San Lucchese), San Gimignano, 6-8 giugno 1996) ; Id., *Bartholomaeus de Colle, O.M. Obs.*, dans *C.A.L.M.A. (Compendium Auctorum Latinorum Medii Aevi)*, fasc. I.6, Firenze, 2003, p. 722a-724b (bibliographie complète). –

M. Arosio[†]

COLLETTE (Henri), responsable de l'Union pour la Nouvelle République (*UNR*), né à Ardres le 30 mai 1922 et y décède le 12 déc. 1998.

Après des études secondaires au collège public de Calais, il choisit la Faculté de droit de Lille. En 1950, il devient notaire à Licques. Père de famille de trois enfants, élu conseiller général du canton de Guînes en 1958 sans étiquette, il est réélu sans interruption durant 36 ans. Il devient maire de sa commune de 1959 à 1971 puis se fait remplacer dans cette fonction par son épouse jusqu'en 1984. À la suite du décès de Mme Collette-Evrard, il est réélu maire de sa commune. Il se présente aux législatives de 1958 comme candidat de l'UNR et l'emporte dans la 6e circonscription. Il est réélu en 1962, 1967 et 1968. Sénateur de juillet à septembre 1974 en remplacement de Roger Poudonson, démocrate-chrétien devenu ministre, il rejoint la haute assemblée le 10 oct. 1981 où il succède à Baudouin de Hauteclocque, sénateur-maire de Royon et catholique pratiquant. Réélu sénateur en 1983 jusqu'en 1992, il est membre de la commission des Affaires économiques et du Plan, et se voit recevoir en février 1992 par la presse parlementaire la « médaille d'or » aux questions écrites pour avoir déposé 360 demandes écrites durant l'année parlementaire précédente. Européen convaincu, il est élu membre titulaire de l'Assemblée parlementaire du Conseil de l'Europe en 1986 et réélu en 1989. Conseiller régional de 1982 à 1986, son attachement aux questions sociales le porte à accepter le poste d'administrateur de la Maison de retraite de Guînes de 1958 à 1994. Vice-président de l'Institution départementale Nord-Pas-de-Calais pour la réalisation des ouvrages d'évacuation des crues de la région des Wateringues, il est officier de la Légion d'honneur depuis décembre 1996, officier de l'Ordre national du mérite, commandeur du Mérite agricole et Chevalier des Palmes académiques. Très attaché à la restauration des édifices religieux, il soutient et défend la restauration de la cathédrale de Boulogne-sur-Mer. Sa veuve en secondes noces, Geneviève Collette de Lauriston, est la présidente de l'association du patrimoine qui gère l'abbatiale Notre-Dame de Licques, monument classé.

Sources. Renseignements fournis par Albert Vion (lettre du 3 juin 1997). – Dossier de son action de parlementaire au Sénat (dont une notice biographique personnelle).

Travaux. – *La Voix du Nord*, 10 oct. 1981. – B. Ménager et Ch.-M. Wallon-Leducq, *Atlas électoral Nord-Pas-de-Calais. 1973-1992*, 1993, p. 213.

B. Béthouart

CONFRÉRIES DU SACRÉ-CŒUR DES ZOUAVES PONTIFICAUX ET AUTRES PIEUSES ASSOCIATIONS.

En 1891, la basilique de Montmartre est officiellement inaugurée par le cardinal archevêque de Paris, François-Marie-Benjamin Richard de La Vergne. C'est le moment que choisissent les anciens Zouaves pontificaux pour fonder leur propre confrérie du Sacré-Cœur. Celle-ci se forme principalement autour des officiers, elle est d'ailleurs à leur initiative, et installe son siège social sur les terres du général de Charette dans sa propriété bretonne de la Basse-Motte. La Confrérie est placée sous la présidence d'honneur de l'ancien Roi des Deux-Siciles, François II de Bourbon, et la vice-présidence d'honneur du duc d'Orléans et du duc d'Alençon. Mais celui qui dirige réellement la Confrérie n'est autre que le général de Charette, trônant à la tête du Conseil en sa qualité de commandant du régiment, et secondé dans ses fonctions par le lieutenant-colonel d'Albiousse, vice-président. La hiérarchie est respectée : le niveau de grade structure la composition du Conseil qui ne compte essentiellement que des officiers. Il comprend ainsi, par ordre décroissant, un commandant (le vicomte Auguste de Couëssin), un major (Bertrand de Ferron du Chesne), un capitaine (le comte Paul de La Messelière), un lieutenant (Gaston de Villèle) et un sous-lieutenant (Frédéric Le Gonidec de Traissan). Deux sous-officiers complètent la liste, parmi lesquels le fervent légitimiste Charles de La Noüe, ainsi qu'un caporal et deux soldats, le comte Emmanuel de Kergariou et le comte Edmond de Lorgeril, fils du major de Lorgeril, aide de camp du général de La Moricière pendant la bataille de Castelfidardo et le siège d'Ancône. Seul le caporal Schmoderer n'est pas un aristocrate. Le secrétariat compte, lui aussi, un ancien officier des Zouaves en la personne du lieutenant Raymond du Puget, et un Volontaire de l'Ouest, le vicomte Albert de Champeaux. Enfin, dix membres étrangers représentant neuf pays figurent au Conseil parmi lesquels six officiers. Le Conseil reste donc l'apanage des anciens cadres du régiment.

La Confrérie du Sacré-Cœur est érigée canoniquement dans la chapelle de la Basse-Motte le 24 juin 1892, fête du Sacré-Cœur, par le card. Charles-Philippe Place, archevêque de Rennes, Dol et Saint-Malo. La chapelle a été bénie l'année précédente et sur ses murs ont été gravés les noms des Zouaves décédés. Cette pieuse association a pour vocation initiale de prier « en faveur des membres vivants ou morts ayant appartenu au régiment des Zouaves Pontificaux, aux Volontaires de l'Ouest, ou ayant été agrégés au Régiment ». Sur décision du général de Charette, une messe quotidienne est célébrée en l'honneur du Sacré-Cœur pour : « Les membres de la Confrérie et en particulier pour ceux qui ont succombé dans les combats et batailles livrées pour l'Église et pour la patrie, et où le Régiment a conquis son glorieux renom ; Savoir : Lorette, Castelfidardo, Ancône, Spoleto (Ponte Correse), Monte Lupino, Valentano, Bagnorea, Monte Libretti, Nerola, Farnese, Seristori, Villa Secchini, Monte Rotondo, Mentana, siège de Rome 1870, Cercottes, Brou, Patay, Le Mans ; Campagne de France 1870-71 ».

De nombreuses grâces sont attachées aux prières communes des membres qui peuvent gagner des indulgences. Ces avantages spirituels ont lieu « le jour de la fête du Sacré-Cœur ; le 11 janvier, bataille

Réunion de zouaves à la Basse-Motte, dans *Collection Jaquet. La Gravure sur bois. Collection de gravures extraites de périodiques et de journaux illustrés du XIXᵉ siècle. Les dessinateurs du Monde illustré et de l'Illustration : Girardin, Louis Tinayre, Frédéric de Haenen*, t. 3, s.l.n.d., vue 190 (site Internet de la BnF).

du *Mans* ; le 24 juin, érection de la Confrérie ; le 18 septembre, bataille de *Castelfidardo* ; le 18 octobre, *Nerola* ; le 3 novembre, *Mentana* ; le 2 décembre, *Patay-Loigny*, et enfin un autre jour de l'année au choix de chacun. Toutes les indulgences sont applicables aux défunts ».

Pour appartenir à la Confrérie du Sacré-Cœur, il suffit de se faire inscrire sur le registre, dont l'un se trouve à la Basse-Motte, l'autre au secrétariat situé à Paris, et de s'acquitter de la cotisation annuelle, fixée à 2,50 francs. L'argent sert essentiellement à l'acquit de messe, aux frais du culte et à l'ornement de la chapelle. L'ensemble des cotisations d'une famille n'excède pas 5 francs, et « chaque membre de la Confrérie a la faculté de se libérer de la cotisation annuelle par un versement définitif de 50 francs ».

Parallèlement aux activités de la Confrérie, une nouvelle association baptisée « Confrérie du Scapulaire de Saint-Michel » est érigée en 1896 dans la chapelle de la Basse-Motte. Cette « milice du saint Archange », comme la nomme le chapelain des lieux, est associée à l'Archiconfrérie romaine dite *prima primaria* et permet, elle aussi, de gagner des indulgences à des jours déterminés (ordonnance de Mᵍʳ Guillaume-Marie-Joseph Labouré, 14 janv. 1896. « Article 3 : les fêtes

de la Confrérie seront le 29 septembre, fête de saint Michel, la fête du Sacré-Cœur de Jésus, de l'Immaculée Conception, de l'Apparition de saint Michel au mont Gargan (8 mai), de l'Apparition de saint Michel au mont Tombe (16 octobre), de l'archange Gabriel, de l'archange Raphaël, des saints Anges Gardiens, de Noël, de Pâques, de la Pentecôte, de la Nativité de la Sainte Vierge, de la Purification de la Sainte Vierge, de saint Joseph, des saints Pierre et Paul, de saint Pierre-aux-liens, de saint Jean l'Évangéliste »).

La création de cette seconde confrérie, quelques années seulement après la fondation de la première, avec un siège fixé au même endroit, pourrait paraître redondante voire superflue. Pour les Zouaves, elle s'explique par le contexte difficile pour les catholiques français qui ne cesse de se dégrader. L'année 1895 a vu le vote de la loi d'abonnement et l'arrivée de l'anticlérical Émile Combes au poste de ministre de l'Instruction publique : les Zouaves estiment qu'il faut redoubler de prières et en appellent au saint patron de la France :

« Nous sommes à une époque de grandes luttes. Jamais les clameurs de l'enfer n'ont retenti avec autant de force contre l'Église et son Chef ; jamais notre foi n'a rencontré des adversaires plus nombreux et plus habiles. Enrôlons-nous donc dans la milice du saint-Archange.

Groupons-nous autour de l'étendard du Sacré-Cœur, sous le bras puissant de saint Michel *qui nous couvrira de son bouclier, nous imposera le casque du salut et nous armera du glaive de l'Esprit de Dieu*. Notre victoire est assurée, car saint Michel est invincible et l'Église de Dieu, indestructible ».

Comme signe sensible de leur foi et de leur dévotion, les membres portent un scapulaire en forme de bouclier, en mémoire de *l'armure invincible*, décrite par S. Paul.

La même année, les officiers de l'*Association des Zouaves Pontificaux de l'Adoration nocturne à Montmartre en l'honneur du Sacré-Cœur de Jésus*, créée quelques mois plus tôt, lancent un appel à l'occasion de leur 10ᵉ veillée nocturne mensuelle pour que partout en France, des groupes de Zouaves s'organisent en l'honneur du Sacré-Cœur :

« Le régiment a eu l'inestimable honneur d'arborer la bannière du Sacré-Cœur ; il l'a payé de son sang ; c'était son premier pas. Il s'est consacré au Divin Cœur de Jésus, solennellement et encore, peu de temps avant son licenciement ; c'était le second pas. Un troisième reste à faire (…) des veillées nocturnes en l'honneur du Sacré-Cœur de Jésus, en union commune avec l'Œuvre du Vœu national de Montmartre et sous le patronage de notre Général. (…) Cette veillée peut facilement devenir perpétuelle. Il y a quatre-vingt-onze diocèses en France. Chaque diocèse, à chacune des quatre saisons, accomplirait une nuit d'adoration. Toutes les nuits de l'année se passeraient donc dans l'adoration en l'honneur du Sacré-Cœur ».

Le message est entendu. Une première fondation de l'Adoration nocturne en province voit le jour dans le diocèse de Rouen quelques semaine plus tard, à l'initiative du sergent Gaston de Lescaude. D'autres diocèses suivent. On ne sait pas si toute la France est représentée, comme le souhaitaient les officiers de Paris, mais les Zouaves de grandes villes comme Marseille ou Lille organisent des veillées nocturnes. Le 17 janv. 1897, la plupart des officiers du régiment se groupent autour du général de Charette pour participer à la cérémonie de renouvellement du Vœu national dans la basilique de Montmartre. Au premier rang, les capitaines de Kermoal et Mouton, les lieutenants Ferdinand de Charette, de Rigaud et du Réau forment une garde d'honneur de part et d'autre de la bannière de Loigny tenue par le commandant Le Gonidec de Traissan. Les Zouaves comptent encore de nombreux amis et partisans : de nombreux sous-officiers et simples soldats figurent également dans l'assemblée aux côtés de sénateurs et de députés catholiques ou encore de membres de la famille d'Orléans… En cette fin de siècle, la démonstration de force se veut imposante et c'est « la France catholique tout entière unie dans l'adoration et la prière [qui se retrouve] debout devant le Sacré-Cœur ! ».

J. Benoist, *Le Sacré-Cœur de Montmartre. De 1870 à nos jours*, 2 vol., Paris, 1992, 1280 p. – *L'Avant-Garde*, la collection. Bulletin bimensuel des Zouaves pontificaux publié de 1892 à 1932.

L. GRUAZ

CORBIE (Achille-Louis-Joseph de), officier d'État-Major, vincentien, né à Wismes (Pas-de-Calais) le 1ᵉʳ juin 1870 et mort à Arras le 14 janv. 1961.

Frère de Gustave, il fait ses études secondaires au collège Saint-Bertin de Saint-Omer et obtient un baccalauréat ès lettres. Engagé dans l'armée à 18 ans, ce catholique fervent suit l'école de cavalerie de Saumur et devient officier d'active. Durant la Grande Guerre, il participe à la campagne de l'Yser et reçoit la médaille de l'Yser décernée par le gouvernement belge. Officier de liaison du général Foch, il participe à la campagne de Champagne et reçoit la Légion d'honneur sur le champ de bataille. « Officier très sérieux et de toute confiance, est très attaché à ses devoirs et s'occupe de l'éducation morale de ses hommes, homme droit et sûr à qui l'on peut confier toutes les missions » : cet extrait de son dossier militaire résume les qualités de cet homme marié à Émilie Clément, père de deux enfants, Arnault et Nelly, membre des conférences Saint-Vincent-de-Paul et actif paroissien durant sa retraite à Arras.

SOURCE. Courrier de Mᵐᵉ Kourchid, sœur d'Arnault et fille d'Achille, le 26 mai 1998.

B. BÉTHOUART

DIESBACH (Louis de), député modéré (Hendecourt-les-Ransart 31 août 1893-Paris 25 juil. 1982).

Ce petit-fils d'Eugène de Diesbach, député de 1871 à 1876, issu d'une famille catholique dont les ancêtres ont préféré quitter leur pays d'origine, le canton de Berne en Suisse, lors de la Réforme, pour demeurer fidèle à l'Église. Il fait ses études au collège Stanislas de Paris, puis à l'Institution Saint-Joseph d'Arras et à l'Institut Florimont de Genève tenu par les missionnaires de Saint-François-de-Sales. Mobilisé dans un régiment de dragons en 1914, il participe à la bataille d'Ypres, à celle de la Marne et de l'Yser puis devient pilote de chasse. Blessé lors d'un combat aérien il reçoit la croix de guerre et devient titulaire de la médaille militaire. Après la Grande Guerre, tout en exerçant la profession d'agriculteur, il assume la présidence du groupe départemental de l'Union nationale des combattants (U.N.C.) du Pas-de-Calais et se consacre, comme président de la Coopérative de reconstruction en lien avec l'abbé Leroy, à la renaissance de sa commune entièrement détruite. Il devient le premier magistrat d'Hendecourt-lez-Ransart de 1919 à 1944. Élu conseiller général du canton de Beaumetz-les-Loges de 1928 à 1940, il accède à la députation en 1932 et conserve son mandat jusqu'à la guerre en partie grâce au soutien déclaré de la fédération du Parti démocrate populaire (P.D.P.) où il retrouve des catholiques attachés comme lui à la défense de l'Église. Inscrit au groupe de l'Alliance des républicains de gauche et des radicaux indépendants, il siège aux commissions des Travaux publics et des Moyens de communication, des Régions libérées. Il est également élu secrétaire de la commission des Pensions et de celle des Mines et forces motrices en 1936 et 1937. En 1934, il dépose une proposition de résolution sur les menaces de chômage dans les mines, participe à la commission de contrôle de la sécurité des mineurs en Métropole et en Afrique du Nord. L'année suivante, il propose une réduction du service militaire pour les aînés de familles nombreuses. En 1936, il intervient dans la discussion budgétaire en faveur de l'accroissement des crédits consacrés aux calamités agricoles et rapporte le projet de loi sur la prorogation du délai de déclaration des dommages de guerre. Réélu au second tour des législatives de 1936, il préside le groupe d'amitié franco-belge puis fonde un groupe franco-suisse, il est élu secrétaire de la Chambre des députés en 1936 et en 1937. Ses sujets de préoccupation restent le monde de la mine avec des interventions en faveur des retraites de mineurs en 1938, la défense des Anciens combattants avec le souhait d'un statut de victimes civiles, la crainte des conséquences d'une dévaluation sur les pensions. Il reste vigilant sur les questions ayant trait à la reconstruction et dans la défense du monde agricole. Engagé dans l'aviation dès le début du conflit, il intervient à la chambre en faveur des permissions à octroyer aux agriculteurs. Démobilisé en juin 1940, il vient voter la loi du 10 juil. 1940, il devient membre du Conseil national de Vichy et s'efforce de remédier aux problèmes du ravitaillement dans le département, d'éviter la réquisition et l'envoi en Allemagne grâce à des propositions de travaux d'intérêt local. Il s'oppose au contrôle des organisations d'anciens combattants par les partisans de la collaboration affichée. Malgré son inéligibilité, il est choisi par les électeurs de sa commune comme maire après la Libération et se fait remplacer par son épouse. Il retrouve son siège majoral dès 1946. Titulaire de plusieurs distinctions étrangères, il est également officier de la Légion d'honneur.

SOURCES. – État-civil, mairie d'Handecourt-les-Ransart, courrier du 18 nov.1998.

TRAVAUX. – J. Jolly (dir.), *Dictionnaire des Parlementaires français. 1889-1940*, t. 4, Paris, 1966, p. 1451-1452. – Y.-M. Hilaire, A. Legrand, B. Ménager et R. Vandenbussche, *Atlas électoral Nord-Pas-de-Calais. 1876-1936* (Publications de l'Université de Lille III), Villeneuve d'Ascq, 1977, p. 240.

B. BÉTHOUART

DULIRIS (Léonard), *du Liris*, récollet français, astronome amateur (*c.* 1588-1656).

Né à Eymoutiers (département de la Haute-Vienne), il entra en 1601 au couvent des franciscains de Limoges, avant de passer deux ans plus tard chez les récollets. Il fut attaché à la province de l'Immaculée Conception de la Sainte-Vierge, en Guyenne, comme prédicateur et confesseur. Il vécut ainsi la majeure partie de sa carrière ecclésiastique au bord de l'Atlantique, à La Rochelle. Cette proximité avec l'océan l'amena naturellement à s'intéresser à la navigation, à la façon dont les équipages des bateaux pouvaient estimer leur position est-ouest (le calcul de la longitude), et par ce biais à l'astronomie. En effet, à l'époque et durant une bonne partie du siècle suivant, ce calcul n'était pas vraiment fiable parce qu'il se basait sur des observations astronomiques et des calculs fort complexes et difficiles à reproduire, singulièrement sur un navire en haute mer. C'était une des grandes questions scientifiques en ces temps-là et les États proposaient des sommes considérables à qui en apporterait la résolution. Comme il le confesse lui-même, le P. Duliris fut donc un astronome amateur non dénué de sens pratique. En avril 1645, il entreprit le voyage vers la Nouvelle France afin de tester par la preuve sa méthode de mesure pratique des longitudes qu'il avait patiemment mise au point durant 8 années de recherche et déjà testée avec succès l'année précédente à La Rochelle (88 mesures). Il proposait une méthode,

selon lui l'unique procédé capable de déterminer avec précision la position d'un navire en mer, de jour comme de nuit. Il embarqua donc à La Rochelle en tant qu'aumônier sur le navire basque « Mille-Barriques », commandé par l'expérimenté Martin de Bellocq.

Sa méthode, déjà mise au point dans les grandes lignes par d'autres, visait à rendre plus pratique l'observation de la lune dans le zodiaque, soit sa position apparente et le mouvement qu'elle effectuait durant un laps de temps déterminé par rapport à des étoiles connues ou aux planètes, technique que l'on pensait alors comme la plus efficace pour obtenir la longitude. Pour ce faire, il utilisait une sorte de globe céleste, couplé à une table des éphémérides lunaires. Pour la latitude du soleil, à n'importe quel moment du jour, il recourait à un « globe hauturien ». Un autre instrument, le « trentain » était selon lui capable de mesurer des angles jusqu'à 90° avec une précision d'une minute d'arc, ce qui constituait une exagération manifeste. Durant la traversée de deux mois, il calcula à 73 reprises la longitude du navire. Il resta au Canada pour les mois d'été, mais demeura à bord la grande majorité du temps, sauf pour une période à terre d'une semaine (les récollets étaient alors interdits de séjour en Nouvelle-France), effectuant un calcul identique à 12 reprises sur le Saint-Laurent, et une cinquantaine de fois sur la position du navire au mouillage, obtenant des valeurs situées entre cinq heures quinze et cinq heures vingt minutes à l'ouest de Paris. Ce qui par parenthèse signifie quand même une erreur importante de 15 degrés ou une heure. Selon Gassendi, Duliris assista par ailleurs au cap Gaspé (probablement plutôt au cap du Petit Gaspé selon P. Broughton) à l'éclipse solaire du 21 août 1645. Or cette observation, moyennant des calculs, aurait pu lui faire approcher la longitude réelle du lieu. Soit qu'il ne maîtrisait pas ces calculs, soit qu'il avait constaté qu'ils débouchaient sur un résultat par trop différent de celui obtenu par sa méthode lunaire, il n'en fait pas mention dans sa *Théorie des longitudes* (*cf. infra*). Et les résultats qu'il obtint lui parurent tout à fait cohérents, le capitaine et les trois pilotes signant même un document attestant de la validité de la méthode et des instruments employés. Il rentra en France à la fin de l'année 1645 à bord du même navire. En juin 1646, une Commission de pilotes de l'Amirauté, logiquement fortement intéressée par la découverte du récollet, ayant examiné son carnet de navigation, confirma la validité des résultats engrangés.

Avec l'appui du duc Jean Armand de Maillé-Brézé, grand-maître de la Navigation et officier de marine redoutable, Duliris publia en 1647 à Paris un ouvrage, *La Théorie des longitudes, reduite en pratique sur le globe celeste, extraordinairement appareillé, pour cognoistre facilement en Mer, combien l'on est esloigné de toutes les terres du Monde*, qui l'entraîna dans une furieuse querelle scientifique avec l'astronome Jean-Baptiste Morin de Villefranche (1582-1656), mathématicien au Collège de France, anti-copernicien, astrologue, adepte convaincu de la solution astronomique pour la détermination de la longitude, qui s'affirmait comme « le complet restaurateur de l'astronomie » et le seul vrai découvreur du secret de la longitude mais qui avait pourtant échoué à démontrer la justesse de sa théorie devant une commission scientifique. Cette année-là, l'irascible (et souvent vulgaire) Morin, rompu aux disputes scientifiques, publia à Paris *La science des longitudes de Jean Baptiste Morin... avec la censure de la nouvelle théorie & pratique du secret des longitudes du Père Léonard Duliris, récollet*. Morin, et d'autres mathématiciens avec lui, s'étonnaient grandement du fait que le P. Duliris, dans ses calculs, n'avait pas pris en compte de façon valide la parallaxe de la lune – soit le déplacement de la position apparente de ce corps céleste, dû à un changement de position de l'observateur – en évitant cette correction nécessaire par un artifice grossier, ni même considéré l'observation de la hauteur de la lune et l'impossibilité de connaître son emplacement véritable par l'observation de sa hauteur sur l'horizon. Pour Morin de Villefranche d'ailleurs, le recours de Duliris à l'« orbite vraie de la lune » présentait un caractère illusoire du fait de l'imprécision mathématique notoire des tables richeliennes (basées sur le méridien de Paris) qu'il avait employées. Il se plaignait aussi et surtout que les « solutions » au casse-tête de la longitude proposées par le récollet n'étaient souvent que des reprises textuelles des siennes déjà exposées en 1634. Le P. Duliris se retrouva donc engagé dans une polémique, répondit à Morin qu'il le rangeait dans la catégorie des *astronomes papyracés* (c.-à-d. qui ne pratiquent l'astronomie que sur papier), et en 1648, il rédigea pour sa défense une *Apologie du secret des longitudes*, tout en cherchant par ailleurs à faire reconnaître son procédé comme l'unique solution au problème des longitudes pour la navigation. Morin à son tour répliqua vertement à la parution de l'ouvrage. Cela n'empêcha pas Duliris de faire paraître en 1655 une *Éphéméride maritime dressée pour observer en mer la longitude et la latitude*, ouvrage dédié à la mémoire de Richelieu. Il était également en relation avec certains grands mathématiciens et astronomes de son temps, y compris son confrère et ami, le Minime Marin Mersenne (1588-1648).

Selon J. Vialle, si « la contribution du P. Duliris au développement de l'astronomie moderne peut sembler assez mince », on peut créditer le P. Duliris de sa volonté de tester sur le terrain sa théorie scientifique, de sa stricte opposition à la théorie de la déclinaison magnétique (= le calcul de la différence entre le Nord magnétique de la boussole et le Nord géographique employé pour établir la longitude mais qui ne tient pas compte de la variation temporelle de ladite déclinaison), d'une volonté de mettre la science à la portée du plus grand nombre et d'une condamnation sans appel de l'astrologie, charlatanerie encore bien usitée chez les astronomes de son temps. Quoi qu'il en soit, les résultats obtenus par ce religieux semblent bien être le fruit d'un heureux concours de circonstances (ou d'une manipulation des données ?), et la véritable méthode du calcul de la longitude, bien que suspectée depuis plusieurs siècles, ne fut véritablement établie qu'au siècle suivant, lorsque l'horloger britannique John Harrison (1693-1776), mit au point le premier chronomètre de marine précis, son « garde temps de marine H4 » (1734) qui pouvait déterminer avec précision la différence entre l'heure solaire locale et l'heure solaire d'un méridien de référence, facile à convertir en distance puisqu'une heure équivalait à 15 degrés. La solution n'était donc pas astronomique mais horlogère…

À la fin de sa vie, Léonard Duliris était custode (religieux adjoint du provincial, chargé de représenter

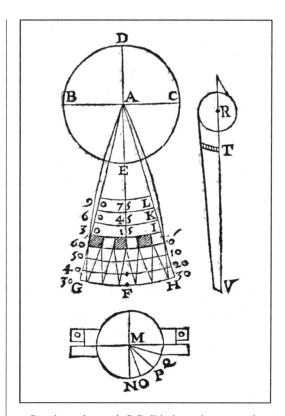

Représentation par le P. Duliris de son instrument de mesure, le trentain, dans L. Duliris, *La Théorie des longitudes...*, Paris, 1647, p. 28.

la province au chapitre général des franciscains observants) au couvent Saint-Amand à Saint-Junien (Haute-Vienne). Il remit son âme à son Créateur à La Rochelle, le 30 sept. 1656.

H. de Coste, *La vie du R. P. Marin Mersenne théologien, philosophe et mathématicien de l'ordre des Pères minimes*, Paris, 1649, p. 66. – Michaud, *Biographie universelle ancienne et moderne*, t. XXIV, 1843, p. 594-595. – P. Humbert, *Les astronomes français de 1610 à 1667. Étude d'ensemble et répertoire alphabétique*, dans *Mémoires de la Société d'études scientifiques et archéologiques de Draguignan*, 63, Draguignan, 1942, p. 34. – J. Domergue, *Du Liris, (Léonard)*, dans R. d'Amat (dir.), *Dictionnaire de Biographie Française*, t. 12, *Dugueyt-Espigat-Sieurac*, Paris, 1970, col. 76. – P. Broughton, *Astronomy in Seventeenth-Century Canada*, dans *Journal of the Royal Astronomical Society of Canada*, 75, 1981, p. 175-208, ici p. 191, 200-203. – J. Vialle, *Un astronome rochelais au XVIIᵉ siècle. Le P. Léonard Duliris, récollet*, dans *Cahiers Clairaut. Bulletin du Comité de liaison Enseignants et Astronomes*, 45, 1989, p. 17-20. – J. Lamy, *Le problème des longitudes en mer dans les traités d'hydrographie des Jésuites aux XVIIᵉ et XVIIIᵉ siècles. Choix méthodologiques et pratiques instrumentales*, dans *Histoire & Mesure*, 21/2, 2006, p. 95-120, ici p. 105. – R. A. Hatch, « Morin, Jean-Baptiste », dans T. Hockey (éd.), *Biographical Encyclopedia of Astronomers*, New York, 2014, p. 1522-1524.

E. Louchez

FENART (Désiré), militant du Mouvement républicain populaire (M.R.P.), maire (Laventie, 9 avr. 1908-12 févr. 1992).

Né à Laventie le 9 avril 1908, d'un père exploitant agricole, ce catholique convaincu épouse en 1931 Madeleine Hannoir et fonde une famille de 7 enfants. Durant la Seconde guerre mondiale, il s'investit avec son ami Jules Catoire, résistant chrétien, dans le mouvement *Voix du Nord* dirigé par le catholique Natalis Dumez et devient membre du Comité local de libération de Laventie. Président fondateur du Centre d'étude technique agricole de la Plaine de la Lys, il devient vice-président du Syndicat d'assainissement agricole du Bassin sud-sud-est de la Lys. Ancien officier du Mérite agricole, ancien combattant des Territoires d'outre-Mer, il devient conseiller général du Mouvement républicain populaire avant d'être élu maire de Laventie, commune réputée pour sa ferveur religieuse. Candidat sur la liste M.R.P. aux législatives de 1958 en seconde position, il se présente également aux élections sénatoriales du Pas-de-Calais en 1958.

La Voix du Nord du 8 nov. 1958. – Mairie de Laventie, courrier du 3 juil. 1997.

B. Béthouart

GRIFFIN (Michael Joseph), prêtre irlandais du diocèse de Clonfert (1892-1920).

Né le 18 sept. 1892 à Gurteen (comté de Galway, ouest de l'Irlande) de Thomas Griffin, fermier, et de Mary Kyne, il entra au *National School* (école primaire publique) de Clonkeenkerril à l'âge de 3 ans (en 1896). Son père manifestait un grand intérêt politique et fut membre du *Land League* (Ligue de la terre) qui, dans les années 1870 et 1880, revendiqua les droits des métayers contre les propriétaires, puis, du conseil du comté de Galway, dont il fut président (1912-1914). Il fut également membre de la *Gaelic Athletic Association* (Association athlétique gaélique), fondée en 1884, une des organisations-clés de la renaissance gaélique (*Gaelic Revival*) à cette époque. Michael Griffin, qui apprit la langue gaélique chez ses grands-parents à Clonbur où il passait quelques semaines chaque année, eut donc une éducation nationaliste, comme tant d'autres de sa génération. En 1907, il entra au Collège Saint-Joseph à Garbally, Ballinasloe (comté de Galway), l'école secondaire du diocèse de Clonfert.

Ayant décidé de devenir prêtre, le jeune Griffin entra en 1910 au séminaire national irlandais, le Collège Saint-Patrick à Maynooth, où son zèle pour la renaissance de la langue gaélique, son enthousiasme pour les sports irlandais, et ses tendances nationalistes se renforcèrent. Quand Griffin eut fini ses études, son diocèse de Clonfert comptait un surplus de prêtres, et son évêque, Mgr Thomas O'Doherty (1877-1936), décida de le prêter au diocèse de Galway, Kilmacduagh et Kilfenora, où il y avait un poste vacant. Griffin fut ordonné prêtre à Ballaghaderreen le 29 avr. 1917 par l'évêque de Achonry mais pour le diocèse de Clonfert, et il fut nommé vicaire dans la paroisse d'Ennistymon (comté de Clare) dans le diocèse de Galway. L'année suivante, il fut transféré à la paroisse de Rahoon, au nord-est de la ville de Galway, où il fut de nouveau vicaire. À Rahoon, Griffin continua à travailler pour l'avancement de la langue irlandaise, et rejoignit la *Gaelic League/Conradh na Gaeilge* (la Ligue gaélique), organisation nationale pour la promotion de l'irlandais. Il organisa des activités de la Ligue dans sa paroisse.

Le début de sa carrière coïncida avec un retournement général dans l'opinion publique après l'Insurrection de Pâques de 1916, lorsque beaucoup d'Irlandais rejetèrent le parti constitutionnaliste et nationaliste du *Home Rule* en faveur du parti républicain du *Sinn Féin*. Griffin, comme beaucoup de jeunes prêtres, était un fervent partisan du *Sinn Féin*, et entretenait également des relations avec les membres locaux de la milice républicaine, les *Irish Volunteers*, bientôt renommée l'Armée républicaine irlandaise ou IRA. Il les aida par exemple en leur fournissant des informations sur de potentiels ennemis. Entretenir des liens avec l'IRA devint très dangereux après le commencement d'une guérilla entre celle-ci, la police et l'armée britannique à partir de 1919. Son collègue vicaire à Rahoon, John O'Meehan, était encore plus fortement engagé avec l'IRA, et dut se cacher après avoir attiré l'attention des autorités.

En octobre 1920, l'IRA arrêta un instituteur, Patrick Joyce, dans une école primaire de la paroisse, à Barna, après avoir trouvé des lettres qu'il avait envoyées aux autorités contenant des renseignements sur les mouvements des membres de l'IRA. Joyce fut condamné à mort par une cour martiale de l'IRA et exécuté. La nuit du 14 nov. 1920, des hommes inconnus se présentèrent à la maison de Griffin et l'emmenèrent. La semaine suivante, son corps fut retrouvé dans une fosse creusée dans un champ à Cloughscoiltia, Barna, à quelques kilomètres de sa maison, tué d'une balle dans la tête. L'enquête menée par les autorités militaires de Galway ne déboucha sur aucune arrestation, mais il est probable que ses tueurs étaient des membres de la gendarmerie spéciale des *Auxiliaries*, envoyés en Irlande durant l'été 1920 pour réprimer la guérilla. Ils ont dû soupçonner que Griffin était complice dans la disparition de Patrick Joyce, ou ils avaient découvert ses activités en faveur de l'IRA.

La mort de ce jeune prêtre de 28 ans, le premier dans la guerre d'indépendance, choqua profondément l'opinion publique catholique en Irlande, peut-être même plus que les assassinats du « Bloody Sunday » à Dublin (21 nov. 1920), et contribua à noircir la réputation des forces britanniques en Grande-Bretagne elle-même. Ses funérailles, d'abord à Rahoon puis à Loughrea (comté de Galway), la ville épiscopale de Clonfert, furent l'occasion d'une grande manifestation antibritannique, et l'évêque de Galway, Mgr Thomas O'Dea (1858-1923), soutint que le meurtre était le commencement d'un nouveau départ dans la guerre d'Indépendance (1919-21), le début d'une attaque des forces britanniques sur la religion catholique. L'assassinat de Griffin aida ainsi l'Église catholique, auparavant suspicieuse envers l'IRA, à se distancier des Britanniques et à se rapprocher du mouvement séparatiste, et associa encore plus profondément le catholicisme à cette version du nationalisme irlandais.

Deux autres prêtres furent assassinés par des membres des forces britanniques avant la fin de la guerre – le chanoine Thomas Magner à Dunmanway (comté de Cork) le 15 déc. 1920, et le vicaire James O'Callaghan dans la ville de Cork le 15 mai 1921.

Mais ce fut principalement le meurtre du « garçon-prêtre martyr » Griffin qui frappa l'imagination catholique et républicaine. Des monuments furent érigés sur son premier lieu d'inhumation à Barna et sur sa tombe à Loughrea, et il subsiste toujours une *Father Griffin Road* à Galway et une église du souvenir à Gurteen.

SOURCES. Bureau of Military History, Dublin : dépositions de plusieurs témoins : Thomas Hynes, Michael-Francis Kelly-Mor, Mary Leech, Vera McDonnell, Joseph Togher.

TRAVAUX. F. P. Crozier, *Ireland for ever*, London-Toronto, 1932. – J. Rushe, *The martyr boy priest. Father Michael Griffin*, dans *Vexilla Regis. Maynooth's Laymen's Annual*, 9, 1961-1962, p. 60-72. – P. Ò Laoi, *Fr. Griffin 1892-1920*, s.l., 1994. – D. M. Leeson, *The Black and Tans. British Police and Auxiliaries in the Irish War of Independence, 1919-1921*, Oxford, 2011. – B. Heffernan, *Freedom and the Fifth Commandment. Catholic Priests and Political Violence in Ireland, 1919-21*, Manchester, 2014. – W. Murphy, *Griffin, Michael Joseph*, dans *Dictionary of Irish Biography*, Cambridge-Dublin, 2017 (en ligne).

B. HEFFERNAN

GUILLUY (François), maire d'Étaples (Ruitz 13 févr. 1878-Étaples, 12 nov. 1960).

Ce docteur d'Étaples est issu d'une famille de catholiques convaincus. Combattant de la guerre 1914-1918, il reçoit la croix de guerre, la médaille de l'Yser puis est fait chevalier de la Légion d'honneur. Il est l'animateur local de la section P.D.P. (Parti démocrate populaire). Élu conseiller d'arrondissement U.R.D. (Union Républicaine Démocratique), il se représente en octobre 1931, où il est de nouveau élu en tant que démocrate populaire. Le 17 juin 1932, une section intercommunale Étaples-Le Touquet-Paris-Plage est créée. Élu maire d'Étaples de 1947 à 1959, ce membre actif d'associations sportives étaploises donne son nom au stade municipal. Fervent partisan de l'école libre, membre du conseil paroissial, il est particulièrement attaché au pèlerinage de Lourdes : il fait partie des brancardiers dès sa jeunesse étudiante puis y participe comme médecin et donne régulièrement des conférences sur ce sujet. Il est fait chevalier de l'ordre de Saint-Grégoire-le-Grand. À la fin de sa vie, il aime se promener sur le port d'Étaples en récitant son chapelet. De son mariage avec Antoinette Biez sont nés huit enfants dont deux filles qui deviennent religieuses, un fils prêtre, un autre fondateur d'ordre pour handicapés, trois médecins et un pharmacien.

Archives d'Y.-M. Hilaire. – Témoignage de M. et Mme Jean Guilluy, courrier du 5 sept. 1997.

B. BÉTHOUART

JOUVE (Esprit-Gustave), prêtre français, érudit, compositeur, liturgiste (1805-1872).

Il est né au Buis-les-Baronnies (Drôme) le 1er juin 1805. Destiné par son père, notaire, au barreau, il commence son droit à Aix-en-Provence, avant d'entrer au séminaire d'Avignon puis à celui de Saint-Sulpice à Paris. Ordonné prêtre le 19 déc. 1829, il est d'abord et pour peu de temps vicaire à Valence, puis secrétaire particulier de Mgr de la Tourette et secrétaire général de l'évêché. Chanoine titulaire en 1839 et aumônier du collège de Valence de 1848 à 1851, il devient doyen du chapitre en 1868. Orateur recherché, prêtre érudit, il était membre de l'Institut des Provinces,

de la Société française d'archéologie, de la Société d'archéologie, d'histoire et de géographie de la Drôme, de l'Académie delphinale, et a participé à de nombreux congrès scientifiques organisés par Arcisse de Caumont. Il a laissé nombre d'articles consacrés à l'art, au patrimoine, à la musique, au chant, dans le *Journal de la Drôme et du Vivarais*, la *Revue de l'art chrétien*, les *Annales archéologiques*, *La Maîtrise*, *La Revue des bibliothèques paroissiales*… Il a aussi laissé des compositions religieuses : messes, cantiques, mais aussi profanes. Chaud partisan de l'adoption de la liturgie romaine, le chanoine Jouve était favorable, en ce qui concerne le chant, à une plus grande prise en compte des particularismes diocésains. Il est décédé à Valence le 20 févr. 1872.

ÉCRITS. *Exposition canonique des droits et des devoirs dans la hiérarchie ecclésiastique, considérés en eux-mêmes et dans leur application au régime actuel de l'Église de France*, Paris-Lyon, 1850. – *Guide valentinois ou Description de la ville de Valence en Dauphiné et de ses environs*, Valence, 1853. – *Du Chant liturgique, état actuel de la question, quelle serait la meilleure manière de la résoudre ?*, Avignon, 1854. – *Dictionnaire d'esthétique chrétienne, ou Théorie du beau dans l'art chrétien, l'architecture, la musique, la peinture, la sculpture et leurs dérivés…*, Petit-Montrouge, 1856. – *Du mouvement liturgique en France durant le XIXe siècle*, Valence, 1860. – *Du Théâtre et de ses diverses conditions durant le moyen âge*, Paris, 1861. – *Statistique monumentale de la Drôme, ou Notices archéologiques et historiques sur les principaux édifices de ce département*, Valence, 1867.

SOURCES. C Perrossier, *Notice bio-bibliographique sur M. l'abbé Jouve, chanoine de Valence*, dans *Revue du Lyonnais*, troisième série, 14, 1872, p. 390-406, et 15, 1873, p. 49-63. – J. Brun-Durand, *Jouve, Esprit-Gustave* dans *Dictionnaire biographique et biblio-iconographique de la Drôme*, t. 2, Grenoble, 1900-1901, p. 23-25.

TRAVAUX. B. Delpal, *Entre paroisse et commune. Les catholiques de la Drôme au milieu du XIXe siècle*, Valence, 1989, p. 213-214, 223-225.

V. PETIT

LIÉHON (Saint-Symphorien), *Lyehon, Lehon, Lieheim*, prieuré bénédictin en Lorraine dans le diocèse de Metz (département de la Moselle, arrondissement de Metz, canton de Verny, commune de Liéhon)

Ce prieuré dépendait de l'abbaye Saint-Symphorien de Metz dès 1220 et fonctionnait en 1268 comme retraite pour les religieux malades.

SOURCES. A. Longnon et V. Carrière, *Pouillés de la province de Trèves* (Recueil des historiens de France. Pouillés, 5), Paris, 1915, p. 201, 232, 279.

TRAVAUX. L. H. Cottineau, *Répertoire topo-bibliographique des abbayes et prieurés*, t. 1, Mâcon, 1935, col. 1606.

F. KEYGNAERT

LIEUTADÈS (Saint-Martin), *Lhautades, Lhautadez, Lheutades, Leotadès, Lieutadé, Lyoutades*, prieuré bénédictin dans le diocèse de Clermont, puis de Saint-Flour (institué en 1317) (département du Cantal, arrondissement de Saint-Flour, canton de Chaudes-Aigues, commune de Lieutadès).

Ce prieuré fut érigé au XIe siècle comme dépendance de l'abbaye bénédictine de La Chaise-Dieu (*cf. DHGE*, t. 12, col. 264-266). L'église actuelle fut construite au

XIVe siècle, mais elle a subi à plusieurs reprises des remaniements.

SOURCES. A. Bruel, *Pouillés des diocèses de Clermont et de Saint-Flour du XIVe au XVIIIe siècle*, Paris, 1880, p. 62, 218, 241, 253.

TRAVAUX. J.-B. Déribier du Chatelet, *Dictionnaire statistique et historique du département du Cantal*, t. 4, Aurillac, 1852-1857, p. 23. – É. Amé, *Dictionnaire topographique du département du Cantal*, Paris, 1897, p. 277. – J.-M. Besse, *Abbayes et prieurés de l'ancienne France*, t. 5, Paris, 1912, p. 282. – L. H. Cottineau, *Répertoire topo-bibliographique des abbayes et prieurés*, t. 1, Mâcon, 1935, col. 1610.

F. KEYGNAERT

LIGINIAC (Saint-Barthélemy), *Lezhinac, Leginhacum*, prieuré bénédictin dans le diocèse de Limoges, aujourd'hui Tulle (département de la Corrèze, arrondissement d'Ussel, canton de Haute-Dordogne, commune de Liginiac).

L'église de Liginiac fut construite comme prieuré de l'abbaye Le Port-Dieu, elle-même une dépendance de l'abbaye La Chaise-Dieu (*cf. DHGE*, t. 12, col. 264-266). Par défaut de sources écrites avant le XIVe siècle, on ignore la date de fondation précise. Une analyse architecturale et artistique montre cependant que l'église faisait partie d'un ensemble d'édifices romans érigés au début du XIIe siècle dans la Haute-Auvergne et le Bas-Limousin. En 1324, le prieuré fut uni à celui du Port-Dieu par l'évêque de Limoges, Gérald Roger. L'église fut alors réduite en simple église paroissiale, dont le curé fut nommé par le prieur du Port-Dieu. Le premier titulaire connu est Pierre de Rilhac (*c.* 1329-1339). L'église de Liginiac est toujours en bon état grâce aux travaux de restauration commencés au XVIIIe siècle.

SOURCES. J. Nadaud, *Pouillé historique du diocèse de Limoges*, dans *Bulletin de la société archéologique de la Corrèze*, 15, 1893, p. 71-72. – J.-L. Lemaître, *L'obituaire des prêtres filleuls de Liginiac* (Mémoires et documents du Bas-Limousin), Ussel, 1994 (compilé en 1562, puis poursuivi jusqu'au premiers tiers du XVIIe siècle).

TRAVAUX. J.-M. Besse, *Abbayes et prieurés de l'ancienne France*, t. 5, Paris, 1912, p. 212, 236. – L. H. Cottineau, *Répertoire topo-bibliographique des abbayes et prieurés*, t. 1, Mâcon, 1935, col. 1611. – J.-B. Poulbrière, *Dictionnaire des paroisses de Tulle*, 2e édition, t. 2, Brive, 1965, p. 92. – V. Valade, *Contribution à l'archéologie du paysage en Limousin : l'exemple de Liginiac (Corrèze)*, dans *Travaux d'archéologie limousine*, 18, 1998, p. 125-133. – P. Moulier et D. Marmonier, *Liginiac, une église auvergnate en Haute-Corrèze*, dans *Bulletin de la société archéologique de la Corrèze*, 128, 2006, p. 5-28.

F. KEYGNAERT

LIGNAREIX (Saint-Hermès), prieuré bénédictin dans le diocèse de Limoges (diocèse actuel de Tulle) (département de Corrèze, arrondissement d'Ussel, canton du Plateau de Millevaches, commune de Lignareix)

Ce prieuré était une dépendance de celui de Saint-Angel (*Sanctus Michael de Angelis*) qui lui devait sa fondation à l'abbaye Saint-Sauveur de Charroux.

J.-M. Besse, *Abbayes et prieurés de l'ancienne France*, t. 5, Paris, 1912, p. 213, 236. – L. H. Cottineau, *Répertoire topo-bibliographique des abbayes et prieurés*, t. 1, Mâcon, 1935, col. 1611.

G. MICHIELS †

LIGNEUX, *de Ligneu, Ligniacus*, prieuré bénédictin dans le diocèse de Lyon (département de l'Ain, arrondissement de Bourg-en-Bresse, canton de Villars-les-Dombes, commune de Saint-Jean-de-Thurigneux).

Ce prieuré, dont on ignore le vocable, doit sa fondation en 1186 à Guichard, abbé de l'Île-Barbe à Lyon (*cf. DHGE*, t. 25, col. 811-817). Suite à la donation du site castral de Ligneux par son seigneur, Étienne II de Villars, l'abbé Guichard y installa un prieur dépendant de l'Île-Barbe, qui assuma en même temps la fonction de châtelain dans la nouvelle seigneurie ecclésiastique. Ligneux resta en possession de l'abbaye de l'Île-Barbe jusqu'en 1665. Aujourd'hui, la motte castrale qui était associée avec le prieuré médiéval est toujours identifiable dans le paysage autour de la commune de Saint-Jean-de-Thurigneux.

SOURCES. A. Longnon (éd.), *Pouillés de la province de Lyon* (Recueil des historiens de la France. Pouillés, 1), Paris, 1904, p. 51. – H. de Charpin-Feugerolles et G. Guigue (éd.), *Grande pancarte ou cartulaire de l'abbaye de l'Île Barbe : suivi de documents inédits et de tables*, vol. 1, Montbrison, 1923, p. 173-178, 286.

TRAVAUX. J. Beyssac, *Abbayes et prieurés de l'ancienne France*, t. 10/1 : *Province ecclésiastique de Lyon (diocèses de Lyon et de Saint-Claude)*, Paris, 1933, p. 111. – L. H. Cottineau, *Répertoire topo-bibliographique des abbayes et prieurés*, t. 1, Mâcon, 1935, col. 1612. – *Mottes castrales de Dombes (Ain). Éléments pour un atlas*, Lyon, 1986, p. 77.

F. KEYGNAERT

LIHSIEN, préfecture apostolique en Chine dans la province du Hunan : voir LICHOW (LIZHOU), *supra*, t. 32, col. 31-32.

L'ÎLE BARBE, abbaye bénédictine dans les environs de Lyon : voir 5. ÎLE, *supra*, t. 25, col. 811-817.

LIMAY (Sainte-Trinité), prieuré de célestins dans le diocèse de Rouen (département des Yvelines, arrondissement de Mantes-la-Jolie, canton et commune de Limay).

Ce monastère fut fondé en 1376 avec le concours du roi de France Charles V, qui dota l'établissement d'une grande partie de la seigneurie de Cesseville (Eure). Il fit partie de la province française des célestins jusqu'en 1779, année de la suppression de l'ordre des célestins par Louis XVI. Malgré la suppression, il y eut encore quelques moines à Limay jusqu'à la Révolution. Il subsiste aujourd'hui la maison des prieurs, datant du XVIIIe siècle, qui fait partie du château construit au début du XIXe siècle sur les ruines de l'ancien monastère.

SOURCES. A. Utié, *Charte de fondation du couvent des Célestins de Limay près Mantes par Charles V en 1376*, dans *Bulletin du comité de la langue, de l'histoire, et des arts de la France*, 4, 1857, p. 239-249. – A. Longnon, *Pouillés de la Province de Rouen* (Recueil des Historiens de la France. Pouillés, 2), Paris, 1903, p. 65. – H. Stein, *Bibliographie sommaire générale des cartulaires français ou relatifs à l'histoire de France* (Manuels de bibliographie historique, 4), Paris, 1907 (réimpr. Cambridge, 2010), p. 319. – P. Bertrand (dir.), *CartulR – Répertoire des cartulaires médiévaux et modernes* (Ædilis, Publications scientifiques, 3), Orléans, 2006 (www.cn-telma.fr/cartulR/entite979/) (renvoi vers les sources diplomatiques).

TRAVAUX. C. Beaunier, *Abbayes et prieurés de l'ancienne France*, t. 1, Paris, 1905, p. 250 ; t. 7, 1914, p. 70-71. – L. H. Cottineau, *Répertoire topo-bibliographique des abbayes et prieurés*, t. 1, Mâcon, 1935, col. 1615. – P. Lefébure, *Le*

Début de la charte de fondation du monastère de Limay (1367), tirée de P. Lefebure, « Le monastère des Célestins de Limay », dans *Mémoires de la Société historique et archéologique de l'arrondissement de Pontoise et du Vexin*, 44, 1935, p. 97.

monastère des Célestins de Limay, dans *Mémoires de la Société historique et archéologique de l'arrondissement de Pontoise et du Vexin*, 44, 1935, p. 93-116. – É. Fosse, *Histoire de Limay, des origines à nos jours*, Limay, 1972. – L. Bresson, *Le prieuré de la Sainte-Trinité et l'église Sainte-Christine de Limay. Recherches sur une fondation mantoise de Charles V*, dans *Annales historiques du Mantois*, 6, 1979, p. 43-63.

F. KEYGNAERT

LIMINGENSE, abbaye de moniales bénédictines dans le Kent, fondée en 633, passée aux bénédictins. Voir LYMING.

LIMIRA, ancien diocèse en Lycie. Voir LIMYRA.

LIMPERGER (Tilman), augustin allemand, évêque auxiliaire de Bâle et de Constance, passé à la Réforme protestante (✝ 1535 ?).

Né à Mayence vers 1455, entré chez les augustins en 1477, il fit ses études de philosophie au couvent de Londres, fut reçu *magister artium* à Mayence avant d'obtenir son doctorat en théologie de l'Université de Bologne. Second lecteur et prédicateur au couvent de Strasbourg de 1482 à 1487, il fut nommé à la faculté de théologie de Fribourg-en-Brisgau, dont il devint le doyen en 1494, 1496-1497 et 1498. Prieur du couvent de Fribourg en 1489, il fut à deux reprises élu provincial à la tête de la province de Rhénanie-Souabe (1491-1494 et 1497-1500). Recteur et premier lecteur à Strasbourg (1493), il fut nommé, le 1er oct. 1498, auxiliaire de l'évêque de Bâle et fut sacré à Rome le 31 décembre évêque titulaire de Tripoli. En 1500, le pape l'autorisa à exercer les fonctions épiscopales également dans le diocèse de Constance. En 1507, il fut chargé par l'évêque de Constance de la visite du monastère de Klingental à Petit-Bâle (Klein-Basel).

Prédicateur à la cathédrale de Bâle de mai à novembre 1525, le chapitre lui interdit de prêcher à cause de ses tendances protestantes. En février 1527, il fut également suspendu comme évêque auxiliaire contre

L'évêque Tilman Limperger OESA en prière devant S. Augustin, estampe sur papier, 1490-1500 [Suisse (Basel?), *c.* 1498], © site Internet de la Digital Bodleian Library.

le versement d'une pension. Auteur d'un petit ouvrage sur le Purgatoire (*Canones Aurelii Augustini*), il est peut-être aussi l'auteur de l'opuscule *Was missbrauch*

Melchor Liñán de Cisneros, dans D. de Vivero et J. A. de Lavalle, *Galería de retratos de los gobernadores y Virreyes del Perú (1532-1824)*, Lima, 1891, encart entre les p. 48 et 49.

im wichbischöfflichen amt sye (Bâle, 1527). À partir de février 1529, il commença à prêcher dans le Münster de Bâle, passé à la Réforme. Il y prêcha jusqu'en 1533 et semble être mort en 1535.

W. R. Staeholin, *T. Limperger, Weihbischof von Basel, 1498-1527*, dans *Der Schweizer Familienforscher*, 14, 1947, p. 26-29. – J. Bücking, *Die Basler Weihbischöfe des XVI. Jht*, dans *Zeitschrift für schweizerische Kirgengeschichte*, 63, 1969, p. 67-91. – *Helvetia Sacra*, I-1, Bern, 1972, p. 229 ; Bâle-Fancfort-sur-le-Main, 1993, II-2, p. 514-515. – E. Gatz (dir.), *Die Bischöfe des Heiligen Römischen Reiches 1448 bis 1648. Ein biographisches Lexikon*, Berlin, 1996, p. 427-428. – C. Bosshart-Pfluger, *Limperger, Tilman*, dans M. Jorio (dir.) *Dictionnaire historique de la Suisse*, t. 7, p. 863.

L. COURTOIS

LIÑÁN DE CISNEROS (Melchor), archevêque de Lima (1629-1708).

Né à Torrelaguna (province de Madrid), le 19 déc. 1629 dans la famille du card. Cisneros, il fut promu docteur en théologie de l'Université d'Alcalá de Henares et fut successivement à partir de 1660 curé de Buitrago, de Torrelaguna et de San Salvador de Madrid, lorsque le roi d'Espagne Philippe IV le présenta en 1664 pour le siège de Santa Marta en Nouvelle-Grenade (actuellement la Colombie). Préconisé le 6 oct. 1664, il y arriva le 8 janv. 1665. Il fut transféré le 16 janv. 1668 au siège de Popayán puis, le 8 févr. 1672, à celui de Charcas (deux évêchés situés également en Nouvelle-Grenade, aujourd'hui respectivement en Colombie et en Bolivie), où il poursuivit les travaux de construction de la cathédrale et protesta contre l'esclavage auquel étaient soumis les indigènes, qu'il compara au sort réservé à leurs prisonniers par les Maures d'Alger. Il fut visiteur de l'Audience de Santa Fe jusqu'au 18 juin 1674.

Le 14 juin 1677, il fut préconisé archevêque de Lima, diocèse dont il prit possession le 14 févr. 1678. Le roi d'Espagne Charles II le nomma vice-roi du Pérou le 8 mars 1678, une fonction qu'il occupa jusqu'au 7 nov. 1681. Durant ces années, il s'occupa avec beaucoup d'attention de la situation civile et ecclésiastique. Il s'appliqua à introduire des réformes dans la ville de Lima, où l'immoralité et l'avarice étaient monnaie courante. Lors du tremblement de terre et du raz de marée qui ravagea la ville le 17 juin 1678, il se dévoua au service des fidèles. Il procéda personnellement en 1680 à la visite des provinces de Huailas, Conchucos, Huamalíes et Huánuco, où aucun évêque n'était plus venu depuis 50 ans. Il y visita 54 paroisses et confirma 6640 baptisés. En 1683, il reprit la visite de la Sierra, mais il fut obligé, du fait de crises d'asthme, de recourir à des délégués pour l'achever. Il trouvait que la situation était dans l'ensemble satisfaisante, faisant l'éloge des personnes et des institutions dans ses actes de visite. En 1691, il ouvrit à Lima un couvent des Sœurs de Nuestra Señora de Copacabana. Il faisait d'ailleurs volontiers appel aux religieux, en particulier aux oratoriens, et il aida le P. Alonso Riero, qui les avait introduits au Pérou, bien que, lorsqu'il était vice-roi, Liñán ne respectait pas la répartition imposée entre les Espagnols et les créoles lors des élections des supérieurs de couvents. Il reprocha au vice-roi Melchor de Navarra y Rocafull, qui s'inspirait du régaliste Pedro Frasso, ses ingérences dans les affaires ecclésiastiques et écrivit contre lui *Ofensa y defensa de la libertad eclesiástica* (qui fut imprimé en 1685 à Séville, car il n'en avait pas reçu l'autorisation au Pérou). Le vice-roi chargea Juan Luis López de lui répliquer mais l'écrit de ce dernier, *Discurso jurídico, teológico, histórico, político y moral con ilustración y defensa de la provisión del 20 de febrero de este año de 1684* (Lima, 1684), fut mis à l'index par Rome en 1688 à cause de ses positions régalistes. Le vice-roi Navarra y Rocafull tenta de l'écarter de Lima, lui reprochant dans sa pétition au roi « su carácter nada pacifico », mais en vain.

L'archevêque demanda l'aide d'un évêque auxiliaire et désigna pour cette fonction en 1703 son neveu Francisco de Cisneros. Il envisageait de démissionner et de revenir en Espagne mais il n'en eut pas le temps, puisqu'il décéda à Lima le 28 juin 1708, avant que sa démission n'ait été acceptée. Il laissait le souvenir d'un homme juste, défenseur des droits de l'Église et des Indiens, apôtre et réformateur de la vie religieuse du clergé et des fidèles.

Archivio Segreto Vaticano, *Acta Consistorialia* 21, f° 74r°, 184v° ; 22, f° 107r°, 108r°, 229v°, 230v° ; 23, f° 240r° ; *Processus Consistoriales*, 71, f° 655r° ; 76, f° 500r°. – J. M. Camacho, *Historia de Bolivia*, La Paz, 1906. – G. Uribe, *Los arzobispos y obispos colombianos*, Bogotá, 1918. – L. Paz, *Historia general del Alto Perú, hoy Bolivia*, Sucre, 1919. – E. Lisson Chávez, *La Iglesia de España en el Perú*, t. I-v, Sevilla, 1943-1947. – J. A. Ortiz, *Historia de la diócesis de Popayán*, Bogotá, 1945. – R. Vargas Ugarte, *Historia del Perú*, Virreinato, s.l., 1949 ; Id., *Historia del Iglesia en el Perú*, t. II, Burgos, 1960, p. 191-224. – E. Restrepo, *Historia de la Provincia de Santa Marta*, Sevilla, 1949. – A. De Egaña, *Historia de la Iglesia en la América Española. Hemisferio Sur*, Madrid, 1966, p. 300-304,

468, 474, 533, 1061, 3720. – C. E. Mesa, *La idolatría y su extirpación en la Nueva Granada*, dans *Missionalia hispanica*, 31, Madrid, 1973, p. 225-252. – P. Borges, *Historia de la Iglesia en Hispano-américa y Filipinas*, Madrid, 1992, t. I, p. 692 ; t. II, p. 310, 549-550. – C. Eubel et al., *Hierarchia catholica*, t. 4, p. 233 ; t. 5, p. 244, 317, 320. – Q. Aldéa, I. Marin et J. Vives (éd.), *Diccionario de historia eclesiástica de España*, Madrid, 1972-1975, t. I, p. 466, 871 ; t. III, p. 1976. – *Enciclopedia universal ilustrada europeo-americana*, t. XXX, p. 944-945. – *Gran Enciclopédia de Madrid Castilla-La Mancha*, t. VI, p. 1659-1660.

E. ZARAGOZA

LINARES (Gregorio), bénédictin espagnol, théologien (1769-1834).

Né à Torme (province de Burgos) en 1769, il prit l'habit le 27 mars 1790 au célèbre monastère de San Millán de la Cogola, où il fit profession religieuse le 3 avr. 1791. Il fit ses études ecclésiastiques dans les collèges de la congrégation bénédictine de Valladolid, notamment à Salamanque. Il reçut les trois ordres majeurs le 18 janv. 1795 des mains de l'évêque bénédictin de Ciudad Rodrigo, dom Benito Uría y Valdés. Il devint *lector de visperas* en théologie (1805-1808) puis majordome du monastère-université d'Irache (1808-1809) et, par la suite, régent des études aux collèges de San Andrés de Espinareda (1814-1818) et de San Vicente d'Oviedo (1818-1824) puis conventuel de San Benito de Séville, abbé du collège de San Esteban de Ribas de Sil (1828-1832) et finalement secrétaire de l'abbé général (1832-1834). Il mourut le 31 oct. 1834 alors qu'il se trouvait au prieuré de Villagarcía de Campos. Il fut inhumé à San Mancio de Rioseco (Valladolid), un prieuré qui dépendait de San Benito de Sahagún. Maître en théologie, il laissa la réputation d'un bon théologien.

Archives de la Cathédrale de Ciudad Rodrigo, *Libro de ordenaciones de evangelio*, f° 25v° ; *Libro de ordenaciones de misa*, f° 30r°. – J. Ibarra, *Historia del monasterio benedictino y de la Universidad literaria de Irache*, Pamplona, 1940, p. 531. – E. Zaragoza, *Necrologio benedictino vallisoletano (1803-1834)*, dans *Studia monastica*, 25, 1983, p. 279 ; Id., *Monacologio emilianense (1500-1833)*, dans *Ibid.*, 29, 1987, p. 327 ; Id., *Los generales de la Congregación de San Benito de Valladolid*, t. VI, Silos, 1987, p. 454 ; Id., *Profesores del colegio benedictino de San Vicente de Oviedo (1617-1836)*, dans *Boletín del Instituto de Estudios Asturianos*, 137, 1991, p. 354 ; Id., *Nombramientos de cargos en los últimos capítulos generales de la Congregación de Valladolid (1814-1834)*, dans *Compostellanum*, 46, 2001, p. 252 ; Id., *Abadalogio del monasterio de San Esteban de Ribas de Sil (Siglos X-XIX)*, dans *Ibid.*, 47, 2002, p. 398.

E. ZARAGOZA

LINARES (San Miguel), monastère bénédictin de type familial dans les Asturies, situé à 6 km à l'est de Salas.

En 1047, il appartenait à Doña Mayor Osóriz, appelée également Faquilo. Nous ignorons la date de sa fondation et le nom des fondateurs mais c'était sans aucun doute un monastère familial.

Rien ne subsiste des anciens bâtiments. Il a été restauré complètement au début du XIXe siècle en style Renaissance, bien perceptible dans ses cours, son clocher et ses murs.

Il dépendait de l'abbaye de San Salvador de Cornellana (Salas).

G. De Argaiz, *La soledad laureada por San Benito y sus hijos y teatro monástico de la Provincia de Asturias y Cantabria*, t. VI, Madrid, 1675. – C. M. Vigil, *Asturias monumental epigráfica y diplomática*, Oviedo, 1887. – A. Floriano Cumbreño, *Cartulario del monasterio de Cornellana*, Oviedo, 1949. – M. G. Martínez, *Monasterios medievales asturianos (Siglos VIII-XII)*, Gijón, 1977, p. 106. – R. Arias del Valle, *Monasterios documentados en el archivo capitular de Oviedo*, dans *Memoria Ecclesiae*, 7, Oviedo, 1995, p. 373.

E. ZARAGOZA

LINCIENSIS *Ecclesia*, diocèse en Autriche. Voir LINZ.

LINCK (Bernhard), abbé cistercien de Zwettl (1606-1671).

Né à Breslau (Wrocław) le 13 août 1606, il est reçu en 1630 à l'abbaye de Zwettl (région de Waldviertel, en Basse-Autriche) sous le nom de Malachie. Ayant fait profession le 1er nov. 1631, il sera sous-prieur et camérier de son abbaye avant d'en devenir le 50e abbé en septembre 1646. Homme très cultivé, il est l'auteur de diverses études historiques sur son abbaye. On lui connaît ainsi des *Annales Austrio-Clara-Vallenses, seu fundationis monasterii Clarae-Vallis Austriae, vulgo Zwetl, ordinis cisterciensis initium et progressus*, pour lesquelles il s'est servi en partie de chroniques existantes. Ces *Annales* seront éditées plus tard à Vienne (1723-1725) sur ordre de l'abbé Melchior von Zaunagg. Il meurt en son monastère le 19 nov. 1671.

Allgemeine Deutsche Biographie, t. XVIII, p. 713-714. – St. Roessler, *Xenia Bernardina*, t. III, Wien, 1891, p. 139, 159, 166. – É. Brouette, A. Dimier et E. Manning (dir.), *Dictionnaire des auteurs cisterciens*, Rochefort, 1975-1979, p. 455.

G. MICHIELS[†]

LINCKE (Wenzeslaus), augustin allemand passé à la Réforme (1483-1547). Voir LINCK.

LINCOLN, Diocese in Nebraska, USA.

A rural diocese located in the heart of the Great Plains, the Diocese of Lincoln comprises approximately the southern third of the state of Nebraska, 35 counties and parts of 5 other counties spread over 23,844 square miles south of the Platte River.

I. EARLY HISTORY. Both Spain and France laid theoretical claims to sovereignty over present-day Nebraska during various stages of their colonial empires in North America, but neither country made any serious attempt at colonization. In 1720 a Spanish expedition suffered heavy losses at the hands of the Indians near the present-day city of North Platte. Among the dead was the Franciscan chaplain, Juan Mingues. For most of the following century the only European presence was that of French-Canadian fur trappers, who traversed the region and sometimes married Indian women. In 1803 the area passed under the political control of the United States as part of the Louisiana Purchase. Ecclesiastical jurisdiction now shifted from the previous shadowy Spanish and French claims to the diocese of Baltimore, then to the Diocese of New Orleans (1815), and to the Diocese of St Louis (1827).

Missionary efforts among the Indians of Nebraska date from the establishment on 12 Sept. 1837 of St

Thomas Bonacum (1847-1911), first bishop of Lincoln, in J. Gilmary Shea, *The Hierarchy of the Catholic Church in the United States…*, New York, 1886, p. 413.

Joseph's Mission in what is now Council Bluffs, Iowa, across the Missouri River from Nebraska. From there Jesuit missionaries made periodic forays into Nebraska and, on 4 July 1838, Fr. Pierre-Jean De Smet, S.J., the legendary Belgian-born missionary, administered the sacraments in Nebraska for the first time when he baptized two Indian infants. In 1841 St Joseph's Mission was closed, reflecting the shift in the focus of pastoral care from the diminishing number of Indians to the European immigrants, who were arriving in increasing numbers.

The first permanent white settlement in Nebraska, Bellevue, dates from 1823. Ten years later, the U.S. government purchased all the Indian lands south of the Platte River, initiating a process of white encroachment that led in 1867 to the surrender of all land claims by the Indians in Nebraska, although armed conflict between whites and Indians continued until the 1880s in western Nebraska. Meanwhile, in 1854 the U.S. Congress established the Territory of Nebraska, which further spurred white settlement, as did the construction of the transcontinental railroads across Nebraska and the Homestead Act of 1862, providing free land to settlers. By 1867 the white population was sufficiently numerous for Nebraska to be admitted to the Union as the 37th state with the capital located in Lincoln.

The growth of the Catholic population in the Great Plains led in 1850 to the creation of the Vicariate Apostolic of the Territory East of the Rocky Mountains, a vast missionary diocese from which the Vicariate Apostolic of Nebraska was detached in 1857. The Vicariate Apostolic of Nebraska (erected into the Diocese of Omaha in 1885) was itself a huge diocese from which other several vicariates and dioceses were soon created, among them, the Diocese

of Lincoln on 2 Aug. 1887. Thomas A. Bonacum, a native of Ireland, was installed as the first bishop on 21 Dec. 1887.

II. DIOCESE OF LINCOLN. Nebraska prospered in the 1880s, and the population more than doubled, as the availability of cheap land, the construction of additional railroads and abundant rainfall attracted immigrants to the state. In the new diocese of Lincoln, only about 5 percent of the population of approximately 500,000 was Catholic with 29 parishes and 32 priests to serve them. Moreover the Catholics were scattered over a vast area and often divided by internal ethnic conflicts among Irish, German and Czech immigrants. Most of the church buildings were flimsy frame structures; one was a log cabin and another was constructed of prairie sod. More than one-third of the counties had no resident priest at all. Moreover, the depression that crippled the American economy in the mid-1890s was especially severe in Nebraska where it was aggravated by drought and crop failure.

With the return of prosperity in the early twentieth century, Lincoln proceeded to make slow but steady progress, and in 1950 the Catholic population numbered 39,695. After Vatican Council II the diocese of Lincoln acquired the reputation of being one of the most conservative dioceses in the United States and one of the most successful in attracting candidates to the diocesan priesthood. Like other dioceses in the Great Plains, it has suffered from the decline in the rural population as farms have become larger in size and fewer in number. In 2000, 31 of the 35 counties located entirely within the diocese had a smaller population than they did in 1890. However, the decline in the rural population has been offset by the increase in the urban population, especially in Lincoln, the state capital, the site of the state university, and second largest city in the state. While the total population has remained relatively stable since the founding of the diocese, the Catholic population has virtually quadrupled.

The successors to Bishop Bonacum (1887-1911) have been J. Henry Tihen (1911-1917), Charles J. O'Reilly (1918-1923), Francis J. Beckman (1924-1930), Louis B. Kucera (1930-1957), James V. Casey (1957-1967), Glennon P. Flavin (1967-1992), Fabian W. Bruskewitz (1992-2012), and James D. Conley (2012-present). In 2003 the diocese had 150 diocesan priests, 7 religious priests, 2 permanent deacons, 1 brother, 133 sisters, 31 elementary and high schools, and 3 hospitals. The Catholic population numbered 89,412 or 16.5 percent of the total population of 539,348. Only 85 of the 136 parishes had resident pastors, reflecting the decline in the rural population and the decision to maintain the parishes as missions rather than close them.

G. Garraghan, *The Jesuits of the Middle United States*, 3 vols, New York, 1938. – H. Casper, *History of the Catholic Church in Nebraska*, 3 vols, Milwaukee, 1960-1966. – L. Gossen, *History of the Catholic Church in the Diocese of Lincoln, Nebraska, 1887-1987*, Lincoln, 1986. – M. Glazier and Th. J. Shelley (eds), *Encyclopedia of American Catholic History*, Collegeville (Minn.), 1997, pp. 1024-1028. – *New Catholic Encyclopedia*, 2nd edition, t. X, 2003, p. 220. – *Official Catholic Directory*, 2003, p. 654. – *Nebraska 2000: 2000 Census of Population and Housing*, Washington (D.C.), 2003. – The website of the diocese of Lincoln. – J. Höfer and

K. Rahner (eds), *Lexikon für Theologie und Kirche*, Freiburg im Breisgau, t. VI, col. 1162.

TH. J. SHELLEY

LINCOPENSIS *Ecclesia*, diocèse en Suède. Voir LINKÖPING.

LINDEN (Jakob), jésuite allemand, promoteur du catéchisme unifié (1853-1915).

Né le 10 mai 1853 à Heimersheim an der Ahr (Rhénanie-du-Nord-Westphalie), il fit ses humanités à Trèves et entra, le 30 sept. 1874, dans la Compagnie de Jésus au noviciat d'Exaeten aux Pays-Bas (commune de Baexem, dans le Limbourg hollandais). Il fit ses études philosophiques et théologiques dans les maisons allemandes et anglaises de l'ordre des jésuites et fut ordonné prêtre le 20 août 1887 à Ditton-Hall (comté de Cheshire, Angleterre). Le *Kulturkampf* de Bismarck avait en effet obligé les jésuites allemands et leurs étudiants à se réfugier en Angleterre. Il fit sa profession solennelle le 2 févr. 1892 à Wijnandsrade dans le Limbourg hollandais.

Peu après son ordination sacerdotale, il fut chargé de continuer le travail catéchétique du P. Joseph Deharbe (1800-1871), un travail pour lequel ses nombreuses connaissances et son excellent jugement le destinaient tout spécialement. Au cours des 28 années suivantes, en dépit de nombreuses difficultés et aussi de diverses oppositions, il travailla avec succès à son catéchisme, qui devint finalement le catéchisme unique pour tous les diocèses de Bavière. Dans l'entretemps, il fut également actif dans des tâches administratives et dans le ministère pastoral. Chaque fois que les occasions se présentaient, le P. Linden se rendait dans les écoles pour y accumuler les expériences sur les enfants et sur le catéchisme. Il enseigna régulièrement pendant 8 ans dans 7 diocèses différents. Il a réagi efficacement face à certaines particularités de la méthodologie de l'enseignement religieux et a proposé d'utiles suggestions.

Le P. Linden s'était préparé avec soin à sa mission. En témoignent la riche bibliothèque catéchétique qu'il avait rassemblée dans ce but, et aussi la préface longue de 47 pages qu'il plaça en tête de la première édition, publiée en 1900, du catéchisme réformé de Deharbe. Mais par la suite, il s'appliqua infatigablement à améliorer son travail, s'efforçant d'approcher le plus possible la perfection, comme le prouvent sa correspondance et les nombreux projets d'amélioration qu'on trouve dans les papiers qu'il laissa à sa mort. Bien que dans l'introduction de la réédition de 1913 de son catéchisme, il déclare son travail achevé, on trouve dans ses papiers un projet de remaniement important, ce qui démontre avec quel soin il avait pris son travail à cœur.

Après Deharbe, dont il a poursuivi le travail, il a connu le plus grand succès de l'époque moderne en matière de catéchisme, car son œuvre (le catéchisme et les manuels de religion) se répandit dans les quatre parties du monde en non moins de 8 langues. Il mit également à jour l'explication en 3 volumes du catéchisme et de l'histoire de l'Église. Il publia en outre, sous le pseudonyme de « Dr. J. Schmitz » (c'était le nom de famille de sa mère) une *Kleine Apologetik* qui, à sa mort, avait été traduite en français, en néerlandais, en italien, en polonais et en russe. Sous le même pseudonyme, il publia encore un *Erweitertes Katechismus* destiné aux classes supérieures

des collèges, qui atteignit sa 14ᵉ édition en 1926. Enfin son ouvrage *Die Wahreit der katolischen Religion* fut imprimé en allemand à plus de 100 000 exemplaires et traduit en anglais, en polonais et dans d'autres langues encore. L'influence de Linden dans l'unification des catéchismes a été importante. Son énorme succès s'explique par son réalisme face aux discussions de principe : il se contentait de ce qui est réalisable, bien conscient que, pour passer de l'ancien au nouveau, il faut ne pas voir trop grand si l'on veut être suivi par le plus grand nombre.

Depuis ses années d'études, le P. Linden souffrait des nerfs. Ce fut sa force et sa faiblesse. Il passa périodiquement de phases d'activité fébrile à des périodes de totale incapacité de travail. En 1915, une brusque perte de ses forces l'obligea à quitter Valkenburg, où il résidait depuis 1914, pour être transporté à la clinique Ste-Élisabeth à Aix-la-Chapelle, où il décéda le 4 nov. 1915.

ÉCRITS. Dr. J. Schmitz (éd.), *Der erweiterte Deharbesche Katechismus für die Mittelklassen der Gymnasien und die entsprechende Stufe anderer höherer Lehranstalten*, Regensburg, 1895. – Verfasser des « erweiterte Katechismus » Dr J. Schmitz (dir.), *Deharbes katholischer Katechismus für Volksschulen*, Regensburg, 1896. – *Kleine Apologetik*, Regensburg, 1896. – *Der mittlere Deharbesche Katechismus, als Versuch zur Lösung der Katechismusfrage* neu bearbeitet von Jakob Linden S.J., als Manuskript gedruckt, Regensburg, Roma-New York, 1900. – *Katholisches Religionsbüchlein für die Unterklassen der Volksschulen des Erzbistums Bamberg*, München, 1909. – *Erwiderung auf zwei Katechismus-Kritiken*, Regensburg, 1909. – *Grosser Katechismus mit einem Abriss der Kirchengeschichte für die reifere Jugend und für Erwachsene*, Regensburg, 1906. – *Die wichtigsten Unterscheidungslehren. Eine Beilage zum Katechismus*, Paderborn, 1905. – *Il catechismo unico. Vantaggi e difficoltà*, dans *La Civiltà Cattolica*, 56/2, 1905, p. 385-401. – *Die leibliche Aufnahme Mariä in den Himmel*, dans *Zeitschrift für katholische Theologie*, 30, 1906, p. 201-226. – *Zur Geschichte des Einheitskatechismus*, dans *Katechetische Blätter*, 37, 1911, p. 7-12. – *Die Wahrheit der katholischen Religion. Grund- und Unterscheidungslehre, dargestellt für die heranwachsende Jugend*, Paderborn, 1912. – *Die Heilige Schrift für das Volk erklärt*, I : *Geschichte des Alten Bundes*, 4ᵉ édition, Klagenfurt, 1913. – *Zur Revision des Einheitskatechismus*, dans *Katholische Blätter*, 40, 1914, p. 148-152.

TRAVAUX. F. J. Knecht, *Zur Katechismusfrage mit besonderem Hinblick auf die Bearbeitung des Deharbeschen Katechismus von P. Linden*, Freiburg im Breisgau, 1908. – J. Göttler, *P. Linden zum Gedächtnis*, dans *Mitteilungen aus den deutschen Provinzen der Gesellschaft Jesu*, 7, 1917, p. 292-297. – W. Busch, *Der Weg des deutschen katholischen Katechismus von Deharbe bis zum Einheitskatechismus*, Freiburg im Breisgau, 1936. – *Neue Deutsche Biographie*, t. XIV, p. 591-592. – *Biographisch-bibliographisches Kirchenlexikon*, t. V, col. 76-79. – W. Kasper (dir.), *Lexikon für Theologie und Kirche*, t. VI, col. 939-940. – Ch. E. O'Neill et J. M. Domínguez (dir.), *Diccionario histórico de la Compañía de Jesús biográfico-temático*, t. III, Roma-Madrid, 2001, p. 2358-2359.

R. HAUB

LINDENSTUMPF (Nicolas), *Offenburg, Sunenschin, Sunescheyn* (c. 1380-mort après 1454), juriste de l'évêché de Strasbourg.

Né à Strasbourg dans une famille originaire d'Offenburg (Pays de Bade), Nicolas Lindenstumpf fit des études supérieures à Vienne de 1396 à 1398, y obtenant le baccalauréat ès arts, puis à Paris en 1403 pour la maîtrise, enfin de 1407 à 1410 à Bologne,

Buste du prof. Theodor Schwann par H. Linderath, Université de Liège, reproduction avec l'aimable autorisation de Mme Hilde De Clercq, directeur général a.i. de l'Irpa, © KIK-IRPA, Bruxelles.

où il acquit le grade de licencié en droit canon. De retour dans sa ville natale, il y devint procureur près de l'officialité ; les autorités strasbourgeoises lui confièrent, avec d'autres confrères, la défense de leurs intérêts dans le procès qui les opposait à l'évêque Guillaume de Diest pour des dilapidations. Le concile de Constance le jugea cependant non coupable. Lindenstumpf devint vers 1424 official de l'évêché, fonction qu'il garda jusqu'en 1441, date à laquelle les raisons de santé probablement l'amenèrent à donner sa démission. L'évêque l'avait chargé de le représenter au concile de Bâle en 1431.

En 1421, il avait obtenu du Saint-Siège la paroisse d'Offenburg où il possédait déjà une chapellenie. Depuis 1419, il était chanoine de la collégiale de Saint-Thomas, dont il devint tour à tour trésorier puis doyen. Plus tard, il échangea sa prébende de Saint-Thomas contre un canonicat à Saint-Pierre-le-Jeune, autre collégiale strasbourgeoise. On conserve un manuscrit dans lequel il avait transcrit entre 1417 et 1418 des lettres de diverses provenances, en particulier celles de Pierre de Blois ; beaucoup de ces missives datent de la fin du XIVe et du début du XVe siècle. Peut-être ce recueil devait-il servir de modèle à celui qui l'avait constitué. D'après les documents d'archives, il était encore vivant en 1454.

Archives départementales du Bas-Rhin G 4918. – Ch. Schmidt, *Histoire du chapitre de Saint-Thomas*, Strasbourg, 1860, p. 272. – G. Knod, *Deutsche Studenten in Bologna*, Berlin, 1899, n° 2624. – H. Kaiser, *Die Briefsammlung des bischöflichen Offizials Nikolaus Lindenstumpf aus Strassburg*, dans *Zeitschrift für die Geschichte des Oberrheins*, 1902, p. 17-36. – E. L. Stein, *Die Geschichte des Kollegiatstiftes Jung St.-Peter zu Strassburg*, Freiburg im Breisgau, 1920, p. 124 et sv. – R.-P. Levresse, *L'officialité épiscopale de Strasbourg (1248-1597)*, Strasbourg, 1972, p. 364-366. – F. Rapp, *Réformes et Réformation à Strasbourg. Église et société dans le diocèse de Strasbourg (1450-1525)*, Paris, 1974, p. 135 ; Id., *Lindenstumpf (Offenburg, Sunenschin, Sunescheyn) Nicolaus*, dans J.-P. Kintz (éd.), *Nouveau Dictionnaire de Biographie Alsacienne*, n° 24, *Leo à Lon*, Strasbourg, 1995, p. 2385. – *Repertorium fontium historiae medii aevi*, t. VII, p. 301-302.

F. RAPP

LINDERATH (Hugo), frère lai franciscain, sculpteur (1828-1906).

Né le 14 juin 1828 à Gladbeck (district de Münster, Rhénanie-du-Nord-Westphalie.), Hugo entra en 1854 chez les frères mineurs. Il commença sa carrière religieuse et artistique au monastère franciscain de Warendorf (Münster) dès le milieu des années 1850. Pour ce monastère, il sculpta un Christ en Croix dans le jardin (1860), une Vierge, un S. Antoine, et un S. François. Ayant perçu son talent, de 1862 à 1865, ses supérieurs l'envoyèrent étudier la sculpture à l'Académie des Nazaréens de Düsseldorf, école qui influença notablement sa production artistique ultérieure. Il y eut notamment comme maîtres Ernst Deger (1809-1885) et Franz Ittenbach (1813-1879).

Pour l'église conventuelle des franciscains de Düsseldorf, on lui est redevable d'un autel du Rosaire de style gothique, d'une statue du Sacré-Cœur et de divers groupes pour le chemin de croix. À l'entrée de l'église conventuelle des franciscaines de Kaufbeuren (Bavière), il laisse un relief commémoratif en marbre en l'honneur de Ste Maria Crescentia Höss, tertiaire franciscaine (1682-1744). Il créa également une statue en marbre pour l'église romane Saint-Quirin de Neuss (Rhénanie-du-Nord-Westphalie), ainsi que plusieurs statues pour le collège Sint-Ludwig de Dalheim (Limbourg hollandais).

À la demande de la famille du biologiste et anatomiste allemand Theodor Schwann (1810-1882), qui fut professeur à l'Université catholique de Louvain et à l'Université de Liège, il réalisa une buste en marbre de Schwann qui fut offert à la bibliothèque de l'Université de Liège le 11 janv. 1883, en présence du Recteur et d'un grand nombre de professeurs.

Il s'était lié d'amitié avec le portraitiste allemand Franz Thöne (1851-1906) qui exécuta d'ailleurs le portrait de son ami Hugo. En 1888, ils avaient effectué ensemble un séjour à Rome.

Hugo Linderath remit son âme à Dieu le 19 août 1906 à Düsseldorf. Il est enterré au cimetière de Stoffeln de la ville.

C. Smith, *Bruder Hugo Linderath*, Düsseldorf, 1906. – F. Dücker, *Kirchliche Kunst*, dans *Pastor Bonus. Zeitschrift für kirchliche Wissenschaft und Praxis*, 27, 1914-1915, p. 465-474, spéc. p. 467-469. – H. Vollmer (dir.), *Allgemeines Lexikon der Bildenden Künstler von der Antike bis zur Gegenwart*, t. 23, *Leitenstorfer-Mander*, Leipzig, 1929, p. 245. – W. Kosch, *Das Katholische Deutschland. Biographisch-bibliographisches Lexikon*, t. 2, Augsburg, 1933, p. 2618. – L. Fredericq, *Théodore Schwann (1848)*, dans L. Halkin (éd.), *Liber Memorialis. L'Université de Liège de 1867 à 1935. Notices biographiques*, t. 3, Liège, 1936, p. 24. – W. Killy et R. Vierhaus (dir.), *Deutsche Biographische Enzyklopädie*, t. 6, *Kogel-Maxsein*, München, 1997, p. 405. – J. Busse (dir.), *E. Bénézit. Dictionnaire critique et documentaire des peintres, sculpteurs, dessinateurs et graveurs...*, t. 8, *Köster-Magand*, Paris, 1999, p. 679. – J. Höfer et K. Rahner (éd.), *Lexikon für Theologie und Kirche*, t. 6, col. 1063.

E. LOUCHEZ

LINDET (Robert-Thomas), né à Bernay (Eure) le 12 nov. 1743 (et non le 13, jour de son baptême) ; mort à Bernay, le 10 août 1823, évêque constitutionnel de l'Eure.

D'une famille de négociants aisés dans le commerce de la bure et du bois, bien ancrés dans la ville de Bernay, naquirent quatre enfants : en 1743, Robert-Thomas ; le 2 mai 1746, Jean-Baptiste-Robert ; en 1751, Marie-Anne-Thérèse (la plus pieuse de la famille) ; en 1752, François.

L'intimité des deux aînés, révélée par une correspondance suivie (une partie seulement a été éditée) est aussi grande que la similitude de plusieurs moments de leurs carrières : tous deux conventionnels et tous deux avocats à Bernay, à partir du Consulat. L'usage les a ainsi distingués : Thomas, l'ecclésiastique ; Robert, le juriste. Remarquons tout de suite qu'après 1793, Thomas semble vivre dans l'ombre de son cadet, non faute de caractère, mais par une forte propension à un conformisme social et politique qui pousse ce modéré à poser des actes excessifs, au gré des courants d'une gauche républicaine.

Bons élèves au collège Sainte-Croix de Bernay, Robert part prendre ses grades à la faculté de droit de Caen pendant que Thomas, peut-être avec une bourse du diocèse de Lisieux dont il dépend, entame une carrière ecclésiastique à Paris en 1763. Licencié ès Arts le 9 déc. 1766, il est tonsuré 18 jours plus tard. Après des études à Saint-Sulpice jusqu'à son ordination sacerdotale en 1772, il devient prêtre habitué à Sainte-Marguerite pour achever son doctorat en théologie à la Sorbonne jusqu'en 1776, année de son retour à Bernay. De son séjour parisien, il tire des impressions contradictoires. Séminariste, il a été admis dans la Communauté des Robertins, celle des élèves « sans naissance, sans fortune et sans espoir de bénéfices » où la discipline est exigeante et la vie austère. Il en conçoit une aversion « pour les séminaires dirigés par des hommes qui prennent le cagotisme pour la religion » (lettre du 8 déc. 1790). Dans la paroisse Sainte-Marguerite, petite et démunie, il découvre la misère des indigents et des chômeurs des faubourgs de l'Est parisien. Il participe aux soupes populaires distribuées par les capucins du quartier.

Une expérience bienfaisante qui va lui être utile à Bernay, ville de 6500 habitants affligée de 2000 ouvriers touchés par la crise du textile. Le voici curé congruiste de Sainte-Croix. La légende a fait de Thomas un curé « plongé dans la misère » (A. Turpin), donc voué à des idées de réformisme social. Une étude récente (J.-M. Soulas) permet de refaire les comptes. Certes, Thomas est bien à portion congrue (réévaluée à 700 livres par déclaration royale du 2 sept. 1786), sans commune mesure avec les 57 000 livres du revenu de l'abbé commendataire dont dépend Sainte-Croix. Mais, avec le casuel, les grosses et menues dîmes (lesquelles il abandonna en 1783), le revenu de Thomas Lindet atteint 1300 livres, au minimum, en 1786. Le double du revenu de son confrère de la paroisse voisine de Notre-Dame de la Couture. Il peut même aider, à l'époque, son

Portrait gravé de Thomas Lindet, tiré de A. Montier, *Correspondance de Thomas Lindet pendant la Constituante et la Législative (1789-1792)*, Paris, 1899, en frontispice.

frère Robert, tout en multipliant les générosités pour l'amélioration urbaine de Bernay (déplacement du cimetière, digue, etc.).

Plutôt que de son sort, Thomas se fait l'écho des « syndicats » de curés congruistes qui élèvent la voix dans cette fin d'Ancien Régime : Bretagne, Normandie, Dauphiné. Dans un discours du 4 nov. 1781, devant une assemblée d'ecclésiastiques, il s'exclame : « qu'il plaise aux Puissances de faire refluer sur la portion du clergé destiné au service des paroisses l'excès de richesses possédées par le clergé honoraire ou surnuméraire ».

Avec ce pavé dans la mare de tous les ecclésiastiques prébendés, le curé Lindet ne fait que dire tout haut ce qu'un bas-clergé pense tout bas. On ne l'oubliera plus. En 1789, il rédige, seul, le cahier du clergé pour le bailliage d'Évreux pendant que Robert s'attelle à celui du Tiers-État. Comme souvent ailleurs, les élections ecclésiastiques aux États généraux sont mouvementées. Il est élu second, le 27 mars, derrière J.-J. de la Lande, curé d'Illiers-l'Évêque et future victime des massacres de septembre. Mgr de Narbonne-Lara, évêque d'Évreux, ne décolère pas. Non seulement les électeurs du clergé ont fait fi de sa noblesse, mais ils ont donné la vedette à ce curé transfuge du diocèse de Lisieux (supprimé en 1790). Comme tant d'autres, Thomas va-t-il profiter de son succès pour briller sur la scène nationale ? Il a bien rejoint les curés patriotes, décidés à réunir tous les ordres en une Assemblée nationale ; il se place au côté « gauche » mais suit le courant, un peu perdu au milieu des évènements et des tribuns, comme il l'écrit à Robert. Il n'intervient jamais et publie ses *Opinions* non prononcées à la tribune à l'usage de sa famille et de ses chers Bernayens. C'est toujours à eux qu'il pense, à leurs réactions qu'il craint. Notamment son *Opinion*, long justificatif de 15 pages de son serment constitutionnel prêté le 27 déc. 1790. Il lui importe, avant tout, d'entreprendre l'évolution des mentalités conservatrices de sa ville en faveur du nouveau régime afin d'être adopté en tant que « prêtre-citoyen ».

Il esquisse son idée simple qu'il développera en 1792 : « l'État a le droit de veiller sur la manière dont l'Église est administrée, d'en régler la dépense, de réprimer les abus qui s'y introduisent ». Toutefois son conformisme étatique l'amène à une audace qui va étonner tout le monde, tellement elle est en discordance avec sa posture de modéré et son inquiétude quasi maladive au sujet d'une estime provinciale qu'il quête sans cesse. Outrepassant la doctrine et les textes de la Constitution civile du clergé, Lindet va prétendre que l'État peut mettre la main sur des matières quasi sacramentelles, tel le célibat des prêtres. Vieux débat, réactivé au XVIIIᵉ siècle par des canonistes surtout qui rappellent qu'en Occident, le célibat ecclésiastique n'est qu'un problème disciplinaire et nullement une question dogmatique.

Rien n'annonce le « scandale » lorsque Thomas, pas fâché d'en finir avec sa tâche de constituant, est pressenti pour le siège épiscopal d'Évreux. Cette rumeur le trouble désagréablement. En ce mois de février 1791, Thomas ne se remet toujours pas de la mort de son père, il redouble d'attention anxieuse à l'égard de la santé de Robert et encore plus du benjamin François affecté de troubles psychiques. Plus que jamais, Bernay représente ce cocon familial dont il n'aurait jamais voulu sortir ; encore moins pour s'installer à Évreux, la cité rivale. Procureur-syndic du département de l'Eure, Robert, au contraire, met tout en œuvre pour aboutir au succès électoral de Thomas. Celui-ci, très las et fragilisé, expose à son frère les motifs de son probable refus. Si l'affaire venait à aboutir, « je vous prie de déclarer alors à ces messieurs les électeurs du département que je puis mieux m'acquitter de la reconnaissance qu'ils m'imposent, qu'en acceptant pas un emploi au-dessus de mes forces et en les priant de procéder immédiatement à une nouvelle élection »… Mais en même temps resurgit sa hantise d'une mauvaise interprétation de son refus par les patriotes de l'Eure. Dites-leur bien « que je regarde comme légitimes et conformes à l'esprit de la religion les élections faites selon le décret sur la Constitution civile du Clergé ; je déclare que je regarde comme déchus de leurs emplois ceux que la loi civile rend inhabiles à les posséder ». Ultime précaution pour qu'on ne le croie pas complice des prêtres réfractaires et de l'évêque « légitime » d'Évreux, Mᵍʳ de Narbonne (lettre du 7 févr. 1791).

De toute sa vie, semble-t-il, Thomas n'aura pas de cas de conscience pour conflit idéologique. C'est avec ses fêlures psychiques qu'il se bat. Malgré lui, en somme, l'assemblée électorale d'Évreux le désigne, le 15 mars, au troisième tour par 238 suffrages contre 180 donnés au curé de Conteville, Rever, candidat enthousiaste, lui. La démocratie électorale a ravivé la popularité de Thomas. Sacré à Notre-Dame de Paris, le 6 mars, il prend possession de son siège, le 27, et publie immédiatement sa *Lettre pastorale aux fidèles de son diocèse* (Paris, 1791, 26 p.). Elle accompagne sa première visite pastorale du 30 mars au 3 avril.

Subitement, le velléitaire fait place à un pasteur résolu et zélé. Il avait prévenu Robert avoir « retrouvé le calme et le repos » (lettre du 8 mars) depuis son arrivée à Paris. Il se paie d'ironie à l'égard d'un haut-clergé,

en particulier Mᵍʳ de Narbonne-Lara qui se retirera, en 1791, dans sa famille encore dotée d'une belle fortune. « Dans les villes comme Évreux, l'évêque constitutionnel avec son traitement aura peine à soutenir la concurrence avec un évêque anti-constitutionnel qui, dit-on, se trouve encore plus riche de 40 000 livres de rentes avec lesquelles, il peut se faire des prosélytes ». Décidément les affaires de gros sous attisent toujours la hargne de l'ex-curé normand.

Le département de l'Eure est l'un des plus favorisés en personnel constitutionnel, dans cette Normandie qui s'affiche plutôt, sur la carte nationale, comme une zone réfractaire. Avec une moyenne départementale de 59% de prêtres assermentés (Évreux, 63% contre Bernay, 58%) le diocèse dépasse la moyenne nationale. En février 1792, Thomas noircit volontairement le tableau pour influencer Robert, député à la Législative : « Je vais faire quelques prêtres : ma pépinière est bientôt épuisée, je ne pourrai pas fournir à toutes les demandes. Nous serons bientôt forcés d'ordonner de bons citoyens pères de famille, si nos séminaires ne se remplissent pas. Si vous décrétez qu'il n'y aura qu'un séminaire par métropole [titre I, art. 11 de la Constitution civile du clergé], vous ferez aussi bien de décréter la suppression entière : l'effet sera à peu près le même » (lettre du 17 févr. 1792).

Une ordination d'hommes mariés ? La question avait été soulevée parmi les membres du presbytère du département du Nord, à peu près à cette date. La consultation s'était conclue le 29 mars, par un avis tout à fait négatif, conforme à la doctrine de l'épiscopat constitutionnel. Thomas, en avançant son hypothèse, anticipe sur la loi du 20 sept. 1792 autorisant le mariage des prêtres. Visiblement l'évêque d'Évreux n'en est nullement choqué, au point de rapporter ce ragot : « L'abbé Fauchet, du Calvados, est donc arrivé, hier, précédé de la réputation d'avoir femme et enfants ; il faut qu'il s'en tienne encore à l'incognito… Je ne sais si sa dame est du voyage » (lettre du 21 mai 1791). Or, le 28 oct. 1792, à la Convention, Fauchet s'élève contre le mariage des prêtres et traduit sa protestation en un mandement épiscopal.

Entre les deux évêques s'est établie une paix armée. Fauchet est un des leaders de la Gironde, ce qui lui vaudra la guillotine, et ami de Buzot qui a contrecarré sans cesse les Lindet dans leur insistance à faire de Bernay, et non Évreux, le chef-lieu de l'Eure. Les Lindet siègeront avec les Montagnards à la Convention. En bon collègue, Lindet a échangé quelques paroisses avec Fauchet pour atténuer le sérieux déficit de prêtres constitutionnels dans le Calvados (39% en février 1791 ; 37% en septembre 1792). Il use d'un humour quelque peu condescendant pour mander à Robert, le 18 mars 1792 : « Mon frère, je viens d'ordonner vingt prêtres. M.M. de Calvados sont toujours aux aguets de mes ordinations et ont une pépinière inépuisable. Il est vrai que ces messieurs en ramassent de toutes les extrémités du monde », et peu importe la qualité ! Ainsi d'un comédien à Bayeux, originaire de Perpignan. Thomas a fait remarquer à son collègue du Calvados : « un comédien peut être actuellement un bon citoyen, mais je ne crois qu'il pût être un bon prêtre ».

Ainsi Thomas exige-t-il des critères de qualité pour admettre un homme au sacrement de l'Ordre ! Le plus stupéfiant est qu'il semble réussir ! Le 22 septembre, il ordonne encore 22 prêtres, en sillonnant son diocèse en tous sens. Un peu jaloux, les autres collègues le traitent « d'évêque recruteur ». Il doit dévoiler des talents cachés dans cette mission principale qu'il s'est assignée, sans pour autant délaisser les autres : sa collection de mandements et de lettres pastorales en fait foi. On lui découvre une force de caractère au milieu de la crise des subsistances, suite à la canicule, et un enthousiasme patriotique pour aider à la levée de 12 300 soldats-citoyens contre les troubles de l'Ouest : c'est l'« armée de Bernay » [sic] où sert son benjamin François en qualité d'adjudant-général du district.

Bref, l'évêque d'Évreux fait honneur à l'Église constitutionnelle lorsqu'éclate en novembre l'affreux scandale que rien n'avait laissé présager, bien au contraire. C'était sous-estimer le fameux conformisme qui a toujours guidé notre homme. Pendant trois mois, il médite, sans en avertir ses proches, sur la loi du 20 septembre autorisant et même recommandant le mariage des prêtres. Par « discipline politique : fidélité et exemplarité » (J.-M Soulas), Thomas saute le pas : le 18 nov. 1792, il épouse à Paris sa servante de Bernay. Et dans quelle paroisse ? Sainte-Marguerite, théâtre de sa jeunesse théologienne ! Marié par qui ? Aubert, prêtre lui-même marié le 6 mai, qui a reçu l'institution canonique de l'évêque Jean-Baptiste Gobel au grand dam des principaux curés de Paris, dont quatre ont rédigé une *Réclamation des curés de Paris à tous les évêques de France* qui entraînera la prison pour plusieurs des signataires. Des 9 évêques constitutionnels mariés sur un total de 85 prélats, encore en exercice au 1er oct. 1793, Lindet est celui qui a posé son acte, le plus librement, à l'abri de toute pression et de toute persécution. Pendant exactement un an, il continuera d'administrer son diocèse, avant d'abdiquer la prêtrise dans « les folies de brumaire » : le 7 nov. 1793.

À Bernay, c'est la stupeur et la consternation familiale. Anne-Thérèse, épouse Depierre, qui commençait à s'habituer aux fastes épiscopaux de son frère, est effondrée. Robert, qui en 1798 épousera une protestante de Caen, marque nettement sa réprobation. Il s'agit aussi bien du mariage que de l'épouse élue. On comprenait qu'aucune femme « convenable » de Bernay n'aurait accepté cette union ; mais cette Scholastique Desplanques, vulgaire, plutôt mûre, et laide, alors que Thomas passait pour bel homme, la figure affable ? Trouvera-t-on des éclaircissements à ce comportement insolite dans l'important exposé que publie immédiatement Robert *Thomas Lindet, évêque du département de l'Eure aux citoyens du département* (s.l., s.d. [Paris, 1792], 30 p. in-8°) ?

Deux arguments principaux soutiennent le raisonnement de l'évêque. Le premier, qui se veut d'ordre théologique, reprend une thèse classique : « Les institutions de Jésus-Christ et des Apôtres sont conformes aux lois de la nature ; les institutions modernes (dont le célibat sacerdotal) n'appartiennent point au christianisme ». Il s'agit simplement d'une « loi » : toute loi est l'expression d'un contrat social qui peut être modifiée par les circonstances politiques. Cette « loi » a été révoquée par le contrat social voulu par les républicains. De plus, ce contrat social revient à son origine : les lois imprescriptibles de la nature sont, du

même coup, conformes aux fondements du christianisme. Continuer à observer la loi du célibat, ou vouloir encore l'imposer, serait vouloir perturber l'ordre social, c'est-à-dire s'insurger contre le bien commun ou public. De sorte que le célibat ecclésiastique est anti-chrétien et anti-social. Y renoncer, et c'est le second argument à l'usage des diocésains, c'est sauver le culte menacé par la prochaine suppression du séminaire d'Évreux ; « acte arbitraire et illégal » assurément, mais dont il fait prévoir la conséquence : « une disette de prêtres qui ne sera palliée que par la présentation d'hommes mariés, jugés aptes au sacerdoce, aux assemblées primaires ». Ainsi les « nouveaux prêtres » seront d'excellents citoyens élus parmi les fidèles et ne perdront plus leur temps dans d'inutiles études « de scolastique ».

N'est-ce pas « révolutionner » les paroisses de l'Eure ? Bah ! répond par avance Lindet, les fidèles s'y habitueront peu à peu, comme ils ont fini par admettre, depuis 1791, qu'un prêtre devait célébrer plusieurs messes dominicales en différents lieux. On finira bien par s'apercevoir combien cette « innovation est utile ». Et la satisfaction sera d'autant plus grande qu'on bénéficiera d'un supplément de qualité pastorale, grâce aux prêtres mariés. D'où cette harangue assez stupéfiante aux prêtres de l'Eure : « Ministres des autels, confessez-le une bonne fois, les vertus domestiques d'un père de famille vous auraient été plus utiles que ces stériles connaissances théologiques qui ont desséché vos âmes. (…) Tristes célibataires, comment enseigneriez-vous ce que vous ne savez pas vous-mêmes ? ».

En ployant ainsi la théologie au politique, Thomas réalisait le parfait accord entre l'évêque et le conventionnel de « gauche » qu'il était devenu. Il n'écrivait là qu'un plaidoyer *pro domo* dont on connaissait les prémices depuis 1791. À l'heure prochaine de la vague des abdications sacerdotales et de la brève interruption du culte de l'an II, sa lettre restera sans conséquence pour la vie diocésaine. Sur le tard, à 54 ans, Thomas découvrait les joies de la famille. Après trois enfants mort-nés, Scholastique accoucha, en 1799, d'une petite Adèle qui mourut à l'âge de 14 ans. En attendant, Thomas était heureux de donner une cousine aux enfants de sa sœur et bientôt de son frère Robert. Était-ce l'accomplissement d'une vie secrètement rêvée ?

Approbateur des massacres de septembre, puis régicide, les Bernaysiens ne lui en tiendront pas rigueur puisqu'ils l'élisent de 1795 à 1798 au Conseil des Anciens. Opposé au 18 Brumaire, il se retire définitivement à Bernay, sans être inquiété, contrairement à ce qu'on a dit, par sa réputation de régicide. Il vit de plus en plus dans l'ombre de son frère qu'il a défendu passionnément après Thermidor. Il sera enterré civilement, après avoir causé un dommage durable à l'Église constitutionnelle, qui ne lui donnera un successeur au siège d'Évreux qu'en 1798. En 1929, la municipalité de Bernay lui dédie une rue, en qualité de « conventionnel » et de bienfaiteur, en dépit de nombreuses protestations.

Sources. Archives nationales, AB XIX, 3327, Lettres de Thomas Lindet (fructidor an V-fructidor an VI). – Archives privées, Papiers Depierre (lettres de T. Lindet à sa sœur, 1789-1799 ; coll. Dominique J.-M. Soulas de Russel. – *Nouvelles ecclésiastiques*, 1791, p. 208 ; 1792, p. 49 ; 1793, p. 33 et 34.

Travaux. L.-A. Piel, *Inventaire des actes historiques des insinuations ecclésiastiques de l'ancien diocèse de Lisieux*, Paris, 1893-94, 4 vol. – H. Turpin, *Thomas Lindet, évêque constitutionnel de l'Eure*, Bernay, 1886. – A. Montier, *Correspondance de Thomas Lindet pendant la Constituante et la Législative* [avec Robert, député], Paris, 1899. – P. Pisani, *Répertoire biographique de l'épiscopat constitutionnel (1791-1802)*, Paris, 1907. – H. Meaulle, *Histoire de Bernay*, Bernay, 1947. – H. Durre, *Two brothers in the french revolution. Robert and Thomas Lindet*, Hamden, 1967. – B. Plongeron, *Théologie et Politique au siècle des Lumières (1770-1820)*, Genève, 1973. – G. Tellier, *Enquête sur le clergé constitutionnel et réfractaire sous la Révolution dans le département de l'Eure*, mémoire de maîtrise, Université de Paris IV-Sorbonne, 1985 ; id., *La famille Lindet à Bernay*, Paris, 1986. – R. Caratini, *Dictionnaire des personnages de la Révolution*, Paris, 1988, p. 386. – A. Soboul, *Dictionnaire historique de la Révolution française*, J.-M. Suratteau et F. Gendron (dir.), Paris, 1989, p. 678. – Cl. Manceron, *La Révolution française. Dictionnaire biographique*, Paris, 1989, p. 395. – D. J. M. Soulas de Russel, *Une correspondance privée d'homme public pendant la Révolution* (Thomas, Robert et leur sœur), thèse de doctorat en Histoire, Université de Paris IV-Sorbonne, 1991, 469 p. (bibliographie). – E. Hindie Lemay, *Dictionnaire des Constituants (1789-1791)*, L-Y, Paris, 1991, p. 599. – J. Bariller, *Un évêque d'Évreux marié, Thomas Lindet*, dans *Connaissance de l'Eure*, 115, 2000, p. 14-22. – *Enciclopedia universal ilustrada europeo-americana*, t. XXX, p. 853. – *Catholicisme. Hier-aujourd'hui-demain*, t. 7, col. 808-809.

B. Plongeron

LINDSAY (John), bishop of Glasgow, d. 1335.

John Lindsay's career is of interest in that it shows the success of King Robert I's ecclesiastical policies and the failure of English attempts to control the Scottish church in the years after the Scottish victory at Bannockburn (1314).

The long-serving bishop of Glasgow and Scottish patriot Robert Wishart died on 26 Nov. 1316, shortly after his release from imprisonment in England. The chapter of Glasgow elected as his successor Stephen de Dunnideer, canon of Glasgow and probably King Robert's nominee. His election was opposed by the English crown, and Dunnideer went to the Apostolic See to seek confirmation; this was refused by the pro-Plantagenet Pope John XXII, and Dunnideer died at Paris on his return journey to Scotland in the summer of 1317. The chapter of Glasgow then elected John de Lindsay, canon of Glasgow, as their bishop. He was descended from Philip de Lindsay who had been Chamberlain to King Alexander III (d. 1286), and lord of the barony of Staplegordon in Eskdale in Dumfriesshire. He may have been on friendly terms with Sir James Douglas, one of the heroes of the war against England, in whose favour he resigned the barony of Staplegordon in 1320. John Lindsay was undoubtedly King Robert's candidate for the bishopric.

English opposition at the Apostolic See prevented his consecration for several years. In 1318 the pope wrote to the chapter of Glasgow claiming that he had reserved the bishopric of Glasgow to himself, declared John Lindsay's election null and void, and provided an English nominee, John de Egglescliffe, OP, to the bishopric. Egglescliffe's provision can never have been effective and he was never in possession of his bishopric, which was now firmly in Scottish hands; in about 1322 he complained to the pope that for certain causes he could not govern and instruct the flock committed to his care. The pope then provided him first to the bishopric of Connor in Ireland and then, in the summer of 1323, to Llandaff in Wales. This paved the way for Lindsay's possession of the diocese to which he had been elected, and he was provided by Pope John XXII, now more reconciled with the Scots, and was consecrated by the bishop of Albano at Avignon in the autumn of 1323. Scottish documents show that he had been acting as elect of Glasgow for some years prior to his consecration.

Documents show that Lindsay was loyal to King Robert, serving in several parliaments and conferring benefices on royal appointees. He was a frequent witness to royal acts between 1323 and 1329. He was one of the chief witnesses to the Treaty of Edinburgh (17 Mar. 1328), whereby the English finally recognised Scotland's independence, and may have been involved in the final negotiations for that treaty.

Lindsay's position became more difficult when in 1332 the English broke the treaty and launched a fresh invasion of Scotland under Edward Balliol, son of the king whom they had deposed in 1296. John Lindsay bishop of Glasgow was among the churchmen who attended Edward Balliol's 'parliament' in February 1333/1334. There can be no doubt that he attended under duress. In 1335 he was on the Continent, probably on a diplomatic mission from the Scots. Returning by sea from Flanders in the summer of 1335, his ship was boarded by English sailors who were at that time blockading Scotland, and the bishop was fatally wounded in the head. He was buried at a place called Wytsande (unidentified) in England.

J. Dowden, *The Bishops of Scotland*, Glasgow, 1912, pp. 311-313. – G. W. S. Barrow, *Robert Bruce and the Community of the Realm of Scotland*, Edinburgh, 1976. – A. A. M. Duncan, *The Acts of Robert I King of Scots 1306-1329*, Edinburgh, 1988. – S. Stephen and S. Lee (eds), *The Dictionary of National Biography from the earliest times to A.D. 1900*, vol. XI, p. 1180.

A. Macquarrie

LINE or **LYNE** (Francis, vere or alias **HALL**), English Jesuit, mathematician (c. 1595-1675).

Francis Line was born either in Buckinghamshire or London c. 1595. In 1622 he was a student at the college in Saint-Omer run by the English Jesuits. Most likely he had enrolled many years earlier but there are no extant records. On 23 Aug. 1623 he entered the Society of Jesus at the English novitiate in Liège. The following year he moved with the novitiate to Watten. Line completed his theological studies at the English house of studies in Liège and was ordained c. 1631. With the exception of a year of tertianship, the final year of a Jesuit's formation, in Ghent in 1633, Line was a professor of Hebrew and mathematics in Liège from 1632 until either late 1657 or early 1658 when he rapidly left the college for the English mission. He served in the Derbyshire area for approximately two years before being transferred to London where he remained until some time in the early 1660s (he disappears from the catalogues between 1661 and 1665). In 1665 he was in the Lancashire area. Circa 1670, he returned to Liège as a confessor and spiritual father. There he died on 25 Nov. 1675 after a short illness.

Line participated actively or peripherally in many of the major scientific controversies of the 17th century. His teaching career began as the Roman Inquisition condemned Galileo's heliocentric theories. Sometime before 1634, Line had constructed a remarkable water clock *[horologium hydraulicum]* in the gardens of the English college in Liège. An Italian Jesuit, Silvestro de Pietrasanta, described the clock in *De symbolis heroicis* (Antwerp, 1634). Fabri Claude de Peiresc learned of the clock from Pietrasanta's book and, hoping to use it in the defense of his friend Galileo, sought more information. Peter Paul Rubens, among others, promised to visit Line to assist Peiresc. Interest in the water clock waned because of Galileo's conviction that it would serve no purpose in his cause. Indeed, Galileo and Athanasius Kircher had worked out the mysteries of the clock.

In Liège Line associated with Belgians Godefroy Wendelin (1580-1667) and René-Francois de Sluse (1622-1685). Through the latter, Line become involved in the then pressing mathematical problem of "squaring the circle". A Belgian Jesuit, Grégoire de Saint-Vincent, proposed four ways of squaring the circle in *Opus geometricum quadraturae circuli et sectionum coni* (2 vols, Antwerp, 1647). The Dutch mathematician Christiaan Huygens refuted these solutions in 1651. Line's efforts to convince Saint-Vincent to admit his errors failed. Consequently on 21 Feb. 1657, Line petitioned Goswin Nickel, superior general of the Society, to forbid Saint-Vincent's further participation (Archivum Britannicum Societatis Iesu, Stonyhurst Anglia V, 40). On 24 March, the general replied that he had far more important matters to resolve and that he had no expertise in this area (Archivum Romanum Societatis Iesu, Anglia 2, f° 189v°).

Through Sir Kenelm Digby, Line met the English secular priest Thomas White (1593-1676, better known by his alias Blacklow). A theologian and scientist, White claimed to have squared the circle in *Exercitatio de geometria indivisibilium et proportione spiralis ad circulum* (London, 1658). Line rejected the solution in *De pseudo-quadratura circuli Dom. Thoma Viti* (London, 1659), translated into English as *Refutation of the Attempt to Square the Circle* the following year. [Both editions are in Sommervogel's bibliography, but neither can be found in Wing's *Short Title Catalogue* of English books and books published in England between 1641 and 1700].

By this time Line had returned to England. The reasons for his speedy departure are unknown but Reilly suggests that Henry Pierrepoint, Marquis of Dorchester and Earl of Kingston, a nobleman in good standing with the Protectorate that still governed England, may have requested Line's assistance. Line dedicated his next book *Tractatus de corporum inseparabilitate* (London, 1661) to Pierrepoint.

Line retained an interest in scientific matters even after he had left the lecture hall for the mission. In *Tractatus de corporum inseparabilitate*, argued as an Aristotelian against the possibility of establishing a vacuum, against Robert Boyle's attempt to do so. Boyle replied to Line in an appendix written for the second edition of *New Experiments*. In his defense, Boyle formulated, apparently for the first time, what would later become known as "Boyle's Law" [at a constant temperature gas pressure and volume are inversely proportional].

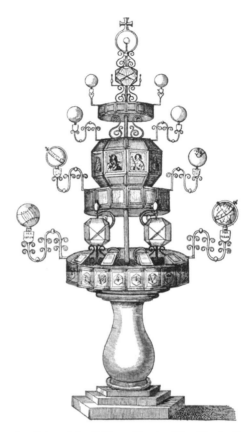

Sundial made by F. Line, offered to King Charles II and installed in the gardens of the Whitehall Palace (1669). From A. Morse Earle, *Sun Dials and Roses of Yesterday*, New York-London, 1922, insert between pp. 116 and 117.

The lack of a rejoinder implies that Line accepted Boyle's refutation. Christiaan Huygens, although not satisfied with Boyle's explanations, rejected the Aristotelianism of Line. Cartesians, who too denied the possibility of a vacuum, sided with Line. The Jesuit continued to be cited in the debate but he personally played no further role.

In 1669 King Charles II, interested in erecting a sundial in the private gardens of the Whitehall Palace and perhaps remembering the magnificent dials he had seen in the gardens on a visit to the English Jesuit college in Liège during his exile, commissioned Line to construct it. The dial was unveiled on 24 July 1669. More than four feet in height and shaped as a Christmas tree, there were 250 separate units. Around the pedestal were dials giving the time according to Jewish, Babylonian, Italian and other ways of calculation. There was even a special dial whereby a blind person could read the time. Along the top were portraits of the king, his wife, his mother and others. Line later published *An explication of the diall sett up in the king's garden at London, an. 1669* (Liège, 1673). Unfortunately the cold, damp London winters damaged the dial. In 1674, the Earl of Rochester and some friends during a night of drinking destroyed many of the glass spheres. The remains were dismantled by 1681.

Despite his age, Line became involved in one last controversy. His correspondence with Isaac Newton regarding the latter's theories on optics was published in the *Philosophical Transactions of the Royal Society*. Death ended Line's involvement but his students and other Jesuits continued the battle.

SOURCES. *Catalogi Provinciae Angliae*, in the Roman Archives of the Society of Jesus. – *Tractatus de Horologiis*, in the Archives of the University of Liege, ms. 377A. – Four letters of Line to Henry Oldenburg and Robert Pugh published in the *Philosophical Transactions* (Royal Society MS, EL 2181-2814, Carlton House Terrace, London).

LITERATURE. C. Sommervogel, *Bibliothèque de la Compagnie de Jésus*, t. IV, cols 1840-1842. – H. Foley, *Records of the English Province of the Society of Jesus*, 7 vols, London, 1877-1883. – C. Reilly, *Francis Line, Peripatetic (1595-1675)*, in *Osiris. Commentationes de scientiarum et eruditionis historia rationeque*, 14/1, 1962, pp. 222-253; Id., *Francis Line S.J. An Exiled English Scientist 1595-1675*, Roma, 1969. – G. Holt, *St. Omers and Bruges Colleges, 1593-1773: A Biographical Dictionary* (Catholic Record Society, 69), London, 1979. – L. Polgár, *Bibliographie sur l'Histoire de la Compagnie de Jésus*, vol. III/2, Roma, 1981-1990, p. 420. – Th. McCoog, *Monumenta Angliae*, 2 vols, Roma, 1992; Id., *English and Welsh Jesuits 1555-1650* (Catholic Record Society, 74-75), London, 1994-1995. – F. O'Donohue, « Line, Francis », in Ch. E. O'Neill and J. M. Domínguez (eds), *Diccionario Histórico de la Compañía de Jesús*, t. III, Madrid-Roma, 2001, pp. 2359-2360. – L. Vernet, *La malle de Newton* (Bibliothèque des sciences humaines), Paris, 1993, pp. 123-124, 127, 130, 145, 149-154. – L. Stephen and S. Lee (eds), *The Dictionary of National Biography*, vol. XI, p. 1198. – A. McConnell, *Line [alias Hall], Francis (1595-1675)*, in *Oxford Dictionary of National Biography*, online version, published 23 Sept. 2004. – *Enciclopedia universal ilustrada europeo-americana*, t. XXX, p. 862.

TH. McCOOG

LING, emplacement primitif d'un prieuré de moniales bénédictines dans le Norfolk, transféré au XIIᵉ siècle à Thetford. Voir THETFORD.

LINGENDES (Jean de), évêque de Sarlat (1642-1647) et de Mâcon (1651-1665).

Malgré la confirmation en 1646 par Anne d'Autriche, régente de France, de leur « ancienne noblesse » à laquelle ils avaient « dérogé », la famille de l'évêque n'avait rien d'ancien. Il naquit dans une famille de notaires et ensuite d'officiers de finances installés d'abord à Chaveroche (département de la Corrèze) et plus tard à Moulins. Leurs activités comme serviteurs des Valois et des Bourbons au titre de domaine royal du Bourbonnais leur donnaient progressivement des possibilités d'ascension bien au-delà de leur lieu de résidence. La génération de l'évêque s'est liée principalement avec Gaston d'Orléans et Anne d'Autriche, ce qui au temps du ministère de Richelieu n'était pas de très bonne politique. L'évêque avait deux oncles qui lui ouvrirent quelques portes par leur qualité de poète (Jean) et surtout de prédicateur estimé (le jésuite Claude, *cf. infra*). Fils cadet de Michel, marchand-bourgeois de Moulins, et de Marguerite Belein, l'évêque naquit en 1595. Il fit ses humanités, sa philosophie et sa théologie chez les jésuites de Bourges, où il prit le bonnet de docteur vers 1624. Ses relations avec ses maîtres aidant, il contribua d'abord à l'éducation du comte de

Moret, fils bâtard d'Henri IV, avant de passer brièvement au service de Gaston et ensuite à celui d'Anne d'Autriche.

Déjà connu comme prédicateur, il se fit prêtre vers 1626, l'année où il fut nommé aumônier et prédicateur du roi. Richelieu apprécia son talent d'orateur sacré, mais ne semblait pas s'être trop pressé à promouvoir à l'épiscopat quelqu'un dont les attaches familiales ne pouvaient lui inspirer confiance. Enfin, il le fit nommer à Sarlat le 22 juin 1639, mais les mauvaises relations entre Rome et la France firent retarder ses bulles jusqu'au 14 juil. 1642. Il fut sacré le 14 décembre suivant chez les jésuites à Paris par Léonor d'Étampes de Valençay, archevêque de Reims, assisté par Nicolas de Netz, évêque d'Orléans, et Pierre de Broc, évêque d'Auxerre. Son séjour dans son nouveau diocèse, dont les besoins étaient grands à cause de l'incurie de ses prédécesseurs, fut assez court, et il était de façon définitive de retour à Paris en 1645, où il continua ses activités de prédicateur dans les meilleures églises de la capitale et devant la cour. Il résigna son diocèse à Nicolas Sévin le 27 sept. 1647 contre l'abbaye de Saint-Wulmer, que Sévin lui céda. Mais il ne renonça pas absolument à une future carrière d'évêque, car en 1650 Mazarin promit de lui donner le siège de Clermont. Les évènements de la Fronde en décidèrent autrement, mais Lingendes obtint la nomination à Mâcon le 11 nov. 1650. Ses bulles suivirent assez rapidement, le 13 févr. 1651. Même s'il se montra un évêque plus consciencieux à Mâcon qu'à Sarlat, c'est grâce à ses dons d'orateur sacré qu'il fut connu de ses contemporains et de la postérité. Il mourut le 2 mai 1665 à Mâcon.

Archivio Segreto Vaticano, Processus consistoriales, t. XXIV, fᵇ 701 ; t. XL, fᵇˢ 689-709. – BnF, ms. *Fr 4139*, fᵇˢ 314-318 (confirmation de noblesse, 1646) ; *Ibid.*, *Pièces originales 1725*, dossier 40,022 ; *Ibid.*, *Dossiers bleus* 398, dossier Lingendes. – Archives départementales de l'Allier, 5J 3555. – E. Griselle, *État de la maison de Louis XIII*, Paris, 1912, nᵒˢ 3549, 3766, 4059, 4349. – *Gallia christiana*, t. II, col. 1529. – J. Valette, *Jean de Lingendes, évêque de Sarlat*, dans *Bulletin de la société historique et archéologique du Périgord*, 94, 1967, p. 210-232 ; 95, 1968, p. 51-62.

J. BERGIN

LINGONEN, diocèse en France : voir LANGRES, *supra*, t. 30, col. 405-421.

LINGONIAE, prieuré bénédictin dans l'ancien diocèse de Mende en France : voir LANGOGNE, *supra*, t. 30, col. 402-403.

LINGUA (Jérôme de), évêque de Couserans (1593-1612).

Comme son oncle, Francesco Bonardi, qui le précéda sur le siège de Couserans, Lingua était piémontais et franciscain. Ses origines devaient être relativement modestes – ex honesta familia – si l'on se fie aux sources romaines. Né à Mondovi en 1530 ou 1535, il était fils de Paolo et d'une sœur de Francesco Bonardi. Entré jeune chez les franciscains, il fit ses études dans l'ordre et il prit son doctorat en théologie, peut-être dans leur couvent de Turin, vers 1556. Il enseignait la théologie chez les Observants à Paris vers 1580, ayant sans doute suivi son oncle en France, où ce dernier, déjà connu comme un prédicateur du roi, devint évêque de Couserans en 1581. Chanoine et théologal de Couserans quelque temps après, il fut naturalisé français et nommé comme successeur de son oncle démissionnaire en 1592 par le duc de Mayenne, chef de la Ligue catholique. Il fit le voyage à Rome pour se présenter devant le nouveau pape, Clément VIII, qui confirma sa nomination. Lingua fut sacré à Rome le 14 févr. 1593. La défaite de la Ligue faillit lui coûter son siège en 1595 lorsqu'il assista à l'assemblée du clergé, car Henri IV ne voulait pas le reconnaître comme évêque de Couserans. Le duc de Bellegarde intervint auprès du roi en sa faveur, l'orage passa, et il ne semble pas avoir été inquiété par la suite, la protection de Bellegarde le mettant à l'abri. Nous savons peu de choses sur son activité comme évêque mais il semble avoir convoqué quelques synodes. Il se fit aider par deux neveux, qui firent souche dans la région et qu'il institua comme ses héritiers. Il mourut d'une attaque de pierre (colique néphrétique) le 13 nov. 1612.

Archives du Vatican, Acta Miscellanea, t. XCV, f° 447. – *Gallia christiana*, t. I, col. 1141. – *Collection des procès-verbaux des assemblées du clergé de France*, Paris, 1767-1768, vol. I, p. 525-526. – C. Douais, *Documents pontificaux sur le siège de Conserans 1425-1619*, dans *Revue de Gascogne*, 27, 1888, p. 439-462. – F. J. Samiac, *Le Testament de Mgr Jérôme de Lingua, évêque de Conserans*, dans *Bulletin Historique des Anciens Diocèses de Pamiers, Mirepoix*, 1, 1912, p. 86-92. – C. Eubel et al., *Hierarchia catholica*, t. 3, p. 176.

J. BERGIN

LINK (Augustin), jésuite allemand, 1819-1886.

Fils d'un instituteur, il naquit le 12 août 1819 à Herrenzimmern près de Rottweil, dans le Wurtemberg. À l'école du village, il reçut de son père un premier enseignement musical et manifesta très jeune un réel talent de pianiste. À 13 ans, il commença à se préparer à Rottweil pour entrer à l'école normale de Gmünd (Bade-Wurtemberg) mais, ayant décidé à 15 ans de devenir prêtre, il passa à l'automne 1833 au Gymnasium de Rottweil puis en 1840 au Wilhelmsstift de Tübingen et enfin, à l'automne 1844, au séminaire diocésain de Rottenburg. Le 24 janv. 1845, Mgr Johann Baptist von Keller lui conféra la tonsure et les ordres mineurs. Le 12 juin suivant, il fut ordonné sous-diacre par l'archevêque de Fribourg, Mgr Hermann von Vicari, puis le 15 juin, diacre, et enfin, le 4 septembre, prêtre. Le 8 septembre, il célébra sa première messe dans son village natal.

Nommé vicaire à Wangen (Allgäu), il devint en octobre 1847 desservant à Schnetzenhausen, près de Friedrichshafen (Bodensee), dans le doyenné de Tettnang, puis, en février 1848, il fut nommé professeur de pédagogie et de religion à l'école normale catholique de Gmünd en même temps que chapelain de la seconde église de la ville. Il s'y fit vite apprécier comme confesseur. Il était membre du Pius-Verein de Gmünd ainsi que de plusieurs confréries, de la Société de Saint-Vincent-de-Paul et du Jungfrauen-Verein. Le 15 mars 1853, il fut nommé recteur et professeur en chef de son école normale. En septembre 1851, à l'occasion d'une retraite à Ellwangen, il était devenu membre du tiers-ordre franciscain.

En 1855, il s'orienta vers la Compagnie de Jésus, ayant obtenu de son évêque, le 24 août, un congé de deux ans qui, dès le 2 octobre, fut prolongé indéfiniment. Le 22 novembre, il entra au noviciat de la province d'Allemagne à Gorheim. En octobre 1857, il fut nommé au collège *Stella Matutina* de Feldkirch

(Autriche) comme prédicateur et catéchiste, professeur de musique, directeur de la congrégation de la Ste-Vierge et confesseur des élèves. Il prononça ses premiers vœux le 8 déc. 1857. Le 7 avr. 1858, il revint comme procureur à Gorheim, où il fut également charger de prêcher des retraites.

À l'automne 1858, il fut envoyé poursuivre ses études à Paderborn, où il fut également chargé de diriger la chorale. À partir de 1860, il y fut ministre et procureur, et également très apprécié comme confesseur. L'année suivante, il fut chargé des mêmes fonctions à Bonn, où il dirigea également la congrégation des étudiants. Le 2 févr. 1866, il prononça ses vœux définitifs.

Le 12 oct. 1862, il était revenu au collège de Feldkirch, où il passa ses 24 dernières années et s'acquit de grands mérites dans le domaine musical. Il appréciait beaucoup le chant grégorien qu'il considérait, ainsi que plus tard Pie X, comme la forme la plus adéquate de la musique d'église. Il modifia peu à peu le répertoire des grands-messes, encouragea le retour au style de Palestrina et organisa pour les élèves des leçons d'orgue. Il s'appliqua également à porter à un haut niveau la musique profane. Tout en donnant des leçons de piano, de violon et de flûte, il dirigea un orchestre d'instruments à vent.

À côté de ses activités musicales, il se distingua également comme directeur de conscience pour les jeunes. C'est en bonne partie grâce à lui que le nombre des vocations fut si élevé à Feldkirch du temps où il y fut actif (de 1869 à 1891, 263 prêtres, dont 138 jésuites). On peut d'ailleurs trouver un témoignage de sa grande popularité auprès des élèves dans les mémoires du philosophe Paul von Hoensbroech, ex-jésuite passé au protestantisme, très dur avec le catholicisme et les jésuites, et qui fut élève au collège de Feldkirch dès l'âge de 9 ans : « I remember the latter [= P. Link] with love and reverence. […] He was an un-Jesuit-like Jesuit, simple, candid, truthful, straightforward, unselfish, loving, and pious. […] To us he was not only an enlightened spiritual director, who tried to lead us along the road of true and simple piety, he was father and mother as well. […] There was nothing in which he lacked understanding and patience; everything that can move a child's spirit, each of his joys and sorrows, called forth his kind and sympathetic attention. […] His morality was pure, even strict, but he was a human being, not a casuist ».

Poitrinaire depuis 1877, le P. Link décéda à Feldkirch le 24 mars 1886 et fut inhumé dans le cimetière du collège sur le Reichenfeld.

Diözesanschematismus Rottenburg. – *Historia Domus* [de Feldkirch], dans l'Archivium Provinciae Germaniae Societatis Jesu, n° 290 ; *Ibid.*, *Liber ordinationum Provinciae Germaniae Societatis Iesu*. – Archives diocésaines de Rottenburg-Stuttgart, Registre familial de la paroisse catholique d'Herrenzimmern, f° 56r° ; *Ibid.*, *Generalakten* (Schullehrerseminar Gmünd), G 1.1 et D 4.3a ; *Ibid.*, *Ortsakten* Wildpoltsweiler et Schwäbisch Gmünd, G 1.3 ; F II a. – J. Knünz, *100 Jahre Stella Matutina, 1856-1956*, Bregenz, 1956. – *P. Augustin Link*, dans *Deutsches Volksblatt*, 8 avr. 1886. – A. Piscalar, *Erinnerungen an Augustin Link, S.J. Für des Verstorbenen Freunde und Schüler gesammelt*, Schwäbisch Gmünd, 1892. – H. Thoelen, *Menologium oder Lebensbilder aus der Geschichte der deutschen Ordensprovinz der Gesellschaft Jesu*, Roermond, 1901, p. 193-194. – P. von Hoensbroech, *Fourteen Years a Jesuit. A Record of Personal Experience and a Criticism*, A. Zimmern (trad.), vol. 1,

London-New York-Toronto-Melbourne, 1911, p. 202, 208-210. – *75 Jahre Stella Matutina. Festschrift*, 3 vol., Feldkirch, 1931.

CL. BRODKORB

LINK (Wenzeslaus), augustin allemand passé à la Réforme (1483-1547). Voir LINCK.

LINOWSKI (Zygmunt), piariste polonais, écrivain et prédicateur, 1739-1808.

Né dans une famille aristocratique à Gębice (centre-ouest de la Pologne) le 14 mars 1739, il fut élève du Collège des Nobles de Varsovie. À l'âge de 18 ans, il décida d'entrer chez les piaristes à Podolínec (Slovaquie). Après avoir reçu une excellente formation humaniste, philosophique et théologique, il fut ordonné prêtre. Destiné à l'enseignement dans les collèges, il s'y adonna avec grand succès, mais il dut y renoncer sur ordre des médecins pour raison de santé. Il se voua alors à la prédication pendant plus de 16 années à Waręż (aujourd'hui en Ukraine), à Chełm, à Łowicz, à Piotrków, Cracovie et à Varsovie. Il publia ses sermons et en même temps des traductions en polonais du *De revelatione divina* de Bonnet et du *Discours sur l'Histoire universelle* de Bossuet.

D'une grande énergie morale et très attaché à sa congrégation, il remplit plusieurs charges de direction : vice-préfet du Collège des Nobles de Varsovie, vice-recteur de celui de Cracovie (1773-1774), préfet du Collège civil (1775-1780), recteur des maisons de Wieluń (1781-1789) et de Cracovie. Lors du démembrement de la Pologne, il fonda et dirigea la province de Galicie. À la fin de sa vie, il revint à Cracovie comme recteur (1800-1806) et supérieur provincial (1806-1808). Il y mourut le 26 juin 1808.

ÉCRITS. *Règles d'honnêteté et de bonne conduite, que les adolescents doivent observer une fois leur éducation terminée* (en polonais), Warszawa, 1770. – *Conciones pro Adventu ac solenni quadraginta dierum ieiuni*, Warszawa, 1774, 2 vol. – *Conciones pro singulis anni Domini diebus*, Warszawa, 1779, 2 vol. – *Investigationes et Cogitata eximia Philosophica circa veritatem Revelationis* (traduction en polonais des *Recherches philosophiques sur les preuves du christianisme*, de Charles Bonnet (Genève, 1770), Warszawa, s.d. – *Historia Universalis* (traduction en polonais du *Discours sur l'histoire universelle*, de J.-B. Bossuet), 6 vol., Warszawa, 1772-1793.

TRAVAUX. E. Horanyi, *Scriptores Piarum Scholarum liberaliumque artium magistri*, partie II, Buda, 1808, p. 288-289. – T. Viñas, *Sigismundus Linowski a S. Stanislao, Polonus*, dans *Index bio-bibliographicus Scriptorum Scholarum Piarum*, t. 1, Roma, 1908, p. 388-391. – E. Rostworowski (éd.), *Polski Słownik Biograficzny*, t. XVII, Wrocław-Warszawa-Kraków, 1972, p. 381-382. – I. Buba, *Linowski, Zygmunt*, dans *Diccionario Enciclopédico Escolapio*, t. II, Salamanca, 1983, p. 337 (avec bibliographie). – *Enciclopedia universal ilustrada europeo-americana*, t. XXX, p. 931. – Site Internet *WikiPía*, Diccionario Enciclopédico Escolapio.

G. CIANFROCCA

LINSMEIER (Anton), jésuite tchèque, 1840-1928.

Anton Linsmeier naquit le 8 déc. 1840 à Neumarkt/Úterý (de nos jours la République tchèque) et entra dans la Société de Jésus le 1er oct. 1861. Après le noviciat à St. Andrä (Carinthie) et à Tyrnau/Trnava (de nos jours la Slovaquie) dans les années 1861 à 1863, il étudia la philosophie à l'université de Pozsony/Bratislava (1863-1866), avant de passer à la physique et aux mathématiques à Linz (1866-1871). À cette période, il travailla comme instituteur et professeur de mathématiques au séminaire pour garçons (dirigé par les jésuites) à Linz. Il fit ses études de théologie à Innsbruck (1871-1874) ; le 20 juin 1874 eut lieu son ordination de prêtre dans cette ville.

Après cela, Anton Linsmeier enseigna la physique et les mathématiques à des instituts d'enseignement secondaire, à savoir de 1874 à 1877 et de 1880 à 1906 à l'école pour garçons (également confiée aux jésuites) de Mariaschein/Bohosudov (de nos jours en République tchèque), et dans les années scolaires de 1877-1878 et de 1879-1880 au collège des jésuites à Kalksburg (Vienne). Il fit son troisième an en 1878-1879 en Belgique et sa profession religieuse le 2 févr. 1880.

De 1906 à 1910, Linsmeier séjourna à Linz et se consacra surtout à la rédaction d'œuvres scientifiques. Dans l'année scolaire de 1910-1911, il enseigna la physique et les mathématiques à l'université de son ordre à Bratislava, et à partir de 1911, il donna à l'Université d'Innsbruck des cours sur des questions choisies dans le domaine situé à la limite entre la physique et la philosophie (jusqu'en 1915). Pendant les dernières années de sa vie, il s'occupait d'administration interne de l'ordre. Il mourut le 21 déc. 1928 à Innsbruck.

Ses travaux dans les domaines de la philosophie naturelle et de la science naturelle se concentrent entre autres sur l'évolution historique de l'astronomie, et traitent particulièrement de Copernic et de l'affaire Galilée. Ses autres thèmes de prédilection se rapportent à la théorie des ondes de la lumière, à la théorie des atomes et à la radioactivité.

ÉCRITS. *Galileis Trägheitsbegriff und dessen zeitgeschichtliche Bedeutung*, dans *III. Jahresbericht des Öffentlichen Bischöflichen Gymnasiums der Diözese Leitmeritz in Mariaschein über das Schuljahr 1908-1909*, Mariaschein, 1909, p. 3-32. – *Der Galileiprozess von 1616 in naturwissenschaftlicher Beleuchtung*, dans *Zeitschrift für Katholische Theologie*, 37, 1913, p. 55-75. – D'autres articles ont paru essentiellement dans *Philosophisches Jahrbuch* et dans la revue *Natur und Offenbarung* (Münster).

TRAVAUX. E. Coreth, *Die Philosophie an der Theologischen Fakultät Innsbruck, 1857-1957*, dans *Zeitschrift für Katholische Theologie*, 80, 1958, p. 142-183, particulièrement p. 169-170. – L. Koch, *Jesuiten-Lexikon, K-Z*, Leuven-Heverlee, 1962, col. 1109. – A. Pinsker, *Linsmeier*, dans *Oesterreichisches Biographisches Lexikon*, t. V, p. 229. – H. Plazgummer, *Linsmeier, Anton*, dans Ch. E. O'Neill et J. M. Domínguez (dir.), *Diccionario histórico de la Compañía de Jesús*, t. III, Roma-Madrid, 2001, p. 2366-2367.

TH. NEULINGER

LINSOLAS (Jacques), vicaire général de Lyon (1754-1828).

Né à Lyon, le 5 févr. 1754, d'une famille bourgeoise – son père était chirurgien militaire –, il fut formé par les oratoriens, qui avaient succédé aux jésuites au Collège de la Trinité ; élève ensuite au séminaire Saint-Irénée, il fut ordonné prêtre le 29 mai 1779. Docteur en théologie, il enseigna l'Écriture Sainte au séminaire. Reçu parmi la trentaine de prêtres habitués de la grande paroisse urbaine de Saint-Nizier, il se fit remarquer par son opposition intransigeante à la Révolution. Son sermon du 15 mars 1791, où il demandait de prier pour le pape sur le point de condamner la constitution civile du clergé, pour Mᵍʳ de Marbeuf, l'archevêque émigré, et pour la famille royale, provoqua une petite émeute qui entraîna son arrestation. Réfugié en Suisse au moment des massacres de Septembre 1792, il revint bientôt avec le vicaire général Castillon, décidé à organiser l'Église réfractaire, surtout après que le siège sanglant de Lyon eût consacré la faillite de l'Église constitutionnelle. Entretenant une correspondance régulière avec Mᵍʳ de Marbeuf, qui l'avait nommé lui-même vicaire général, il lui fit approuver, en mars 1794, un « établissement des missions » sur les quelque 800 paroisses de diocèse : 25 missions, correspondant grossièrement aux archiprêtrés seraient dirigées par des « chefs de mission », dont le mandat était renouvelé annuellement et qui devaient adresser une correspondance hebdomadaire aux vicaires généraux et à leur Conseil clandestin ; les prêtres « missionnaires » dépendaient d'eux, chacun étant responsable du culte clandestin pour 6 à 8 paroisses. Des « chefs laïques » étaient chargés de présider les assemblées clandestines, en l'absence des missionnaires, d'assister les malades, de tenir les actes de catholicité ; ils conseillaient les prêtres dans le choix des « catéchistes », répartis eux-mêmes en « sédentaires », en « accompagnateurs » et en « précurseurs » chargés d'étendre le culte clandestin là où il ne fonctionnait pas encore. Dans leurs instructions, les vicaires généraux leur expliquaient « l'honneur qu'ils reçoivent quand ils sont appelés par l'autorité spirituelle » ; ils se réclamaient de l'efficacité de leur institution dans les missions lointaines : « les chefs laïques et les catéchistes qui ont produit d'heureux effets dans ces pays, écrivaient-ils, deviennent… une ressource précieuse, une ressource urgente qui peut contribuer à retenir parmi nous le flambeau de la Foi, prêt peut-être à être transporté chez d'autres nations » (Mémoires, t. II, p. 24).

La mise en place d'un tel réseau eut pour principal avantage de relancer le recrutement sacerdotal, à la faveur de la création d'au moins six petits séminaires et de la remise en marche du grand séminaire. Ainsi, 24 ordinations purent être célébrées en Suisse avant la période concordataire. Cependant, cette « méthode » dite « de Lyon » pour la distinguer de « la méthode de Paris » suscitait, depuis que la liberté de culte avait été rétablie en janvier 1795, une résistance des « constitutionnels », dont le retour était assorti de conditions très rigoureuses, et même de la part des populations attachées au régime du culte dans les paroisses traditionnelles. On prit prétexte de « la verge de fer » du vicaire général, pour l'accuser d'être compromis avec la contre-révolution, – accusation qui paraît sans fondement. La mort de Mᵍʳ de Marbeuf, en avril 1799, affaiblit la position de son vicaire général, que Fouché réussit à arrêter, le 8 sept. 1801 : prisonnier à Paris, il fut transféré à Turin, puis dans les États pontificaux. Son intransigeance s'était révélée incompatible avec la politique de réconciliation poursuivie par le nouvel archevêque de Lyon, Mᵍʳ Joseph Fesch, oncle du Premier Consul (sur celui-ci, cf. DHGE, t. 16, col. 1315-1319). Le prélat s'opposa à son retour dans le diocèse, qu'il ne put regagner qu'en 1824, lorsque Mᵍʳ Jean-Gaston de Pins en fut nommé administrateur. Devenu chanoine de la primatiale et vicaire général honoraire, il mourut le 13 oct. 1828. L'œuvre de reconstruction de l'Église de Lyon poursuivie par le card. Fesch, en matière de

recrutement et de formation du clergé, apparaît dans la continuité des missions de Linsolas, malgré tout ce qui séparait ces deux prêtres.

Ch. Ledré, *Le culte caché sous la Révolution. Les Missions de l'abbé Linsolas*, Paris, 1949. – J. Gadille, *Lyon*, (coll. Histoire des diocèses de France), Paris, 1983 ; on rectifiera l'erreur en faisant de Linsolas un « curé de Saint-Nizier », p. 195 et 202 ; Id., *Linsolas Jacques*, dans X. de Montclos (dir.), *Lyon, Le Lyonnais, le Beaujolais* (coll. Dictionnaire du monde religieux dans la France contemporaine, 6), Paris, 1994, p. 277-278. – J. Linsolas, *L'Église clandestine de Lyon pendant la Révolution. Mémoires de l'abbé Linsolas*, 2 t., éd. par J. Jomand, Lyon, 1985 et 1987. – R. Dartevelle, *Catéchèse et enseignement. Rapport*, dans B. Plongeron, P. Lerou et J. Dartevelle (dir.), *Pratiques religieuses, mentalités et spiritualité dans l'Europe révolutionnaire (1770-1820)*, Paris, 1988, p. 444-447. – L. Trenard, *La catéchèse sous les épiscopats de Monseigneur de Montazet et de Monseigneur Fesch, Ibid.*, p. 497, 499. – A. Boucaut-Maître, *Église et Révolution dans le diocèse de Lyon*, dans G. Bollenot (éd.), *Religions, Églises et Droit*, Saint-Étienne, 1990, p. 39-80. – G. Jacquemet et G. Mathon (dir.), *Catholicisme. Hier-Aujourd'hui-Demain*, t. VII, col. 814-815.

J. GADILLE †

LINTSING, *Linqing*, préfecture apostolique en Chine.

Détachée le 5 avr. 1931 du vicariat apostolique de Tsinan (Jinan), la préfecture apostolique de Lintsing, située dans la province chinoise de Shantung (Shandong), fut attribuée au clergé séculier indigène. Mᵍʳ Caspar Hu Xiushen (1876-1945), vicaire délégué (depuis 1928) pour le territoire de la future préfecture, en fut le premier préfet. Pendant sa préfecture (1931-1940), les districts de Lintsing, Wuching, Tungchang, Sinshien et Chiping comptaient sur une population totale de 2 millions d'âmes environ 18 000 catholiques. En 1936-1937, le personnel consistait en 16 prêtres séculiers indigènes, 5 missionnaires franciscains étrangers et 24 religieuses dont 10 indigènes.

Mᵍʳ Joseph Li Chaogui (né en 1889), successeur de Hu tombé malade, fut épaulé, dès le début de son administration (1940-1949), dans une préfecture qui comptait alors environ 20 000 catholiques répartis dans 50 paroisses, par 26 prêtres séculiers indigènes, 6 missionnaires étrangers OFM et 33 religieuses, dont 25 indigènes appartenant à l'ordre des Sœurs de Saint-Joseph. Celles-ci s'occupaient d'un dispensaire et de l'enseignement des catéchumènes. Les Sœurs de l'Immaculée Conception de Münster administrèrent à leur tour une crèche, un orphelinat et une école. De 1949 à 1981, le préfet fut D. Paul Ly. Actuellement, le « diocèse » chinois de Lintsing dispose toujours de ses centres à Liaocheng, Gaotang, Chiping et Wucheng. En 2000 y résidaient 4 prêtres chinois et en 2013 on comptait 39 sœurs (Holy Mother of China Sisters). À Chiping se trouvent deux chapelles récemment consacrées (1993 et 1995).

Les Missions de Chine : Douzième Année (1934-1935), Pékin, 1936, p. 143-145 ; *Les Missions de Chine : Treizième Année (1935-36)*, Shanghai, 1937, p. 113-114 ; *Les Missions de Chine : Quatorzième Année (1936-1937)*, Shanghai, 1938, p. 120-122 ; *Les Missions de Chine : Seizième Année (1940-1941)*, Shanghai, 1942, p. 123-125. – J. Charbonnier, *Guide to the Catholic Church in China 1993*, Singapour, 1993, p. 363-365 ; Id., *Guide to the Catholic Church in China 1997*,

Singapour, 1997, p. 479-480 ; Id., *Guide to the Catholic Church in China 2000*, Singapour, 2000, p. 487-488 ; Id., *Guide to the Catholic Church in China 2014*, Singapour, 2013, p. 516-517. – J. Höfer et K. Rahner (éd.), *Lexikon für Theologie und Kirche*, t. VI, col. 1068. – *Enciclopedia cattolica*, t. VII, col. 1390. – Site Internet *Catholic Hierarchy in China since 1307* (A. Brender).

D. Vanysacker

LINTUNG, *Lindong*, préfecture apostolique en Mandchourie.

La préfecture apostolique de Lintung en Mandchourie intérieure fut détachée du vicariat apostolique de Sipingkai (Siping) le 18 mai 1937. Cette région, étendue sur les sous-préfectures de Lintung, Kailu et Linsi, comptait 7200 catholiques sur une population totale de 360 000 habitants. Son administration fut attribuée aux Missions Étrangères de la Province de Québec (PME). Les premiers préfets en furent Mgr Edgar Larochelle (1937-1938, année de sa nomination comme supérieur général des PME) et Mgr Émilien Massé (1939-1943). Les missionnaires canadiens étaient assistés par les clercs de Saint-Viateur et par les Sœurs Antoniennes de Marie. En 1940-1941, 16 missionnaires PME, 2 religieux laïcs et 7 religieuses y œuvraient.

L'occupation japonaise s'avéra très dure : les missionnaires canadiens furent arrêtés et molestés, durent faire un an de prison et trois ans de camp de concentration.

Du 28 nov. 1946 au 11 nov. 1956, Mgr Gustave Prévost Godard (1914-2005) en fut le préfet. Comme la plupart de leurs collègues, les missionnaires PME furent emprisonnées et expulsés au début des années 1950.

Actuellement, Lintung, où demeuraient en 2013 environ 3000 catholiques, fait partie du diocèse de Chifeng (Zhaomeng ; fu Ud Banner).

Les Missions de Chine : Quatorzième Année (1936-1937), Pékin, 1936, p. 36-37 ; *Les Missions de Chine : Quinzième Année (1938-1939)*, Shanghai, 1937, p. 36-37 ; *Les Missions de Chine : Seizième Année (1940-1941)*, Shanghai, 1938, p. 37-38. – J. Charbonnier, *Guide to the Catholic Church in China 1993*, Singapour, 1993, p. 124 ; Id., *Guide to the Catholic Church in China 1997*, Singapour, 1997, p. 170 ; Id., *Guide to the Catholic Church in China 2000*, Singapour, 2000, p. 487-488 ; Id., *Guide to the Catholic Church in China 2014*, Singapour, 2013, p. 198. – J. Höfer et K. Rahner (éd.), *Lexikon für Theologie und Kirche*, t. VI, col. 1068. – *Enciclopedia cattolica*, t. VII, col. 1390-1391. – Site Internet *Catholic Hierarchy in China since 1307* (A. Brender). – Voir aussi art. *Leao-tong*, *supra*, t. XXX, col. 1311-1316.

D. Vanysacker

LINUS (Franciscus), jésuite anglais (1595-1675). Voir Line, Francis, *supra*, col. 1336-1339).

LINWOOD (William), diplomate, canoniste, évêque de St. Davids au Pays de Galles : voir Lyndwood.

LIN-ZHAO (Agathe), sainte, vierge martyre, institutrice et catéchiste chinoise (*c.* 1817-1858).

Fille d'un chrétien (qui fut incarcéré pour sa foi à plusieurs reprises), elle naquit vers 1817 dans le village de Machang (district de Qinglong, province de Guizhou) d'un père commerçant en sel et d'une mère tous deux fervents chrétiens. À sa naissance, son père se trouvait en prison pour avoir rejeté l'apostasie. Sa mère la baptisa et lui donna le prénom d'Agathe. Fiancée encore très jeune à son insu par ses parents à un catholique de la région, Agathe, ayant atteint l'âge de 18 ans, sa piété s'étant grandement développée durant son enfance et son adolescence, refusa ce mariage argumentant qu'elle désirait désormais entièrement se consacrer à Dieu et demeurer vierge. Ses parents s'inclinèrent. En ces temps-là, le prêtre chinois Matthieu Lieou, séjournant pour un bref temps au village de Machang, conseilla aux parents d'envoyer Agathe dans l'école catholique pour jeunes filles de Guiyang dirigée par une veuve, Annie Yuan, originaire du Sichuan. Quelques mois à peine après l'arrivée d'Agathe dans cette ville (où la Vierge Marie fera une apparition en 1872), une persécution anti-chrétienne commença et la jeune fille dut se réfugier durant deux années à Longping pour y poursuivre ses études avant de revenir dans son village natal auprès de ses parents. Elle continua son instruction religieuse en autodidacte. Matthieu Lieou, ayant bien perçu ses qualités, lui confia l'instruction de jeunes filles chrétiennes venues de la région et qui avaient été rassemblées dans le village de Ta-pa-tien. Ceci semble cependant quelque peu en contradiction avec les instructions de la Congrégation de la Propagande qui prohibait aux vierges l'enseignement dans les écoles de filles avant l'âge de 30 ans. À l'âge de 25 ans, Agathe prononça ses vœux religieux suivant le règlement établi le 1er nov. 1744 pour les Vierges chinoises par Mgr Joachim de Martiliat (1706-1755) et l'Instruction de la Congrégation de la Propagande, en date du 29 avr. 1784.

Au décès de son père, Agathe et sa mère partirent résider à Zhenning où elle acheta une chapelle école et groupa autour de sa personne une petite communauté de chrétiens dont elle était le modèle. C'est là qu'elle fit pour la première la rencontre du vicaire apostolique du Guizhou, Mgr Étienne Albrand MÉP (1805-1853), qui appréciait beaucoup Agathe, voyant en elle « la première de toutes les jeunes Chinoises qu'il connaissait ». La rappelant à Guiyang, il lui demanda de s'investir à fond dans la formation des vierges et l'envoya dans une dizaine de postes différents, au prix de longs et douloureux voyages pour cette jeune Chinoise aux pieds bandés. Particulièrement charitable, vivant elle-même dans le dénuement, Agathe n'hésitait pas à nourrir les élèves pauvres et à consacrer une bonne partie de ses revenus aux bonnes œuvres. Durant les cours, la jeune femme préférait employer la persuasion et la stimulation en lieu et place des punitions, y compris corporelles, ces dernières pourtant très usitées à l'époque dans l'enseignement chinois. Elle s'investissait aussi beaucoup dans la vie des communautés chrétiennes, s'efforçant d'aplanir les tensions et d'éviter les scandales. C'est apparemment lors d'un séjour dans le village de Ma-Gan-Chan qu'elle fit la connaissance du P. Auguste Chapdelaine MÉP (1814-1856), qui devait subir le martyre quelques années plus tard. Elle lui apprit l'étude de la langue locale et en retour il lui prodigua de précieux conseils spirituels. Sous son influence, elle étudia en vue de devenir catéchiste.

En 1853, Mgr Albrand voulut lui confier les écoles de la ville de Guiyang mais son décès et le peu d'enthousiasme de son successeur, Mgr Paul Perny MÉP (1818-1907), ne permirent pas l'aboutissement du projet.

En 1854, Mgr Perny, qui avait appris rapidement à apprécier Agathe, et l'administrateur des missions, le P. François-Eugène Lions MÉP (1820-1893), lui confièrent une mission particulièrement difficile, au milieu des populations animistes Miao, plus précisément dans le village de Maokou (district de Langdai). Elle y était chargée de l'instruction et de la catéchèse des femmes. Celles-ci étant toutes analphabètes et ne comprenant que peu la langue chinoise, la catéchiste et maîtresse d'école Agathe Lin dut déployer des trésors de persévérance pour parvenir à ses fins. L'année 1855, elle eut la joie de voir toutes ses néophytes recevoir le baptême et la confirmation. L'année suivante, elle fut profondément touchée par l'annonce de la mort en martyr du P. Chapdelaine et elle commença ensuite à exprimer publiquement son désir de verser son propre sang pour le Christ afin d'arriver directement au ciel. Et cette éventualité n'allait guère tarder à trouver concrétisation.

En effet, à Maokou, elle logeait dans la famille du catéchiste itinérant Jérôme Lu Tingmei. Au début de l'année 1858, ce dernier et son collègue Laurent Huang projetaient de construire un oratoire dans un emplacement libre près du temple des ancêtres. Deux oncles de Jérôme et un de ses cousins les dénoncèrent au sous-préfet de Langdai. Agathe pour sa part fut livrée comme catéchiste. Ils furent tous arrêtés en compagnie de plusieurs autres chrétiens par les soldats chinois du sous-préfet, et conduits en sa présence pour un interrogatoire. Sommés de renier la religion de la secte du Seigneur du Ciel, ce qu'ils refusèrent absolument de faire, et soupçonnés en plus de préparer des troubles à la paix publique, ils furent condamnés à mort. Agathe était d'autant plus suspecte que vierge (un comportement jugé immoral) et étrangère à la région. Agathe et ses compagnons furent décapités le 28 janv. 1858. Plusieurs « prodiges célestes » lumineux furent signalés lors de l'exécution et dans les jours qui suivirent. En 1860, leurs dépouilles furent transférées au séminaire de Guiyang puis l'année suivante placées sous une dalle de pierre dans la chapelle de la même ville où se trouve le tombeau de Mgr Albrand. Au Séminaire des Missions Étrangères de Paris, à Bièvres, dans la crypte de l'église, ont été conservés longtemps plusieurs reliques de la sainte, ainsi que le vêtement imbibé de son sang, les bandelettes entourant ses pieds et son chapelet.

Elle a été béatifiée par Pie X le 2 mai 1909 et canonisée par Jean-Paul II avec 119 autres martyrs de Chine, le 1er oct. 2000.

Il ne faut pas la confondre avec Lin Zhao, journaliste et poète chrétienne, exécutée en 1968 par le régime de Mao Zedong.

A. Launay, *Histoire des Missions de Chine. Mission du Kouy-Tcheou*, t. I, Paris, 1907, p. 306-310, 379-380, 383-384, 433-434, 487, 492, 498-505 ; Id., *Les trente-cinq vénérables Serviteurs de Dieu français-annamites-chinois mis à mort pour leur foi en Extrême-Orient de 1815 à 1862...*, Paris, 1907, p. 342-373. Id., *Lys de Chine (Agathe Lin, Lucie Y, Vierges du Guizhou)*, Paris, 1924. – C. Salotti, *I nuovi martiri Annamiti e Cinesi*, Roma, 1909, p. 217-220. – G. Battista Proja, *Lin-Tchao, Agata*, dans *Bibliotheca Sanctorum*, t. VIII, col. 59-60. – Congregatio de Causis sanctorum, *Index ac status causarum*, Città del Vaticano, 1999, p. 480 et 610, n° 4. – J. Charbonnier, *Histoire des chrétiens de Chine*, Paris, 2002, p. 195-197. – R. G. Tiedemann (éd.), *Handbook of Christianity in*

Mgr Eugène Lion, archevêque de Damiette, dans *Les missions catholiques*, t. 6, 1874, p. 245.

China. Vol. 2 : *1800 to the Present*, Leiden-Boston, 2010, p. 231-233. – Site Internet *Hagiography Circle*. – Site Internet du Vatican.

E. LOUCHEZ

LION (Eugène ; en religion Marie-Louis), dominicain, archevêque de Damiette (1826-1883).

Né à Reims le 1er juin 1826, fils de Laurent, marchand de nouveautés, et de Marie Joseph Deschamps, il fait ses humanités au collège Saint-Vincent de Senlis puis vient à Paris suivre les cours de la Faculté de médecine. À 25 ans, en 1851, il est médecin. Il se présente au P. Danzas, maître des novices dominicains au couvent de Flavigny-sur-Ozerain (Côte d'Or) et là, le 13 mars 1853, reçoit de Lacordaire l'habit de Dominique et le nom de Louis-Marie. Il fait profession religieuse le 23 mars de l'année suivante.

Assigné au couvent Saint-Thomas à Paris, il en est nommé sous-prieur et devient aumônier du Refuge Sainte-Anne, œuvre fondée par Melle Chupin « au bénéfice des pauvres filles que l'inexpérience, l'abandon ou la misère ont égarées et qui veulent rentrer dans le droit chemin ».

À la fin des années 1850, la mission dominicaine de Mossoul (Iraq) avait demandé au P. Lacordaire de dépêcher le P. Lion en Iraq : qu'il soit médecin en est probablement la raison principale. Après la mort du P. Besson, supérieur de la mission, le 4 mai 1861, Lacordaire l'y envoie : « vous savez que la mission de Mossoul fait partie intégrante de la province, d'après une décision de la S. Congrégation de la Propagande, et, qu'ainsi, vous ne la quitterez pas, mais vous la servirez dans un poste important ». Il est nommé pro-préfet de cette mission et arrive à Mossoul le 21 déc. 1861.

Le P. Lion promeut les œuvres scolaires et hospitalières, construit l'église du couvent dominicain de Mossoul, développe l'activité de l'imprimerie, fait paraître une Bible en arabe, des manuels scolaires, des livres liturgiques. En 1865, le gouvernement français lui fait remettre les insignes de chevalier de la Légion d'Honneur en témoignage de reconnaissance pour son dévouement pendant une épidémie de choléra.

Au début de l'année 1873, le P. Lion obtient d'être rappelé en France. Il est assigné au couvent d'études de Flavigny en qualité de maîtres des novices profès. Mgr Fianciulli, délégué apostolique en Mésopotamie et au Kurdistan, décède en novembre 1873, Rome fait alors appel au P. Lion pour le remplacer. Il est sacré évêque, en l'église des Carmes, le 12 avr. 1874, par le card. Joseph-Hippolyte Guibert et devient archevêque de Damiette, administrateur du diocèse latin de Bagdad, délégué du Saint-Siège en Mésopotamie, Arménie et Kurdistan, et assistant au Trône pontifical.

Mgr Lion réalise les espoirs que l'on avait fondés sur lui. Il publie une importante lettre pastorale le 21 sept. 1874 pour préparer le chemin vers la réconciliation des communautés chrétiennes dissidentes. Esprit pacificateur et clairvoyant, il réussit à apaiser l'affaire très complexe du schisme du Patriarche chaldéen, Mgr Audo, et à recevoir en 1877 sa soumission. Il s'emploie ensuite à calmer les passions et à effacer les traces causées par ces graves tensions.

Il meurt le 9 août 1883, au couvent des moines chaldéens d'Alcoche, où il était allé prendre quelques jours de repos.

Année dominicaine, 1883, p. 444-453 et 1884, p. 372-374. – M. J. Ollivier, *Éloge funèbre de Mgr Lion*, Paris, 1883. – B. Goormachtigh, *Histoire de la Mission dominicaine en Mésopotamie et au Kurdistan*, dans *Analecta sacri ordinis Praed.*, 3, 1897-1898, p. 533-545. – M. Brelet, *Histoire de la Mission de Mossoul* (inédit, Archives de la province dominicaine de France, IV, Mossoul, Z, n°3 et 9) – *Archives Mossoul*, carton n°1, dossier 1 et 2 ; carton n°3, dossier 2 et 3 (APF). – *Les Missions catholiques. Bulletin hebdomadaire illustré de l'œuvre de la propagation de la foi*, (Tables annuelles alphabétiques). – G. Jacquemet et G. Mathon (éd.), *Catholicisme. Hier-aujourd'hui-demain*, t. VII, col. 818-819.

M. ALBARIC

LIONESSA (Fabio della), nonce dans les Pays-Bas espagnols (1584/85-1652) : voir LAGONISSA, FABIO DI, *supra*, t. 29, col. 1398-1399.

LIONNE (Artus de), évêque de Gap (1583-1663).

Beaucoup de zones d'ombre persistent encore dans l'histoire familiale et dans la biographie de cet évêque père d'un ministre célèbre, ce dernier ayant cru nécessaire d'inventer une généalogie qui correspondait à son office de chancelier des ordres royaux de chevalerie. Grâce à son mariage avec une fille issue du milieu parlementaire de Grenoble, Sébastien, le père d'Artus, a pu faire carrière dans l'administration militaire et financière de sa province, le Dauphiné. Il se fit même anoblir par Henri III en 1580.

Né trois ans plus tard, le 1er sept. 1583, Artus, deuxième fils de Sébastien et de Bonne de Portes, fit ses humanités et sa philosophie chez les jésuites du collège de Tournon, suivies par des études de droit à Valence, où il prit le grade de docteur *in utroque jure*. Après quelques années d'activité comme avocat au parlement de Grenoble, il y devint conseiller vers 1605. Il se maria avec Isabelle Servien, sœur d'un futur ministre (Abel) sous Richelieu et Mazarin, mais elle

mourut en 1612 lui laissant un fils unique, Hugues, ministre sous Louis XIV. Il est possible qu'il se soit marié une deuxième fois, mais cette union devait être de courte durée, car Artus entra bientôt dans les ordres, se faisant ordonner prêtre dès 1614.

De par ses relations et son statut, il prit part à de nombreuses initiatives dévotes dans Grenoble, où il fut reçu chanoine de la cathédrale. Il y créa une sodalité mariale dans le milieu parlementaire en 1624. Il introduisit les Ursulines dans la ville, et devint leur directeur et supérieur. Non sans ambitions épiscopales, il dut attendre l'action conjointe de son beau-frère, Servien, et de son fils, principal commis de Servien, pour obtenir la nomination à Gap, d'abord comme coadjuteur de l'infirme Charles-Salomon du Serre, le 25 août 1634. De sourdes oppositions à Gap retardèrent ses bulles, et il fut nommé évêque par Louis XIII le 13 janv. 1636, après la démission de du Serre, décédé l'année suivante. Mais Rome le fit attendre plus de trois ans avant de délivrer ses bulles, le 11 avr. 1639, et en lui imposant une pénitence pour ses deux mariages (« bigamie »). Il fut sacré le 27 nov. 1639 à Saint-Lazare, Paris. Homme énergique, il visita son nouveau diocèse, essayant de le redresser après le long règne de Charles du Serre. Surtout il tâcha de reconstruire le temporel et de faire rebâtir une partie de sa cathédrale. Homme cultivé, il recueillit les documents qui servirent à la confection du *Roole des évêques de Gap* par Vallon-Corse au XVIIIe siècle mais qui ne fut publié qu'au siècle suivant. L'influence de son fils auprès de Mazarin lui valut d'être nommé aux sièges d'Embrun (le métropolitain de Gap) en 1648 et de Bayeux en 1659, mais il les refusa tous les deux, se contentant de l'abbaye de Solignac en 1648. Fatigué et malade, il se retira chez son fils à Paris en 1661 et démissionna de son siège le 19 avril. Il mourut à Paris le 18 mai 1663. Il ne faut pas le confondre avec son homonyme et petit-fils, missionnaire des Missions Étrangères de Paris et vicaire apostolique en Chine (*cf. infra*).

Archives du Vatican, Processus consistoriales, t. XXXVII, fos 899-925. – Bibliothèque Nationale, dossiers bleus 398, dossier 10736. – H. Fisquet, *La France pontificale. Métropole d'Aix. Gap*, Paris, 1868, p. 124-127. – U. Chevalier, *Notice historique sur la famille de Lionne*, dans *Bulletin de la Société départementale d'archéologie et de statistique de la Drôme*, 11, 1877, p. 51-73. – *Inventaire sommaire des archives départementales antérieures à 1790, Hautes-Alpes*, série G, III, Gap, 1897, p. XVIII. – *Gallia christiana*, t. I, col. 470. – P. Grillon (éd.), *Les Papiers de Richelieu*, t. IV, Paris, 1980, p. 197. – *Répertoire des visites pastorales de la France, première série, anciens diocèses jusqu'en 1790*, t. 2, Paris, 1977-1985, p. 310. – *Biographie universelle*, t. XXIV, p. 538-539. – G. Jacquemet et G. Mathon (éd.), *Catholicisme. Hier-Aujourd'hui-Demain*, t. VII, col. 819. – J. Bergin, *The Making of the French Episcopate (1589-1661)*, New Haven (Conn.), 1996, p. 659-660.

J. BERGIN

LIONNE (P. Martin de), jésuite français, missionnaire au Canada (1614-1661) : voir LYONNE, MARTIN DE.

LIPP (Joseph von), évêque de Rottenburg (1795-1869).

Il naquit à Holzhausen (Wurtemberg) le 24 mars 1795 dans un milieu devenu très modeste à la suite du décès de ses parents, victimes du typhus en 1796 : il fut élevé par une sœur de sa mère et grandit à

Heubach-Lautern (Ostalbkreis). Il y fit l'école primaire et, grâce aux leçons privées de son curé, put suivre les cours au Gymnasium d'Ellwanger. Il fit ses études de théologie à la Friedrichsuniversität d'Ellwanger (1817) transférée à Tübingen l'année suivante (1818). Après un an au séminaire diocésain de Rottenburg, il fut ordonné prêtre le 18 sept. 1819. Après quelques mois de vicariat, il devint en 1821 assistant pour la littérature grecque, l'hébreu, le grec et le droit naturel au Wilhelmstift de Tübingen. En 1822, il passe l'examen d'État (*Staatsprüfung*) pour l'enseignement philologique et travaille pendant une vingtaine d'années comme professeur puis directeur dans divers Gymnasia, dont, pour terminer, le Gymnasium d'Ehingen/Donau. On ne connaît pas grand-chose de ses activités à cette époque mais on sait qu'en 1830-1831 il fonda avec des collègues (dont Johann Dursch et Maximilian Wocher) une *Verein für die Kirchliche Aufhebung des Cölibatsgesetz*, ce qui refroidit ses rapports avec J. A. Möhler, qui avait été un ami durant leurs études.

En 1845, il fut nommé curé-doyen d'Ehingen. Quelques semaines plus tard, l'évêque de Rottenburg décéda et deux camps s'opposèrent pour le remplacement, les *Wessenbergianer*, qui avaient les préférences du gouvernement, et les *Möhlerianer*, soutenus par la nonciature de Munich. Après des discussions qui se prolongèrent pendant plus de deux années, Rome retint finalement Lipp parmi les candidats qui restaient en lice et il fut préconisé le 17 déc. 1847. Le sacre eut lieu le 19 mars 1848 à Fribourg-en-Brisgau. Le nouvel évêque dut d'abord régler le nouveau statut des relations entre l'Église et l'État consécutif aux événements de 1848. Après des discussions difficiles, on finit par arriver en 1857 à un concordat relativement satisfaisant pour l'Église mais la seconde chambre wurtembergeoise refusa de l'accepter. Grâce aux tendances modérées de Lipp, les relations de la curie diocésaine avec le gouvernement au cours des années suivantes furent assez calmes (il réussit ainsi à réintroduire les congrégations féminines de bienfaisance, mais échoua cependant pour les congrégations masculines), mais le groupe ultramontain des *Jungkirchler* reprocha de plus en plus à l'évêque ses compromis. Celui-ci essaya en vain d'obtenir de Rome la nomination d'un coadjuteur. La mort de l'évêque, atteint de tuberculose, le 3 mai 1869, mit un terme au conflit.

J.-B. Schmitt, *Landesrechtliche Stellung der katholischen Kirche in Württemberg. 1803-1883*, 3 vol., Radolfszell, 1914-1919. – F.-X. von Linsenmann, *Lipp, Joseph von*, dans *Allgemeine Deutsche Biographie*, t. 18, Leipzig, 1883, p. 732-734. – F. Stärk (dir.), *Die Diözese Rottenburg und ihre Bischöfe, 1828-1928. Ein Festbuch zum hundertjährigen Jubiläum der Diözese*, Stuttgart, 1928, p. 78-105. – A. Fischer, *Innen- und Außenleben der Diözese Rottenburg unter Bischof Josef von Lipp 1848-1869*, dans *Rottenburger Monatsschrift für praktische Theologie*, 11, 1927-1928, p. 78-83. – A. Hagen, *Staat und Katholische Kirche in Württemberg in den Jahren 1848-1962* (coll. Kirchenrechtliche Abhandlungen, 105-106), 2 vol., Stuttgart, 1928 ; Id., *Die Rottenburger Bischofswahl vom Jahre 1846*, dans *Festschrift Ulrich Stutz zum siebzigsten Geburtstag dargebracht von Schülern, Freunden und Verehrern* (coll. Kirchenrechtliche Abhandlungen, 117-118), Stuttgart, 1938, p. 333-370 ; Id., *Staat, Bischof und geistliche Erziehung in der Diözese Rottenburg (1812-1934)*, Rottenburg, 1939 ; Id., *Gestalten aus dem schwäbischen Katholizismus*, t. 2, Stuttgart,

Vilmos Lipp, dans *Vasárnapi Ujság*, 9 août 1885, p. 1.

1950, p. 96-188. – W. Groß, *Das Wilhelmsstift Tübingen, 1817-1869. Theologenausbildung im Spannungsfeld von Staat und Kirche* (coll. Contubernium, 32), Tübingen, 1978. – E. Gatz (dir.), *Die Bischöfe der deutschsprachigen Länder 1785/1803 bis 1945. Ein biographisches Lexikon*, Berlin, 1983, p. 453-455. – O. Weiß, *Die Redemptoristen in Bayern (1790-1909). Ein Beitrag zur Geschichte des Ultramontanismus* (coll. Münchener Theologische Studien, I/22), Sankt Ottilien, 1983. – R. Reinhardt, *Lipp, Jozef von*, dans *Neue Deutsche Biographie*, t. 14, Berlin, 1985, p. 648-649. – H. Wolf, « *Für Zeit und Ewigkeit unglücklich* ». *Carl Joseph Hefele über den Rottenburger Bischofskandidaten Joseph Lipp im Jahre 1847*, dans *Rottenburger Jahrbuch für Kirchengeschichte*, 9, 1990, p. 203-210 ; Id., *Augustin Theiner und die Rottenburger Bischofswahl von 1846*, dans *Archiv für schlesische Kirchengeschichte*, 47-48, 1990, p. 205-218 ; Id., *Ketzer oder Kirchenlehrer ? Der Tübinger Theologe Johannes von Kuhn (1806-1887) in den kirchenpolitischen Auseinandersetzungen seiner Zeit* (coll. Veröffentlichungen der Kommission für Zeitgeschichte, Sér. B, Forschungen, 58), Mainz, 1992 ; Id., *Lipp, Joseph von*, dans *Biographisch-Bibliographisches Kirchenlexikon*, t. 5, Herzberg, 1993, col. 103-107. – *Lipp, Joseph*, dans *Deutsche Biographische Enzyklopädie*, t. 6, München, 1997, p. 416-417. – F. Raberg, *Biographisches Handbuch der württembergischen Landtagsabgeordneten. 1815-1933*, Stuttgart, 2001, p. 514.

L. Courtois

LIPP (Vilmos), prémontré hongrois de l'abbaye de Csorna (Transdanubie), éducateur et archéologue, 1835-1888.

Né à Pest dans une famille bourgeoise très aisée le 11 déc. 1835, il entra d'abord chez les piaristes en 1852, mais prit l'habit religieux en 1857 chez les chanoines prémontrés, d'abord à Kalocsa puis à Csorna. Il y fit profession religieuse en 1861 et fut ordonné prêtre la même année. À partir de 1860, il enseigna au gymnasium prémontré de Szombathely (comitat de Vas). Il obtint ses licences en latin-grec, et en allemand, à l'université de Pest (1868). Docteur en philosophie (1878), il devint directeur du collège de Keszthely en 1880. Son intérêt pour l'archéologie s'était manifesté sous l'influence du bénédictin Floridus (Franz) Rómer (1815-1889), professeur d'archéologie à l'université de Pest. Lipp a fouillé des cimetières de l'époque des grandes migrations, à Keszthely, Pest, Fenékpuszta, Alsópáhok, et a travaillé sur des vestiges de l'époque romaine à Szombathely. Ses découvertes ont enrichi les collections du Musée national hongrois. Vilmos Lipp était chevalier de l'ordre impérial de François-Joseph. Outre l'archéologie et l'éducation, il s'intéressait également à l'histoire littéraire, rédigeant lui-même plusieurs pièces de théâtre. Il mourut à Keszthely le 3 janv. 1888 dans la 53e année de son âge et la 27e de sa profession et de son sacerdoce.

L. Goovaerts, *Écrivains, artistes et savants de l'ordre de Prémontré*, t. I, Bruxelles, 1899, p. 519. – *Oesterreichisches Biographisches Lexikon*, t. V, p. 234.

L. C. van DYCK

LIPPARINI (Guglielmo), *Lipparino*, augustin italien, compositeur (première moitié du XVIIe siècle).

Né dans le dernier quart du XVIe siècle, entré chez les augustins, il fit profession au couvent de San Giacomo à Bologne, où il étudia la théologie et les lettres. Il possédait de grandes connaissances musicales. Nommé à Côme en 1609, il y exerça la fonction de maître de chapelle à la cathédrale, charge qu'il occupa pendant plus de vingt ans, jusqu'en 1633. Il fut aussi pendant un certain temps maître de chapelles, à Bellagio, de Paolo Sfrondato, fils du duc de Monte Marciano Ercole. Il passa les derniers temps de sa vie au couvent de San Giacomo de Bologne.

Il composa des chansons, des motets, des concerts, etc. ainsi que des sonates pour violons à l'intention de familles nobles de Bologne : La Bentivoglia, la Paleota, la Campeggia, La Bovia, la Guidota, la Pepoli, la Malvezza et La Bologneta. Il publia 14 œuvres, la dernière en 1637, qui le fit considérer comme dominant la musique de son temps. Ces œuvres sont conservées au Liceo Musical de Bologne.

On ignore la date de sa mort, postérieure à 1637.

ŒUVRES. *Il I°libro delle Canzonette*, à 3 voix, Venezia, 1600. – *Il II°Libro dei Moteti*, à 7-8 et 15 voix, Venezia, 1609. – *Messe*, à 8 voix, avec le *Te Deum*, Venezia, 1623. – *Sacri concerti*, à 4-5-8 et 10 voix, *Libro°II*, Venezia, 1627. – *Sacri concerti*, à 5 voix, *Libro°I*, Venezia, 1629. – *Sacri concerti*, à 1 à 4 voix, avec les litanies, Venezia, 1635. – *Salmi concertati musici. Parte I Abrahami Schoad*, Strasbourg, 1611.

TRAVAUX. S. L. Astengo, *Musici agostiniani anteriori al sec. xix*, Firenze, 1929, p. 27. – D.A. Perini, *Bibliographia Augustiniana. Scriptores Itali*, t. II, Firenze, 1931, p. 155-156. – J. Roche, *Lipparino [Lipparini], Guglielmo*, dans S. Sadie (éd.), *The New Grove Dictionary of Music and Musicians*, vol. 14, *Kufferath to Litton*, London-New York, 2001, p. 737-738. – O. Mischiati, *Lipparini, Lipparino, Guglielmo*, dans L. Finscher (dir.), *Die Musik in Geschichte und Gegenwart*, vol. 11, *Les-Men*, Stuttgart, 2004, col. 187-188. – R. Cascio, *Lipparini (Lipparino), Guglielmo*, dans M. Caravale (dir.), *Dizionario biographico degli Italiani*, vol. 65, Roma, 2005, p. 179-181.

R. LAZCANO

LIPPAY (György von Zombor), *Lippai*, archevêque d'Esztergom et primat de Hongrie (1600-1666).

Fils de János Lippay, *Personalis* (c.-à-d. représentant) du roi de Hongrie et de son épouse Maria Landovicz-

Serényi, il naquit à Vienne le 6 oct. 1600. Il avait quatre frères et sœurs : Gaspar, qui devint juge, János, qui devint jésuite, Imre et Katalin. Il fit ses humanités chez les jésuites de Pozsony (aujourd'hui Bratislava, en Slovaquie) et à Vienne ; et il obtint dès 1613 une prébende canoniale à Eger. Il poursuivit ses études à l'Université de Graz, dirigée par les jésuites, où il décrocha en 1620 le baccalauréat et en 1621 la maîtrise en philosophie. Le cardinal-archevêque d'Esztergom, Péter Pázmány, l'envoya ensuite à Rome, où il fut élève du Collegium Germanicum Ungaricum et fréquenta l'Université Grégorienne pour ses études de théologie et de droit canonique. Il fut ordonné prêtre dans la Ville éternelle en 1624.

Il revint en février 1625 en Hongrie, où la situation politique et ecclésiastique était toujours aussi déplorable. Le pays était depuis 1541 divisé en trois parties : dans la Transylvanie, occupée par les Turcs, les protestants étaient en majorité ; dans la région centrale, dominée également par les Turcs, la foi catholique était pratiquement éteinte dans la population ; quant à la partie occidentale, où les Habsbourg étaient toujours les maîtres, la guerre de Trente Ans continuait à faire sentir ses effets. Comme Esztergom était depuis 1543 occupée par les Turcs, l'archevêque et son chapitre résidaient à Nagyszombat (aujourd'hui Trnava en Slovaquie) ou à Pozsony.

Lippay commença sans tarder sa carrière ecclésiastique. En 1625, il fut nommé chanoine d'Esztergom, en 1627 archidiacre de Torna, puis en 1628 prévôt de Szentistván. En 1627, l'archevêque le chargea de la paroisse de la forteresse d'Érsek-Újvár (aujourd'hui Nove Zamky, en Slovaquie), où il ramena 50 familles protestantes à l'Église catholique et se dévoua durant l'épidémie de peste. En 1632, il accompagna Pázmány à Rome, où Urbain VIII le nomma protonotaire et camérier pontifical. Le 1er févr. 1633, Ferdinand II le nomma évêque de Veszprém (au nord du lac Balaton). Confirmé par le pape le 6 juin, il fut sacré le 22 décembre à Nagyszombat par le card. Pázmány. En 1635, il devint chancelier du Royaume et prélat de la table royale (tribunal). En 1637, l'empereur le transféra au siège d'Eger. Cette nomination ne fut pas confirmée par le pape mais Rome le dispensa néanmoins de l'obligation de résidence.

À Eger, Lippay exerça avec l'aide des jésuites une activité pastorale fructueuse. Il permit notamment aux jésuites de s'établir à Kassa (aujourd'hui Košice en Slovaquie) et assura par d'importantes fondations l'avenir de leurs collèges. Il soutint également la fondation d'un collège de la Compagnie de Jésus à Ungvár (aujourd'hui Oujhorod, en Ukraine carpatique). Comme évêque d'Eger, Lippay fonda également à Vienne, en plus du Pazmaneum (fondé par Pázmány en 1623), un séminaire diocésain, que son successeur transféra par la suite à Kassa.

Le 18 nov. 1642, l'empereur Ferdinand III nomma Lippay archevêque d'Esztergom et primat de Hongrie. Le pape Innocent X confirma cette nomination et envoya le pallium au nouvel archevêque le 12 mars 1646. Lippay prit énergiquement la direction de son immense diocèse. Il fit construire à Pozsony une belle résidence d'été avec un jardin qui devint célèbre et une autre résidence à Garamszentbenedek (de nos jours Hronský Beňadik, en Slovaquie). En 1642, il acheta aux Fugger de Vienne leur bibliothèque (3032 volumes), qu'il installa à Nagyszombat. Il demanda aux grands propriétaires convertis à l'Église catholique d'expulser, éventuellement par les armes, les prédicants protestants. Durant les hostilités qui se déroulèrent en 1644-1645, il prit résolument le parti des Habsbourg et repoussa l'invasion protestante du prince de Transylvanie, György Rákóczi Iᵉʳ. Il dut toutefois, lors du traité de Linz de 1645 entériné par le parlement hongrois, abandonner tout espoir d'une recatholicisation de la Hongrie par des décisions politiques.

Il s'appliqua dès lors à la réforme intérieure de l'Église catholique. Il restructura son diocèse et sa province ecclésiastique. Il eut désormais sous sa juridiction 9 évêques, 44 chanoines, 20 prévôts, 18 abbés, 20 chapelains, 31 licenciés (des laïcs ayant une fonction ecclésiastique), 88 séminaristes et 172 curés (contre 976 à la fin du Moyen Âge). En 1648 et 1658, il réunit deux synodes nationaux et deux synodes diocésains. C'est le synode national de Nagyszombat de 1648 qui accomplit les réformes les plus importantes. Il fut interdit aux évêques diocésains d'échanger leurs sièges ; des mesures furent prises pour assurer la retraite des vieux prêtres et le recrutement sacerdotal ; il fut décidé, vu que les évêques n'étaient pas en mesure d'ouvrir chacun leur propre séminaire, d'ériger un séminaire général pour l'ensemble du royaume. Ce *Seminarium Rubrorum* – ainsi nommé parce que les jeunes clercs portaient une soutane rouge comme à Rome (ils suivaient d'ailleurs la règle du Collegium Germanicum Ungaricum) – fut doté en 1649 de fondations importantes et les évêques furent invités à penser aux séminaires diocésains dans leur testament. En vue de l'éducation catholique des jeunes nobles, Lippay fonda des pensionnats à Nagyszombat et à Sopron. En 1649, il consacra 15 000 florins d'or à la fondation de la faculté de droit à l'Université de Nagyszombat. Pour l'élaboration de son programme pastoral, il s'appuya spécialement sur les jésuites, qu'il encouragea par d'importants subsides à multiplier les fondations d'églises, de pensionnats et de collèges. Les franciscains bénéficièrent eux aussi de son aide pour la fondation d'églises et de couvents, à Körmöcbánya (de nos jours Kremnica, en Slovaquie) et sur l'île de Csallóköz (ou Žitný ostrov, en Slovaquie). La juridiction primatiale de Lippay dépassait les limites de sa province ecclésiastique : en 1655, il confirma ses droits de visite dans le diocèse suffragant de Senj-Modruš en Croatie. S'appuyant sur ses droits primatiaux, il nomma dans les diocèses vacants de Transylvanie des curés, des vicaires et des missionnaires. Lors des nominations aux diocèses vacants, Lippay exerçait à Vienne une grande influence.

Bien que prenant toujours parti pour les Habsbourg – c'est lui qui couronna rois de Hongrie Ferdinand IV en 1647 et Léopold Iᵉʳ en 1655 – il fut comme la plupart des grands feudataires hongrois amèrement déçu lorsqu'en 1660 l'empereur abandonna aux mains des Turcs la forteresse et la ville épiscopale de Várad en Transylvanie (aujourd'hui Oradea, en Roumanie) et lorsqu'après sa grande victoire sur les Turcs près de Sankt Gotthard en 1664, l'empereur Léopold, lors du traité de Vasvár, rendit aux Ottomans toutes ses conquêtes. Ce fut le début du rapprochement de Lippay avec les magnats hongrois opposés aux Habsbourg, spécialement avec le comte Miklós Zrínyi. Ce mouvement déboucha sur une conspiration sous la conduite du comte Ferenc

György von Lippay, dans F. C. Khevenhüller, *Conterfet Kupfferstich... deren jenigen regierenden grossen Herren..., Porträtwerk, 1721-1722*, t. 2, Leipzig, 1722, encart après la p. 424.

Wesselényi, visant, dans l'intérêt du pays, à écarter les Habsbourg du trône de Hongrie et à offrir la couronne à la maison royale de France. Cette conspiration fut découverte en 1667, mais, tout comme le palatin Wesselényi, Lippay échappa à la répression sanglante qui s'en suivit car, après une longue maladie, il s'était éteint le 3 janv. 1566, dans son palais de Pozsony. Il fut inhumé le 19 janvier dans la cathédrale Szent Márton (Saint-Martin) par son successeur, déjà nommé, György Szelepcsényi. Par testament, il léguait la totalité de ses biens à des institutions ecclésiastiques ou charitables.

L'archevêque Lippay fut un pasteur énergique, il ramena de nombreux protestants à l'Église catholique, favorisa par sa politique ecclésiastique les intérêts de l'Église catholique, mais ne négligea pas la réforme interne de l'Église.

ÉCRITS. *Theatrum Philosophi*, Graz, 1621 ; *Sanctus Ladislaus rex. Vulgo Pius dictus in antiquissima et celeberrima universitate Divus Titularis, panegyrica, oratione celebratus*, Wien, 1653 ; *Rituale Strigoniense*, Nagyszombat, 1650 ; *De dignitate et puritate sacerdotum*, dans C. Péterffy, *Sacra Concilia Regni Hungariae*, Pozsony, 1741-1742. – *Lippay György esztergomi érsek magyar levelei* [= Lettres hongroises de l'archevêque d'Esztergom G. Lippay], dans P. Lichner (éd.), *Györi Történelmi és Régészeti Füzetek*, 3, 1863, p. 183-187. – A. Beke (éd.), *Pázmány, Lippay és Eszterházy levelezése I. Rákoczi Györgygyel* [= La correspondance de Pazmany, Lippay et Eszterházy avec György Rákóczi], dans *Történelmi Tár*, 14, 1881, p. 641-674, et 15, 1882, p. 134-148 et 279-325. – S. Szilágyi, *Lippay György esztergomi érsek leveleiböl* [= Lettres de l'archevêque d'Esztergom, G. Lippay], *ibid.*, 25, 1892, p. 581-591.

TRAVAUX. J. Cornelli, *Quinque lustra Lippaiana*, Trnava, 1722. – C. Péterffy, *Sacra Concilia Regni Hungariae*, t. II, Pozsony, 1742, p. 374 et sv. – N. Schmitth, *Archi-episcopi Strigonienses compendio datae*, t. II, Trnava, 1758, p. 135-150. – J. Róka, *Magyarország primása. Közjogi és történeti vázolat* [= Le primat de Hongrie. Aperçu juridique et historique],

t. I, Pest, 1859, p. 171-172. – L. Telgárti, *Lippay György jezsuitákat hoz Rozsnyóra 1659* [= G. Lippay fait venir les jésuites à Rozsnyó], dans *Magyar Sion*, 3, 1865, p. 306-310. – M. Zsilinszky, *Lippay György és a tokaji tanácskozmány 1646* [= G. Lippay et les délibérations de Tokaj en 1646], dans *Századok*, 20, 1886, p. 400-424. – J. Szinnyei, *Magyar irók élete és Munkái* [= Vie et œuvre des écrivains hongrois], t. VII, Budapest, 1898, p. 1258. – A. Koncz, *Egri egyházmegyei papok az irodalom terén* [= Écrits de prêtres diocésains d'Eger], Eger, 1892, p. 157. – A. Zelliger, *Egyházy irók csarnoka* [= Écrivains ecclésiastiques], Nagyszombat, 1893, p. 293. – *A Pallas Nagy Lexikona*, t. XI, Budapest, 1895, p. 551. – P. Gauchat, *Hierarchia Catholica Medii et Recentioris Aevi*, t. IV, München, 1935, p. 73, 323, 366. – A. Borbély, *Az esztergomi Bibliotheca Fugger-gyüjteményének erdete* [= Origine de la collection Fugger dans la bibliothèque d'Esztergom], dans *Magyar Könyvszemle*, 77, 1961, p. 469-475. – Chr. Beke, *Historia diplomatica almae diocesis Vesprimiensis I-III*, ms., t. III, p. 21 et sv. – F. Kollányi, *Esztergomi kanonokok 1100-1900* [= Chanoines d'Esztergom, 1100-1900], Esztergom, 1900, p. 230-234. – F. Chobot, *A váci egyházmegye történeti névtára* (= Prosopographie historique du diocèse de Vác], t. II, 1917, p. 994. – E. Veress, *A római Collegium germanicum et Hungaricum magyarországi tanulóinak anyakönyvei és iratai* [= Matricules et documents sur les étudiants hongrois du Collegium Germanicum et Hungaricum romain 1559-1917], dans Id., *Matricula et acta Hungarorum in universitatibus Italiae studentium*, t. II, Budapest, 1917. – J. Anditsch, *Studenten und Lehrer aus Ungarn und Siebenbürgen an der Universität Graz 1586-1782*, Graz, 1965, p. 46 et sv. – I. Sugár, *Aze egri püspökök története* [= Histoire des évêques d'Eger], Budapest, 1984, p. 309-331. – J. Pfeiffer, *A veszprémi egyházmegye történeti névtára 1630-1950* [= Prosopographie historique du diocèse de Veszprém de 1630 à 1950], München, 1987, p. 40-41. – E. Borián, *Lippay érsek és Zrinyi Miklós politikai vitája*, [= Discussion politique entre l'archevêque Lippay et Miklós Zrinyi], dans *Századok*, 134, 2000, p. 913-931. – P. Tusor, *Esztergomi érsekek kánoni kivizsgálási jegyzőkönyvei a Vatikáni Levéltárban (1625-1667), Lósy Imre, Lippay György és Szelepchény György életrajzi vázlataival* [= Protocole des procès canoniques de l'archevêque d'Esztergom avec des esquisses biographiques d'I. Lósy, G. Lippay et G. Szelepchény], Budapest-Roma, s.d. ; Id., *Lippay IV. György*, dans M. Beke (dir.), *Esztergomi érsekek 1001-2003* [= Archevêque d'Esztergom, 1001-2003], Budapest, 2003, p. 296-303. – J. Viczián, *Lippay György*, dans *Magyar Katolikus Lexikon*, t. VII, Budapest, 2002, p. 873-874. – M. Beke, *Az esztergom-budapesti érsekek képmása, aláírása, pecsétje, cimere és zászlaja* [= Portraits, signatures, sceaux, armes et bannières des archevêques d'Esztergom], dans Id. (dir.), *Esztergomi érsekek 1001-2003*, p. 416-455, en particulier p. 423, 436, 449.

M. BEKE

LIPPI (Bartolomeo), franciscain italien de l'Observance, voir COLLE, BARTOLOMEO DA, *supra*, col. 1296-1301.

LIPPOMANO (Agostino), évêque de Vérone (1530-1559).

Né dans une famille qui faisait partie du patriarcat vénitien depuis le XIVᵉ siècle, il était le neveu de Luigi Lippomano, coadjuteur de son cousin Pietro Lippomano (lequel, après avoir été évêque de Bergame, devint en 1544 évêque de Vérone, *cf. infra*, col. 1360-1361). Il entra dans l'ordre militaire de Saint-Jean de Jérusalem.

Le 8 janv. 1557, âgé de 27 ans, il fut nommé coadjuteur avec droit de succession de son oncle Luigi Lippomano, lequel était devenu évêque de Vérone. Lorsque, l'année suivante, ce dernier fut transféré au siège de Bergame, Agostino Lippomano devint automatiquement évêque de

Vérone, le 20 juil. 1558. Mais son épiscopat fut très bref car il décéda à Padoue le 7 juil. 1559.

C. Eubel et al., *Hierarchia catholica*, t. III, p. 331. – F. Ughelli, *Italia Sacra*, t. V, Venezia, 1717-1722, col. 989. – G. Ederle, *Dizionario cronologico bio-bibliografico dei vescovi di Verona. Cenni sulla Chiesa veronese*, Verona, 1965. – *Liber Visitationis anni MDLIX. Visita di vicari a chiese extraurbane*, Verona, 1999. – D. Cervato, *Diocesi di Verona* (Storia religiosa del veneto, 8), Padova, 1999, p. 322, 343.

M. FAGGIOLI

LIPPOMANO (Giovanni), évêque de Parenzo en Istrie († 1613).

Membre de la noble famille vénitienne des Lippomano, d'où sortirent plusieurs évêques (de Vérone et de Bergame notamment), Giovanni IX Lippomano fut nommé par Clément VIII, le 8 juil. 1598, évêque de Parenzo, en Istrie (aujourd'hui Poreč, en Croatie), une région qui était soumise politiquement à Venise depuis 1267. Il n'était pas encore prêtre. Jusqu'à son ordination épiscopale, son diocèse fut administré par un vicaire, Angelo Barbarigo.

Prélat instruit, il fut un des évêques soucieux d'appliquer les décisions du concile de Trente. Il procéda à la visite pastorale du diocèse et demanda à Rome les pouvoirs nécessaires pour mettre un terme aux scandales qui sévissaient dans les monastères. Il fonda un séminaire diocésain. Pour améliorer la formation théologique et culturelle de son clergé, il institua des « conferenze obbligatorie » sur le modèle de S. Charles Borromée, dans lesquelles on discutait des cas de conscience ainsi que des questions de philosophie, de théologie et d'apologétique. Il réunit le synode diocésain, mais comme presque partout, pas avec la périodicité prévue par le concile de Trente. Durant son épiscopat, le diocèse de Parenzo souffrit à plusieurs reprises d'épidémies de peste bubonique.

Il démissionna en 1608 (son diocèse fut pourvu d'un nouvel évêque en janvier 1609), mais il vécut encore jusqu'en 1613.

C. Eubel et al., *Hierarchia catholica*, t. III, p. 270. – F. Ughelli, *Italia Sacra*, t. V, Venezia, 1717-1722, col. 417. – M. Pavat, *La riforma Tridentina del Clero nella Diocesi di Parenzo e Pola nei secoli XVI-XVII*, Roma, 1960, p. 88-89, 129-131, 264, 284. – G. L. Masetti Zannini, *Società e famiglie nei fondi vaticani : casi di monasteri di Udine ed Aquileia*, Udine, 1987, p. 65-86.

M. FAGGIOLI

LIPPOMANO (Pietro), évêque de Bergame puis de Vérone (1500-1548).

Membre d'une vieille famille du patriarcat vénitien, neveu de l'évêque de Bergame Niccolò Lippomano, Pietro Lippomano, né en 1500, était déjà abbé commendataire et archiprêtre d'Asola (près de Brescia) quand il fut nommé, le 1ᵉʳ juill. 1516, évêque de Bergame. Évêque réformateur de la période antérieure au concile de Trente et l'action de S. Charles Borromée, il fut l'un des personnages les plus représentatifs d'une dynastie épiscopale qui donna à l'Église de Venise du XVIᵉ siècle une série de prélats de qualité. À l'occasion de sa nomination comme évêque de Bergame, Gasparo Contarini rédigea en 1517 son *De officio episcopi*, basé sur les idéaux patristiques de l'Église primitive.

Pietro Lippomano fit son entrée dans son diocèse en 1519, mais il dut attendre d'avoir l'âge canonique pour être ordonné évêque en 1530. Il fut le premier évêque de Bergame à accueillir les Somasques dans le diocèse (par sa « lettre patente » du 1er août 1538) et il s'appliqua à résister à la pénétration du luthéranisme.

Le 18 févr. 1544, le pape Paul III le transféra au siège de Vérone – qui après lui fut occupé par deux autres évêques de la famille Lippomano, Luigi et Agostino – où il fit son entrée le 26 oct. 1544. Il avait la tâche ingrate de succéder au grand évêque réformateur Gian Matteo Giberti (sur ce dernier, cf. DHGE, t. 20, col. 1241-1246).

Son nom figurait dans la liste des prélats, rédigée à la Curie Romaine (cf. Concilium Tridentinum, X, 11), qu'on jugeait utile d'inviter en vue de prendre part au concile de Trente. Mais il préféra envoyer à Trente son cousin et coadjuteur Luigi Lippomano. Son nom apparaît toutefois parmi les évêques présents aux sessions conciliaires qui se tinrent à Bologne en décembre 1547.

Envoyé par le pape comme légat en Écosse, il mourut au château d'Édimbourg le 9 août 1548.

C. Eubel et al., *Hierarchia catholica*, t. III, p. 132, 331. – F. Ughelli, *Italia Sacra*, t. V, Venezia, 1717-1722, col. 988-989. – G. Alberigo, *I vescovi italiani al concilio di Trento (1545-1547)*, Firenze, 1959, p. 50-53, 74, 259. – D. Cervato, *Diocesi di Verona* (Storia religiosa del veneto, 8), Padova, 1999, p. 310, 315. – G. Ederle, *Dizionario cronologico bio-bibliografico dei vescovi di Verona*, Verona, 1965. – H. Jedin, *Trient*, t. III, p. 292-293. – L. E. Law et J. M. Manoi, *The Nunciature in Scotland in 1548 of P. Lippomano Bp. of Verona*, dans *Atti e Memorie dell'Academia di Agricultura, Scienze e Lettere di Verona*, 147, 1970-1971, p. 403-408. – C. Pellegrino, *San Carlo e i Somaschi*, dans *Studia Borromaica*, 6, 1992, p. 69-84. – G. Gullino, *Lippomano, Pietro*, dans M. Caravale (dir.), *Dizionario Biografico degli Italiani*, t. 65, Roma, 2005, p. 246-249.

M. Faggioli

LIPS (Martin), chanoine régulier de Saint-Augustin à Louvain, humaniste (1492-1555) : voir Lipsius.

LIPSKI (Andrzej), au blason à rateau, grand chancelier de la Couronne, évêque de Cracovie (1572-1631).

Fils de Jan et d'Anna Rzeplińska, il naquit à Rzeplin. Ses deux parents étaient protestants. Il fit des études de droit à l'Université de Strasbourg, où il fit imprimer et rendit ainsi public son traité *Disputatio de defensione contra vim et iniuriam*. En 1593, il s'inscrivit dans le registre de l'Université de Heidelberg. Deux ans plus tard, il rentra en Pologne et, grâce à l'intercession de Piotr Tylicki, alors évêque de Chełmno, il fut employé à la chancellerie royale (1595). Il est fort probable qu'il se convertit au catholicisme et embrassa la carrière ecclésiastique bien avant. Il reçut les ordres mineurs avant 1600. En 1601, il devint déjà secrétaire de la cour. Il ne renonça pas à ses activités d'écrivain, et en 1602, fit publier le traité *Practicarum observationum ex iure civili et saxonico centuria prima* qui fut refondu et republié en 1616 sous le titre *Centuriam secundam...*

Lipski expulsa de son Rzeplin natal un religieux à cause de sa conversion au calvinisme et s'y installa lui-même comme curé. Ses activités auprès du roi furent récompensées ; il reçut d'abord le scolasticat de Płock, en 1603 un canonicat à Cracovie, et en 1605 on lui confia le poste de custode de Gniezno. En 1603 ou 1604,

il séjourna à Rome où, selon toute probabilité, il fut ordonné prêtre. En 1605, il y édita un traité historique : *De rebus Sigismundi III... brevis narratio*. La même année, le 14 avril, il obtint le titre de docteur en droit romain et en droit canon. Dans son milieu, Lipski passait pour un bon juriste. En 1605, il rentra au pays natal et s'engagea activement dans la vie de l'Église. En 1607, il participa au synode provincial de Piotrków en tant que représentant du chapitre de Cracovie. En tant que délégué du chapitre, il représenta le clergé au tribunal de la Couronne.

Au début de sa carrière laïque, Lipski ne connut pas autant de succès que dans sa carrière ecclésiastique. Il n'était pas spécialement aimé de la cour, mais au fur et à mesure, il réussit à s'attirer les faveurs du roi Sigismond III Vasa et de son entourage. Son excellente connaissance de l'allemand et sa dévotion personnelle y contribuèrent sans doute. Tout d'abord, il s'attira la confiance de la reine et d'Urszula Meierin (Gienger), dame très influente à la cour royale. Finalement il devint un des collaborateurs politiques les plus proches du roi Sigismond III. En 1613, en tant qu'envoyé royal, il séjourna à la cour de l'empereur, qui lui témoigna de la bienveillance. Dans son Rzeplin natal, il renonça au poste de curé, probablement avant 1612, mais avec l'appui de la cour, il poursuivit sa carrière ecclésiastique en obtenant de nouveaux postes : en 1612, le scolasticat de Cracovie et en 1614 le canonicat de Sandomierz. Après la mort de l'évêque de Cracovie, Piotr Tylicki, dont il fut le chancelier, Lipski fut nommé administrateur du diocèse. En 1617, on lui confia l'évêché de Łuck, et à peine un an plus tard, il fut nommé vice-chancelier de la Couronne. Il se fit connaître comme un grand partisan de la politique royale.

Durant toute cette période, Lipski n'avait pas cessé de publier des ouvrages juridiques : en 1616, il fit éditer un opuscule sur la défense des droits politiques et économiques de l'Église en Pologne : *Decas questionum publicarum Regni in quibus... iura et immunitates ecclesiastici status elucidantur*. Même s'il restait très engagé dans la vie politique du Royaume, il se préoccupait aussi des problèmes qui concernaient son diocèse. Il fonda un poste d'évêque auxiliaire, un collège de mansionnaires, et convoqua en 1621 un synode diocésain. Grâce à une coopération étroite avec le roi Sigismond III, Lipski fut nommé, en 1620, au poste de la Grande Chancellerie de la Couronne. Cette nomination l'aida sans doute à obtenir une nouvelle fonction, plus rentable encore, celle d'évêque de Włocławek (1623). Vu les obligations qu'il avait à remplir dans le nouveau diocèse, en 1625, il démissionna de son poste de chancelier. La même année encore, il se rendit à Rome, pour y déposer un compte rendu sur l'état du diocèse de Włocławek. En 1628, il convoqua le synode diocésain. La nomination à l'évêché de Cracovie en 1630 fut sans doute le point culminant de sa carrière ecclésiastique. Il mourut peu après, le 4 sept. 1631 à Varsovie. On l'enterra à Cracovie, dans la cathédrale du Wawel.

Wł. Czapliński, *Lipski Andrzej*, dans E. Rostworowski (dir.), *Polski Słownik Biograficzny*, t. XVII, Wrocław-Warszawa-Kraków, 1972, pp. 415-417. – L. Królok, *Organizacja Diecezji łuckiej i brzeskiej od XVI do XVIII wieku*, Lublin, 1983. – A. Przyboś et M. Różek, *Biskup krakowski Andrzej Trzebicki.*

Z dziejów kultury politycznej i artystycznej w XVII stuleciu, Warszawa-Kraków, 1989. – H. Wisner, *Zygmunt III Waza*, Wrocław-Warszawa-Kraków, 1991. – B. Kumor, *Historia diecezji krakowskiej do roku 1795*, t. I, Kraków, 1998.

H. ŁASZKIEWICZ

LIPÚZCOA URNIZA (Martín), ecclésiastique navarrais, musicien (1901-1984).

Originaire de Pampelune où il naquit le 12 nov. 1901, il fut ordonné prêtre en 1925 et obtint un doctorat en théologie à l'Université de Salamanque. Organiste à l'église de Villafranca (Navarre) de 1925 à 1927, il devint professeur de solfège, de chant grégorien et de polyphonie religieuse, et directeur-adjoint au conservatoire « Pablo Sarasate » de Pampelune. Doté d'une belle voix de basse, il obtint au concours de 1927 la place de prébendaire psalmiste à la cathédrale de Pampelune. Il fonda en 1939 le « Doble cuarteto Vocal de Pamplona », qu'il dirigea jusqu'à sa dissolution en 1950, de même que l'« Orfeón Pamplonés », dont il prit la direction en 1946 et avec lequel il donna, de 1946 à 1954, 105 concerts. Il fut également directeur de la *Schola Cantorum* du Séminaire de Pampelune.

A. Sagaseta Aríztegui, *Lipúzcoa Urniza, Martín*, dans *Gran Enciclopedia Navarra*, t. VII, Pamplona, 1990, p. 78. – A. Navallas Rebolé et C. Jusué Simonena, *La catedral de Pamplona*, t. II, Pamplona, 1994, p. 161-162.

E. ZARAGOZA

LIQĀNOS, un des « Neufs Saints » vénérés par l'Église d'Éthiopie. Le synaxaire célèbre sa mémoire aux dates du 28 khedār (7/8 décembre du calendrier grégorien) et du 4 ṭerr (12/13 janvier).

Selon la tradition, les « Neuf Saints » sont des ascètes qui, venus de l'empire byzantin, auraient été à l'origine d'une seconde vague d'évangélisation de l'Éthiopie et y auraient développé le monachisme d'inspiration pacômienne, sous le règne du roi Ella 'Āmidā, à la fin du Vᵉ ou au début du VIᵉ siècle. Même si certains érudits ont voulu voir dans ces évangélisateurs des anti-chalcédoniens, notamment syriens, ayant fui les persécutions impériales, il est plus probable que les récits les concernant relèvent d'une fiction hagiographique forgée dans les milieux monastiques au XVᵉ-XVIᵉ siècles. On y a relevé des traits communs avec la légende de S. Alexis, qui était connue en Éthiopie. En tout cas, aucune source plus ancienne ne les mentionne.

Liqānos est un des moins bien connus, dans la mesure où sa *Gadla* (« Actes ») reste à ce jour introuvable, bien qu'on sache qu'un tel texte ait circulé. D'après le synaxaire, il était prêtre et originaire de Constantinople. Lorsque les « Neuf Saints » se dispersèrent, il serait resté quelque temps avec Panṭalēwon dans la région d'Axoum, puis se serait établi au monastère de Dabra Qwanāṣil, non loin d'Adwa, où il serait mort un an plus tard. C'est dans ce couvent, qui existe encore de nos jours et porte son nom (Dabra Liqānos), qu'il aurait été inhumé un 28 khedār.

C. Conti Rossini, *Acta Yārēd et Panṭalēwon* (coll. *Corpus scriptorum christianorum orientalium*, Scriptores Aethiopici, Series Altera, 17), Roma, 1904 ; Id., *Storia d'Etiopia. Parte Prima. Dalle origini all'avvento della dinastia salomonide* (coll. *Africa Italiana*), Bergamo, 1928, p. 158-161. – T. von Lüpke, E. Littmann et D. Krencker, *Profan- und Kulturbauten Nordabessiniens aus älterer und neuerer Zeit* (Deutsche Aksum-Expedition, 3), Berlin, 1913, p. 69/7. – E. A. W. Budge, *The Book of the Saints of the Ethiopian Church*, t. I, Cambridge, 1928, p. 299 et 499. – M.-A. van den Oudenrijn, *La Vie de S. Za Mikā'ēl l'Aragāwī*, Freiburg, 1939. – S. Metaferia, dans *The Dictionary of Ethiopian Biography*, t. I. *From Early Times to the End of the Zagwē Dynasty c. 1270 A.D.*, Addis Abeba, 1975, sub nomine. – G. Colin, *Le Synaxaire éthiopien* (Patrologia Orientalis), Turnhout, 1986-1997: mois de khedār (*Patrologia Orientalis*, XLIV/3 [199]), p. 391 et de ṭerr (*Patrologia Orientalis*, XLV/1 [201]), p. 33. – P. Marrassini, *Some considerations on the Problem of the "Syriac Influences" on Aksoumite Ethiopia*, dans *Journal of Ethiopian Studies*, 23, 1990, p. 35-46. – G. Haile, dans A. S. Atiya (éd.), *Coptic Encyclopedia*, vol. 5, New York, 1991, p. 1047. – H. Brakmann, *ΤΟ ΠΑΡΑ ΤΟΙΣ ΒΑΡΒΑΡΟΙΣ ΕΡΓΟΝ ΘΕΙΟΝ. Die Einwurzelung der Kirche im Spätantiken Reich von Aksum*, Bonn, 1994, p. 128-129. – O. Raineri, *Liqānos*, dans J. Nadal Cañellas et al. (dir.), *Enciclopedia dei santi. Le Chiese orientali*, t. II, Roma, 1999, col. 330. – Articles *Liqānos* et *Nine Saints*, dans S. Uhlig (éd.), *Encyclopaedia Aethiopica*, vol. 3, *He-N*, Wiesbaden, 2008, sub nomine.

C. CANNUYER

LIQUES, abbaye de prémontrés dans le Pas-de-Calais : voir LICQUES, *supra*, col. 55-57.

LIRA (Gonzalo de), *Lyra*, jésuite espagnol, missionnaire au Pérou et en Colombie (1566-1628).

Né en 1566 à Oropesa (province de Tolède, diocèse d'Ávila), ses parents étaient Don Francisco de Frias Trexo et Doña María de Lira, qui décéda alors que Gonzalo n'avait que 6 ans. Doué pour les études, il obtint une bourse pour étudier la grammaire au Collège jésuite de sa ville natale. Il passa ensuite à l'université d'Alcalá pour s'instruire en droit jurisprudentiel. C'est là qu'il décida d'entrer dans la Compagnie de Jésus, ce qu'il fit le 23 avr. 1583 au noviciat de Villarejo de Fuentes (Cuenca). Après ses vœux bisannuels, il étudia la philosophie et la théologie sous la direction de l'éminent Docteur Francisco Suárez (1548-1617).

Après avoir été ordonné prêtre en 1589 (Madrid), la Compagnie le désigna pour les missions du Pérou, et il débarqua à Lima le 20 sept. 1592, peut-être en compagnie du P. augustin Diego de Zúñiga (1536-c. 1598). De Lima, il fut envoyé aux missions de Santa Cruz de la Sierra. Mais à Cuzco, on lui ordonna de demeurer au Collège jésuite où il enseigna la théologie morale pendant quelques années et œuvra aussi comme ministre du culte. En 1599, le P. de Lira fut nommé recteur du Collège d'Arequipa, dans les Andes péruviennes, au pied du volcan Misti. En 1601, il assista à l'éruption de ce dernier, et il fit montre à cette occasion de beaucoup de charité et d'abnégation à l'égard des pauvres familles chassées de leur habitation par la force de la nature et qui venaient mendier en nombre aux portes du Collège. Rentré à Lima, le P. de Lira fut nommé recteur du noviciat jésuite, fit sa seconde profession le 2 févr. 1602, puis le 6 nov. 1604, par décision du supérieur général Acquaviva, il fut nommé *socius* du nouveau Provincial, le P. Esteban Páez (1549-1617), charge qu'il conserva jusqu'en 1607. Cette année-là, il reçut sa nomination de Visiteur et vice-provincial du Nouveau-Royaume de Grenade et de Quito, récemment créé par le P. Diego de Torres Bollo (1551-1638). Parmi les réalisations les plus notables de

Lira comme vice-provincial, il faut citer la création d'un cursus complet des arts, de philosophie et de théologie au Collège San Bartolomé de Bogota, la fondation du noviciat de Tunja (aussi en Colombie), et le soutien à la continuation de la catéchèse missionnaire auprès des Amérindiens et des esclaves noirs, œuvre à laquelle il prit lui-même une part active. Il remit son rapport de visiteur au général de la Compagnie, Muzio Vitelleschi (1563-1645), recommandant notamment que le Collège de Quito, qui dépendait jusque-là de la Province du Pérou, soit agrégé au Royaume de Nouvelle-Grenade, ce qui se produisit effectivement le 3 nov. 1617. En 1610, lors de la première Congrégation provinciale de Carthagène qu'il avait présidée, il sollicita auprès du Père général la promotion de la vice-province du Nouveau-Royaume de Grenade en province. Celle-ci approuvée, il en devint le premier provincial. Après son provincialat, il devint recteur du Collège de Santa Fé de Bogota (1613), avant de retourner à Lima, puis à Cuzco dont le climat était jugé davantage bénéfique pour sa santé ébranlée.

De Cuzco, où il s'acquit une belle réputation en tant que prédicateur, il fut envoyé visiter le Collège d'Arequipa, puis en 1624 devint supérieur du Collège de La Plata (aujourd'hui Sucre, Bolivie). Le 23 mars 1625, le général jésuite Vitelleschi le désigna en tant que visiteur des maisons de la Province du Pérou. En 1626, il redevint provincial du Nouveau-Royaume de Grenade et de Quito, fit venir à Bogota Pierre Claver (1580-1654) afin qu'il poursuive les missions auprès des esclaves noirs, fonda le Collège de Trujillo, et c'est dans cette fonction qu'il remit son âme à Dieu à la résidence de La Plata, le 23 mai 1628.

Le P. Lira a écrit des Lettres annuelles de la Province jésuite du Pérou (années 1626 et 1627) et un rapport de la visite extraordinaire de 1625 qui sont conservés aux archives de la Compagnie de Jésus à Rome. Dans son *Epitome de la Biblioteca oriental i occidental* (1629), l'historien Antonio de León Pinelo (*c.* 1595-1660) attribue à Gonzalo de Lira un *Diario de su viaje al Nuevo Reino* et des *Cartas de la misión de los indios Cofanes año 1604* [à destination de Claudio Acquaviva, cette correspondance de la mission chez les Amérindiens Cofán est plutôt à dater de 1607 et présente un intérêt historique indéniable].

E. Torres Saldamando, *Los antiguos Jesuitas del Perú*, Lima, 1882, p. 175-178. – M. de Mendiburu, *Diccionario histórico-biográfico del Perú*, Primera parte, t. V, Lima, 1885, p. 25. – C. Sommervogel, *Bibliothèque de la Compagnie de Jésus*, t. IV, Bruxelles-Paris, 1893, col. 1862. – D. Restrepo, *La Compañía de Jesús en Colombia*, Bogotá, 1940, p. 29-32. – R. Vargas Ugarte, *Los jesuitas del Perú*, Lima, 1941, p. 221. – J. D. Bravo, *Lyra, Gonzalo de*, dans Ch. E. O'Neill et J. M. Domínguez (dir.), *Diccionario histórico de la Compañía de Jesús*, t. III, Roma-Madrid, 2001, p. 2449-2450.

E. LOUCHEZ

LIRA SERAFÍN (Moisés), ecclésiastique mexicain, Serviteur de Dieu, fondateur des Misioneras de la Caridad de María Immaculada (1893-1950).

Né à Zacatlán (Puebla) au Mexique le 4 sept. 1893, il perdit sa mère à l'âge de cinq ans et reçut sa première éducation de sa sœur et de son père, qui était directeur d'école paroissiale, puis entra, à l'âge de 15 ans, chez les Frères des écoles chrétiennes de Puebla. Par la suite, de 1911 à 1914, il fut élève au séminaire diocésain de Puebla. Le Père mariste français Félix Rougier (1859-1938), fondateur des Missionnaires de l'Esprit Saint, le convainquit d'entrer dans sa congrégation, dont il devint le premier novice. Il prit l'habit le 24 déc. 1914 dans la chapelle des Roses de Tepeyac (Mexico), lieu où Notre-Dame de Guadalupe serait apparue à Juan Diego en 1531. Les soubresauts de la Révolution mexicaine empêchèrent Lira de faire sa profession religieuse avant le 4 févr. 1922, à Morelia (État de Michoacán). Le 14 mai de la même année, il reçut l'ordination sacerdotale. En 1923, après avoir visité des soldats infectés par la variole dans un lazaret, lui-même contracta la maladie qui faillit bien l'emporter. De 1926 à 1928, alors que le Mexique connaissait une féroce persécution religieuse (guerre des Cristeros), il suivit les cours de théologie à l'Université Grégorienne de Rome. Le 29 mars 1934, avec un petit groupe de jeunes femmes pieuses dont il était le directeur spirituel, il fonda à Mexico l'institut des *Misioneras de la Caridad de María Immaculada*, dont il fut à plusieurs reprises supérieur, économe et également vice-maître des novices. Les visées de cette congrégation sont le soin des malades, l'assistance aux pauvres, l'éducation chrétienne de la jeunesse et les missions intérieures et extérieures.

Il mourut à Mexico le 25 juin 1950. Un procès de béatification a été ouvert le 17 nov. 1998. Et le 27 mars 2013, le pape promulgua le décret reconnaissant les vertus héroïques du Serviteur de Dieu Moisés Lira.

La Cruz, n° 386, 1er févr. 1953. – G. Rocca (dir.), *Dizionario degli Istituti di perfezione*, t. V, col. 680 et 1516-1517. – *Biblioteca Sanctorum. Secunda Appendice*, Roma, 2000, col. 787-788. – E. Massimi Vingert, *El P. Moisés Lira*, México, 1986. – M. C. Contreras, *Un camino hacia el Padre. Biografía del padre Moisés Lira M.Sp.S*, México, 1998. – Site Internet *Hagiography Circle*.

E. ZARAGOZA

LIRE (Notre-Dame), abbaye bénédictine en Normandie : voir LYRE.

LIRINUM, abbaye en Provence : voir LÉRINS, *supra*, t. 31, col. 909-911.

LIRIS (Père Léonard du), récollet, astronome amateur (1588-1656) (*cf.* DULIRIS, Léonard, *supra*, col. 1307-1310).

LIRON (Jean), bénédictin de la congrégation de Saint-Maur, né à Chartres (Eure-et-Loir), le 11 nov. 1665, mort au Mans (Sarthe), le 1er juil. 1748.

Il fit profession dans l'abbaye de Saint-Florent de Saumur, le 25 févr. 1686. Il séjourna dans les abbayes de Marmoutier (Indre-et-Loire), puis de Saint-Serge d'Angers (Maine-et-Loire), dans les dernières années du XVIIe siècle. Appelé, en 1701, dans celle de Saint-Germain-des-Prés, il y travailla à une édition de Juvencus et il fut l'un des bénéficiaires des médailles d'or envoyées, en 1706, par le pape Cément XI aux religieux érudits de la congrégation de Saint-Maur. Mais ayant critiqué l'édition de Victor de Vite donnée par dom Thierry Ruinart et certaines assertions de dom Guy-Alexis Lobineau dans deux brochures publiées, en 1708, sans l'autorisation de ses supérieurs, il fut « éloigné de Paris et envoyé dans l'abbaye de Marmoutier, puis dans celle de Saint-Vincent du Mans, où il exerça les fonctions de bibliothécaire. Il acheva sa vie dans celle de Saint-Pierre de la Couture dans cette même ville.

Grand lecteur et écrivain prolixe, la plupart de ses ouvrages, tels que les *Aménités de la critique* (Paris, 1717-1718) et que les *Singularités historiques et littéraires* (Paris, 1738-1740), critiquent les inexactitudes et erreurs relevées dans les publications d'autrui, en particulier dans celles de ses confrères, et il en est de même dans son abondante correspondance, ce qui lui valut de sérieuses inimitiés. Sa principale œuvre est une histoire littéraire du pays chartrain parue, sous le titre de *Bibliothèque chartraine*, en 1719, et réimprimée en 1733. Dom Liron en avait préparé une seconde édition, qui ne vit pas le jour. Le manuscrit en est conservé à la bibliothèque municipale d'Orléans (ms. *465bis*). Il avait réalisé le même type d'ouvrage pour les trois provinces voisines, l'Anjou (publié en partie en 1897), le Maine et la Touraine.

De nombreuses lettres de dom Liron sont conservées, en particulier au département des manuscrits de la Bibliothèque Nationale.

R.-Pr. Tassin, *Histoire littéraire de la congrégation de Saint-Maur*, Paris, 1770, p. 670-676. – H. Wilhelm et U. Berlière, *Nouveau supplément à l'Histoire littéraire de la congrégation de Saint-Maur*, Paris, 1908, p. 390-395 ; t. III, Maredsous, 1932, p. 69. – E. Martène, *Histoire de la congrégation de Saint-Maur*, t. VIII, Ligugé-Paris, 1942, p. 96, 145-146 ; t. IX, Ligugé-Paris, 1943, p. 290. – Y. Chaussy, *Matricula monachorum professorum congregationis S. Mauri in Gallia*, Paris, 1959, p. 76, n° 3620 ; Id., *Les Bénédictins de Saint-Maur*, t. II : *Répertoire biographique. Supplément à la matricule*, Paris, 1991, p. 63, n°°3620. – Fr. Launay, *Dom Liron et les rapports intellectuels avec dom Rivet : La genèse de la vraie « Bibliothèque chartraine »*, dans *La Province du Maine*, 102, 5ᵉ série, fasc. 57, 2001, p. 195-212 : *Lettres de dom Liron à dom Rivet*, dans *Ibid.*, p. 351-364. – A. Lévy, *À propos de dom Rivet et de dom Liron*, dans *Ibid.*, p. 349-350. – H. Hurter (éd.), *Nomenclator literarius theologiae catholicae*, t. 4, Innsbruck, 1903-1926, col. 1522. – W. et T. Bautz (éd.), *Biographisch-bibliographisches Kirchenlexikon*, t. 4, col. 121-122. – Michaud, *Biographie universelle ancienne et moderne*, t. XXIV, 1843, p. 595. – *Enciclopedia universal ilustrada europeo-americana*, t. XXX, p. 1003.

P. GASNAULT

LIS (Eustache du), *du Lys*, évêque de Nevers (1606-1643).

Né dans une famille nivernaise qui au début du XVIᵉ siècle avait des attaches au maréchal de Bourdillon et aux ducs de Nevers, ce qui facilitait leurs carrières séculières autant qu'ecclésiastiques, Eustache était fils de Pierre et d'Élise de Saint-Phalle, sa troisième femme. Nous ne savons rien sur son éducation, mais en 1606 la curie romaine le qualifia de licencié *in utroque jure*. Il est possible qu'il fût d'abord destiné à une carrière militaire. Mais il fut élu député ecclésiastique aux États Généraux de 1588, époque à laquelle il était déjà chanoine et trésorier de la cathédrale de Nevers. L'année suivante, il fut prieur *in commendam* de Saint-Gildard. Il servit également comme vicaire général d'Arnaud Sorbin pendant les douze dernières années de son épiscopat à partir de 1592. En 1602, il fut désigné aumônier du roi, ce qui pouvait le positionner avantageusement pour une nomination épiscopale. En fait toute sa carrière le destinait au siège de Nevers, et il reçut la nomination royale peu de temps après la mort de Sorbin au début de mars 1606.

Il reçut ses bulles le 17 juillet suivant et se fit sacrer le 19 novembre de la même année dans l'église Notre-Dame de Melun. Sa carrière épiscopale est plus difficile à cerner, les archives ne gardant pas de traces de visites pastorales ou d'autres activités marquantes. Cependant, il favorisa, comme beaucoup de ses confrères de cette époque, l'installation à Nevers des nouveaux ordres et congrégations religieuses, tels l'Oratoire, les Capucins, la Visitation et les Ursulines. Il prit son neveu, Eustache de Chéry, comme coadjuteur en 1633, mais il attendit jusqu'à 1640 avant de lui confier entièrement l'administration de son diocèse. Il mourut le 17 juin 1643 après une longue carrière aux horizons strictement nivernais.

Archivio Segreto Vaticano, Acta Miscellanea, t. 98, f°°275. – Archives départementales de la Nièvre, 2F 30 et 416. – *Gallia christiana*, t. XII, col. 659. – A. de Villenaut, *Nobiliaire de Nivernois*, t. II, Nevers, 1900, p. 506-511, 608-616. – R. d'Amat (dir.), *Dictionnaire de Biographie Française*, t. 12, Dugueyt-Espigat-Sieurac, Paris, 1970, col. 91. – *Répertoire des visites pastorales de la France, première série, anciens diocèses jusqu'en 1790*, vol. 3, Paris, 1977-1985, p. 266. – J. Bergin, *The Making of the French Episcopate (1589-1661)*, New Haven (Conn.), 1996, p. 614. – *DHGE*, t. XVIII, col. 277-278, n°°997.

J. BERGIN

LISABE (Santa María de), monastère de bénédictins puis de bénédictines en Navarre situé à l'extrémité occidentale du versant septentrional de la Sierra de Leire, dans les environs de la ville de Lumbier (Navarre).

On ignore l'époque de sa fondation et le nom de ses fondateurs, mais on sait que la reine Andregoto le prit sous sa protection en 970-972, qu'il fut donné en 1042 avec toutes ses possessions à l'abbaye de San Salvador de Leire et qu'en 1068 le prieur se nommait García. Avant 1174, en même temps que ses églises de San Babil de Burisíbar, Santa Eugenia de Adausa, San Tirso et San Juan sur Aspurz, ainsi que le monastère d'Uarra, il fut disjoint du patrimoine de San Salvador de Leire et réunit au monastère des moniales de San Cristóbal de Leire. En 1450, le chapitre général de la congrégation claustrale de Tarragone et de Saragosse autorisa la majeure partie de la communauté de San Cristóbal de Leire à se transférer à Lisabe, où fut fondé le monastère de Santa María Magdalena. En 1576, conformément aux décisions du concile de Trente, qui interdisait aux moniales de s'établir en rase campagne, celles-ci se transférèrent dans la ville de Lumbier. Elles y demeurèrent jusqu'en 1990, date où elles se transférèrent à Alzuza près de Pampelune.

On connaît les noms de trois abbesses : Blanca Ruiz de Aibar, 1450 ; Graciana de Esparza, 1545-1569 ; Magdalena de Solchaga, 1570 et sv.

J. Goñi Gaztambide, *Los Navarros en el Concilio de Trento y la reforma tridentina en la diócesis de Pamplona*, Pamplona, 1947, p. 173-174. – J. Ruiz De Oyaga, *Luchas entre cluniacenses y cistercienses por San Salvador de Leyre y su repercusión en el monasterio legerense de San Cristóbal. Estudio sistemático*, dans *Euzko Jakintza*, 2, 1948, p. 97-113. – *Santa María de Lumbier*, dans *Norma Vitae*, 4, 1956, p. 73-75. – C. M. López, *Leyre. Historia, arqueología y leyenda*, Pamplona, 1962, p. 169-171. – Q. Aldea Vaquero, T. Marin Martinez et J. Vives Gatell (dir.),

Diccionario de historia eclesiástica de España, t. III, Madrid, 1972-1975, p. 1588, 1590. – A. J. Martín Duque, *Documentación medieval de Leire (siglos IX a XII)*, Pamplona, 1983, documents nᵒˢ 8, 18, 31, 84, 111, 335, 360. – *Gran Enciclopedia Navarra*, t. VII, Pamplona, 1990, p. 79, 151, 154. – L. J. Fortún, *Leire, un señorío en Navarra (siglos IX-XIX)*, Pamplona, 1993, p. 314, 345, 488, 542-543, 547, 736. – E. Zaragoza, *Abaciologi benedictí de la Tarraconense*, Barcelona, 2002, p. 235-237.

E. ZARAGOZA

LISBON (Jean), jésuite hollandais, né à Amsterdam le 30 mai 1585, mort à Gand le 14 juin 1657.

Né dans une famille entretenant vraisemblablement des relations commerciales avec le Portugal (d'où le nom), il étudie au collège de Haarlem, puis part à Douai, où il est reçu docteur ès arts, et entre dans la province flandro-belge de la Compagnie de Jésus, le 30 août 1605. Après sa formation (il est ordonné prêtre le 21 avr. 1612), il séjourne, de 1620 à 1642, dans divers collèges (Bruges, Gand, Malines, Courtrai et Bergues), exerçant les fonctions de prédicateur, d'économe et de ministre (chargé de l'organisation matérielle d'une maison de l'Ordre) et de responsable de la bibliothèque. En 1642, il est attaché au collège de Gand, qu'il ne quittera plus jusqu'à son décès.

Sa notice mortuaire le décrit comme prompt à exercer son ministère sacerdotal et souligne son caractère paisible. Durant les années vécues à Gand, il tint un « journal » (manuscrits *3241*, *3337*, *4698*, *6516* et *6730* de la Bibliothèque Royale de Belgique, totalisant quelque 1500 folios), où il transcrivit des lettres de confrères de toute l'Europe (missives qui circulaient dans les maisons de la Compagnie permettant ainsi aux membres des communautés de connaître les activités de tout un chacun), ainsi que des documents officiels et des notes plus personnelles. Ces documents touchent à tous les sujets d'actualité politique (Fronde, Révolution anglaise, fin de la Guerre de Trente Ans, etc.) et religieuse (notamment le jansénisme), ainsi qu'à la vie quotidienne des maisons de la Compagnie.

A. Poncelet, *Nécrologe des jésuites de la province flandro-belge*, Wetteren, 1931, p. 76. – L. Willaert, *Une agence nouvelliste aux Pays-Bas (1643-1657)*, dans *Annales de la Fédération archéologique et historique de Belgique*, 31ᵉ session-Congrès de Namur, 1938, Namur, 1939, p. 341-349. – B. Joassart, *Échos de la Fronde dans les Pays-Bas espagnols (1648-1653)*, *d'après le recueil de documents de Jean Lisbon*, mémoire de licence en histoire, Université de Louvain, Leuven, 1979. – W. Audenaert, *Prosopographia iesuitica Belgica antiqua (PIBA). A biographical dictionary of the Jesuits in the Low Countries, 1542-1773*, t. II, Leuven-Heverlee, 2000, p. 76.

B. JOASSART

LISBONA Y ALFONSO (Pere, Pedro), ecclésiastique espagnol, journaliste et poète (1881-1955).

Né à Huesca en 1881, il fit ses études à Manrèse, aux séminaires de Vic et de Barcelone et à l'Université pontificale de Tarragone. Il fut ordonné prêtre en 1903. À partir de 1909, il fut conseiller ecclésiastique du quotidien *El Correo Catalán*, où il se distingua par ses tendances carlistes. En 1936, il fut arrêté par les révolutionnaires et demeura longtemps en prison durant la guerre civile.

Parmi ses publications, toutes imprimées à Barcelone, il faut surtout retenir : *Los reyes del Colegio* (1906) ; *El secreto* (1906) ; *Por esa campana* (1906) ; le recueil de poésies *Amor* (1907) ; *Soy católico* (1907) ; *Las meriendas del señor cura* (1909).

I. Juncosa i Ginesta, « Lisbona y Alfonso, Pere », dans *Diccionari de història eclesiàstica de Cataluña*, t. II, Barcelona, 2000, p. 469.

E. ZARAGOZA

LISCHKA (Antonin), prémontré tchèque (1791-1847) : voir LIŠKA, *infra*, col. 1372-1373).

LISCIANO (Guglielmo da), un des premiers compagnons de S. François d'Assise : voir PACIFIQUE (Frère).

LISCOËT (Charles du), évêque de Quimper (1583-1614).

Fils de Pierre, seigneur de Kergouleau, et de Béatrice Barbier, il fut envoyé jeune pour faire ses études chez les jésuites du collège de Clermont à Paris. Il prit la licence *in utroque jure*, et devint chanoine de la cathédrale de Saint-Pol-de-Léon. Il fut nommé évêque de Quimper suite à la translation de François de la Tour à Tréguier, mais nous ne connaissons ni la date de sa nomination, ni celle de son sacre. Ses bulles furent datées du 15 nov. 1582. Rome le dispensa du fait qu'il n'était pas *in sacris* depuis six mois avant sa confirmation, comme il était prévu par le concordat de Bologne. Après son sacre, il prêta serment au roi le 10 août 1583. La même année, il assista au concile provincial de Tours. L'année suivante, il fit le voyage de Rome, où il rencontra le pape Grégoire XIII, qui le convainquit de fonder un collège jésuite dans son nouveau diocèse, mais il n'y réussira pas tout à fait.

Il prit sans doute part assez vite à la vie politique de sa province, car il fut souvent député aux États de la Bretagne entre 1586 et 1604, et il présida aux débats du clergé breton en 1586, 1598 et 1601. Il hésita assez longtemps avant de rejoindre la Ligue catholique, dont le chef en Bretagne était le duc de Mercoeur. À ce titre, il présida les États de la Ligue réunis à Nantes en mars-avril 1591. Quimper fut pris par les troupes royalistes du duc d'Aumont en 1594, et l'évêché dévasté l'année suivante par un incendie provoqué par les soldats. Suivant peut-être l'exemple de son frère, gouverneur de Quintin, Liscoët s'était rapproché des partisans d'Henri IV en Bretagne dès avant la prise de sa cité épiscopale. Par conséquent, il reprit ses fonctions, présidant encore aux débats du clergé breton lors des États provinciaux réunis à Rennes en janvier 1595. Désormais sans résidence à Quimper même, il s'installa à Lannion, où il mourut le 14 mars 1614. Il eut comme successeur son vicaire général et visiteur, Guillaume Le Prêtre (sur ce dernier, *cf. DHGE*, t. 31, col. 842).

Gallia christiana, t. XIV, col. 888-889. – C. Eubel et al., *Hierarchia catholica*, t. 3, p. 179. – J. Balteau et al. (dir.), *Dictionnaire de biographie française*, t. XII, col. 76. – H. Waquet (éd.), *Mémoires du chanoine Jean Moreau sur les guerres de la Ligue en Bretagne*, Quimper, 1960, p. 16. – R. B. Wernham (éd.), *Lists and analysis of State Papers, Foreign*, t. IV, London, 1984, p. 228 ; t. V, London, 1989, p. 297-298. – *DHGE*, t. XVIII, col. 277-278, nᵒ 998.

J. BERGIN

W. C. McGrath, préfet apostolique de Lishui, dans
China Magazine, oct. 1931, p. 133 (via le site Internet
Archive.org).

LISET (Pierre), ecclésiastique français, controversiste
anti-protestant (1482-1554) : voir Lizet.

LISHUI, nom actuel de la circonscription ecclésiastique
de la province de Chekiang (Zhejiang) en Chine, qui
fut érigée en 1931 comme préfecture apostolique de
Chuchow (Zhuzhou), renommée en 1937 préfecture
apostolique de Lishui et élevée en 1948 en tant que
diocèse de Lishui. Actuellement, Lishui n'est plus
considérée par l'Église officielle chinoise comme diocèse
autonome, mais fait partie du diocèse de Wenzhou.

1°*Préfecture apostolique de Chuchow (Zhuzhou)/
Lishui (1931-1947)*. – En 1925, la région de Lishui,
située dans le vicariat apostolique de Ningpo (Ningbo),
fut attribuée aux missionnaires canadiens de la Scarboro
Foreign Mission Society (SFM). Six ans plus tard,
le 2 juil. 1931, Lishui fut détachée de Ningpo et
érigée comme préfecture apostolique de Chuchow.
Mᵍʳ William Cecil McGrath (1896-1970) obtint la charge
de premier préfet de 1931 à 1940. Il administrait, avec
l'aide d'une dizaine de Sœurs Grises de l'Immaculée
Conception – membres d'une congrégation canadienne
de Pembroke (Ontario) présente à Lishui depuis 1929 –,
de 38 missionnaires de Scarboro et de 6 prêtres séculiers
indigènes, les sous-préfectures de Lishui, Sungyang,
Lungchüan, Tsingtien, Yünhwo, Kingning, Süanping,
Suichang, Kingyüan, Tsinyün, Kinhwa, Iwu, Lanchi,
Pukiang, Tangki, Tungyang, Wuyi et Yungkang. En
1940, sur une population totale de 2 300 000 personnes,
il y avait environ 6250 catholiques.

Au début des années 1940, la préfecture de Lishui –
renommée depuis le 18 mai 1937 – connut les affres de
la Deuxième guerre mondiale et l'occupation japonaise.
Des missionnaires durent se sauver et se diriger vers
la Chine du Centre-Ouest, d'autres furent internés dans
des camps de concentration.

2°*Diocèse de Lishui* (1948). En 1946, quatorze
missionnaires Scarboro retournèrent au travail dans la
préfecture de Lishui. La vie religieuse semblait bien
reprendre et le 13 mai 1948, Lishui fut élevée au rang de
diocèse. Le canadien Mᵍʳ Kenneth Roderick Turner SFM
(1905-1983) en devint l'évêque. La victoire communiste
en 1949 changea totalement la situation : par décret du
23 juin 1950, tous les missionnaires étrangers durent
quitter la Chine. Mᵍʳ Turner et trois de ses prêtres
furent détenus dans leur maison à Lishui, trois autres
missionnaires SFM furent emprisonnés pendant deux
ans. En 1954, les derniers missionnaires Scarboro et
les Sœurs Grises furent expulsés.

En 2000, à Lishui demeure encore un prêtre chinois
et 24 églises et chapelles. Le couvent des Sœurs Grises
de l'Immaculée Conception a été transformé en fabrique
d'allumettes.

J. Charbonnier, *Guide to the Catholic Church in China 1993*,
Singapour, 1993, p. 376 ; Id., *Guide to the Catholic Church in
China 1997*, Singapour, 1997, p. 497 ; Id., *Guide to the Catholic
Church in China 2000*, Singapour, 2000, p. 504. – *Les Missions
de Chine : Quinzième Année (1938-1939)*, Shanghai, 1939,
p. 364-365 ; *Les Missions de Chine : Seizième Année (1940-
1941)*, Shanghai, 1942, p. 372-373. – G. Maxwell, *Assignement
in Chekiang. 71 Canadians in China, 1902-1954*, Scarborough,
1982. – R. O'Toole, *Assignment in Zhejiang*, dans J. Heyndrickx,
*Historiography of the Chinese Catholic Church. Nineteenth and
Twentieth Centuries* (coll. Louvain Chinese Studies, 1), Leuven,
1994, p. 346-348. – J. Höfer et K. Rahner (éd.), *Lexikon für
Theologie und Kirche*, t. VI, col. 1072-1073. – *Enciclopedia
cattolica*, t. VII, col. 1412.

D. Vanysacker

LISINIA, siège titulaire en Pamphylie seconde : voir
Lysinia.

LIŠKA (Antonin), *Lischka*, religieux prémontré de
l'abbaye de Strahov à Prague, 1791-1847.

Il naquit à Hrádec en Bohême, le 27 mars 1791. Il
passa son enfance en Hongrie, mais reçut néanmoins une
éducation allemande. Revenu en Bohême dès 1798, il y
apprit sa langue maternelle et suivit des cours d'humanités
et de philosophie à Prague. Le 1ᵉʳ nov. 1811, il prit l'habit
religieux à l'abbaye prémontrée de Strahov, puis il s'adonna
aux études théologiques. À la même époque, il commença à
se distinguer par la composition de plusieurs poésies. Profès
dès le 1ᵉʳ nov. 1814, et prêtre depuis le 1ᵉʳ janv. 1815, il
fut envoyé à Iglau (aujourd'hui Jihlava, en République
tchèque) en qualité de chapelain. La maladie le força à
retourner à Prague. En 1817, il fut destiné à l'enseignement
de la philologie au gymnase de Saaz (Žatec en République
tchèque), puis en 1918 à Neuhaus, en Allemagne. Le 5 déc.
1824, il fut proclamé docteur en philosophie, à Prague.
Enfin en 1826, il devint préfet du collège impérial-royal
de Bochnia, en Galicie (sud de la Pologne actuelle).
C'est là qu'il mourut le 16 avr. 1847. Outre plusieurs
poésies, dont une tragédie, *Václav*, qui fut présentée à
Prague en 1815, il fit paraître une grammaire tchèque, des
dictionnaires allemand-polonais et latin-allemand-polonais.

Il a également traduit *L'Odyssée* en tchèque. Il ne faut pas le confondre avec son homonyme compatriote rédemptoriste, évêque de České Budějovice.

L. Goovaerts, *Écrivains, artistes et savants de l'ordre de Prémontré*, t. I, Bruxelles, 1899, p. 519-520. – *Oesterreichisches Biographisches Lexikon*, t. V, p. 242.

L.C. VAN DYCK

L'ISLE-SUR-SORGUE, localité du comtat venaissin où se tinrent en 1251 et 1288 des conciles provinciaux convoqués par l'évêque d'Arles : voir 5. ISLE, *supra*, t. 26, col. 260-261.

LISNIĆ (Marijan), *Lisnjica*, franciscain dalmate, évêque de Makarska (1609-1686).

Il est né le 14 mai 1609 dans une famille noble à Imota, en Dalmatie, dans le diocèse de Makarska, et il entra en 1630 chez les franciscains de l'Observance. Il fut ordonné prêtre en 1634. Après la mort de Mgr Pierre Kačic, OFM, en 1663, il fut préconisé évêque de Makarska, le 11 févr. 1664.

Durant la guerre entre Venise et l'empire ottoman (1645-1669), il intervint pour protester contre la vente dans les villes italiennes d'esclaves chrétiens sous prétexte qu'il s'agissait de musulmans. C'est à la suite de ses démarches insistantes que la Congrégation *De Propaganda Fide* autorisa les nonces à Venise et à Naples à intervenir auprès des autorités vénitiennes et napolitaines en vue d'empêcher le commerce des esclaves.

Rejetant la juridiction de Mgr Lisnić, les franciscains de la province de Bosnie le dénoncèrent en 1670 à la Congrégation *De Propagande Fide*. Après avoir pris connaissance de la relation concernant cette partie des Balkans que lui adressa l'évêque et tenant compte de ses explications, la Congrégation décida, le 21 nov. 1672, de demander l'avis du nonce en Allemagne. Et, de fait, on ne donna pas suite aux plaintes des franciscains. Mais on n'apporta pas non plus d'aide à l'évêque.

Grâce à l'objectivité de Mgr Lisnić, on sait que dans les territoires occupés par les Ottomans, il n'y eut pas seulement des conversions de chrétiens à l'islam, mais également des conversions de musulmans au christianisme. Dans ce contexte s'expliquent les relations cordiales qui se développèrent entre les représentants de l'Église romaine et les pachas de Bosnie et d'Herzégovine.

Archivio Segreto Vaticano, *Processi consistoriali*, vol. 58, f° 685. – C. Eubel et al., *Hierarchia catholica*, t. IV, p. 227. – M. Jačov, *Le missioni cattoliche nei Balcani durante la guerra di Candia (1645-1659)* (coll. Studi e Testi, 353), Città del Vaticano, 2 vol. ; Id., *Le missioni cattoliche nei Balcani tra il due grandi guerre : Candia (1645-1669), Vienna e Morea (1683-1699)*, (coll. Studi e Testi, 386), Città del Vaticano, 1998, *passim*.

M. JAČOV

LISNJICA (Marijan), franciscain dalmate, évêque de Makarska (1609-1686) : voir LISNIĆ, *supra*, col. 1373.

LISOWSKI (Józef ; en religion Herakliusz), *Lissowski, Lisovskii*, de blason Jeż, surnommé *Odrowąż*, métropolitain de l'Église uniate à l'Empire de Russie (1734-1809).

Fils de Józef et Konstancja née Łepkowska, il commença son éducation à l'école d'Uszacz (actuellement en Biélorussie). Il entra dans les ordres chez les basiliens, au couvent de Ste-Sophie à Polotsk. En 1778, il fut nommé supérieur du couvent des basiliens (archimandrite) à Onufriew dans le district de Czeryków (actuellement en Biélorussie). À partir de 1780, en remplacement de l'archevêque Jason Smogorzewski (1715-1788), élu métropolitain de Kijów, il dirigea l'archevêché de Polotsk ; il partageait le pouvoir avec deux autres religieux : Ambroży Kiryat et Innocenty Malinowski. En cette même année, l'impératrice de Russie, Catherine II la Grande, lui accorda cette fonction. Lisowski coopérait loyalement avec la cour de Saint-Pétersbourg et c'est en récompense qu'il fut nommé archevêque de Polotsk. En janvier 1784, au nom du pape, le nonce apostolique extraordinaire Giovanni Andrea Archetti (1731-1805) accepta cette nomination.

Herakliusz Lisowski entreprit aussitôt de dégager le rite uniate des influences latines. Il encouragea ses clercs à reprendre des habitudes et vêtements du clergé orthodoxe. En 1785, il soumit à la juridiction archiépiscopale les couvents des basiliens se trouvant sur le territoire de l'archidiocèse. Entre autres à cause de cela, il entra en conflit avec les basiliens. Ceux-ci l'accusèrent en 1800, devant le gouvernement russe, de frauder et de s'approprier les fonds appartenant au couvent. Le gouvernement prit parti pour Lisowski et les basiliens qui l'accusaient furent mis en prison. En 1795, l'impératrice lui confia l'administration des territoires des diocèses uniates qu'elle avait supprimés, repris par la Russie lors du second partage de la Pologne (1793). L'hiérarque, aussitôt nommé, se mit à remplir ses devoirs sans attendre même la confirmation de sa fonction par une bulle du pape. Déjà en 1796, sur l'ordre de Catherine II, il visita les églises uniates en Volhynie et encouragea les fidèles à se convertir au rite orthodoxe. Dans les années 1803-1804, Lisowski partit en pèlerinage à Jérusalem. Il présenta au nonce apostolique, Tommaso Arezzo (1756-1833), le projet d'union entre l'Église catholique romaine et l'Église orthodoxe. Il se réfèra au projet dit de la Sorbonne, élaboré en 1717 pour Pierre Ier. En 1806, il fut nommé par le gouvernement russe métropolitain de tous les uniates habitant l'Empire de Russie. Néanmoins, l'acte de nomination ne détermina pas le siège de sa métropole. Ni le pape, ni l'Église catholique romaine de l'Empire de Russie n'approuvèrent cette nomination. Herakliusz Lisowski mourut le 30 août 1809.

A. Boudoux, *Le Saint-Siège et la Russie*, t. I, Paris, 1922, p. 155. – A. A. Brumanis, *Aux origines de la hiérarchie latine en Russie. Mgr Stanislas Siestrzencewicz-Bohusz. Premier archevêque-métropolitain de Mohilev (1731-1826)*, Louvain, 1968. – L. Żytkowicz, *Lisowski Józef*, dans *Polski Słownik Biograficzny*, t. XVII, 1972, p. 473-474. – St. Nabywaniec, *Kościół prawosławny i jego stosunek do unitów w Rzeczypospolitej w XVIII wieku*, dans *Roczniki Teologiczne*, 2000, cahier 4, p. 125-148. – B. J. Skinner, *The Empress and the Heretics : Catherine II's Challenge to the Uniate Church, 1762-1796*, Washington, 2001 (thèse inédite). – J. T. Flynn, *Iraklii Lisovskii, Metropolitan of the Uniate Church (1806-09) and Reform in the Russian Empire*, dans *The Slavonic and East European Review*, 77/1, 1999, p. 73-116 ; Id., *Contrasting Similarities : Bishops Troy and Lisovskii in Ireland and Belorussia in the age of the French Revolution*, dans *The Catholic Historical Review*, 87, 2001, p. 214-228, en particulier p. 222 et sv.

H. ŁASZKIEWICZ

Fr. Ignatius Lissner, photo sent by the SMA General Archivist, Fr. Andrea Mandonico, whom we thank for his competence and helpfulness.

LISSA, en croate Vis, ancien siège épiscopal dans une île de Dalmatie, uni à Hvar en 1889 : voir VIS.

LISSIENSIS *Ecclesia*, évêché latin en Albanie : voir ALESSIO, *supra*, t. 2, col. 151-153 et LEZHË, *supra*, t. 31, col. 1316-1320.

LISSNER (Ignatius), *François*, French missionary in Africa and the USA, 1867-1948.

Born in Wolxheim (Alsace, France), on 6 Apr. 1867, he was the youngest of 13 children of Nicolas Lissner, winegrower, and Anne Marie Spehner. Educated at colleges in Zillisheim (1881-1883) and Chamalières (1883-1887) and at the major seminary of the Society of African Missions in Lyon (1887-1891), Lissner was ordained on 25 July 1891. His first assignment was to the French protectorate of Dahomey on the west coast of Africa where he was caught up in a war between the French and the native ruler Behanzin and held hostage for five months (1893) before making his escape to freedom. He was successively superior of the missions of Grand Popo (1893-1895) and Agoué.

In 1897 Lissner's superiors assigned him to America where he remained for the next 51 years, except for six months in 1900 when he was sent to Egypt where he negotiated an agreement with the British colonial authorities that regulated the status of Catholic missionaries in the Anglo-Egyptian Sudan. Back in the United States, in 1907 Lissner inaugurated the SMA apostolate to American blacks by opening mission centers in Savannah, Macon, Augusta, and Atlanta, Georgia.

As superior of the SMA missions to the blacks in the Diocese of Savannah, Lissner became convinced of the need for black sisters, brothers and priests. "It is my belief – he wrote in 1916 –, that the most powerful means of reaching the ordinary and emotional country Negro of the South, who... is the real backbone of the Negro population, would be the ministry of native priests, sisters, brothers, and catechists, those who are of their own kith and kin". That same year, after the Georgia legislature threatened to prohibit white teachers from instructing black students, Lissner founded a community of black sisters, the *Franciscan Handmaids of the Most Pure Heart of Mary*. The community later relocated its mother house to New York City when the Georgia legislature failed to pass the threatened legislation.

In order to achieve the more difficult goal of ordaining black priests, Lissner turned for help to the superior general of the SMA, Jean-Marie Chabert, and through him, to Card. Willem van Rossum, the prefect of the Congregation for the Propagation of the Faith. In February 1920 van Rossum endorsed the establishment of a seminary in Savannah to train black priests and the appointment of one of the SMA priests as the auxiliary bishop of the diocese and the vicar general for the blacks.

The two proposals provoked vehement resistance from Benjamin Keiley, the Bishop of Savannah, a native Southerner and a Confederate army veteran. Keiley protested that they would inflame anti-Catholic prejudice in Georgia because of the rabidly racist and anti-Catholic atmosphere then prevalent in the state. Keiley characterized the proposals as "African Cahenslyism", a reference to the demands of some German-Americans in the 1890s for proportional representation of ethnic groups in the U.S. hierarchy. He also suspected that it was a ploy on the part of Lissner to obtain a miter for himself, and he even made disparaging allegations about Lissner's Jewish ancestry.

Further pressure in the 1920s from Card. Gaetano de Lai, the prefect of the Consistorial Congregation (*DHGE*, t. 29, cols 1429-1433), to appoint a black auxiliary bishop in Savannah, and the implications that it might lead to the establishment of a separate national diocese for blacks, alarmed Card. James Gibbons, the senior American cardinal (*DHGE*, t. 20, cols 1235-1240), who feared that it would damage the unity of the Church in the United States. Gibbons' protests in Rome, voicing the fears of many of the U.S. bishops, led to the abandonment of the plan.

After his quarrel with Keiley, Lissner left Savannah and in 1921 established a small racially integrated major seminary in the Diocese of Newark, New Jersey. Although the seminary trained six black priests, it was closed because of internal difficulties and the refusal of American bishops to accept black priests in their dioceses. After many years of service, Lissner resigned as provincial of the SMA in the U.S. in 1946 and died in Teaneck, New Jersey, on 7 Aug. 1948.

LITERATURE. Obituary, *The African Angelus* II (Sept. 1948), pp. 8-11. – W. M. Markoe, *The Catholic Missions to the Negro*, in C. E. McGuire (ed.), *Catholic Builders of the Nation*, t. V, *The Catholic Contribution To Religion And Education*, Boston, 1923, pp. 163-168. – C. Davis, *The History of Black Catholics in the United States*, New York, 1990, pp. 230-233. – S. Ochs, *Desegregating the Altar*, Baton Rouge, 1990, pp. 257-275. – J.-P. Blatz, *Lissner Ignace*, in J.-P. Kintz (ed.), *Nouveau dictionnaire de biographie alsacienne*, n° 24, *Leo à Lon*, Strasbourg, 1994, pp. 2391-2392.

TH. J. SHELLEY

LISSÓN CHÁVEZ (Emilio Trinidad), archevêque de Lima (1872-1961).

Né à Arequipa le 24 mai 1872, il fit ses études au Collège Saint-Vincent de Paul de la ville avant d'entrer au grand séminaire. Reçu dans la Congrégation de la Mission (lazaristes), il fut envoyé à Paris en 1892 pour ses études philosophiques et théologiques. Devenu prêtre (1894), il revint à Arequipa, y poursuivit des études scientifiques à l'Université nationale de Saint-Augustin, avant d'être nommé professeur au Séminaire archidiocésain, puis professeur et recteur du séminaire de Trujillo. Le 16 mars 1909, Pie X le préconisa pour le siège épiscopal de Chachapoyas et il fut consacré évêque le 19 septembre de cette année en la cathédrale de Lima par Mgr Pedro Manuel García Naranjo (1838-1917). Le nouvel évêque entreprit la visite du vaste territoire de son diocèse et organisa quatre synodes (1911, 1913, 1916, 1918). En 1911, il fit un séjour à Rome pour demander l'aide des passionistes. Ces derniers répondirent favorablement et envoyèrent 6 religieux-prêtres et 6 frères coadjuteurs pour répondre aux attentes missionnaires de cet immense diocèse qui couvrait une partie de l'Amazonie. Très attaché à l'action sociale en faveur des pauvres, il fit également rebâtir le palais épiscopal, la cathédrale et le séminaire.

Le 25 févr. 1918, Lissón Chávez fut nommé archevêque de Lima. Il se préoccupa d'abord du recrutement sacerdotal et de la formation des prêtres. À cet effet, il confia à des frères des écoles chrétiennes belges, arrivés au Pérou en 1922, la gestion de cinq petits séminaires pour l'enseignement fondamental et secondaire. Il se fit le promoteur de l'enseignement catéchétique, visita tout son archidiocèse, tenta de réorganiser l'administration ecclésiastique, convoqua et présida le 16e synode archidiocésain (1926) et le 8e Concile de Lima (1927). C'est lui qui promut la création de la préfecture apostolique de San Gabriel del Marañón, confiée aux Pères passionistes. Il porta sur les fonts baptismaux l'Action catholique péruvienne et encouragea la naissance du périodique catholique *La Tradición*. Imprégné de doctrine sociale de l'Église, il mena le combat pour de meilleures conditions de travail pour les ouvriers (logement, salaire). Au plan marial, il parraina les couronnements canoniques solennels des images de la Vierge de la Miséricorde (1921) et de Notre-Dame du Rosaire à Lima (1927).

En 1923, l'archevêque annonça son intention de consacrer le Pérou au Sacré-Cœur de Jésus, invitant à la célébration le président de la République Augusto Leguía (1863-1932) dont les tendances nettement dictatoriales commençaient à se manifester mais dont Lissón cherchait à se rapprocher pour augmenter l'influence de l'Église catholique dans la société. Une forte opposition répondit à cette proposition, menée surtout par la Fédération universitaire de l'Université nationale San Marcos et par les dirigeants ouvriers de l'Université populaire qui redoutaient que cette célébration ne serve de tremplin à la réélection de Leguía. Le 23 mai, une grande manifestation fut durement réprimée, causant plusieurs morts. L'archevêque décida prudemment de suspendre la cérémonie prévue.

En 1931, le président Luis Sánchez Cerro (1889-1933), un militaire qui avait renversé la dictature de Leguía, réclama la démission de l'archevêque, accusé injustement d'avoir détourné des biens du diocèse et d'avoir soutenu la dictature de Leguía, ce que Rome accepta. Lissón Chávez vint s'expliquer à Rome devant le pape Pie XI, qui le

Mgr Lissón Chávez, en compagnie du président péruvien Augusto Leguía, colección Leguia del Instituto Riva Agüero de la Pontificia Universidad Catolica del Perú, source: site Internet du Repositorio Institucional de la Pontificia Universidad católica del Perú, licence Creative Commons 2.5.

nomma archevêque titulaire de Methymna puis l'employa quelques années aux archives vaticanes. Mgr Lissón s'exila en Espagne en 1940, où il travailla de longues années aux Archives générales des Indes à Séville, recueillant de nombreux documents sur l'histoire de l'Église au Pérou, qu'il publia de 1943 à 1947 sous le titre *La Iglesia de España en el Perú : Colección de documentos para la historia de la Iglesia, que se encuentran en diversos archivos* (Séville, 4 vol. en 22 fascicules). Du fait des vides laissés par la guerre civile espagnole, les prélats de Séville et de Valence lui demandèrent de s'occuper de pastorale dans leurs diocèses en tant qu'évêque auxiliaire, ce qu'il fit avec une grande efficacité. Il passa ses dernières années à Valence, fort estimé pour sa charité et son esprit sacerdotal. Il remit son âme à Dieu le 24 déc. 1961. Depuis 1991, sa dépouille repose dans la cathédrale de Lima.

En 2003 a débuté son procès de canonisation : l'enquête diocésaine fut ouverte le 21 sept. 2003 et clôturée le 31 mai 2008.

C. Eubel et al., *Hierarchia catholica*, t. 9, p. 123, 225. – A. Tauro (éd.), *Enciclopedia ilustrada del Perú*, vol. 3, Lima, 1987, p. 1175-1176. – C. Milla Batres (éd.), *Diccionario histórico y biográfico del Perú. Siglos XV-XX*, t. V, Lima, 1986, p. 250-251. – J. L. Klaiber, *Religión y revolución en el Perú, 1824-1988*, Lima, 1988, p. 149-156, 269 ; Id., *La iglesia en el Perú. Su historia social desde la Independencia*, Lima, 1988. – F. Linares Málaga, *Monseñor Lissón y sus derechos al arzobispado de*

Lima, Lima, 1933. – A. Ponte González, *¿Quién es Lissón?*, dans *Con el Perú adentro*, Lima, 1965, p. 281-291. – Site Internet *The Hagiography Circle*.

P. DE GUCHTENEERE

LISSOWSKI (Józef ; en religion Herakliusz), archevêque uniate de Polotsk et métropolitain de l'Église uniate à l'Empire de Russie (1734-1809). Voir LISOWSKI, *supra*, col. 1373-1374.

LISTA Y ARAGÓN (Alberto), *Rodríguez de Lista*, écrivain espagnol (1775-1848).

Il naquit à Séville dans le quartier de Triana, le 15 oct. 1775. À 13 ans, ayant appris de ses parents le métier de sériciculteur, il devint professeur de mathématiques à la Sociedad de los Amigos del País, ce qui fut le début d'une infatigable activité d'enseignant dans divers centres d'étude, poussé à la foi par sa passion pédagogique et par des nécessités d'ordre économique. Son enseignement porta sur toutes les matières : latin et langues modernes, littérature, philosophie et histoire. En 1789, il était bachelier en philosophie et en 1795 bachelier en théologie.

En 1798, il commença à enseigner les mathématiques au collège de San Diego. Une fois ordonné prêtre (1804), il devint professeur au collège de San Telmo à Séville. Au cours des années suivantes, il enseigna également à Saragosse, Valence, Pampelune, Bilbao (1818), et au collège S. Filippo Neri de Cadix (1838). Il enseigna aussi la rhétorique et la poésie à l'université de Séville, où il finit par devenir doyen de la faculté des Lettres. À Madrid, il fonda le collège San Mateo (1821-1825), où en tant qu'enseignant il eut comme élève José de Espronceda (1808-1842), et celui de l'Ateneo (1822-1823 et 1836), où José Amador de los Ríos (1816-1878) conçut l'idée de son histoire monumentale de la littérature espagnole. Son enseignement influença les poètes qui sont à l'origine du romantisme espagnol, tels Francisco Martínez de la Rosa, Ángel de Saavedra (duc de Rivas), Patricio de la Escosura, Ventura de la Vega, Eugenio de Ochoa, Gustavo Bécquer (qui à l'âge de 12 ans écrivit une ode sur la mort de Lista) et Ángel María Dacarrete. Il dirigea l'Académie des Belles-Lettres de Séville et fut membre de la Real Academia Española. Il publia un *Tratado de matemáticas puras y aplicadas* (il eut comme élève notamment le cosmographe Rafael de Aragón) et des *Elementos de historia antigua* (Séville, 1844).

Durant la guerre d'Indépendance, il écrivit une ode à la victoire de Bailén sur les troupes napoléoniennes (1808) et rédigea le texte par lequel la Junte résistante de Séville communiquait sa victoire au pays. Mais lorsque les Français entrèrent dans la ville, il collabora avec eux, devenant notamment le conseiller du maréchal Soult. À leur départ, il fut obligé de se retirer en France pendant quatre ans, jusqu'en 1817. Le gouvernement ferma le Collège de San Mateo qui était suspect d'hétérodoxie. Lista poursuivit son enseignement à domicile, dans la rue de Valverde, mais il dut à nouveau s'exiler à Bayonne de 1828 à 1830. Là, le ministre Luis López Ballesteros (1782-1853) le subventionna pour faire de la propagande absolutiste dans la *Gaceta de Bayona*. Revenu en Espagne, après avoir séjourné quelque temps en Angleterre, il devint directeur de *La Gaceta de Madrid* (1833). Il refusa l'évêché d'Astorga. Sa vie sacerdotale fut compromise par son appartenance à une loge maçonnique durant l'occupation française et aussi par son attachement

amoureux à une femme. Toutefois dans sa correspondance datée de Paris, il donna l'assurance que les licences ecclésiastique ne lui avaient jamais fait défaut et il ne cessa jamais de dire la messe et de se confesser. Aussi les accusations qui lui furent imputées et l'assimilaient aux prêtres José María Blanco White (1775-1841) et José Marchena (1768-1821) manquaient de fondement.

Les changements d'attitude politique de Lista ont été interprétés parfois comme des preuves de son caractère faible et opportuniste. Mais il faut tenir compte du fait qu'il se présente toujours comme un prêtre libéral, de tendance « éclairée ». Sa collaboration avec les envahisseurs français s'explique parce qu'il se rendait compte que les réformes ne pouvaient venir que de ce côté et non pas de la dynastie précédente. Quant à sa collaboration avec Ferdinand VII, il faut la considérer comme une opportunité, la seule issue envisageable pouvant venir des ministres plus libéraux du monarque absolutiste. Pour ce qui est de l'histoire de l'Espagne en son temps, il faut noter que la division du clergé face au libéralisme entre les accommodants et les intégristes se compliquait par les attitudes différentes adoptées avant l'invasion napoléonienne. Ceux qu'on appelait les *afrancesados* (les francisés, collaborant avec l'envahisseur) constituaient une voie médiane, qui approuvaient le programme de réformes mais estimaient devoir résister pour des motifs patriotiques à ceux qui partageait ces idées.

Les collaborations de Lista aux journaux furent très variées. Il collabora dans sa ville natale à *El Correo Literario y Económico* et à *El Espectador Sevillano* (1808-1810) ainsi qu'à *Semanario Patriótico* (1809), puis à *El Tiempo* de Cadix (1838-1840) et à *El Censor* de Madrid qui était le porte-parole des *afrancesados*, ainsi qu'au *Memorial Literario*, au *Mercurio de España*, à *La Estafeta de San Sebastián* et à *La Estrella*, qu'il fonda après son retour définitif en Espagne et dans lequel il défendit la candidature au trône d'Isabelle II face à l'intégrisme carliste.

Son œuvre écrite s'oriente dans deux directions : la poésie et la critique littéraire. Comme poète, il représente le néo-classicisme de ladite *Escuela poética sevillana*, dans la ligne de ses contemporains Manuel José Quintana (1772-1857) et Nicasio Álvarez Cienfuegos (1764-1809). Les critiques le considèrent comme le dernier représentant de cette tendance. Mais il est indéniable qu'il fut un précurseur du romantisme (S'opposent ici ceux qui sont favorables à retarder l'émergence du romantisme espagnol, et ceux qui considèrent Lista comme appartenant déjà à la seconde génération préromantique). C'est ainsi que, à l'instar d'Agustín Durán (1789-1862), il acceptait les idées des frères Friedrich et August Wilhelm Schlegel (qui remirent à l'honneur le théâtre de Calderón de la Barca). Lista s'avéra un partisan enthousiaste du théâtre du mercédaire Tirso de Molina, ce qui est très significatif, vu l'intolérance générale que ce dernier rencontrait à l'époque, et il remit à l'honneur Luis de Góngora (1561-1627) et la poésie populaire (qui jouissait encore d'une belle influence à l'époque du naturalisme). En revanche, Ramón de Campoamor (1817-1901) a censuré sa demande de différenciation formelle entre le langage de la poésie et celui de la prose. Dans l'œuvre des frères Schlegel, Lista percevait une défense légitime des traditions nationales, qu'il avait fait siennes dans la *Gaceta di Bayona*, estimant qu'elles constituaient une barrière contre le libéralisme démocratique et révolutionnaire qui était jusqu'alors identifié avec le romantisme français (Dumas, Hugo, Sand). Sur ce point, il concordait avec Juan Donoso Cortés (1809-1853), tout en étant très éloigné de l'ultramontanisme de ce dernier. La *Revista Española*, commentant son cours à l'Ateneo sur la littérature dramatique, estimait en 1836 qu'aussi bien le romantisme que le classicisme étaient acceptables à la condition d'éviter l'extrémisme.

En 1837 fut publiée la dernière édition des poésies de Lista et le premier ouvrage du romantique José Zorilla (1817-1893). La revue *No Me Olvides* y voyait « el último suspiro de la vieja escuela y el primer vagido de la nueva ». Mais cette affirmation est insoutenable car on trouve chez Lista des passages proches de la *Nähe des Geliebten* de Goethe et du sonnet de Bécquer *Céfiro dulce*. Et dans *La Tormenta de noche* d'Espronceda, on trouve des réminiscences de *La Tempestad* de Lista, comme on en trouve aussi dans le *Canto a Teresa* de *La vida humana*). Il reconnaît s'inspirer parfois de Calderón et de Francisco de Rioja (1583-1659), mais il estime que son modèle le plus constant est Horace.

Sa poésie sacrée se situe à un niveau assez élevé. On y trouve plusieurs influences indéniables : celle de Fernando de Herrera († 1597) dans *La ascensión del Señor* (avec le contraste entre la lumière et l'obscurité) et *La Concepción de Nuestra Señora* (avec une glose de l'Apocalypse, c'est pratiquement un poème épique). Dans *La Muerte de Jesús*, on note l'impact de *La Ascensión* de l'augustin Luis de León (avec cette fin pathétique : *Gemid, humanos. Todos en él pusisteis vuestras manos*. Sur Luis de León, *cf. DHGE, supra*, col. 287-308). *El sacrifio de la esposa* et *El canto del esposo* furent écrits pour deux professions monastiques (dont la première était celle d'une sœur de Blanco White). On y retrouve la trace des *Canciones del alma y el esposo* de S. Jean de la Croix.

Dans ses poésies dites philosophiques, se retrouve une inspiration philanthropique influencée par l'Encyclopédie, et aussi par Juan Meléndez Valdés (1754-1817). On peut classer dans ce groupe *La beneficencia, La bondad es natural al hombre, La amistad, La felicidad pública, La gloria de los hombres benéficos* et *El triunfo de la tolerancia*, que termine : « Hombres, hermanos sois, vivid hermanos ». Sous le titre *El imperio de la estupidez*, il traduisit *The Dunciad* d'Alexander Pope (1688-1744). Ses poésies amoureuses, dans lesquelles il recourt à plusieurs reprises aux fictions de la littérature pastorale, sont très influencées par Pétrarque. Une preuve de sa sensibilité éclate dans *Al sueño. El himno del desgraciado*.

Alberto Lista y Aragón décéda à Séville le 5 oct. 1848.

Les poésies de Lista ont été éditées à diverses reprises (notamment dans la *Biblioteca de Autores Españoles*, n° 67). À relever l'étude de J.-M. de Cossio dans l'édition des *Poemas inéditos de A. Lista* (Madrid, 1927) ainsi que dans *El romanticismo a la vista* (Madrid, 1942, p. 11-80 et 91-116). Mais ses études sont dispersées dans des revues difficiles à consulter. Un seul volume de ses *Ensayos literarios y criticos* a été publié (Séville, 1844).

ŒUVRES. – *Poesías*, Madrid, 1822 ; *La importancia de nuestra historia literaria*, discours de réception prononcé à la Real Academia de Historia, 1827 ; *Lecciones de Literatura Española explicadas en el Ateneo científico, literario y artístico*, Madrid, 1836 ; *Poesías*, Madrid, 1837 ; *Artículos críticos*, vol. I, Palma de Mallorca, 1840 ; un seul volume de ses *Ensayos literarios y críticos* a été publié : Sevilla, 1844 ; *Lecciones de literatura española*, Madrid, 1853.

TRAVAUX. J. C. J. Metford, *Alberto Lista and the Romantic Movement in Spain*, Liverpool, 1940. – H. Juretschke, *Vida, obra y pensamiento de Alberto Lista*, Madrid, 1951 ; Id., *Reflexiones en tórno al bicentenario de Alberto Lista*, Madrid, 1976. – F. B. Pedraza Jiménez et M. Rodríguez Cáceres, *Manual de literatura española*, t. V, *Siglo XVIII*, Tafalla, 1981, p. 438-443. – J. Reyes Soto, *La obra educativa de Alberto Lista*, Cádiz, 1988. – J.-M. Gil González, *Las formas populares en la poesía de Alberto Lista*, Sevilla, 1987 ; Id., *Vida y personalidad de Alberto Lista*, Sevilla, 1994. – Mª. del C. García-Tejera, *Conceptos y teorías literarias españolas : Alberto Lista*, Cádiz, 1989. – D. Martínez Torrón, *Ideología y literatura en Alberto Lista*, Sevilla, 1993 ; Id., « Rodríguez de Lista y Aragón, Alberto », dans G. Anes y Álvarez de Castrillón (dir.), *Diccionario Biográfico Español*, t. XLIII, *Recesvinto-Rodríguez de Losada*, Madrid, 2013, p. 1031-1037. – Et sur l'atmosphère littéraire de l'époque : D. Flitter, *Romantic Literary Theory and Criticism*, Cambridge, 1992. – J. Canavaggio (dir.), *Histoire de la littérature espanole*, t. 2, *XVIIIe siècle – XIXe siècle – XXe siècle*, Paris, 1994, p. 220-262. – R.-P. Sebold, *Lírica y poética en España*, Madrid, 2003. – E. Baltanás, *La materia de Andalucía. El « ciclo andaluz » en las letras de los siglos XIX y XX*, Sevilla, 2003. – M. García Posada, *Las tradiciones poéticas andaluzas*, Sevilla, 2004.

A. LINAGE CONDE

LISTER (Thomas), *alias* Butler, English Jesuit, 1559-1628.

Little is known of Lister's life before his admission into the English College, Rome, on 15 Sept. 1579, by the rector, Alphonsus Agazzari. Lister was born in Lancashire in 1559, the younger son of Christopher Lister and Ellen née Clayton of Clayton Hall, Leyland. The diary of the college records that Thomas, from the Chester diocese, was admitted at the age of twenty as an alumnus of the pope, by the special order of Card. Moroni, the protector. Lister took the college oath on 6 Mar. 1580 which bound him to return to the English mission. In August 1581 he publicly defended theses in philosophy. On 20 Feb. 1583 he entered the novitiate of the Society of Jesus at Sant'Andrea del Quirinale. A fellow-novice was Mutius Vitelleschi, later general of the Society. Lister went on to study and teach in the Jesuit university at Pont-à-Mousson, being awarded a doctorate in 1592. He came near to a nervous breakdown, no doubt due to overwork.

In 1595 he was sent to England. In spite of the persecution, it was thought that this would improve his health. It did not improve. Henry Garnet SJ (1555-1606) kept him for some two years as his socius. He suffered from claustrophobia so that a sudden raid by the pursuivants would have endangered Garnet as well as Lister since he could not use a hiding-hole. More disconcerting was his suspected consorting with secular priest adversaries, few but very articulate, of the Jesuits. John Fisher's confession of March 1598 admitted Lister's urging Charles Paget and Dr William Gifford to continue their campaign against the Jesuits, but with a change of tactics. "If the Jesuits could not be got out of England, then it was to be effected that

Father Walley [Garnet]… was removed from office and in his place was to be substituted as provincial Father Thomas Lister, as one who stood aloof from many of their doings of which he disapproves". Garnet hoped that Lister would be elected by his fellows to go as their representative to Rome for the regular triennial meeting. In the event, Father Robert Persons (1546-1610), already there, was preferred. Garnet sent Lister into Flanders between August and October 1596, reporting to Claudio Acquaviva that he had "for a long time earnestly asked to be sent into voluntary exile. And I could not well refuse him, for he was asking something that he greatly needed". In the presence of persecution neurosis, as one might term it, superiors in Rome and England realised that not every Jesuit had the mental constitution of a John Gerard or a Robert Southwell needed to face the rigours of the Tower even in prospect. Lister was handled gently throughout, although the question arose in 1597 of dismissing him from the Society.

Perhaps it was a gnawing awareness of the obligation of the mission oath that obliged Lister to return almost immediately when he was just outside the walls of Antwerp. Garnet could not conceal his dismay from the general at Lister's return without permission some time before 11 Feb. 1597. "I am deeply distressed that his departure came to nothing. He has had no regard for the interests of the mission. Both in my judgement and his own it was essential that he should go". Perhaps it was the idea of making reparation for previous dealings with priest antagonists of the Jesuits that Lister produced about this time a widely circulated pamphlet which assured his lasting notoriety: *Adversus factiosos in Ecclesia*. This opusculum caused great offence to the militant secular priests who were accused of schism in their critical stance against the appointment of an archpriest rather than a bishop. It contributed substantially to the more aggressive appellant appeal of 1601 in which year it was published in Christopher Bagshaw's *Relatio compendiosa*. Meanwhile, in 1598 Thomas Lister again went overseas.

Edward Coffin (1570-1626), sent from Rome to the English mission in 1594, joined the Jesuits on 12 Jan. 1598. He went to the Belgian novitiate "in company with Thomas Lister". They were both seized at Lillo, a fortress near Antwerp, on 6 Feb. 1598. According to Jesuit Oswald Tesimond (1563-1636), they "were taken in that very house and in the room" in the inn which he was to occupy himself the following day. They were brought to Middleburg. Tesimond arranged for a ransom to be paid through a Catholic merchant friend but the business was somehow bungled. They were recaptured and sent into England by the Dutch at the request of the English government. Garnet referred later to "a debt of more than 500 Italian scudi besides the sum which we had to raise to ransom two of ours in Holland". Back in England, Coffin was imprisoned first in Newgate, then at Framlingham, and banished by James I in 1603. "It does not appear what became of Father Lister in 1598, where he was confined or how he regained his liberty". His name appears with Garnet's and nineteen other Jesuits on a letter, dated 30 Oct. 1598, sent to Pope Clement VIII expressing loyal acceptance of the Roman decision to set up an archpriest, not a bishop, to rule the priests in England. Thirty-three appellant priests

sent their own letter to Rome on 17 Nov. 1600. It was answered by a brief from St Mark's on 17 Aug. 1601. Confirming the archpriest in office, Lister's treatise and similar writings were declared suppressed by apostolic authority with excommunication, *ipso facto*, for those who wrote them, circulated them or even had them in their possession. The word 'schism' was not to be used.

Garnet mentioned Lister in a letter to Acquaviva of May 1602. The two had been together since 1600. He "is with me and is almost completely cured of his complaint. I hope that… his native air will soon make him completely healthy… Visits to his family will certainly bring him no little benefit". In consequence, Lister was deemed ready to work on the mission since, on the eve of the *Gunpowder Plot*, persecution was less if still severe. The sheriff of Herefordshire reported that "Jones alias Holland, Lister alias Butler and Oldcorne alias Hall" were "the chief that labour with the people in these parts… to take up arms against the king". Certainly, the 'Whitsun riot' in Herefordshire of 1605 showed new, active recusant resistance to oppression: but it was not Jesuit policy to become involved although Lister was reported as telling the papists of Worcestershire that those of Herefordshire were up in arms. Jesuits were also reported to be with "Mr Abington the elder and Mr A. [sic] the younger, at Hinlip". Ascribed to Lister was the narrative of the conversion of Dorothy Abington, previously a staunch Protestant, by the Jesuit Edward Oldcorne (1561-1606). Lister stayed with Dorothy as her chaplain in a part of her brother's house. Oldcorne's examination in the Tower of 5 Mar. 1606 puts Lister at White Webbs in the autumn of 1605 with Richard Blount (1565-1638) and others, ten in all, for the seasonal meeting of the Jesuits. Garnet told them then that the pope had granted to Card. William Allen (1532-1594) a general indulgence for all who recited, "Gentem auferte perfidam credentium de finibus". Much was to be made of this by Cecil's government at the time of the *Gunpowder Plot* when Lister and forty-six other priests were banished from various prisons in 1606.

Rather inevitably, Lister returned to England but there is little record of him in the years before his death. He was professed of the four vows in 1610. In 1619 the Superior General Muzio Vitelleschi appointed Richard Blount superior of a vice-province. In spite of persecution after the *Gunpowder Plot*, the Jesuits by 1620 had some 109 members scattered through England. The country was divided for administrative purposes into titular colleges and residences. The residence of St Mary, taking in Oxfordshire and neighbouring counties, was where Lister seems to have worked. Was it Vitelleschi's influence which secured his appointment as superior of St Mary's in 1621? As Foley, admitted, "the annual reports of the province [created 1623] for the residence of St Mary during the period… are very scanty owing to the troubles of the time". After the break-up of White Webbs in 1606 there was probably no foothold even in London before 1624. William Wolfe was the prominent Jesuit serving St Mary's from Oxford from about 1622 to his death in 1673. Lister was probably little more than a figurehead for the few years before his death which involved another passage to the continent and his death at Liège on 15 Feb. 1628.

J. Morris, *The Troubles of our Catholic forefathers*, series I, London, 1872, pp. 166-191. – H. Foley, *Records of the English Province of the Society of Jesus*, vol. I, London, 1877, pp. 69, 75, vol. IV, London, 1878, *passim*, especially pp. 271-275, vol. V, London, 1879, pp. 843, 851; Id., *Collectanea*, vol. I, London, 1882, p. 462. – J. Gillow, *A literary and biographical History, or bibliographical dictionary of the English Catholics...*, vol. IV, London, 1885-1892, pp. 280-283. – T. G. Law, *A historical sketch of the conflicts between Jesuits and seculars in the reign of Queen Elizabeth with a reprint of Bagshaw's "True relation of the faction begun at Wisbich" and illustrative documents*, London, 1889, pp. LXVI-CVII, *passim* and 60-149, *passim*. – C. Sommervogel, *Bibliothèque de la Compagnie de Jésus*, t. IV, Bruxelles, 1893, cols 1866-1867. – P. Renold, *The Wisbech stirs*, in *Catholic Record Society*, 51, 1958, pp. 148-298, *passim*. – Ph. Caraman, *Henry Garnet and the gunpowder plot*, London, 1964, pp. 91-296, *passim*. – Th. Mc Coog, *English and Welsh Jesuits 1555-1650*, in *Catholic Record Society*, 75, 1995, pp. 233-237. – F. Edwards, *Robert Persons: the biography of an Elizabethan Jesuit, 1546-1610*, St. Louis (Missouri), 1995, pp. 250-263. – Ch. E. O'Neill and J. M. Domínguez (eds), *Diccionario histórico de la Compañía de Jesús*, t. III, Roma-Madrid, 2001, p. 2369. – Th. Cooper and M. Nicholls, "Lister, Thomas", in *Dictionary of national biography*, Oxford, 2004, online.

F. EDWARDS

LITTLE ROCK, Diocese in south central USA.

EARLY HISTORY. Christianity first came to Arkansas in the colonial period under Spanish and French auspices. Hernando de Soto, traveling north from the Gulf coast, claimed the area for Spain on 25 June 1541, but made no attempt at colonization. More than a century elapsed before the next Europeans appeared. In July 1673 the explorer Louis Jolliet (1645-1700) and the Jesuit missionary Jacques Marquette (1637-1675), traveling south from Canada on the Mississippi River, spent two weeks in Arkansas. Nine years later Robert Cavelier de la Salle claimed the whole Mississippi River valley for France. In 1686 one of La Salle's lieutenants, Henri de Tonti (*c.* 1650-1704), established the first European settlement, Arkansas Post, at the junction of the Mississippi and Arkansas Rivers. Abandoned a decade later, it was re-founded by the French in 1721.

Since eastern Arkansas was largely a swamp, few Europeans settled there in the eighteenth century and those who did showed little interest in religion. In 1785 the total white population was only 196. There was little missionary work among the Indians, except for an occasional French Jesuit. The first Mass was celebrated on 1 Nov. 1700 by Jacques Gravier, SJ (1651-1708), a missionary traveling down the Mississippi river; Paul du Poisson, SJ, spent two years evangelizing the Indians before he was martyred on 28 Nov. 1729 near Natchez, Mississippi; Louis Carette, SJ, set a record when he remained in Arkansas for eight years in the 1750s.

Ecclesiastically Arkansas under French rule was part of the Diocese of Quebec. In 1763, when France ceded the west bank of the Mississippi to Spain, it came under the jurisdiction of the Diocese of Santiago de Cuba until the erection of the Diocese of New Orleans in 1793. The area was under French rule again for two months in 1803, until Napoleon sold it to the United States. In 1826 Arkansas became part of the new Diocese of St. Louis. In 1832 a missionary told Bishop Joseph Rosati that conditions were so unpromising that he considered

Msgr Edward Fitzgerald, second bishop of Little Rock, in J. G. Shea, *The Hierarchy of the Catholic Church in the United States embracing sketches of all the Archbishops and Bishops...*, New York, 1886, p. 271.

Arkansas the "suburb of hell." Finally, on 28 Nov. 1843, the Diocese of Little Rock was erected for the state of Arkansas, comprising an area of 53,104 square miles.

DIOCESE OF LITTLE ROCK. Little Rock's first two bishops were natives of Ireland. The first, Andrew Byrne (1802-1862), a pastor in New York City, was consecrated there on 10 Mar. 1844. He began his ministry in Arkansas with two churches and two priests that he brought with him from New York. After touring his diocese, he reported to the archbishop of Baltimore: "I can assure you that within the whole diocese of Little Rock there exist no means to erect a single altar. The Catholic population does not exceed seven hundred souls, and they are scattered in every county of the state." In 1852 Byrne promised to try to supply a resident pastor for any group of 10 or 12 Catholic families that settled anywhere in his diocese.

However, the bishop never had more than 10 priests at his disposal for a Catholic population that never exceeded 1,000. Despite the paucity of Catholics, however, Byrne secured 13 Sisters of Mercy from Ireland, who in 1851 established St Mary's Academy in Little Rock (the oldest educational institution in the state) and shortly thereafter St Ann's Academy in Fort Smith. A slave state, Arkansas joined the Confederacy during the Civil War (1861-1865). Bishop Byrne died during the war on 10 June 1862, and the diocese remained vacant until the appointment of Edward M. Fitzgerald (1833-1907) on 22 June 1866.

Fitzgerald, a priest of the Archdiocese of Cincinnati, who was only 33 years old, was consecrated on 3 Feb. 1867. Like his predecessor, he found that his efforts to attract Catholic immigrants to Arkansas achieved little success. A state that remained 90 percent rural throughout the nineteenth century, dependent on

Damian Litz, from J. E. Garvin, *The Centenary of the Society of Mary*, Dayton (Oh)-Clayton (Mo), 1917, p. 136.

cotton as a cash crop, economically depressed even by Southern standards, and heavily Baptist and Methodist in religion, possessed little appeal for Catholics. Fitzgerald's efforts to evangelize the black population also met with limited success. At some time during Bishop Byrne's administration, or during the long vacancy after his death, the diocese of Little Rock had assumed responsibility for the Indian Territory, the future state of Oklahoma, a vast area of 69,919 square miles. That burden was eased when the area was made a prefecture apostolic under French Benedictines in 1876 and made a vicariate apostolic in 1891 under Theophile Meerschaert (1847-1924), a Belgian-born secular priest.

During Vatican Council I the independent-minded Fitzgerald was one of only two bishops to vote against the decree on papal infallibility, although he gave his assent immediately afterwards. Likewise, at the Third Plenary Council of Baltimore in 1884, he voted against the decision of the American bishops to require the establishment of a parochial school in every parish. He also voiced support for labor unions at a time when many conservative bishops viewed them with suspicion. Despite his streak of independence, Fitzgerald was offered promotion to Cincinnati and New Orleans, but preferred to remain in Little Rock. He suffered a stroke in January 1900, which left him incapacitated until his death on 21 Feb. 1907. At his death, the 20,000 Catholics of Arkansas still constituted only one percent of the population, but they now possessed a statewide infrastructure of 41 churches with resident pastors, 32 missions, 60 diocesan and religious priests, and 250 sisters.

TWENTIETH CENTURY. Little Rock has had only five ordinaries in the past century and at the beginning of this

century: John B. Morris (1907-1946); Albert L. Fletcher (1946-1972); Andrew J. McDonald (1972-2000); James P. Sartain (2000-2006); Anthony B. Taylor (2008-present). In the first two decades of the twentieth century a revival of anti-Catholic bigotry was reflected in the Convent Inspection Law of 1915 and the popularity of the Ku Klux Klan in the1920s. In 1957 one of the turning points in the Civil Rights Movement occurred in Little Rock when the federal government dispatched troops to the city to enforce court-ordered desegregation of the principal high school. Bishop Fletcher, a native of Arkansas, desegregated the Catholic schools in the 1960s. As recently as 1980 there were only 59,911 Catholics in Arkansas, but by 2016 their numbers had increased to 155,911, five percent of the population, due in part to an influx of Hispanic and Asian Catholics. In that year there were 110 diocesan and religious priests, 102 permanent deacons, 27 brothers, 145 sisters, 128 parishes and missions, 27 Catholic elementary and high schools, and 20 Catholic hospitals. The number of baptisms (children and adults) was 3,217.

The Metropolitan Catholic Almanac and Laity's Directory, 1844, pp. 100, 109; 1852, pp. 165-168. – J. G. Shea, *A History of the Catholic Church within the Limits of the United States*, vol. IV, New York, 1892, pp. 283-287, 678-679. – *Official Catholic Directory*, 1907, p. 435; 2003, p. 660. – J. Woods, "To the Suburb of Hell: Catholic Missionaries in Arkansas, 1803-1843," in *Arkansas Historical Quarterly*, 48, 1989, pp. 217-242; Id, *Mission and Memory: A History of the Catholic Church in Arkansas*, Little Rock, 1993. – J. M. Woods, *A History of the Catholic Church in the American South, 1513-1900*, Gainesville, 2011. – *New Catholic Encyclopedia*, 2nd edn, vol. I, pp. 690-693. – J. M. Woods, "Arkansas, Catholic Church in", in M. Glazier and Th. J. Shelley (eds), *The Encyclopedia of American Catholic History*, Collegeville (Minn.), 1997, pp. 113-116. – The website of the diocese (www.dolr.org): statistics.

TH. J. SHELLEY

LITZ (Damian), American Marianist brother, teacher, and journalist (1822-1903).

Born on 15 Aug. 1822 in Eschenbach in the Grand Duchy of Baden, Litz entered the Alsatian province of the Society of Mary in 1844. Five years later he was one of the first four Marianist teaching brothers sent to the United States. Although the Marianists were of French origin, founded in Bordeaux in 1817, their American mission was almost exclusively the work of their Alsatian province whose German-speaking brothers were much in demand as teachers of boys in the parochial schools of German national parishes. Litz spent most of his 54 years in the United States teaching in such schools in ten cities in a half-dozen states, beginning with his first assignment at Holy Trinity parish in Cincinnati. Often forced to teach large classes, he became an ardent advocate of the controversial "monitor" or "mutual" system, which made it possible for one teacher to instruct a large number of children by using the better students to teach the others.

Beginning in 1870 in Baltimore, Litz launched a second career as a journalist (that lasted until his death) when he began to contribute articles to the local German-language Catholic newspaper, the *Katholische Volkszeitung*. His weekly column, written under the pen name "Sepp," proved to be so popular that it was reprinted in other German-language newspapers throughout the country and excerpts were published in book form under the title *Unter Uns*. As a result Litz came to be more closely identified with the German-American Catholic

Mgr Gabriel de Llobet à son bureau de l'archevêché d'Avignon, photographie numérisée et envoyée par M. Luc-André Biarnais, archiviste du diocèse de Gap et d'Embrun, que nous remercions pour ses compétences et sa serviabilité, fonds de Mgr Auguste Bonnabel.

community than any of the other Marianists. A staunch conservative, he used his newspaper articles to take a strong stand against "Americanist" bishops like John Ireland (1838-1918, see *DHGE*, t. 25, cols 1448-1451) in the bitter ideological and cultural struggles that divided the American hierarchy in the 1880s and 1890s and culminated in the papal condemnation of "Americanism" in 1899 (Leo XIII, *Testem benevolentiae nostrae*).

Litz was the last of the four pioneer Marianist brothers to die, on 20 Feb. 1903, in San Antonio, Texas, where he had lived for the previous 12 years. A genial and sociable man with a philosophical turn of mind, he was described as more suited to be "a teacher of teachers" than a teacher of boys. He performed an invaluable service to his religious community by assisting in the foundation of so many of their schools. He was also notably eccentric, but he mellowed as he advanced in years and became the much-beloved patriarch of the Marianists in the United States.

J. E. Garvin, *The Centenary of the Society of Mary*, Dayton (Ohio)-Clayton (Mo.), 1917, especially on pp. 135-153. – P. Resch, *A Hundred Years of Educational Foundations by the Brothers of Mary in America, 1849-1949*, St. Louis, 1949. – J. Schmitz, *The Society of Mary in Texas*, San Antonio, 1951. – C. Kauffman, *Education and Transformation: Marianist Ministries in the United States*, New York, 1999. – *New Catholic Encyclopedia*, 2nd edn, vol. VIII, p. 736. – M. Walsh (ed.), *Dictionary of Christian Biography*, London-New York, 2001, p. 781.

TH. J. SHELLEY

LLOBET (Gabriel de), archevêque d'Avignon, né le 19 janv. 1872 à Perpignan, décédé à Avignon le 22 avr. 1957.

Ses origines et sa formation sont caractéristiques. Il est le huitième enfant d'une famille de petite noblesse légitimiste et catholique convaincue. Élève des jésuites, il entre en 1890 au séminaire français de Rome, alors pépinière d'évêques ultramontains et antimodernistes. Il y reçoit l'ordination en 1896 et obtient peu après le doctorat en théologie à l'Université grégorienne. Mgr Anatole de Cabrières, évêque de Montpellier et futur cardinal, en fait dès 1897 son secrétaire particulier. Très attaché aux assomptionnistes, cet aristocrate adopte, au point de vue politique, les thèses de l'Action Française ; c'est une forte personnalité qui marque profondément son fils spirituel. En 1907, celui-ci est rappelé à Perpignan, son diocèse d'origine, par Mgr Jules de Carsalade qui le nomme curé de sa cathédrale et bientôt vicaire général, directeur des Œuvres. G. de Llobet étudie en même temps la pensée d'un ancien évêque de Perpignan, Mgr Philippe Gerbet, inspirateur de l'intransigeant *Syllabus* (1864) ; il médite aussi sur la vie d'une petite sœur de l'Assomption (*cf.* bibliographie).

Pendant la guerre, en 1915, il est élu évêque de Gap ; c'est le dernier évêque français sinon préconisé du moins préalablement nommé par Pie X avant sa mort. Il est alors le plus jeune après Mgr Charles Ruch, coadjuteur de Nancy. C'est ce qui lui vaut d'être mobilisé à l'arrière en février 1916 mais, sur sa demande, il est envoyé au front comme aumônier, à l'imitation de son jeune collègue. Rome qui voudrait hiérarchiser l'aumônerie militaire française nomme, le 19 nov. 1917, les deux évêques inspecteurs des ecclésiastiques au front à titre uniquement spirituel, timide et tardive tentative que la stricte Séparation rend encore prématurée. Cependant, le creuset de la guerre transforme Mgr de Llobet comme beaucoup d'autres ecclésiastiques ; il y acquiert une meilleure ouverture à l'égard de la société civile, il y affirme aussi son patriotisme en méritant la croix de guerre puis celle de la Légion d'honneur. Ce patriotisme est renforcé encore par une autre expérience : après l'armistice, pendant que se négocient les traités de paix, il assiste le card. Louis-Ernest Dubois dans la mission organisée par le gouvernement pour affirmer la présence française au Proche Orient et dans les Balkans (14 déc. 1919-24 mars 1920).

La crise de l'Action française couvait lorsqu'en 1925 Mgr de Llobet fut promu par la Congrégation consistoriale coadjuteur avec droit de succession de l'archevêque d'Avignon, Mgr Michel-André Latty (1844-1928). Pie XI, mécontent de ce choix qui place un prélat proche de l'Action française à un poste important de l'Église de France, dessaisit désormais la Consistoriale, au profit de la Secrétairerie d'État, du pouvoir de nomination qu'elle possédait depuis sa création en 1587. La condamnation de l'*Action française* (29 déc. 1926) provoque un grave déchirement chez beaucoup de catholiques sincères et divise l'épiscopat. Mgr de Llobet fut cependant le seul évêque avec Mgr Pierre Marty de Montauban – mais celui-ci est maurrassien – à refuser ouvertement d'adhérer à la condamnation en février 1927, refus « digne, parce que loyal et fondé sur une conviction très profonde, celle d'un noble royaliste légitimiste, courageux patriote [...] plus royaliste que maurrassien » (J. Prévotat). Il sera le dernier à se soumettre avec le P. Le Floch, directeur du séminaire français de Rome, et le card. Louis Billot (Rome), hormis Mgr Marty († 1929).

Cette fidélité aux personnes et à ses engagements se retrouve dans l'esprit ancien combattant de Mgr de Llobet, esprit qui imprègne d'ailleurs une bonne part de l'épiscopat français de l'après-guerre. En 1940, il se rallie ainsi bien volontiers à Philippe Pétain, son ancien chef, avec qui il a vécu de surcroît l'inoubliable entrée dans Metz libérée le 19 nov. 1918, jour où Pétain fut créé maréchal ; il lui restera toujours fidèle. En outre, l'État français, son programme de Révolution nationale, ses sympathies affichées pour l'Église, répondent en grande partie à ses vœux. Cependant, le vieux prélat va se trouver une nouvelle fois pris dans l'œil du cyclone : au lendemain de l'institution du S.T.O., dès le 6 mars 1943, le Conseil national de l'A.C.J.F. qui se tint clandestinement à Avignon, proclame son opposition aux départs des jeunes travailleurs en Allemagne, malgré l'intervention de Mgr de Llobet qui ne réussit qu'à provoquer un beau chahut. Dans ce choix si difficile pour les chrétiens de l'époque, l'épiscopat, pris de court par la rapidité des évènements et la complexité du débat, adopte par la suite des positions nuancées et qui aujourd'hui nous paraissent timorées : Mgr de Llobet s'y est conformé. De même, dans sa lettre pastorale du Carême 1942, sa condamnation bien réelle de la politique raciste manque d'éclat.

Son long épiscopat – 10 ans sur le siège de Gap et 32 sur celui d'Avignon – est forcément marqué par les nouveautés de l'époque ; l'évêque qui, prenant sur lui, en reconnaissait la nécessité, les a plus accompagnées qu'initiées. Cependant, thérésien de la première heure dans la ligne de Pie X, il autorisa en toute confiance la fondation à Vénasque du nouvel institut carmélitain de Notre-Dame-de-Vie (1932), promis à un bel avenir. Formé depuis longtemps aussi à la direction des Œuvres, il s'est particulièrement intéressé à l'Action catholique et, après certaines réticences, à ses mouvements spécialisés. En 1945, le Vaucluse apparaissant comme « la France, pays de mission », Mgr de Llobet délègue son vicaire général, le chanoine Monier, à la tête d'un groupe de travail créé pour « penser ensemble l'apostolat d'aujourd'hui ». Mais pasteur attentif, il est plus ouvert aux personnes qu'aux idées nouvelles ; il a su s'entourer d'hommes de valeur parfois d'options opposées aux siennes : à Gap, il prend pour secrétaire l'abbé Auguste Bonnabel, futur évêque ; à Avignon il charge le tout jeune abbé Hugues de la direction de l'enseignement libre en 1942 et le garde auprès de lui bien qu'il connaisse bientôt son militantisme clandestin dans *Témoignage Chrétien*. Ses plus grands amis dans l'épiscopat venaient du *Sillon* : Mgr Paul Rémond qui fit son oraison funèbre et Mgr Jules Saliège qu'il avait connu au front en 1916-1918 et qu'il proposa pour lui succéder à Gap. Paul Couston (1903-1989), militant chrétien, résistant, élu en 1946 député M.R.P. de Vaucluse et qui tint à participer à la conduite de ses funérailles, écrit à son sujet : « Sans doute tout un contexte d'origine, d'habitudes ancestrales, de formation n'était point fait pour le lier étroitement à la mouvance politique, sociale, économique d'un monde qui roule à allure folle mais cette carence, dont l'homme engagé que je suis a souffert, était comblée par le magnifique caractère sacerdotal [...] tant de sens d'apostolat et d'effort de renoncement ».

ÉCRITS. Les principaux ouvrages de Mgr de Llobet : *Une page d'apostolat. Sœur Marie-Marthe-Thérèse, petite sœur de l'Assomption, supérieure de la maison de Perpignan*, 1ère édition, Paris, s.d. [1920], 338 p. – *Le cardinal de Cabrières*, Paris, 1944, 189 p. – *Mgr Gerbet*, Paris, 1946, 176 p. – *Lettres et pages inédites de Mgr Gerbet*, Paris, 1948, 274 p.

SOURCES. Archives personnelles de Mgr de Llobet déposées par l'archevêché d'Avignon aux archives départementales de Vaucluse (cote 25 J. Consultation soumise à autorisation). – *Quinzaine religieuse du diocèse de Gap*, 1916-1925 (une chronique « Nouvelles de Mgr l'évêque » y a été rédigée pendant le temps qu'il a passé sous les drapeaux, du 15 mars 1916 au 3 janvier 1919). – *Semaine religieuse du diocèse d'Avignon* (devenue *Bulletin religieux...* en 1951), 1925-1957. Ces bulletins ont publié aussi ses lettres et l'oraison funèbre prononcée par Mgr P. Rémond (1957).

TRAVAUX. C. Eubel et al., *Hierarchia catholica*, t. IX, p. 338. – D. Javel, *Transmettre la foi au diocèse d'Avignon, XIXe-XXe siècle*, Avignon, 2000, 435 p. – X. Boniface, *L'Aumônerie militaire française (1914-1962)*, Paris, 2001, p. 75-78, 88, 129, 160, 346. – J. Prévotat, *Les Catholiques et l'Action française : histoire d'une condamnation 1899-1939*, Paris, 2001, p. 214, 305, 382, 388, 390 ; Id., « Llobet (Gabriel de), dans D.-M. Dauzet et F. Le Moigne (dir.), *Dictionnaire des évêques de France au XXe siècle*, Paris, 2010, p. 422-423. – P. Christophe (éd.), *Les carnets du cardinal Baudrillart (13 avril 1925-25 décembre 1928)*, Paris, 2002, *passim* (voir l'index p. 1139). – G. de Llobet, *Un évêque aux armées en 1916-1918. Lettres et souvenirs de Mgr de Llobet alors évêque de Gap (1872-1957)*, Limoges,

2003 ; Id., *Mgr de Llobet. Un pasteur intransigeant face aux défis de son temps (1872-1957)*, Limoges, 2012 (coll. Cahiers de l'Institut d'Anthropologie juridique, 32).

G. DE LLOBET

LOMBARDI (Carlo), canoniste (1858-1908).

Il fit ses études au Séminaire Romain (où il fut promu docteur *in utroque jure* en 1889). Ordonné prêtre en 1881, il fut nommé professeur suppléant en droit canon à la Faculté de droit canonique de cette institution dès 1890, professeur en titre en 1893. Il fut successivement défenseur du lien à la Congrégation du Concile (en 1902), consulteur pour la codification du droit canonique (en 1904), professeur d'économie politique à l'Accademia dei Nobili ecclesiastici (en 1906) et auditeur à la Rote (en 1908).

Parmi ses œuvres, on retiendra surtout *Iuris canonici privati institutiones* (1897-1899 ; 2e édition, 1901) ; *De iudiciis in genere* (1899) ; *La scienza della religione* (1901).

A. Moreschini, *Lombardi, Carlo*, dans *Enciclopedia Catolica*, t. 7, col. 1490.

L. COURTOIS

LONGVILLIERS (Notre-Dame), *Longvillers, Longavilla, Longumvillare, Longovillarense*, abbaye cistercienne dans l'ancien diocèse de Thérouanne, puis de Boulogne, actuellement d'Arras (département du Pas-de-Calais, arrondissement de Montreuil, canton d'Étaples, commune de Longvilliers).

Cette abbaye fut fondée vers 1130 à Niembourg (commune de Halinghen, Pas-de-Calais), puis transférée à Longvilliers en 1135 par Étienne de Boulogne et son épouse Mathilde de Boulogne – quelques mois avant leur couronnement comme roi et reine d'Angleterre. D'abord dépendance de l'abbaye de Savigny, elle passa avec celle-ci dans la filiation cistercienne de Clairvaux en 1147. L'abbaye fut dotée généreusement par le couple royal, ce qui, au cours des XIIe et XIIIe siècles, a permis aux moines d'établir une léproserie à Lépine, et aussi quelques fermes, comme à Attin (*l'Abbiette) et à Longvilliers (Longueroye). Par ailleurs, l'histoire des premiers siècles de Longvilliers est fort mal connue par manque de sources écrites médiévales. On ne reprend le fil de l'histoire qu'au XVIe siècle, quand l'abbaye fut mise en commende par le roi. Celle-ci connut une phase de prospérité sous le long abbatiat de René de Mailly (1566-1618), qui fit refleurir la vie monastique après l'endommagement occasionné par les guerres. Toutefois, avec un régime commendataire enrichissant habituellement les abbés plus que l'abbaye, les bâtiments monastiques se trouvaient de nouveau en très mauvais état au début du XVIIIe siècle. Les inondations fréquentes, en combinaison avec le mauvais entretien, avaient laissé les fondations fort affouillées. L'abbaye fut restaurée, mais la Révolution, à la fin de laquelle il n'en restait plus que cinq moines, mit définitivement fin à l'histoire de son lent déclin. Les propriétés furent d'abord vendues comme biens nationaux en 1791, mais celles-ci furent complètement pillées peu après. Aujourd'hui on retrouve toujours des pierres de l'ancienne abbaye dans des maisons à Longvilliers, Maresville, et même Bréxent.

LISTE DES ABBÉS. Folbert ? – Guillaume I, 1158. – Gérard I, 1165, 1175. – Pierre, -1177. – Simon, 1177-. – Gérard II, 1180. – Hugues, *c.* 1192-*c.* 1215. – Bartholomé, -1224. – Bertin, 1224-. – Étienne, *c.* 1366. – Arnulph, 1367. – Égide, 1425. – Laurent, 1471-1483. – Jean, 1484, 1493, 1495. – Jacques de Buymont, † 1510. – Guillaume II, 1510-*c.* 1526. – René de Mailly, 1566-† 1618. – Charles de Mailly, † 1625. – Antoine de Bourbon, † 1632. – Claude de S. Bonnet de Toiras, † 1642. – Roger d'Aumont, † 1653. – Charles d'Aumont, † 1695. – Antoine-François de Montlezun de Busca, 1695-† 1758. – Louis Gratien Milliet d'Arvillar, 1765-1789.

SOURCES. L. Bénard, *Déclaration des biens et revenus de l'abbaye Notre-Dame de Longvilliers (15 décembre 1728)*, dans *Bulletin de la Société Académique de l'arrondissement de Boulogne-sur-Mer*, 2, 1873-1878, p. 393-422. – A. Longnon, *Pouillé de la province de Reims*, t. 2, Paris, 1907, p. 596. – M. Champagne (éd.), *L'Abbaye de Longvilliers, actes et documents, 1132-1793*, Wambrechies, 2009. – Édition en ligne de cinq chartes de l'abbaye de Saint-Bertin relatives à l'abbaye de Longvilliers, voir le site Internet de la commune de Longvilliers.

TRAVAUX. *Gallia Christiana*, t. 10, Paris, 1751, col. 1615-1617 (avec la liste des abbés). – M. De Montrond, *Dictionnaire des Abbayes et Monastères, ou histoire des établissements religieux*, Paris, 1856, col. 463. – L. H. Cottineau, *Répertoire topo-bibliographique des abbayes et prieurés*, t. 1, Mâcon, 1935, col. 1650. – P. Héliot, *Restauration de l'abbaye de Longvilliers au XVIIIe siècle*, dans *Bulletin de la Commission des Monuments Historiques du Pas-de-Calais*, 7, 1952, 4, p. 485-486 ; Id., *Commentaires sur plusieurs édifices religieux du Pas-de-Calais : Brimeux, Saint-Josse, Frencq, Longvilliers, Douriez, Fressin, Ibid.*, p. 492-506 (ici p. 501-502). – Fr. Van der Meer, *Atlas de l'Ordre cistercien*, Paris-Bruxelles, 1965, p. 286. – J. Becquet, *Abbayes et prieurés de l'ancienne France*, t. 14 : *Province ecclésiastique de Cambrai. Diocèse d'Arras*, Ligugé, 1975, p. 446-449. – A. Leroy et P.-A. Wimet, *La grange cistercienne de la Longueroye à Longvilliers* dans *Bulletin de la Commission Départementale d'Histoire et d'Archéologie du Pas-de-Calais*, 9, 1973, p. 154-163. – J. Coudoux, *Longvillers (Pas-de-Calais) : patrimoine et vie rurale en Pays de Montreuil*, dans *Travaux et Recherches du Laboratoire de Géographie rurale de Lille*, 3, 1975, p. 171-206 (ici p. 180-181) ; Id., *Utilisation de la couverture aérienne régulière infrarouge de la France pour la recherche des monuments disparus : l'exemple de l'abbaye de Longvillers (Pas-de-Calais)*, dans *La Lorraine de 1610 à nos jours, questions diverses. Actes du 103e Congrès national des sociétés savantes, Nancy-Metz, 1978*, Paris, 1979, p. 219-237. – M. et W. Stephen, *Benediktinische Stätten in Frankreich*, t. 1, Sankt Ottilien, 2002, p. 559.

F. KEYGNAERT

LORAIN (Caroline), en religion Sœur Saint-Joseph, religieuse, fondatrice des Franciscaines du Sacré-Cœur (1810-1882).

Caroline Lorain, née à Arinthod (Jura) le 21 oct. 1810, est issue de la petite bourgeoisie : son père est receveur de l'enregistrement, son grand-père paternel était avocat au Parlement et son grand-père maternel notaire. Après des études au pensionnat du Sacré-Cœur d'Arinthod tenue par deux demoiselles pieuses, elle entre au pensionnat des Filles de Marie à Lons-le-Saunier en 1824 quand son père s'installe à Macornay où il a hérité une belle propriété. En 1834, le jeune homme avec lequel elle s'est fiancée meurt subitement.

Mère Lorain, tiré de N. [Monjaux], *Les religieuses
franciscaines. Notices sur les diverses congrégations
de Sœurs du Tiers-Ordre régulier de Saint-François
établies actuellement en France*, Paris, 1897, p. 321.

Désemparée, sa vocation se précise suite à un pèlerinage
à Notre-Dame de Fourvière suivi de la rencontre avec
l'abbé Jean-François Roland en avril 1836. Elle s'agrège
au petit groupe de personnes soucieuses d'approfondir
leur foi qu'il a réunies dans une « pieuse union ». C'est
à partir de ce groupe que l'abbé Roland reconstitue le
Tiers-Ordre franciscain dans lequel Caroline Lorain est
admise le 28 juil. 1841, après trois jours de retraite
chez les Clarisses de Poligny. L'année suivante, elle
commence à accueillir chez elle de jeunes orphelines et
en 1843 fonde l'œuvre de la Providence de Macornay :
aidée par deux sœurs de la Charité de Besançon, elle
accueille 35 à 40 petites filles de six à quinze ans.
Lorsque la révolution de 1848 éclate, l'orphelinat est
menacé. En effet, le conseil municipal convoque Caroline
Lorain et l'invite à renvoyer les enfants, « attendu
que son établissement avait toutes les formes par son
église, son autel et son confessionnal, de ces antiques
couvents, qui ont été supprimées par notre morale
moderne ». En outre, les couturières et les épiciers de
Macornay et des environs lui reprochent de leur faire une
concurrence déloyale. L'asile est envahi, et après une
fermeture provisoire demandée par le commissaire de la
République dans le département, Jules Grévy, l'œuvre
reprend à l'automne. Toutefois, les événements qui ont
connu un grand retentissement ont montré la faiblesse
de la fondation. Le chanoine J.-F. Roland l'incite à
passer le brevet élémentaire en 1849 et surtout cherche
à la convaincre de se faire religieuse, ce qu'elle accepte
après bien des hésitations. C'est ainsi qu'est fondée le

4 oct. 1857 la congrégation des tertiaires régulières de
S. François d'Assise, sous le vocable de l'Immaculée
Conception, dont elle est immédiatement, sous le nom
de Sœur Saint Joseph, la supérieure. Toutefois, dès
1859, elle quitte Macornay pour implanter une nouvelle
communauté située chemin des Buers à Villeurbanne,
près du Rhône, alors dans le diocèse de Grenoble.
Même si le 30 nov. 1860, le chanoine Roland bénit
la chapelle de cette fondation nouvelle, leurs rapports
se dégradent progressivement. Les sources directes ne
sont pas explicites, mais la mutation de l'œuvre de la
Providence animée par des tertiaires séculières en ordre
religieux de tertiaires régulières est difficile. Caroline
Lorain, mère supérieure sans jamais avoir été novice,
est accusée d'être devenue autoritaire en devenant
Sœur Saint Joseph ; il lui est reproché d'imposer aux
orphelines des conditions de travail et de vie trop
strictes ; contre l'avis du vieux chanoine, elle entend
transférer la maison-mère de la congrégation, dont
les bâtiments lui appartiennent, à Villeurbanne. Après
de nombreuses discussions, la solution est trouvée.
Elle consent à se dessaisir de Macornay le 18 mars
1864 et en 1865 les deux communautés se séparent :
celle de Macornay prend le nom de Franciscaines de
l'Immaculée Conception (dite de Lons-le-Saunier), et
celle de Villeurbanne de Franciscaines du Sacré-Cœur.
Elle poursuit le développement de sa congrégation
qu'elle dirige jusqu'en 1881. Elle meurt à Villeurbanne
(Rhône) le 16 nov. 1882.

N. de Laissac, *Les Religieuses Franciscaines. Notices sur les
diverses congrégations*, Paris, 1897, p. 317-318. – P.-J. Faure,
*Une âme forte : la Révérende Mère Marie-François de Saint
Joseph, fondatrice des Franciscaines du Sacré-Cœur*, Lyon,
1918. – *Société d'émulation du Jura. Volume du centenaire
de la Révolution de 1848 dans le Jura*, Lons-le-Saunier, 1948,
p. 149-150. – Franciscaines du Sacré-Cœur (éd.), *Caroline
Lorain (1810-1882), fondatrice des Franciscaines du Sacré-
Cœur. Le rayonnement du Tiers-Ordre Franciscain en France
aux XIXᵉ et XXᵉ siècles*, Villeurbanne, 1986. – V. Petit, *Lorain,
Caroline*, dans L. Ducerf et al. (dir.), *Franche-Comté* (coll.
Dictionnaire du Monde religieux dans la France contemporaine,
12), Paris, 2016, p. 464-465.

V. Petit

LOUIS I THE PIOUS, *Hludovicus, Chlodovicus,
Louis le Pieux, Ludwig der Fromme*, Carolingian
emperor (814-840), born on 16 Apr. 778 in Chasseneuil
(near Poitiers), died on 20 June 840 in Petersau, near
Ingelheim, buried in the monastery of St Arnulf of Metz.

Louis was the third son of the Carolingian Emperor
Charlemagne (*cf. DHGE*, t. 12, cols 424-441). His father
appointed him king of Aquitaine in 781 and co-emperor
in 813, after the death of his two elder brothers, Charles
and Pippin. Louis inherited the Carolingian empire upon
Charlemagne's death in January 814. As he began his
reign, Louis continued the initiatives for church reform
instigated by his father. Between 816 and 819, he
convened several church councils to standardise the
religious life. With the assistance of his mentor Benedict
of Aniane (*cf. DHGE*, t. 8, col. 177) – for whom Louis
founded the Abbey of Inden (Kornelimünster), near
Aachen – he imposed the Rule of Benedict on all monks
and nuns, hoping to end the use of other monastic rules
such as the Columbine Rule. The life of canons and
canonesses was also reformed and standardised. On

the basis of the so-called *institutio canonicorum* and *sanctimonalium*, they were to share a communal life centred on the celebration of the liturgy of the hours. Unlike monks and nuns, they were allowed to have personal property. The new guidelines were spread and introduced through the empire by the *missi dominici* in the form of *capitularia*. Louis' further involvement in church politics was of varying success. The bishops of his empire were keen to point out discrepancies between Louis' reforms and calls for moral accountability on the one hand, and his own conduct on the other. When his rebellious nephew Bernard of Italy died soon after Louis had had him blinded, it was the bishops' admonishments that inspired him to perform public penance in 822. Intended as a political act in the mould of the penance of the Roman Emperor Theodosius (*DHGE*, t. 32, cols 489-493) – setting a moral example to strengthen his authority – it did not have the desired long-term results. A series of military defeats in the late 820s were explained by his opponents as a sign of God's displeasure with Louis' permissive attitude towards lay usurpation of church property and towards the loose morals in his own household – rumour had it that his second wife, Judith of Bavaria, was guilty of adultery. To complicate matters for Louis, he was thought to favour his son with Judith, the later Charles the Bald (*cf. DHGE*, t. 12, cols 441-445), over his three sons from his marriage to his first wife, Irmingard. This general unease with Louis' reign led to a palace revolution in 830 staged by the three disgruntled sons, Lothar (Louis' eldest son), Pippin, and Louis the German. The coup was initially thwarted, but Louis' plans of that same year to divide the empire into four parts after his death (the *Divisio regnorum*) kept the flames of insurrection smouldering. The *Divisio regnorum* undid the earlier agreement or *Ordinatio Imperii*, made in 817. Contrary to the *Ordinatio*, the *Divisio* ended the Carolingian unity by dividing the empire between Louis' four sons. Unsurprisingly, not everyone was happy with this decision. There were those who wanted to keep the empire together, and there was the fact that Charles the Bald – who had not been born at the time of the *Ordinatio*'s draft – was now also given a share of land, effectively reducing his brothers' original share. On 30 June 833, in the aftermath of the palace coup and the unpopular *Divisio*, Louis agreed to meet his eldest son Lothar near Colmar (Alsace), to discuss their differences. Upon Louis' arrival at the meeting place – soon after known as the *Field of Lies* – he was suddenly taken into custody by Lothar, Pippin, and Louis the German, who were in alliance with lay aristocrats, bishops, abbots, and even Pope Gregory IV (on the Pope's presence, see *Charlemagne's Heir*, pp. 267-273). The unfortunate emperor, now a prisoner, was seen to atone for his sins in October of that same year in a ritual staged by Archbishop Ebbo of Reims (*cf. DHGE*, t. 14, cols 1270-1274) in the abbey church of St Médard of Soissons. Following his penance, Louis was forced to resign and condemned to live out his days in a monastery. A document produced by the bishops presiding over Louis' penance – the so-called *Relatio Episcoporum* – offered scriptural and patristic texts meant to legitimise the bishops' authority to exclude Louis from power. Within five months, however, Louis regained his throne, after many of Lothar's conspirators

had abandoned him. As Louis restored and reinforced his earlier authority, Archbishop Ebbo of Reims was made a scapegoat and deposed at the Council of Thionville (835). Other clerics deposed at the council included Archbishop Agobard of Lyon (*cf. DHGE*, t. 1, cols 998-999), Archbishop Bartholomew of Narbonne, and Bishop Bernard of Vienne. The reinstated emperor went on to reign until his death in 840 without further major disputes.

Despite his long reign, from 814 to 840, posterity has judged Louis harshly for the events that led up to his deposition in 833. Louis has long been viewed as a weak emperor: twice made to atone for his sins, powerless in the face of rebellion, and smoothing the path for episcopal theocracy. He was also deemed responsible for the fall of the Carolingian empire – a fall set in motion by the *Divisio regnorum* and culminating in the civil war after his death – and for the subsequent rise of lordships that characterised the fragmented post-Carolingian political landscape. However, new interpretations of the Carolingian political system have painted a brighter picture of Louis' reign. Rulership under Louis is now thought to have been a collaborative effort by the emperor and his bishops to maintain God's favour and to ensure the empire's welfare. At the heart of this shared ministry was – in accordance with the Rule of Benedict and Louis' church reforms – mutual pastoral correction. Seen in this light, Louis' penance and atonement were not a sign of weakness, but a means of appeasing God and accepting episcopal correction. Such display of public accountability was the logical outcome of the symbiosis between religious and secular leadership, as promoted by Charlemagne through his *Admonitio generalis* of 789. This way, Louis is rehabilitated, his penance is nuanced, and the bishops' alleged theocratic motivations are mitigated. Historians who advocate this more optimistic view of Louis' reign – led by Mayke de Jong and Courtney M. Booker – also readily point out that Louis succeeded in regaining the throne soon after his penance and resignation, and that he subsequently retained a firm grasp on political affairs until his death seven years later. They also highlight the similarities between Charlemagne's creation of subkingdoms and Louis' *Divisio regnorum*, in an effort to oppose the grand narrative of Carolingian rise and decline. Exactly when the Carolingians buckled under political fragmentation remains a matter of ongoing contention, but the majority of historians no longer associates Carolingian decline with Louis' reign.

PRIMARY SOURCES. The main sources on Louis' life and reign are two *vitae*, a diplomatic and legal collection of his charters, *capitularia* and council decrees, edited in the Monumenta Germaniae Historica (MGH), a few contemporary historiographical texts, and the *Relatio Episcoporum* used by Lothar's bishops to legitimise Louis' penance and deposition of 833: Astronomer, *Vita Hludovici Pii Imperatoris*, G. Pertz (ed.) (MGH SS, 2), Berlin, 1829, pp. 604-648. English translation: T. F. X. Noble, *Charlemagne and Louis the Pious. The Lives by Einhard, Notker, Ermoldus, Thegan, and the Astronomer*, University Park (PA), 2009, pp. 226-302. – Thegan, *Gesta Hludovici Imperatoris, Ibidem*, pp. 585-604. English translation T. F. X. Noble, *op. cit.*, pp. 194-218. – *Annales Bertiniani*, G. Waitz (ed.) (MGH SS Rer. Germ., 5), Hannover, 1883. English translation: J. Nelson, *The Annales of Saint-Bertin*, Manchester, 1991. – *Capitularia regum Francorum*, A. Boretius and V.

Krause (eds) (MGH Capit., I-II), Hannover, 1883-1906. – Odilo of Saint-Médard, *Translatio sancti Sebastiani*, O. Holder-Egger (ed.) (MGH SS, 15), pt. 1, pp. 377-391. English translation by C. M. Booker on the website of the University of British Columbia. – Radbertus Paschasius, *Epitaphium Arsenii*, E. Dümmler (ed.) (Preußische Akademie der Wissenschaften Berlin, Abhandlungen der historisch-philologischen Klasse), Berlin, 1900, pp. 18-98. – Benedict of Aniane, *Institutio Canonicorum / Sanctimonialium Aquisgranensis (Concilium Aquisgranense a. 816)*, A. Werminghoff (ed.) (MGH Leges, Concilia, 2:1), Hannover, 1906, pp. 308-456. – Nithard, *Historiarum Libri*, E. Müller (ed.) (MGH SS Rer. Germ., 44), Hannover, 1907. English translation: B. Scholz, *Carolingian Chronicles*, Ann Arbor, 1970. – Ermoldus Nigellus, *In honorem Hludovici Pii Christianissimi Caesaris Augusti*, ed. and translation by T. F. X. Noble, *op. cit.*, pp. 127-186. – C. M. Booker (ed.), *The Public Penance of Louis the Pious: A New Edition of the* Episcoporum de poenitentia, quam Hludowicus imperator professus est, relatio Compendiensis *(833)*, in *Viator*, 39, 2008, 2, pp. 1-19. English translation by the same author in his *Past Convictions* (see below). – T. Kölzer (ed.), *Die Urkunden Ludwigs des Frommen* (MGH Dipl., Die Urkunden Karolinger, 2), 3 vols, Wiesbaden, 2016. – For references to German and French translations of the above sources, see R. McKitterick (ed.), *The New Cambridge Medieval History, Volume II: c. 700-c. 900*, Cambridge, 2008, pp. 867-885 (list of primary sources).

SECONDARY SOURCES. E. Peters, *The Shadow King. Rex Inutilis in Medieval Law and Literature, 751-1327*, New Haven, 1970. – F.-L. Ganshof, *The Carolingian and the Frankish Monarchy: Studies in Carolingian History*, London, 1971. – T. F. X. Noble, *Louis the Pious and His Piety Re-Reconsidered*, in *Revue Belge de philologie et d'histoire*, 58, 1980, pp. 297-316. – P. Godman et R. Collins (eds), *Charlemagne's Heir. New perpectives in the Reign of Louis the Pious*, Oxford, 1990. – M. de Jong, *Power and Humility in Carolingian Society: The Public Penance of Louis the Pious*, in *Early Medieval Europe*, 1, 1992, pp. 29-52 ; Ead., *The Penitential State. Authority and Atonement in the Age of Louis the Pious, 814-840*, Cambridge, 2009. – P. Depreux, *Louis le Pieux reconsidéré? À propos des travaux récents consacrés à l'héritier de Charlemagne et à son règne*, in *Francia*, 21, 1994, 1, pp. 181-212 ; Id., *Prosopographie de l'entourage de Louis le Pieux (781-840)* (Instrumenta, 1), Sigmaringen, 1997. – E. Boshof, *Ludwig der Fromme*, Darmstadt, 1996 ; Id., *Kaiser Ludwig der Fromme. Überforderter Erbe des grossen Karl?*, in *Zeitschrift des Aachener Geschichtsvereins*, 103, 2001, pp. 7-28. – O. Guillot, *Autour de la pénitence publique de Louis le Pieux (822)*, in *Cahiers de l'Institut d'Anthropologie Juridique*, 3, 1999, pp. 281-313. – G. Bührer-Thierry, *L'Europe carolingienne (714-888)*, Paris, 2001. – A. Weihs, *Pietas und Herrschaft: das Bild Ludwigs des Frommen in den Vitae Hlodowici* (Theologie, 65), Münster, 2004. – G. Schmitz, *Aachen 816. Zu Überlieferung und Edition der Kanonikergesetzgebung Ludwigs des Frommen*, in *Deutsches Archiv für Erforschung des Mittelalters*, 63, 2007, pp. 497-544. – S. Patzold, *Episcopus. Wissen über Bischöfe im Frankenreich des späten 8. bis frühen 10. Jahrhunderts* (Mittelalter-Forschungen, 25), Ostfildern, 2008 ; Id., *Das sogenannte 'Capitulare Aquisgranense' Karls des Großen und die letzte Reforminitiative Ludwigs des Frommen im Jahr 829*, in *Deutsches Archiv für Erforschung des Mittelalters*, 71, 2015, 2, pp. 459-473. – C. M. Booker, *Past Convictions: The Penance of Louis the Pious and the Decline of the Carolingians* (The Middle Ages Series), Philadelphia, 2009. – M. Gravel, *De la crise du règne de Louis le Pieux: Essai d'historiographie*, in *Revue historique*, 135, 2011, 658, pp. 357-390. – D. Ganz, *The Astronomer's Life of Louis the Pious*, in V. L. Garver and O. M. Phelan (eds), *Rome and Religion in the Medieval World. Studies in Honor of Thomas F. X. Noble* (Church, Faith and Culture in the Medieval West), Farnham-Burlington, 2014, pp. 129-148. – R. Kramer, *...ut normam salutiferam cunctis ostenderet: représentations de l'autorité impériale dans la Vita Benedicti Anianensis et la Vita Adalhardi*, in M.-C. Isaïa and T. Granier (eds), *Normes et hagiographie dans l'Occident (VIe-XVIe siècles). Actes du colloque international de Lyon 4-6 octobre 2010* (Hagiologia, 9), Turnhout, 2014, pp. 101-118. – A. Miro, *Deux comtes au service de Louis le Pieux. Bégon (806-816) et Bérenger (816-835), semper fideles*, in *Le Moyen Âge*, 120, 2014, 2, pp. 377-417. – P. Breternitz, *Ludwig der Fromme und die Entfremdung von Kirchengut. Beobachtungen zum Epitaphium Arsenii*, in K. Ubl and D. Ziemann (eds), *Fälschung als Mittel der Politik? Pseudoisidor im Licht der neuen Forschung. Gedenkschrift für Klaus Zechiel-Eckes* (Monumenta Germaniae Historica Studien und Texte, 57), Wiesbaden, 2015, pp. 187-206. – L. Dohmen, *Gegen die göttliche Vorsehung. Agobard von Lyon (gest. 840) und seine Apologie der beiden Aufstände gegen Kaiser Ludwig den Frommen 830 und 833*, in *Das Mittellater. Perspektiven mediävistischer Forschung*, 20, 2015, 1, pp. 139-159.

F. KEYGNAERT

LOUIS II THE GERMAN, *Louis le Germanique, Ludwig der Deutsche*, king of Bavaria (817-843), first king of East Francia (843-876), born in 805/6 (probably in Aquitaine), died on 28 Aug. 876 (Frankfurt am Main), buried in the imperial abbey of Lorsch.

Louis' long reign as co-ruler of the Carolingian empire and, later, king of East Francia, was determined early on by the *Ordinatio imperii* of 817. His father, the emperor Louis the Pious (*cf. supra*), decreed that after his death his empire was to be co-ruled by his sons Lothair, Pepin, and Louis, who was allocated Bavaria and the neighbouring Slavic borderlands in the east of the empire. The younger Louis ruled Bavaria independently as of 826, choosing Regensburg as his power base. One year later, he married Hemma of Bavaria, sister of his father's second wife Judith. In 833 he participated in his elder brothers' palace coup, temporarily ousting their father after the latter had reneged on the *Ordinatio imperii*, substituting it with the *Divisio regnorum* (830). The *Divisio regnorum* not only abandoned co-rulership, favouring the division of the Carolingian empire, but also reduced the three brothers' original share so as to include their young half-brother Charles the Bald (*cf. DHGE*, t. 12, cols 441-445), born in 823 from Louis the Pious' second marriage to Judith. When it appeared that Lothair's power grab would be even more detrimental to his own political ambitions, the rebellious Louis quickly changed his mind and assisted in his father's reinstatement only a few months after his deposition. Louis went on to rule Bavaria without major conflicts until the emperor's death in 840. With Lothair now aiming for sole imperial reign, and Charles the Bald having come of age and intent on retaining his promised share in the empire's division, the hotly disputed *Divisio regnorum* ignited a lengthy fraternal war. Peace returned only in 843, as the brothers came up with a new territorial division of the former Carolingian empire. The peace treaty of Verdun made Louis the German the first king of East Francia, a kingdom which he ruled from his Bavarian heartland for the next 33 years, until his death in 876. His attempt to annex West Francia in 858 failed when Archbishop Hincmar of Reims (*cf. DHGE*, t. 24, cols 595-598) convinced most West Frankish bishops to

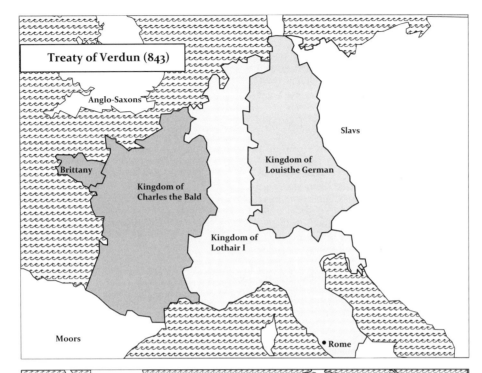

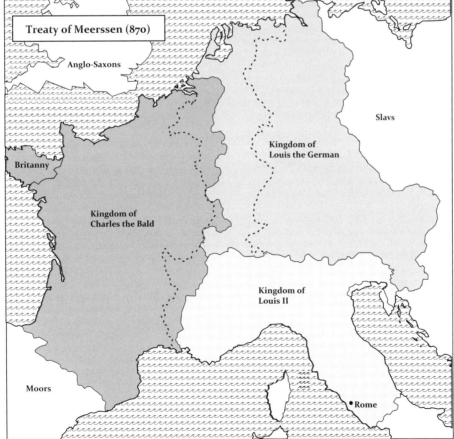

Maps of the Treaties of Verdun (843) and Meerssen (870), © DHGE/EL.

remain loyal to King Charles the Bald; peace between the two brothers was restored at Koblenz (860). After the death of their nephew, Lothair II, Charles and Louis divided Lotharingia among themselves (treaty of Meerssen, 870), with Aachen, Cologne, Metz, and Strasbourg falling to Louis. Unlike Charles the Bald, who invaded Italy in 875 with papal support, Louis never managed to gain the imperial title.

Much like his father Louis the Pious, Louis the German is no longer seen as the embodiment of everything that went wrong with the Carolingians after the death of Charlemagne (*cf. DHGE*, t. 12, cols 424-441). In the nineteenth century, historians such as Ernst Dümmler considered Louis the German's reign as a dark period, a time when the Church was more concerned with political power than with pastoral work. But with the recent downplaying of the Carolingian decline after Charlemagne, Louis has benefitted from a more positive take on his rule. His authority remained largely undisputed by the aristocracy, not in the least as a consequence of his harmonious relationship with his bishops. So harmonious, in fact, that some historians think of Louis' East Frankish Church as a 'Reichskirche' *avant la lettre*, foreshadowing the Ottonian polity. Louis' tendency to appoint abbots and bishops appeared to go neither questioned nor challenged, while important abbacies were handed to bishops rather than to laymen, so as to prevent hereditary struggles. Under his influence, his former court chaplain Gozbald of Niederaltaich (*cf. DHGE*, t. 21, cols 985-986) was made bishop of Würzburg in 842, the disgraced Ebo of Reims (*cf. DHGE*, t. 14, cols 1270-1274) was appointed bishop of Hildesheim in 845, the former abbot of Fulda, Hrabanus Maurus, was given the archiepiscopal see of Mainz in 847, abbot Ratleik of Seligenstadt was chosen chancellor in 840, and Abbot Grimald of Sankt Gallen (*cf. DHGE*, t. 22, cols 233-235) became archchaplain in 848 until he was replaced in 870 by Archbishop Liutbert of Mainz. Louis shored up his bishops' missionary work among the Slavic tribes, providing military support for forced conversions in Bohemia (845), and appointing a Christian duke to the Moravians (846). Louis' collaboration with the Church became especially close after the Council of Mainz of 847, organised by Archbishop Hrabanus Maurus to align religious interests with those of the king. Louis is also known as the founder of the collegiate church of St Salvator in Frankfürt, the *Alte Kapelle* monastery in Regensburg, and the Benedictine Fraumünster abbey in Zurich. Louis died on 28 Aug. 876 in Frankfurt and was buried in the royal abbey of Lorsch. He left a politically stable kingdom in which the outlines for the Ottonian-Salian *Reichskirche* were already visible.

PRIMARY SOURCES. P. Kehr (ed.), *Die Urkunden Ludwigs des Deutschen, Karlmanns und Ludwigs des Jüngeren (Ludowici Germanici, Karlomanni, Ludowici Iunioris Diplomata)* (Monumenta Germaniae Historica – Diplomata regum Germaniae ex stripe Karolinorum, 1), Hannover, 1932-1934. – T. Reuter (translation), *The Annals of Fulda* (Manchester Medieval series, Ninth-Century Histories, 2), Manchester, 1992. – S. Glansdorff (ed.), *Diplômes de Louis le Germanique (817-876), traduits et commentés* (Interpres : textes et documents médiévaux, 1), Limoges, 2009.

SECONDARY SOURCES. E. Dümmler, *Geschichte des ostfränkischen Reiches*, 2nd edition, 3 vols, Leipzig, 1887. – T. Schieffer, *Ludwig der Deutsche, ostfränkischer König*, in *Neue Deutsche Biographie*, t. 15, München, 1987, pp. 318-323. – W. Störmer, *Ludwig II. der Deutsche, ostfränkischer König (†876)*, in *Lexikon der Mittelalters*, t. 5, München, 1991, cols 2172-2174. – P. Thorau, *Ludwig II. der Deutsche, ostfränkischer König (826-876)*, in *Biographisch-Bibliographisches Kirchenlexikon*, t. 5, Herzberg, 1993, cols 378-385. – J. Fried, *The Frankish Kingdoms, 817-911: The East and Middle Kingdoms*, in R. McKitterick (ed.), *The New Cambridge Medieval History*, vol. 2: *c. 700-c. 900*, Cambridge, 1995, pp. 142-168. – F.-R. Erkens, *Der Herrscher als gotes drút. Zur Sakralität des ungesalbten ostfränkischen Königs*, in *Historisches Jahrbuch*, 118, 1998, pp. 1-39. – S. Airlie, *True teachers and pious kings: Salzburg, Louis the German, and Christian order*, in R. Gameson and H. Leyser (eds), *Belief and culture in the Middle Ages: Studies presented to H. Mayor-Harting*, Oxford, 2001, pp. 89-105. – B. Bigott, *Ludwig der Deutsche und die Reichskirche im Ostfränkischen Reich (826-876)* (Historische Studien, 470), Husum, 2002. – W. Hartmann, *Ludwig der Deutsche* (Gestalten des Mittelalters und der Renaissance), Darmstadt, 2002; Id., *Ludwig der Deutsche: Portrait eines wenig bekannten Königs*, in Id. (ed.), *Ludwig der Deutsche und seine Zeit*, Darmstadt, 2004, pp. 1-26. – B. Bigott, *Die Versöhnung von 847: Ludwig der Deutsche und die Reichskirche*, Ibidem, pp. 121-140. – A. Krüger, *'Sancte Nazari ora pro nobis'. Ludwig der Deutsche und der Lorscher Rotulus*, Ibidem, pp. 185-202. – E. Tremp, *Ludwig der Deutsche und das Kloster St. Gallen*, Ibidem, pp. 141-160. – E. J. Goldberg, *Struggle for Empire: Kingship and Conflict under Louis the German*, Ithaca/London, 2006. – D. A. Werner, *Review Article: Louis the German / Ludwig der Deutsche: New Thoughts on an Old King*, in *Early Medieval Europe*, 16, 2008, 2, pp. 215-231. – M. Jeitler, *Das Privileg König Ludwigs des Deutschen vom 20. November 860 für die Salzburger Kirche – eine Bestandsaufnahme*, in *Mitteilungen aus dem Niederösterreichischen Landesarchiv*, 15, 2012, pp. 296-346.

F. KEYGNAERT

LOUIS VI THE FAT, *Louis VI le Gros, Louis VI der Dicke*, King of France (1108-1137), born in Paris in 1081, died on 1 Aug. 1137 at the castle of Béthisy-Saint-Pierre, buried in the abbey of St Denis, Paris.

Born in 1081, Louis VI of France was the oldest son of King Philip I from his first marriage to Bertha of Holland (before he repudiated her in 1092 for Bertrada of Montfort). Louis was educated at the monastic school associated with the abbey of St Denis. Here, he met the later Abbot Suger of St Denis, who became his friend, counselor and biographer. To prevent succession troubles following his second marriage, his father appointed Louis king-designate around 1100. The future king married Lucienne of Rochefort in 1104, but he repudiated her after a short, childless marriage of only three years. Upon his father's death in 1108, Louis became the fifth Capetian king. Unlike his predecessors, he was anointed in the Cathedral of Orléans by the archbishop of Sens, because the Cathedral of Reims had been placed under excommunication due to the dispute between Radulf *le Vert* and archdeacon Gervase of Reims over the archiepiscopal seat. The ongoing vacancy was the one instance when Louis was at odds with Rome over an episcopal election. While the Investiture Contest was still some way away from resolution in the Holy Roman Empire, Louis – like his father at the end of his life – generally showed a willingness to compromise on the matter of lay investiture. His readiness to find common ground typified a largely strong relationship between the king and the papacy, an allegiance built on a mutual desire to undermine the German emperor. The stalemate in Reims proved an exception, as Louis stood firm and refused to accept the papal candidate, Radulf, without the latter's oath of fidelity prior to receiving the episcopal temporalities. It took the mediation of Bishop Ivo of Chartres to convince Pope Paschal II to give in to Louis' demand for the sake of peace, and to have church services in Reims resumed. In 1115, Louis entered a second marriage with Adelaide of Maurienne, niece of the archbishop of Vienne – better known as Pope Calixtus II (1119-1124). Like his predecessors, Paschal II and Gelasius II, Calixtus II went on to become a papal ally to Louis.

Louis' reign of nearly 30 years was marked by an incessant and ultimately successful struggle to prise the crown domains back from the hands of local and regional lords, all the while trying to reassert the long lost royal authority in the periphery of the French kingdom. When Louis came into power, the Capetian lands had been reduced to little more than the Île-de-France – Paris and its immediate surroundings. As comital and ducal vassals had grown in power over the course of two centuries, royal authority had dwindled since the Carolingian demise. The rebuilding process was making slow progress, hindered by military weakness. When in 1071 Louis' father, Philip I, attempted to impose his command as overlord in the Flemish succession war between Robert the Frisian and Arnulf III, the royal army suffered a characteristic defeat at Cassel. Louis is credited with having turned around the crown's military and political misfortunes, gradually drawing tighter the bonds of vassalage in and around the royal domain.

Along with military prowess, Louis based his successes on close collaboration with the Church. To further his political agenda, he lent his support to the second phase of the Peace of God movement, promoting the Church's spiritual authority to bring warring lords into line. Under Louis, the Peace of God (*Pax Dei*) could be called a King's Peace, as king and bishops were often found side by side during Peace councils to judge the perpetrators of illegal violence. Louis acted as a Peace agent, setting out – with varied success – to subjugate recalcitrant vassals in the name of the Peace and of the bishops who had imposed it. The most striking aspect of this collaboration between king and Church was the way Louis framed his military expeditions in his role as protector of churches and the poor: the old Carolingian ideal lauded by Suger in his royal biography. Where the king's territorial ambitions met the Church's need for protection against the arbitrariness of local lords, military action and ecclesiastical penalties went hand in hand. His decisiveness in the seigneury of Coucy, situated in the northern outskirts of the royal domain, exemplifies Louis' endeavours to have his enemies excommunicated as a pretext for military intervention. Coucy had belonged to the Crown before Clovis allegedly gifted it to Archbishop Remigius of Reims. When afterwards it had fallen to the abbey of St Remigius, the lords of Coucy had started paying a yearly rent to the monks to keep possession of their castle. Nevertheless, the monarchy had always treated Coucy as a mere loan to St Remigius, not a gift, and therefore considered the land as part of the royal domain still. In 1114, at the Council of Beauvais, Louis had his bishops anathematise the notorious Thomas of

Louis VI the Fat, in N. de Larmessin, *Les augustes représentations de tous les rois de France, depuis Pharamond jusqu'à Louis XIV...*, Paris, 1690, p. 39.

Marle, lord of Coucy. Supposedly to curb Thomas' unbridled violence, the anathema served Louis' aim to bring Coucy back within the royal sphere. Following Thomas' exclusion from the Church, Louis immediately set out to besiege and capture two of Thomas' recently acquired strongholds, Crécy-sur-Serre and Nouvion-l'Abbesse. Accepting defeat, Thomas was absolved of his anathema. In fighting the anathematised Thomas before returning the lands of Crécy-sur-Serre and Nouvion-l'Abbesse to their rightful owner, the abbey of St John of Laon – tellingly a royal monastery – Louis killed two birds with one stone: while fulfilling his duties as protector of the Church, he was also able to impose his authority on the powerful lord of Coucy and in nearby Laon – along with Reims one of the last Carolingian/Capetian centres outside the Île-de-France.

Further recognising the potential of ecclesiastical penalties to initiate political negotiation, Louis also drew on his good standing with the papacy. At the papal Council of Reims in 1119, he obtained Calixtus II's promise to act as go-between in a conflict with the rebellious Theobald IV of Blois, after Louis had had him excommunicated for failing to release the captured Count William II of Nevers. A decade later, when Pope Innocent II was ousted from Rome by the Antipope Anacletus II, it was to Louis he turned. Between September 1130 and March 1132, the pope spent his exile in France, drumming up support for his cause while staying in royal monasteries and organising councils. During one of those councils in Reims (1131), the pope agreed to anoint Louis' son, the future Louis VII, as the king's successor. While in France, Innocent also excommunicated Count Hugh of Roucy – in defence of the chapter of St Corneille of Compiègne – and threatened to do the same to Ingelram II of Coucy for having caused trouble to the abbey of St Vincent of Laon. Significantly, both were royal monasteries, and both were in the northern periphery of the royal domain.

By 1124, Louis' authority was such that, upon the invasion of the German emperor, Henry V, his most powerful and influential vassals flocked from all over the kingdom to give heed to his call for arms. Henry, hearing of the size of the French army, quickly retreated and abandoned his expedition. Louis was less successful in his attempts to conquer the duchy of Normandy. After King Henry I of England had defeated Duke Robert Curthose in the Battle of Tinchebray (1106), Louis made it his ultimate ambition to wrest the duchy from English hands. His political manoeuvring involved installing Robert Curthose's son, William Clito, at the head of the nearby county of Flanders. Flanders was the crown's northernmost fief since Charles the Bald had installed his son-in-law, Baldwin I, as the first Flemish count. But as with many a principality, the county of Flanders had flourished more or less autonomously since the post-Carolingian period. The fact that Louis was able to intervene in Flemish affairs in 1127, after the murder of Count Charles, and have Clito accepted as Charles' successor, was testament to the king's newfound authority outside of the royal domain. It stood in stark contrast to his father's defeat at Cassel, half a century earlier. When the Flemish towns quickly objected to Clito's anti-English policies and rose up against him, Louis once again leaned on his bishops to ensure that the insurgents were excommunicated and the rebellious towns interdicted – extending his political alliance with the Church far beyond his heartland. As Clito died in combat at Aalst the following year, Louis' manoeuvring ultimately fell short, but his brief success in Flanders, aided by his bishops' support, harked back to Carolingian times. So too did his marriage politics, which were partly determined by the desire to add to the Capetian royal lands. Shortly before his death, Louis arranged the marriage of his son, Louis VII, to Eleanor of Aquitaine, daughter and heir of Duke William X. It meant that Louis had suddenly and peacefully brought Aquitaine – one of the biggest and most powerful duchies – under direct royal control (he was not to know that Eleanor and Louis would later divorce, Eleanor re-marrying Henry Plantagenet in 1152, later King Henry II of England).

Upon his death in 1137, Louis had re-established royal authority as a force to reckon with, deftly securing and expanding the crown domain, even daring to venture beyond. His military successes, aided by a shrewd policy of politico-religious collaboration and papal support, laid the foundations on which his grandson, Philip II Augustus, built one of the most powerful monarchies in western Europe. Louis was buried at the royal abbey of St Denis, the object of many a favour and donation during his and Suger's lifetime. His tomb was desecrated in 1793 when the French revolutionaries demolished the abbey – symbol of royal might – and ransacked its church.

PRIMARY SOURCES. There are different editions and translations made of Suger's political biography of Louis, among which: Suger, *Vie de Louis VI le Gros*, H. Waquet (trans./ed.), Paris, 1964. – Suger, *The Deeds of Louis the Fat*, R. Cusimano and T. Moorhead (trans./eds), Washington D.C., 1992. – Suger, *La*

Geste de Louis VI et autres œuvres, M. Bur (ed.), Paris, 1994. – Suger, *L'abbé, le roi et les barons, 1100-1165: Histoire des rois Louis VI et Louis VII, suivie de la Vie de Suger*, F. Guizot (ed.), Clermont-Ferrand, 2002. – Other than Suger's biography, the main source for Louis' reign are his diplomas and letters: J. Dufour (ed.), *Recueil des actes de Louis VI roi de France*, 4 vols, Paris, 1992.

SECONDARY SOURCES. A. Luchaire, *Louis VI le gros. Annales de sa vie et de son règne*, 1890 (repr. Bruxelles, 1964). – A. Fliche, *Le règne de Philippe Ier, roi de France 1060-1108*, Paris, 1912. – W. M. Newman, *Le domaine royal sous les premiers Capétiens (987-1180)*, Paris, 1937. – A. Becker, *Studien zum Investiturproblem in Frankreich: Papsttum, Königtum und Episkopat im Zeitalter der gregorianischen Kirchenreform (1049-1119)*, Saarbrücken, 1955. – H. Hoffmann, *Ivo von Chartres und die Lösung des Investiturproblems*, in *Deutsches Archiv für Erforschung des Mittelalters*, 15, 1959, pp. 393-440. – R. Fawtier, *The Capetian kings of France. Monarchy and Nation (927-1328)*, London, 1960. – W. Janssen, *Die päpstlichen Legaten in Frankreich vom Schisma Anaklets II. bis zum Tode Coelestins III. (1130-1198)*, Köln, 1961. – W. Kienast, *Der Wirkungsbereich des französischen Königtums von Odo bis Ludwig VI. (888-1137) in Südfrankreich*, in *Historische Zeitschrift*, 209, 1969, pp. 529-565. – E. Bournazel, *Le gouvernement capétien au XIIe siècle, 1108-1180*, Paris, 1975; Id., *Louis VI le Gros*, Paris, 2007. – G. M. Spiegel, *The Cult of Saint Denis and Capetian Kingship*, in *Journal of Medieval History*, 1, 1975, pp. 43-69. – A. Grabois, *Le schisme de 1130 et la France*, in *Revue d'Histoire Ecclésiastique*, 76, 1981, 3-4, pp. 593-612. – E. R. Smits, *An unedited letter (1132-1133) to Geoffrey de Lèves, bishop of Chartres, concerning Louis VI and the reform movement*, in *Revue bénédictine*, 92, 1982, 3-4, pp. 407-417. – J. Dunbabin, *France in the Making, 843-1180*, Oxford, 1985. – J. Dufour, *Louis VI, roi de France, à la lumière des actes royaux et des sources narratives*, in *Comptes rendus des séances de l'Académie des Inscriptions et Belles-Lettres*, 134, 1990, 2, pp. 456-482. – A. W. Lewis, *La date du mariage de Louis VI et d'Adélaïde de Maurienne*, in *Bibliothèque de l'École des Chartes*, 148, 1990, pp. 5-16. – M. Bur, *Suger, abbé de Saint-Denis, régent de France*, Paris, 1991. – D. Lohrmann, *Ludwig VI. 1108-1137*, in J. Ehlers, H. Müller and B. Schneidmüller (eds), *Die französischen Könige des Mittelalters. Von Odo bis Karl VIII. 888-1498*, München, 1996, pp. 127-138. – H. Reimann, *Ludwig VI. und die südfranzösischen Kirchen: Beobachtungen zur Edition der Urkunden Ludwigs VI.*, in *Zeitschrift für Geschichtswissenschaft*, 44, 1996, pp. 293-298. – L. Grant, *Abbot Suger of St-Denis: Church and State in Early Twelfth-Century France*, New York, 1998. – J. W. Baldwin, *The Kingdom of the Franks from Louis VI to Philip II: Crown and Government*, in *The New Cambridge Medieval History*, t. 4/2, Cambridge, 2004, pp. 510-529. – M. Bur, *The Kingdom of the Franks from Louis VI to Philip II: The Seigneuries, Ibid.*, pp. 530-548. – C. Rolker and M. Schawe, *Das Gutachten Ivos von Chartres zur Krönung König Ludwigs VI. Quellenstudium und Edition von Epistola 189*, in *Francia*, 34, 2007, 1, pp. 147-157. – J. Führer, *König Ludwig VI. von Frankreich und die Kanonikerreform*, Frankfurt am Main, 2008. – R. Große, *Saint-Denis zwischen Adel und König. Die Zeit vor Suger (1053-1122)* (coll. Beihefte der Francia, 57), Stuttgart, 2002; Id., *Scire et posse: Ludwig VI. von Frankreich*, in G. Lubich (ed.), *Heinrich V. in seiner Zeit. Herrschen in einem europäischen Reich des Hochmittelalters*, Wien, 2013, pp. 233-251. – R. Kotecki, *'Najpobożniejszym był Kościoła obrońcą'. Ludwik VI Gruby jako 'defensor ecclesiae' w interpretacji Sugera* [translated as *'He was the most pious defender of the Church.' Louis VI the Fat as 'defensor ecclesiae' According to the Interpretation of Suger*], in A. Jankowski and J. Maciejewski (eds), *Interpretatio rerum gestarum. Studia* *ofiarowane Profesorowi Januszowi Ostoja-Zagórskiemu w 70. rocznicę urodzin*, Bydgoszcz, 2013, pp. 152-171. – E. Magnou-Nortier, *Nouvelle approche de l'institution de paix accordée à Laon par Louis VI en 1128*, in *Mémoires de la Fédération des Sociétés d'histoire et d'archéologie de l'Aisne*, 58, 2013, pp. 183-217. – J. L. Naus, *Negotiating Kingship in France at the Time of the Early Crusades: Suger and the Gesta Ludovici Grossi*, in *French Historical Studies*, 36, 2013, 4, pp. 525-541.

F. KEYGNAERT

LÖWENSTEIN (Jean-Ernest de), évêque de Tournai, abbé de Stavelot-Malmédy (1667-1731).

Issu de la famille des comtes de Löwenstein-Wertheim, Jean-Ernest de Löwenstein commença sa carrière ecclésiastique comme chanoine des cathédrales de Cologne, Strasbourg et Paderborn. En 1703, il devint abbé de Saint-Vincent de Laon, succédant à son oncle, le card. Guillaume-Egon de Löwenstein. En 1708, il prit possession du doyenné de la cathédrale de Strasbourg (jusqu'en 1722) et, dans la même ville, de la prévôté de l'église collégiale de Saint-Pierre le Vieux. Déjà désigné comme premier évêque autrichien de Tournai en 1713, il fut postulé comme prince-abbé de Stavelot en 1715 par les deux chapitres du monastère-double de Stavelot-Malmédy qui n'avaient pu se mettre d'accord sur un des leurs à cause de la rivalité des deux monastères. Son influence auprès du roi Louis XIV – grâce à son oncle, le card. Guillaume-Egon – lui permit d'ajouter l'abbatiat de Saint-Jean-des-Près (diocèse de Saint-Malo) à ses fonctions déjà variées. À Tournai, son agenda épiscopal fut fort influencé par son adhérence au régime autrichien. Ainsi, il se montra opposé au jansénisme et il s'efforça de promouvoir la bulle *Unigenitus* (1713) du pape Clément XI. Il entra en conflit avec ses propres sujets à propos du droit d'impôt et plus particulièrement avec les profès de Stavelot qui contestaient sa juridiction comme commendataire. Il mourut à Aix-la-Chapelle en 1731 et fut inhumé à l'abbaye Notre-Dame de Saint-Remy à Rochefort.

J. N. Paquot, *Mémoires pour servir à l'histoire littéraire des dix-sept provinces des Pays-Bas*, t. 15, Louvain, 1769, p. 235-240. – F. Alvin, *Löwenstein, Jean-Ernest de*, dans *Biographie Nationale de Belgique*, t. 12, Bruxelles, 1892-1893, col. 527-528. – U. Berlière, *Monasticon belge*, vol. 2-1: *Province de Liège*, Maredsous, 1928 (réimpr. Turnhout, 2000), p. 100-101. – C. Eubel e.a. (dir.), *Hierarchia Catholica*, t. 5, Padua, 1952, p. 383.

F. KEYGNAERT

LUQUET (Louise) née Favier, en religion Sœur Marie de la Croix, religieuse, supérieure de la Congrégation des Franciscaines de l'Immaculée Conception de Lons-le-Saunier (1827-1905).

Elle est née à Saint-Claude (Jura) le 14 août 1827 dans une famille bourgeoise. Elle fait ses études dans un pensionnat de Dole. Très pieuse, elle se destine à la vie religieuse mais son père s'oppose à sa vocation et la marie à un cousin médecin, en 1850, dont le frère est missionnaire aux Chartreux de Lyon. Elle perd son fils nouveau-né en 1851, puis son mari en 1853. Elle revient alors à Saint-Claude et se dévoue aux œuvres de charité : visite des pauvres, des malades, des prisonniers, ainsi qu'à la prière et à la communion quotidienne. En relation épistolaire avec les tertiaires franciscaines de Macornay

dès 1849, elle entre dans le Tiers-Ordre séculier en 1854 et effectue plusieurs retraites, chez les sœurs de Saint-Joseph à Lyon ou les visitandines à Gex. Sous l'influence de l'abbé Joseph Marpot qui est son directeur de conscience (*cf. infra*, col. 1422-1423) et de Mᵍʳ Charles Fillion, elle s'engage dans la vie religieuse et entre au noviciat de Macornay le 16 avr. 1863 – qui depuis 1857 est devenu une congrégation dirigée par Mère Saint Joseph (Caroline Lorain, *cf. supra*, col. 1394-1396). Elle prend l'habit franciscain le 25 mai 1863 et le nom de Sœur Marie de la Croix. Elle est immédiatement choisie par la supérieure pour être responsable des novices. Elle prononce ses vœux le 25 mai 1864 et dirige dès lors Macornay délaissé par Mère Saint Joseph : lorsque la congrégation se scinde, elle devient donc supérieure générale de la Congrégation des Franciscaines de l'Immaculée Conception. Elle va diriger la congrégation jusqu'à sa mort, avec une interruption entre 1873 et 1882, période au cours de laquelle elle intervertit ses fonctions avec celles de Sœur Marie de Jésus (Joséphine Schmidt, *cf. infra*, col. 1464-1465), première assistante générale et maîtresse des novices. Elle s'attache à la consolider et à la développer : les constitutions sont rédigées en 1866, approuvées par Mᵍʳ Louis-Anne Nogret en 1873 ; en 1870 se tient le premier chapitre général ; en 1875, la congrégation s'installe à Lons-le-Saunier dans de nouveaux bâtiments bénis le 8 nov. 1876 par Mᵍʳ Gaspard Mermillod, et Macornay est vendu. Si en 1857 à sa fondation la congrégation comptait neuf religieuses s'occupant de 90 orphelines, en 1876, elle revendique 79 professes (dont 35 qui ont prononcé des vœux perpétuels) sur 17 établissements. Dans le Jura, elle est présente à Mièges, Salins, Saint-Amour, Arbois, Arinthod, Censeau. À l'étranger, la congrégation est implantée en Belgique et en Mésopotamie. Sœur Marie de la Croix meurt à Lons-le-Saunier le 22 mai 1905.

La Congrégation des Franciscaines de l'Immaculée Conception de Lons-le-Saunier, diocèse de Saint-Claude. Sa fondatrice : T.R.M. Marie de la Croix, Lyon, 1942. – Franciscaines du Sacré-Cœur (éd.), *Caroline Lorain (1810-1882), fondatrice des Franciscaines du Sacré-Coeur. Le rayonnement du Tiers-Ordre Franciscain en France aux XIXᵉ et XXᵉ siècles*, Villeurbanne, 1986, p. 102, 152-155, 158. – M.-P. Renaud, *Histoire du diocèse de Saint-Claude 1817-1977. Renaissance et épreuves. 160 ans de vie religieuse dans le Jura*, Abergement-le-Grand, 2013, p. 232-235.

V. PETIT

LYSIMAQUE, un des 40 martyrs de SÉBASTE. Voir ce mot.

MAAß (MAASS) (Ferdinand), jésuite autrichien, historien (1902-1973).

Maaß vint au monde le 23 mars 1902 à Hohlenegg, près de Ried im Oberinntal, dans le Tyrol. Il était le fils de Josef-Alois et de Marianna Jörg, un couple de fermiers. Après ses études secondaires au Gymnasium de Bregenz, capitale du Vorarlberg, il entra le 28 sept. 1921, après son baccalauréat, dans la Compagnie de Jésus à Sankt Andrä im Lavanttal, en Carinthie.

Il suit le cursus habituel avec deux années de noviciat comprenant une année de rhétorique en 1923-1924 (à Sankt Andrä), suivie des études de philosophie durant trois ans, de 1924 à 1927 (à Tisis bei Feldkirch, dans le Vorarlberg ; à Pullach im Isartal, près de Münich, en

Bavière ; et à Innsbruck, dans le Tyrol). Pour sa régence, il fut envoyé en 1927-1928 au Kollegium Aloisianum des jésuites, sur le Freinberg, à Linz, en Haute-Autriche, où il enseigna l'allemand et l'histoire. De 1928 à 1932, Ferdinand Maaß étudia la théologie à Innsbruck et son ordination eut lieu le 26 juil. 1931 dans l'église de la Trinité des Jésuites. Après avoir passé son Troisième An à Sankt Andrä en 1932-1933, Maaß put terminer son parcours à Vienne en 1938, avec un doctorat en histoire, géographie et études romanes. Suivit un bref enseignement à la *Facultas Canisiana* d'Innsbruck, la faculté de théologie pontificale annexée au *Collegium Canisianum* des jésuites, jusqu'à sa suppression par les Nazis et son exil à Sion (Suisse), à la fin de 1938.

Maaß – qui avait entre-temps prononcé ses vœux définitifs dans la Compagnie de Jésus à Innsbruck le 2 février 1939 – fut envoyé à Vienne à la résidence jésuite Saint-Stanislas de l'église Kirche Am Hof, où il officia comme préfet des études des étudiants religieux engagés dans la Wehrmacht. C'est à cette époque qu'il commença à travailler sur sa thèse d'habilitation, qui anticipait déjà ce qui allait devenir le thème de recherche de toute une vie : « Les antécédents et les débuts du joséphisme à travers la correspondance officielle du chancelier le prince von Kaunitz-Rietberg avec son ministre plénipotentiaire auprès du Governo Generale de la Lombardie autrichienne, le comte von Firmian, 1763-1770 ».

En 1947, après avoir obtenu l'habilitation, Maaß fut nommé *privatdozent* à l'Université d'Innsbruck, puis, en 1954, professeur extraordinaire (après le départ à la retraite de son confrère H. Rahner), en 1964, professeur ordinaire en histoire de l'Église, et il fut également, en 1966-1967, doyen de la Faculté de théologie. En 1970 arriva l'heure de l'émérirat, ce qui ne l'empêcha pas de rester suppléant pour la chaire d'histoire de l'Église jusqu'à sa mort. Le fait qu'il ait tenu les cours supérieurs d'histoire de l'Église en alternance avec H. Rahner, lui a donné du temps pour ses études sur archives, ce qui lui a finalement permis la publication de sources éditées sur le joséphisme en cinq volumes. L'incontestable valeur de cette réalisation a cependant suscité des discussions controversées entre collègues contemporains, tels que H. Hantsch, E. Winter ou F. Valjavec, parce que Maaß considérait la philosophie du joséphisme avec scepticisme et rejetait la politique religieuse de Joseph II visant un changement dans le système d'Église absolutiste. De même, la « dé-glorification » de Marie-Thérèse dans son dernier travail consacré au « joséphisme précoce » et l'affirmation d'une continuité entre Marie-Thérèse et Joseph II (F. Huter) n'a pas trouvé, dans sa véhémence, que de l'approbation. À côté de son œuvre majeure, Maaß a également publié un certain nombre d'essais relatifs à cette problématique, dont l'entrée « *Joséphisme* » dans la deuxième édition du *Lexikon für Theologie und Kirche*, une notice d'une clarté limpide.

En 1955, Maaß rejoignit la Ranke-Gesellschaft à Hambourg. L'année d'après, il fut nommé membre de l'Académie catholique de Vienne, et en 1969, membre correspondant de l'Académie autrichienne des sciences. En 1970, Maaß reçut l'*Österreichisches Ehrenkreuz für Wissenschaft und Kunst* (la croix d'honneur des Sciences et des Arts) de première classe, et en 1973, la croix d'honneur de la Province du Tyrol. Un volume de mélanges dirigé par W. Baum, *Kirche und Staat in Idee und Geschichte des Abendlande* [*Église et État dans la pensée et l'histoire de l'Occident*, Vienne-Munich, 1973], lui a été offert à l'occasion de ses 70 ans.

Maass est décédé à la suite d'un accident de la route à Vienne le 15 oct. 1973. Il est enterré dans la crypte de l'église des jésuites d'Innsbruck.

ÉCRITS. *Die Jesuiten in Tirol 1838-1848*, Dissertation inédite, Wien, 1937. – *Vorbereitung und Anfänge des Josephinismus im amtlichen Schriftwechsel des Staatkanzlers Fürsten von Kaunitz-Rietberg mit seinem bevollmächtigten Minister beim Governo generale der österreichischen Lombardei, Karl Grafen von Firman 1763-1770*, dans *Mitteilungen des Österreichischen Staatsarchivs*, 1, 1948, p. 289-444. – *Die Stellungnahme des Fürsten Kaunitz zur staatlichen Festsetzung der Altersgrenze für die Ablegung der Ordensgelübde in Österreich im Jahre 1770-1771*, dans *Mitteilungen des Instituts für Österreichische Geschichtsforschung*, 58, 1950, p. 656-667. – *Der Josephinismus. Quellen zu seiner Geschichte in Österreich, 1760-1850. Amtliche Dokumente aus dem Wiener Haus-, Hof- und Staatsarchiv [und dem Allgemeinen Verwaltungsarchiv in Wien sowie dem « Archivio segreto vaticano » in Rom]*, 5 vol. (Fontes rerum Austriacarum, 2ᵉ Section, Diplomata et acta, 71-75), Wien, 1951-1961. – *Der Wiener Nuntius Severoli und der Spätjosephinismus*, dans *Mitteilungen des Instituts für Österreichische Geschichtsforschung*, 63, 1955, p. 484-499. – *Ägidianische Konstitutionen* [Verfassung des Kirchenstaates], dans J. Höfer et K. Rahner (éd.), *Lexikon für Theologie und Kirche*, 2ᵉ édition, t. 1, Freiburg, 1957, col. 189-190. – *Staatsrat Martin von Lorenz und der Josephinismus*, dans *Jahresbericht des Bundesgymnasiums Bregenz*, 1956-1957, p. 5-14. – *Maria Theresia und der Josephinismus*, dans *Zeitschrift für Katholische Theologie*, 79, 1957, p. 201-213. – *Die österreichischen Jesuiten zwischen Josephinismus und Liberalismus*, Ibid., 80, 1958, p. 66-100. – *Generalseminarien*, dans J. Höfer et K. Rahner (éd.), *Lexikon für Theologie und Kirche*, 2ᵉ édition, t. 4, Freiburg, 1960, col. 1127. – *Joseph II.*, Ibid., t. 5, Freiburg, 1960, col. 1127. – *Josephinismus*, Ibid., col. 1137-1139. – *Die Verhandlungen des Wiener Nuntius Pietro Ostini über die Beseitigung der josephinischen Kirchengesetze (1832-1836)*, dans *Mitteilungen des Instituts für österreichische Geschichtsforschung*, 68, 1960, p. 485-505. – *Kaunitz, Fürst Anton Wenzel*, dans J. Höfer et K. Rahner (éd.), *Lexikon für Theologie und Kirche*, 2ᵉ édition, t. 6, Freiburg, 1961, col. 96. – *Der Erfolg eines unbekannten Geistlichen im Kampf gegen den Josephinismus*, dans *Chiesa e stato nell'ottocento. Miscellanea in onore di Pietro Pirri*, Padova, 1962, p. 383-390. – *Maria Theresia*, dans J. Höfer et K. Rahner (éd.), *Lexikon für Theologie und Kirche*, 2ᵉ édition, t. 7, Freiburg, 1962, col. 44-45. – *Das Zeitalter der Vernunft. Von Clemens XI. bis zu Clemens XIV., 1700-1774*, dans C. Hollis (dir.), *Urbi et orbi. Das Papsttum und seine Geschichte*, Bern-München-Wien, 1964, p. 204-214. – *Josephinismus*, dans *Sacramentum mundi*, 2, 1968, p. 973-975. – *Der Frühjosephinismus*, Wien, 1969. – *Heinke, Franz Josef Freiherr von*, dans *Neue Deutsche Biographie*, t. 8, Berlin, 1969, p. 304-305. – *Kolb, Viktor*, dans *Österreichisches Biographisches Lexikon*, t. 4, Wien-Köln-Graz, 1969, p. 75. – *Der Josephinismus und die Nationalitäten Österreichs*, dans T. Veiter (dir.), *Volkstum zwischen Moldau, Etsch und Donau. Festschrift für Franz Hieronymus Riedl*, Wien-Stuttgart, 1971, p. 47-62. – *Kirchengeschichte* [sous-section de la notice Autriche], dans *Brockhaus Realenzyklopädie*, t. 14, 1972. – *Rauscher, Joseph Othmar von*, Ibid., t. 15, 1972, p. 467. – *Maaß, Alois Simon*, dans *Österreichisches Biographisches Lexikon*, t. 5, Wien-Köln-Graz, 1972, p. 384.

SOURCES. Archiv der Österreichischen Provinz der Gesellschaft Jesu (AASI).

TRAVAUX. F. Engel-Janosi, *Neues Licht auf den Josephinismus*, dans *Wort und Wahrheit*, 1957, 4, p. 287-290. – N. Grass, *Ferdinand Maaß. In memoriam*, dans *Historisches Jahrbuch*, 94, 1974, p. 507-510. – F. Huter, *Ferdinand Maaß. Nachruf*, dans *Almanach der Österreichischen Akademie der Wissenschaften*, 124, 1974, p. 531-540. – J. Mühlsteiger, *In memoriam P. Ferdinand Maaß SJ*, dans *Zeitschrift für Katholische Theologie*, 96, 1-2, 1974, p. 118 et sv. – W. Baum, *Nachruf*, dans *Korrespondenzblatt des Canisianums*, 107, 1973-1974, p. 27-29 ; Id., *Maass, Ferdinand*, dans *Neue Deutsche Biographie*, t. 15, Berlin, 1987, p. 600-601. – *Maass, Ferdinand*, dans *Deutsche Biographische Enzyklopädie*, t. 6, München, 1997, p. 548. – H. Platzgummer, *Maass, Ferdinand*, dans Ch. E. O'Neill et J. M. Domínguez (dir.), *Diccionario histórico de la Compañía de Jesús*, t. III, Roma-Madrid, 2001, p. 2452.

M. LEHNER

MADRID (Christophe de), *Cristóbal Sánchez de*, jésuite espagnol, contemporain d'Ignace de Loyola (1503-1573).

Il naquit à Daimiel, alors dans le diocèse de Tolède (Espagne) et aujourd'hui dans la province et le diocèse de Ciudad Real. Au XVIe siècle, Daimiel était une des villes les plus importantes de La Manche. Centre de communications vers l'est (Barcelone), le centre nord (Tolède, Madrid, Valladolid), vers l'ouest (Portugal) et vers le sud (Cordoba, Séville, Grenade), elle se trouve à peu de kilomètres de la capitale de la province (Ciudad Real). Comme elle est située sur le plateau qui occupe le centre de la péninsule espagnole, sa végétation est spécifique à cette région : chênes-verts, rouvres, aubépines ; le parc naturel des Tablas de Daimiel possède le plus grand marécage de La Manche, dans les contreforts des Monts de Tolède (entre Albacète et Ciudad Real). C'est là que se trouve l'église gothique de Santa Maria la Mayor, édifiée en 1264, durant le haut Moyen Âge, peu après que S. Fernand eut conquis la région.

Christophe de Madrid étudia la philosophie et la théologie à Alcala. Dans la correspondance des premiers jésuites, on parle de lui comme du « licencié » ou du « docteur » Madrid. Il avait probablement terminé ses études quand Ignace de Loyola habitait Alcala (1526-1527). En 1541, Madrid était théologien à Rome pour le card. Juan Domingo Cupis, archevêque de Trani, et il apparaît rapidement dans les volumes de la *Monumenta Historica S.I.* comme ami et conseiller d'Ignace de Loyola et de ses premiers compagnons jésuites.

Cupis, cardinal depuis 1517, avait été nommé par Léon X. Vers 1538, il soupçonna Ignace et ses compagnons, qui avaient commencé à habiter à Rome (1537-1538), dans la Villa Quirino Garzoni, un parent du cardinal. Cupis chargea son neveu d'enquêter sur le genre d'hommes qu'il avait hébergé dans sa villa. Ignace se rendit alors directement chez le cardinal et à partir de ce moment, Cupis eut une réelle admiration et vénération pour Ignace. Cupis mourut en 1553, doyen du collège cardinalice. Christophe de Madrid trouva un milieu favorable au sein de la maison du card. Cupis, ce qui lui permit de devenir l'ami, le conseiller et même le familier des premiers jésuites.

En 1555, il entra dans la Compagnie (*Scripta de s. Ignatio. Fontes narrativi de Sancto Ignatio de Loyola et de Societatis Iesu initiis*, t. 1, p. 275-276). Il était encore novice en octobre, moment où nous savons qu'Ignace le chargea d'écrire sur l'obéissance. Cet écrit est probablement celui qui est attribué à S. Ignace en *Sancti Ignatii de Loyola Societatis Iesu fundatoris epistolae et instructiones*, t. 12, p. 659-662 (*cf. Epistolae P. Hieronumi Nadal Societatis Jesu, ab anno 1546 ad 1577*, t. 2, p. 9).

Cette même année, il fut nommé assistant du général, avec Diego Laínez et Juan de Polanco. Et l'année suivante, quand il eut prononcé les vœux par lesquels s'achevait son noviciat, vers le mois de juillet, il reçut d'Ignace, qui se sentait paralysé, la charge de gouverner la Compagnie, avec Polanco. Madrid se chargea des affaires intérieures de la maison et Polanco des affaires extérieures de la Compagnie. Mais il est clair qu'étant entré dans la Compagnie à plus de cinquante ans, son autorité était extraordinaire. Au décès d'Ignace, seuls étaient présents Madrid et André de Freux, alors supérieur du collège germanique.

La congrégation générale (1558) confia à Madrid la charge d'assistant d'Italie. À partir de 1564, il fut surintendant de la maison professe de Rome et, après l'élection de S. François Borgia comme général (1567), il gouverna également les collèges d'Amelia, Tivoli et Frascati. On peut dire que dans sa vie de jésuite, il fut pratiquement toujours supérieur : il mourut l'année suivant celle de la mort du général Borgia.

S. Ignace avait montré de l'intérêt à ce qu'on écrive des « directoires » pour aider à la pratique des ministères les plus fréquents des premiers jésuites. Polanco prépara le premier pour l'administration de la pénitence (1554). Sur le sacrement de l'eucharistie, on avait évoqué le nom de différentes personnes, mais ce fut Alfonso Salmeron qui s'en chargea. Comme il ne put achever le travail en raison de ses multiples occupations, la tâche fut confiée au P. André d'Oviedo. Tous deux ont laissé quelque écrit dont se servit Madrid. Bien que les amis aient publié une édition rapide à Naples (1556), c'est Madrid qui prépara l'édition complète désirée par S. Ignace et qui constituait la première publication sortie des presses de la curie des jésuites : *De frequenti usu sanctissimae Eucaristiae sacramento* (Rome, 1557).

Le livre répondait aux désirs et à la pratique de S. Ignace et aux conseils donnés dans leur ministère par les jésuites. S'ils ne furent pas les premiers à prendre cette position favorable à la communion fréquente, ils furent parmi ses plus actifs propagateurs en ce temps où la question était âprement discutée, après une période où même les religieux pouvaient difficilement prétendre recevoir la communion plus de quelques fois par an.

Madrid défendit la communion fréquente avec des arguments solides fondés sur l'Écriture, la tradition ecclésiale et la théologie. Il rejeta les objections que l'on avait l'habitude d'énoncer contre cette pratique spirituelle, tout en insistant sur les conditions habituellement mises en place pour garantir une pratique réussie. La première édition de ce livre sortit en même temps à Rome et à Dillingen. Rapidement d'autres suivirent à Tolède (1563), Louvain (1572), Venise (1574 et 1576), de nouveau à Dillingen (1577), ainsi que des traductions en flamand (1560) et en français (Paris, 1561).

Durant ce même XVIe siècle, on le publia avec le *Directorio de confesores* de Polanco (Cologne, 1560, Anvers, 1563 et Venise, 1573). Le livre démontra sa valeur pérenne lorsque, après la publication du décret de saint Pie X, *Sancta Tridentina Synodus* (1905), on en fit une nouvelle édition à Vienne (1909) pour disposer les âmes à la réception de l'exhortation à la communion fréquente. Paul Dudon publia alors une nouvelle édition française (Paris, 1910).

ÉCRITS. – *De frequenti usu sanctissimae Eucaristiae sacramenti*, Roma, 1557.

SOURCES. – Archivum Romanum Societatis Iesu : *Rom. 53*,2 ; *78b*, 4ss : *Ital. 3* 27s ; *Hist. Soc. 42*, 6r. – *Chronicon Societatis Iesu. Vita Ignatini Loiolae et rerum Societatis Iesu historia*, t. 2 [1894], p. 33, 41, 47, 83 ; t. 6 [1898], 244, 538. – *Monumenta Ignatiana. Sancti Ignatii de Loyola Societatis Jesus Fundatoris Epistulae et instructiones*, t. 3 [1905], p. 241, 283, 384 ; t. 7 [1908], p. 169, 219 ; t. 9 [1909], p. 669 ; t. 11 [1911], p. 15, 87, 145, 170, 567 ; t. 12 [1911], p. 54, 101. – *Monumenta Ignatiana. Series quarta. Scripta de S. Ignatio. Fontes narrativi de Sancto Ignatio de Loyola et de Societatis Iesu initiis*, t. I [1942], *passim*.

TRAVAUX. – N. Orlandini, *Historia Societatis Iesu*, t. 1, Anvers, 1620, lib. 16, n. 46. – F. Sacchini, *Historiae Societatis Iesu*, Anvers, 1620, lib. I, part. 2, n. 22 ; lib. II, n. 46-47. – B. de Alcázar, *Chrono-historia de la Compañía de Jesús en la provincia de Toledo*, t. 2, Madrid, 1710, p. 443-444. – C. Sommervogel, *Bibliothèque de la Compagnie de Jésus*, t. 5, Bruxelles-Paris, 1894, col. 278-279 ; t. 6, 1895, col. 939-943. – P. Dudon, *Un vieux livre sur la communion fréquente*, dans *Études*, 120, 1909, p. 25-38 ; Id., *Pour la comunion fréquente et quotidienne. Le premier livre d'un jésuite sur la question (1557). Le décret Sacra Tridentina Synodus (1905)*, Paris, 1910 ; Id., *Le « Libellus » du P. Bobadilla sur la communion fréquente et quotidienne*, dans *Archivum historicum Societatis Iesu*, 2, 1933, p. 258-279. – P. Tacchi Venturi, *Storia della Compagnia di Gesù in Italia*, t. 1, Roma, 1930, p. 278-280. – G. Castellani, *La tipografia del Collagio Romano*, dans *Archivum historicum Societatis Iesu*, 2, 1933, p. 11-16. – V. M. Dente, *Il primo libro di un gesuita sulla communione frequente*, dans *La Civiltà Cattolica*, 84/3, 1933, p. 453-465, 569-577 ; 84/4, p. 258-271. – J. de Guibert, *La spiritualité de la Compagnie de Jésus. Esquisse historique*, Roma, 1953, p. 200, 370-372. – F. Gilmont, *Les écrits spirituels des premiers jésuites*, Roma, 1961, p. 256-259. – M. Scaduto, *L'epoca di Giacomo Laínez*, t. 2, Roma, 1974, p. 165-168. – M. Ruiz Jurado, *Madrid (Christophe de)*, dans *Dictionnaire de Spiritualité*, t. 10, Paris, 1977, col. 63-65 ; Id., *Madrid, Cristóbal (Sánchez) de*, dans *Diccionario histórico de la Compañía de Jesús*, t. 3, Roma-Madrid, 2001, p. 2464-2465.

M. RUIZ JURADO

MAILLA ou MAILLAC (Joseph-Anne-Marie de Moyriac de), jésuite français (1669-1748).

Il est né le 16 déc. 1669 au château de Maillac, au sein d'une famille noble. À dix-sept ans, il décide de renoncer aux honneurs que lui offre sa naissance pour entrer dans la Compagnie de Jésus, le 10 sept. 1686, au noviciat jésuite de la Province de Lyon. Envoyé en mission en Chine, il arrive à Macao le 16 juin 1703. Il apprend le chinois à Canton et part en mission à Kieou-kiang au Kiang-si en septembre 1705. Géographe, il est désigné en 1710 pour aider le P. Jean-Baptiste Régis. Il dresse avec lui et le P. Romain Hinderer (*cf.* sur celui-ci, *DHGE*, t. 24, col. 600-601) les cartes du Ho-nan, du Kiang-nan, du Tcho-kiang et du Chou-kien de Taiwan. À son retour en 1714, Kangxi, l'empereur de Chine, le prend à son service. Le souverain est si satisfait de son travail qu'il lui donne le titre de mandarin. Il

dirige jusqu'à sa mort et pendant 28 ans la congrégation du Saint-Sacrement. Il est le premier à introduire puis répandre en Chine la dévotion du Sacré-Cœur. Il écrit en chinois de nombreux livres de piété, notamment le *Cheng nien kouang ni* (vies des saints pour tous les jours de l'année en 24 vol.), une explication des Évangiles, des traités sur la prière et sur les *Exercices spirituels* de S. Ignace. Mais il est beaucoup plus connu en Europe pour son *Histoire générale de la Chine* publiée par l'abbé Grosier en 12 vol. (Paris, 1777-1783). Il s'agit alors de la première histoire complète de la Chine dans une langue européenne. Scientifique complet, il est également mathématicien. Il reste en Chine jusqu'à la fin de sa vie et meurt à Pékin le 17 juin 1748.

SOURCES. AFSI (Archives jésuites de la province de France) : Fonds personnel du Père Joseph de Mailla (FCh) ; Mertens, *Ménologe de la Chine*, p. 109 (GZ 62).

TRAVAUX. É. de Guilhermy, *Ménologe de la Compagnie de Jésus. Assistance de France. Première partie*, Paris, 1892, p. 794-796. – C. Sommervogel, *Bibliothèque de la Compagnie de Jésus*, vol. 5, Bruxelles-Paris, 1894, col. 330-334. – J. Dehergne, *Répertoire des Jésuites de Chine de 1552 à 1800*, Roma-Paris, 1973, p. 163-164. – Ch. E. O'Neill et J. M. Domínguez (dir.), *Diccionario Histórico de la Compañía de Jesús: Biográfico-temático*, vol. 3, Roma-Madrid, 2001, p. 2476-2477. – N. Standaert (éd.), *Handbook of Christianity in China. Vol. 1: 635-1800*, Leiden-Boston-Köln, 2001, p. 248, 315, 318, 377, 563, 623, 671, 794.

B. BAUDRY

MAIMBOURG (Louis), jésuite français (1610-1686)

Né le 10 janv. 1610 à Nancy, il entra dans la Compagnie de Jésus le 20 mars 1626 à Paris. Après quelques années d'enseignement des humanités à Dijon (1630-1634), il fit ses études de théologie à Paris (1634-1636) et les poursuivit à l'université Grégorienne de Rome (1636-1638). Il fut ordonné prêtre en 1637. Il enseigna ensuite les humanités au Collège des jésuites de Rouen. En 1643, il devint prédicateur à Bourges, puis fut nommé à Paris de 1646 à 1648. Ayant défendu les positions de Louis XIV dans ses difficultés avec Innocent XI, il fut invité, sur ordre du Père Général, à quitter la Compagnie. Le roi interdit au Provincial de transmettre cet ordre et permit au P. Maimbourg de se retirer à l'abbaye Saint-Victor avec une pension de 3000 livres. Il s'avéra également un historien prolifique, concernant notamment le calvinisme et le jansénisme, dont Voltaire regrettait qu'il fût trop méconnu. Il mourut d'apoplexie en 1686.

SOURCES. AFSI (Archives jésuites de la province de France) : *Fonds personnel du P. Louis Maimbourg.*

BIBLIOGRAPHIE. C. Sommervogel, *Bibliothèque de la Compagnie de Jésus*, t. 5, Bruxelles-Paris, 1894, col. 343-356. – A. Vacant, E. Mangenot et É. Amann (éd.), *Dictionnaire de théologie catholique*, t. IX, col. 1656-1661 (succès de ses œuvres sur l'histoire des hérésies et des schismes). – *Enciclopedia cattolica*, t. VII, col. 1855-1856. – G. Jacquemet et G. Mathon (éd.), *Catholicisme. Hier-aujourd'hui-demain*, t. VIII, col. 179-180. – W. Kasper (éd.), *Lexikon für Theologie und Kirche*, t. VI, col. 1206. – Ch. E. O'Neill et J. M.ª Domínguez (dir.), *Diccionario Histórico de la Compañía de Jesús*, t. III, Roma-Madrid, 2001, p. 2478. – *Revue d'histoire et de philosophie religieuses*, 84/3, 2004, p. 370. – Site Internet de la *Catholic Encyclopedia* (1917).

B. BAUDRY

MAISTER (Joseph von), *Maistern von, Joseph, Maister von, Georg Joseph Joachim*, jésuite autrichien, théologien (1714-1794).

Il était le fils de Georg Joseph von Maister, propriétaire foncier et administrateur de district et de son épouse Maria Josepha, née Derios (de Rios).

Né le 6 nov. 1714 à Graz (Styrie), il entre dans la Compagnie de Jésus à l'âge de quinze ans, le 14 oct. 1729 ; après avoir terminé son noviciat de deux ans à Vienne, il poursuit sa formation normale de jésuite : philosophie (Vienne), régence aux collèges des jésuites de Linz, Vienne – tout en étudiant les mathématiques – et de Presbourg (aujourd'hui Bratislava, Slovaquie), théologie (Vienne). Il obtient son doctorat et est ordonné prêtre en 1744, avant de poursuivre son troisième an à Judenburg, Styrie, et de prononcer ses vœux définitifs le 2 févr. 1748.

Il enseigne à l'Université de Graz (les mathématiques, de 1746 à 1749), puis devient professeur de philosophie (1749-1751), enseigne au Collège des Jésuites de Linz, en Haute-Autriche, l'apologétique et la morale (1752-1753), puis est nommé professeur d'Écriture Sainte à l'Université de Vienne (1754-1756), avant de revenir de nouveau à Graz toujours comme professeur d'Écriture Sainte (1757-1760). De 1761 jusqu'à la suppression de la Compagnie en 1773, il y enseigne la dogmatique. Il rédige plusieurs traités sur des thématiques classiques de théologie qui paraissent sous le titre de *Quaestiones theologicae*, à propos de la *Scientia Media* ou de la « Question d'Honorius ».

En 1756, Maister prend également la direction, à Graz, de la *Congregatio Major Studiosorum*, pour laquelle il prêche les retraites annuelles de la Semaine Sainte, avec deux conférences par jour. Celles-ci présentent un caractère apologétique et traitent, en plus des thèmes communs (comme la parabole des talents ou le « *Quid prodest homini* »), des thèmes spécifiques de la spiritualité ignacienne (comme la « contemplation du Seigneur » ou les « Trois degrés d'humilité »). Elles paraissent sous le titre *Veritates aeternae* en 21 volumes et sont également imprimées en livraisons partielles annuelles (*Xenia*) destinées à des congrégations mariales.

Plusieurs membres de la famille Maister sont entrés dans la Compagnie de Jésus, parmi lesquels Franz (- Friedrich)-Xaver (1699-1730), deux frères cadets de Joseph Maister, Franz-Anton (1715-1775) et Georg-Martin (1717-1795), ainsi que Joseph-Ludwig (1717-1777), qui fut le prédécesseur de Joseph Maister en tant que président de la Confrérie des étudiants de Graz. Certains détails contradictoires de la littérature ancienne sur sa vie et son œuvre s'expliquent par la synonymie de son nom avec celui de Joseph-Ludwig Maister.

Il meurt à l'âge de 80 ans le 18 sept. 1794 à Graz.

ÉCRITS. *Quaestiones theologicae*, Graz, s.d. – *Gratulatio ab Universitate Viennensi oblata in Nuptiis Caroli Alex. Lothringiae ducis et Mariae Annae AA.*, Wien, 1744. – *Narratio historico-poetica* […], Graz, 1750. – *Veritates aeternae in sacris exercitiis triduo Hebdomadae majoris propositae Tomis XXI per totidem annos*, Graz, 1757-1782. – *Assertiones theologicae*, 2 vol., Graz, 1764-1765.

D'attribution contestée : *Heroes Hungaricae*, Tyrnaviae (Trnava), 1743. – *Dt. Ausgabe von Medulla verae devotionis*, Augsburg, 1761.

Jean Maldonat, SJ, tiré de A. Hamy, *Galerie illustrée de la Compagnie de Jésus*, vol. 5, Paris, 1893.

Voir : C. Sommervogel, *Bibliothèque de la Compagnie de Jésus*, t. 5, Bruxelles-Paris, 1894, col. 371-374.

SOURCES. *Taufmatrikel*, Graz, *Heilig Blut*. – *Sterbematrikel*, Graz, Cathédrale. – *Archiv der Österreichische Provinz der Gesellschaft Jesu (AASI)*.

TRAVAUX. J. B. von Winklern, *Biographische und literarische Nachrichten von den Schriftstellern und Künstlern, welche im Herzogthume Steyermark geboren sind*, Graz, 1810, p. 127. – J. N. Stöger, *Scriptores Provinciae Austriacae Societatis Jesu*, Wien, 1855, p. 216. – C. von Wurzbach, *Biographisches Lexikon des Kaiserthums Oesterreich*, t. 16, Wien, 1867, 312f. – C. Sommervogel, *Maister, Joseph*, dans *Bibliothèque de la Compagnie de Jésus*, t. 5, Bruxelles-Paris, 1894, col. 371-374. – J. Szinnyei, *Maister József*, dans *Magyar írók. Élete és munkái*, t. 8, Budapest, 1902, p. 342. – P. Bertrand, *Maister Joseph*, dans *Dictionnaire de théologie catholique*, t. 9, Paris, 1927, col. 1663. – C. Becker, *Maister (Joseph)*, dans *Dictionnaire de Spiritualité ascétique et mystique*, t. 10, 1980, col. 118-119. – H. Platzgummer, *Maister, Joseph*, dans Ch. E. O'Neill et J. M. Domínguez (dir.), *Diccionario histórico de la Compañía de Jesús*, t. 3, Roma-Madrid, 2001, p. 2479.

M. LEHNER

MALDONAT (Jean), *Juan Maldonado, Johannes Maldonatus*, jésuite espagnol, 1534-1583.

Né, dit-on, en 1534 à Las Casas da la Reina (Estrémadure) dans une famille noble de Séville, Jean Maldonat a fréquenté entre 1550/51 et 1562 la célèbre Université de Salamanque, où il a eu comme professeur Dominique de Soto, lui-même disciple de Melchior Cano, tous deux dominicains : trois ans de belles-lettres, trois de philosophie, cinq de théologie. Après avoir donné quelques cours de grec, de philosophie et de théologie et fait le choix de cette dernière plutôt que du droit civil, il entre à Rome dans la Compagnie de Jésus, comme l'avait fait un peu avant lui François Tolet (Francisco de Toledo, 1532-1596), commentateur d'Aristote, exégète, prédicateur, futur cardinal et théologien du pape, dont il avait été l'élève à la Faculté des Arts en 1557 et dont Montaigne suivra plus tard avec grand intérêt les prédications du Carême de 1581 à Rome, disant de lui dans son « Journal de voyage » : « en profondeur de savoir, en pertinence et en disposition, c'est un homme très rare ».

Aussitôt après sa prise d'habit et son accession au sacerdoce, Maldonat gagne Paris en 1563. Au collège de Clermont (futur lycée Louis-le-Grand), son cours public de 1564 sur la métaphysique d'Aristote lui acquiert aussitôt le succès. Suivent quatre ans d'un cours de théologie dogmatique sur la base des *Sentences* de Pierre Lombard (1565-1569), puis quatre autres années d'un cours de théologie dégagé de toute obligation de commentaire suivi (*praelectio*) devant un public mêlé d'étudiants et de régents de collège, de clercs et de laïcs, de nobles et de bourgeois, de catholiques et de calvinistes (1570-1574). Pour assister à ce cours où Maldonat n'hésitait pas à critiquer S. Augustin ou S. Thomas d'Aquin, il fallait occuper sa place longtemps auparavant, ce qui portait ombrage à la fois aux savants de la Faculté et aux lecteurs royaux. Malmené par les gallicans, il trouvait chez les adversaires calvinistes une appréciable stimulation : l'hérésie n'avait-elle pas servi d'aiguillon aux Pères de l'Église ? Pratiquant le grec, l'araméen, le chaldéen, le syriaque et l'arabe, sans oublier pour autant les apports d'une scolastique renouvelée, il voulait une théologie « positive », fondée sur la lecture critique des textes de l'Écriture et de la tradition ecclésiale (à ses étudiants, il conseillait de lire chaque jour l'Ancien Testament en hébreu et le Nouveau en grec).

L'Université dénonçait cette concurrence d'un membre de « l'ordre hermaphrodite » (les Jésuites, mi-réguliers, mi-séculiers) qui osait « lire publiquement » sans l'autorisation du Recteur. Les docteurs de Sorbonne rappelaient en particulier que la croyance en l'Immaculée Conception de la Vierge Marie était pour eux un dogme, auquel ils devaient adhérer par serment. S'en rapportant au concile de Trente, Maldonat soutenait, lui, que toute respectable et pieuse qu'elle soit, cette croyance n'était pas « de foi ». Autre point de conflit doctrinal, la durée maximale du temps de Purgatoire était de dix ans pour Maldonat comme pour Soto, quand les pères conciliaires se gardaient, eux, de fixer une limite. Soutenu par l'évêque de Paris, mais attaqué par l'Université, il dut interrompre son cours, prévu à l'origine pour six ans, et se contenter, les dimanches et jours de fête de 1576, de leçons publiques en latin sur le Psaume 109, que suivit une foule plus considérable encore que celle qui avait assisté à ses cours sur les démons, sur l'Église ou sur les Écritures (jusqu'à 3000 auditeurs, dit-on !).

En raison de cette renommée, Maldonat fut recherché par Charles IX et Henri III, par le card. de Lorraine, protecteur de la Compagnie, et par le duc de Montpensier. Henri de Navarre, qu'il avait un moment instruit de la doctrine catholique après la Saint-Barthélemy, le réclamera plus tard lorsqu'il sera devenu roi de France sous le nom d'Henri IV.

Des missions apostoliques en Poitou et dans l'est de la France avaient ajouté à ses qualités de professeur celles de débatteur sur des points de doctrine mis à mal (images, présence réelle, sacrifice de la messe). Sans signaler qu'il suivait pour l'occasion la tradition médiévale des disputes *pro et contra*, un Estienne Pasquier, plus tard grand admirateur de la science du jésuite, alla même alors jusqu'à lui reprocher d'avoir tour à tour prouvé publiquement par raisons l'existence puis la non-existence de Dieu. Dans toutes ses lettres, Maldonat dit pourtant vouloir désormais se consacrer à l'exégèse pour fonder à partir d'elle une théologie repensée en fonction de la controverse. L'étendue de son dessein et son perfectionnisme le feront toutefois différer jusqu'à sa mort toute publication. Seules des notes de cours prises par des étudiants (manuscrits conservés aujourd'hui à Paris, Milan, Grenoble, Saint-Gall, Loches...) nous donnent une idée de l'*aura* de cet enseignant et chercheur.

En 1577, le pape et ses supérieurs l'obligent à quitter Paris pour Toulouse, mais il s'arrête à Bourges, où il résidera jusqu'en 1580 afin de continuer ses travaux sur l'Ancien Testament et rédiger ses *Commentarii in quatuor Evangelistas*, pour ainsi dire achevés dès 1578, mais publiés seulement en 1596-1597 (Pont-à-Mousson, S. Mercator, en deux volumes in-folio). Ces commentaires, fondés sur les acquis de l'humanisme et une bonne connaissance de Calvin, apparaissent aujourd'hui comme une mine pour l'étude des textes scripturaires contestés à l'époque, un lieu où observer le passage de la méthode scolastique à une méthode plus historique et une anticipation de la théologie biblique. Dans la préface, l'auteur disait son intention première : réfuter les tenants de la *Sola Scriptura* en rappelant que si les textes sacrés doivent être considérés comme « dictés par le Saint-Esprit », ce n'est pas en vertu du jugement particulier d'un Calvin, mais du magistère doctrinal de l'Église.

Appelé à Rome par le pape pour participer à l'élection du nouveau général de l'ordre, en 1580, il collabore avec Torrès, Bellarmin et Tolet, sous la présidence du card. Carafa, à la commission pontificale chargée de réviser la Septante en vue d'une révision future de la Vulgate. En 1582, le nouveau général, Claudio Acquaviva, l'agrège aussi à une commission qui devait rédiger une *ratio studiorum* à l'intention de tous les collèges de la compagnie. C'était quitter l'étude pour les responsabilités, mais il avait déjà effectué une mission de « visiteur » à Pont-à-Mousson, en Lorraine, puis d'autres tournées d'inspection à Paris, Bordeaux, Billom, Mauriac et Bourges. Provincial de Paris par intérim, il avait pu mesurer les risques encourus par de telles charges et responsabilités lorsqu'il avait été accusé de captation d'héritage et de détournement d'un jeune homme au profit de la « secte ». Au contraire d'Émond Auger, son confrère, il estimait qu'un religieux ne doit pas se mêler des affaires publiques et pourtant on le voit prendre la défense des mariages mixtes, devenus courants dans la société française, en particulier chez les princes. Le « Journal de voyage » de Montaigne le montre soucieux, à Épernay, d'aplanir un différend entre Montpensier et Nevers. Il n'en préfère pas moins, à Rome comme à Paris, la fréquentation des riches bibliothèques et la compagnie d'étudiants qu'il avait regroupés dans une congrégation mariale, vraie pépinière de jésuites.

La liste des amis de Maldonat établie en 1677 par les éditeurs de ses *Opera varia theologica* comprend, outre Charles III de Lorraine et Montpensier, Baudouin, Hervet, Genébrard, Hosius, Sirleto, Vigor, d'Espence, de Sainctes, Amyot, mais non Montaigne (il est vrai, mis à l'index l'année précédente), dont Pierre de Lancre dit pourtant qu'à Rome, il se réclamait de lui chaque fois qu'il abordait, dans la conversation, un point de doctrine délicat (ce qu'ils disent tous deux des anges, sorciers et démons présente toutefois d'importantes divergences, relevées plus tard par le jésuite Del Rio, parent éloigné de Montaigne et démonologue). Avait-il eu l'occasion de lire tel ou tel de ses manuscrits ou bien se fondait-il sur les « propos de savoir » qu'ils eurent ensemble à Bordeaux et à Paris peut-être, à Épernay en tout cas au mois de septembre 1580 (note du secrétaire de Montaigne à cette date dans le « Journal de voyage » : « Jésuite duquel le nom est fort fameux à cause de son érudition en théologie et philosophie »), et à Rome assurément ? Rome d'où Montaigne était déjà parti quand Maldonat y meurt, le 5 janv. 1583, après avoir remis au père général le manuscrit de son commentaire sur l'Évangile de saint Matthieu, et lui seul, aux fins de publication.

Dédiés au duc de Lorraine et révisés par les jésuites Dupuy, Du Duc, Donjot, Charlet et Périn, les *Commentarii in quatuor Evangelistas* connaîtront une trentaine d'éditions après 1597 (édition posthume originale) et seront à partir de 1607 ajustés au texte de la Vulgate. La compilation intitulée *Summula cuilibet Sacerdoti confessiones pœnitentium* ou *Brève somme des cas de conscience* paraît en 1604 en latin (condamnation à Rome l'année suivante) et en 1607 en français. Écrit dès 1570 par F. de la Borie « sous le Père Maldonat » et traduit en français, le *Traité des Anges et démons* est publié en 1605. Les *Commentarii in Prophetas quatuor* paraissent en 1643. En 1677 enfin, un certain nombre d'écrits du jésuite seront regroupés sous le titre *Opera varia theologica* en trois tomes. D'autres ont été joints depuis en annexe de diverses publications.

Étienne Pasquier, *Le Plaidoyer de M. Pasquier pour l'Université de Paris défenderesse contre les Jésuites demandeurs en requête*, Paris, Abel l'Angelier, 1594, p. 97. – Pierre de Lancre, *Tableau de l'inconstance des mauvais anges et démons*, Paris, Berjon, 1612, p. 81. – Nathaniel Southwell, *Maldonatus*, dans *Bibliotheca scriptorum societatis Jesu*, Roma, Varesius, 1676, p. 473-476. – Richard Simon, *Bibliothèque critique*, Amsterdam, de Lormes, 1708, p. 56-89. – Pierre Bayle, *Maldonat*, dans *Dictionnaire historique et critique*, t. IV, Amsterdam, Compagnie des Libraires, 1734, p. 74-80. – Louis Moreri, *Maldonat*, dans *Le grand dictionnaire historique*, t. VII, Paris, Libraires associés, 1759, p. 124-125. – L.-G. Michaud, *Maldonat*, dans *Biographie universelle ancienne et moderne*, t. XXVI, Paris et Leipzig, 1843, p. 219-221. – J.-M. Prat, *Maldonat et l'Université de Paris au XVIe siècle*, Paris, 1856 (en annexe, pièces justificatives inédites, p. 521-629). – A. Vidal y Diaz, *Memoria histórica de la Universidad de Salamanca*, Salamanca, 1869. – Ch. Hyver, *Maldonat et les commencements de l'université de Pont-à-Mousson (1572-1582)*, Nancy, 1873. – C. Sommervogel et al., *Maldonado*, dans *Bibliothèque de la Compagnie de Jésus*, t. 5, *Lorini-Ostrozanski*, Bruxelles-Paris, 1894, col. 403-412. – E. Martin, *L'université de Pont-à-Mousson (1572-1768)*, Paris-Nancy, 1891. – A. Hamy, *Galerie illustrée de la Compagnie de Jésus*, vol. 5, Paris, 1893, p. 75 (et portrait gravé du P. Maldonat). – J. Turmel, *Histoire de la théologie positive du concile de Trente au concile du Vatican*, Paris, 1906,

p. 206. – H. Fouqueray, *Histoire de la Compagnie de Jésus en France des origines à la suppression (1528-1762)*, t. 1 : *Les origines et les premières luttes (1528-1575)*, Paris, 1910, p. 572 et sv. – L. Saltet, *Les leçons d'ouverture de Maldonat à Paris*, dans *Bulletin de littérature ecclésiastique*, 24, 1923, p. 340. – C. Aymonier, *Un ami de Montaigne : le Jésuite Maldonat*, dans *Revue historique de Bordeaux et du département de la Gironde*, 28, 1935, p. 5-35. – R. Galdós, *Miscellanea de Maldonato*, Madrid, 1947. – Cl. Sclafert, *Montaigne et Maldonat*, dans *Bulletin de littérature ecclésiastique*, 52, 1951, p. 65-93. – J. I. Tellechea Idigoras, *Metodología teológica de Maldonado*, dans *Scriptorium vitoriense*, 1, 1954, p. 183-255 ; Id., *La Inmaculada Concepción en la controversia del padre Maldonado con la Sorbona*, Vitoria, 1958. – H. Busson, *Le rationalisme dans la littérature française de la Renaissance (1533-1601)*, Paris, 1957, p. 56. – L. Willaert, *Après le concile de Trente. La Restauration catholique 1563-1648* (Histoire de l'Église depuis les origines jusqu'à nos jours, 18), Paris, 1960. – J. Céard, *De l'hérésie à l'athéisme : la notion d'hérésie selon le jésuite Jean Maldonat*, dans *Aspects du libertinisme au XVIe siècle*, Paris, 1974, p. 59-71. – P. Schmitt, *La Réforme catholique. Le combat de Maldonat (1534-1583)*, Paris, 1985. – F. Laplanche, *Le mouvement intellectuel et les Églises*, dans M. Venard (dir.), *Le temps des confessions (1530-1620/30)* (Histoire du christianisme des origines à nos jours, 8), Paris, 1992, p. 1061-1119. – F. Rigolot (éd.), [Michel de Montaigne], *Journal de voyage*, Paris, 1992, p. 4-6, 125. – A. Legros, *Montaigne et Maldonat*, dans *Montaigne Studies*, 13, 2001, p. 65-98 ; Id., *Maldonado, Juan (Casas de Reina, 1533/34-Rome, 1583)*, dans C. Nativel (éd.), *Centuriae latinae II. Cent une figures humanistes de la Renaissance aux Lumières offertes à Marie Madeleine de la Garanderie*, Genève, 2006, p. 491-498. – *Dictionnaire de Théologie Catholique*, t. IX, col. 1772-1776. – *Dictionnaire de Spiritualité*, t. X, col. 163-165. – G. Jacquemet et G. Mathon (dir.), *Catholicisme. Hier-Aujourd'hui-Demain*, t. VIII, col. 254-255. – *Encyclopedia cattolica*, t. VII, col. 1902. – W. Kasper (éd.), *Lexikon für Theologie und Kirche*, 3e édition, t. VI, col. 1238-1239. – *New Catholic Encyclopedia*, t. IX, 2003, p. 73.

A. Legros

MARPOT (Joseph César), évêque de Saint-Claude (1827-1898).

Rien ne disposait Marpot, né à Sainte-Agnès (Jura) le 7 nov. 1827, à devenir évêque : dernier des neuf enfants d'un charpentier, ses études sont laborieuses et au séminaire il est un élève moyen. Il étudie au séminaire de l'Argentière à Lyon puis au grand séminaire de Lons-le-Saunier, avant d'être ordonné prêtre en 1853. Il est peu de temps précepteur chez les Le Mire, maîtres de forges à Pont-de-Poitte (Jura). En octobre 1854, il est nommé vicaire à la cathédrale de Saint-Claude, puis successivement curé de Molinges (1859) et de Fraisans (1865). Il est curé d'Arbois le 25 nov. 1875 et chanoine honoraire en février 1877. Toutefois, dans chacune de ses fonctions, il s'est fait remarquer par son esprit de charité et son affabilité. Fin 1879, le gouvernement de la République, présidé par le jurassien Jules Grévy, entend éloigner le vicaire général, le très romain abbé Gréa, qui, profitant de la faible santé de Mgr Nogret, s'est accaparé la gestion du diocèse. Le préfet, le directeur général des cultes, exigent la démission de Mgr Nogret et demandent au nonce de nommer un nouvel évêque en la personne du curé d'Arbois, tenu en estime par le président de la République : approché, l'abbé Marpot, accepterait la succession pour être utile à la vraie religion, celle « qui prêche la concorde et la conciliation ». Le nonce, même s'il est dans un premier temps réticent à l'égard de Marpot, le propose en tant qu'évêque coadjuteur. C'était sans compter sur l'abbé Gréa qui saisit directement Rome. Dès lors, la situation est bloquée : le gouvernement tient à nommer Marpot à Saint-Claude, Rome ne veut pas céder, quitte à nommer Marpot ailleurs qu'à Saint-Claude. Le dénouement a lieu le 20 janv. 1880 quand le pape Léon XIII finit par trancher : Nogret remet immédiatement sa démission, Gréa se soumet et Marpot est nommé évêque de Saint-Claude le 30 janvier. Il est sacré, dans son église Saint-Just d'Arbois, le 18 avr. 1880, par Mgr Paulinier, archevêque de Besançon. Le nouvel évêque s'efforce de résorber les tensions politiques à l'intérieur de son clergé en ménageant les différentes tendances. Il conserve comme vicaire général Louis Carette, ancien curé de la cathédrale, et remplace l'abbé Gréa par l'abbé Jean-Baptiste Serrurot, curé des Cordeliers à Lons-le-Saunier, d'esprit assez libéral. Pasteur consciencieux, il parcourt son diocèse jusque dans les paroisses les plus reculées. Homme simple et bon, il se montre favorable au catholicisme social : il visite en 1888 l'usine de Léon Harmel, au Val des Bois, encourage les pèlerinages ouvriers à Rome et adhère à l'Union régionale des unions de la paix sociale qui rassemble les partisans du sociologue Frédéric Le Play. Mais « l'épiscopat ne lui confère ni la science (ses lettres pastorales sont pauvres de pensée et de style) ni l'éloquence » (P. Lacroix). Dans un contexte où les rapports entre l'Église et l'État sont difficiles, cet évêque qui passait au départ pour un curé républicain embrasse des convictions inverses à son tempérament : il prend une part active aux luttes antilaïques, quitte à s'aliéner le préfet du Jura, Jabouille, et se fait un défenseur acharné des écoles libres. Il meurt à Saint-Claude le 7 janv. 1898.

SOURCE. Mgr Bouvier, *Oraison funèbre du 10 mars 1898 à Saint-Claude*, Lons-le-Saunier, 1898.

TRAVAUX. J. Gadille, *La pensée et l'action politiques des évêques français (1870-1883)*, Paris, 1967, t. I, p. 157, t. II, p. 131-132. – Y. Marchasson, *Une nomination épiscopale sous Léon XIII : l'action du nonce Czacki dans l'affaire de Saint-Claude (octobre 1879-mars 1880)*, dans *Revue d'Histoire de l'Église de France*, 63, 1977, p. 57-78. – P. Lacroix, dans M. Rey (dir.), *Histoire des diocèses de Besançon et de Saint-Claude*, Paris, 1977, p. 263-266. – J.-O. Boudon, *L'épiscopat français à l'époque concordataire 1802-1905*, Paris, 1996, p. 381, 421, 491. – V. Petit et M. Roche, *Marpot, Joseph César*, dans L. Ducerf et al. (dir.), *Franche-Comté* (coll. Dictionnaire du Monde religieux dans la France contemporaine, 12), Paris, 2016, p. 500.

V. PETIT

MASSIGNON (Louis), orientaliste (1883-1962).

Mondialement connu dans le monde scientifique, Louis Massignon l'est aussi pour son action politique dans l'histoire de la décolonisation et son rôle de précurseur dans le domaine des relations islamo-chrétiennes.

Il naquit le 25 juil. 1883 à Nogent-sur-Marne, fils de Ferdinand Massignon dit Pierre Roche (1855-1922), sculpteur, peintre et graveur renommé, ami de K. J. Huysmans qui aura une grande influence sur l'évolution du jeune-homme. Séduit dès l'adolescence par l'exotisme, ses études de lettres terminées, il a la joie d'être nommé à l'Institut Français d'Archéologie Orientale du Caire (1906). Lors d'une expédition pour des relevés topographiques en Irak, il est arrêté comme espion par la police ottomane et menacé de mort. Ce choc violent, survenu après de nombreuses mésaventures, provoqua chez le jeune homme une commotion mystique qu'il a appelée « la Visitation de l'Étranger » (3 mai 1908) et qui peut être considérée comme l'événement fondateur de sa spiritualité car il y fera référence toute sa vie. Sauvé grâce au dévouement et à l'hospitalité d'une grande famille bagdadie, il se consacra alors à l'étude d'un mystique persan, Husayn Mansûr al-Hallâj, mort martyrisé par sa communauté en 922, à Bagdad. Il en fera le sujet de sa thèse de doctorat, soutenue en 1922, qui lui ouvrira en 1926 une chaire de sociologie musulmane au Collège de France où, depuis 1919, il suppléait aux cours d'Alfred Le Châtelier. Cette thèse, *La passion d'Al Hallâj*, fera date dans l'histoire de la culture et sera une référence incontournable dans l'étude des mystiques non chrétiennes.

Fondateur et directeur de la *Revue des Études Islamiques* à partir de 1928 (qui remplace la *Revue du Monde Musulman* où il avait été l'un des principaux rédacteurs), éditeur de *l'Annuaire du monde musulman*, fondateur de l'*Institut des études islamiques*, directeur d'études à l'E.P.H.E. de 1932 à 1953, président du jury de l'agrégation d'arabe, membre de l'Académie royale du Caire, de la Royal Asiatic Society et de l'Académie des sciences de l'U.R.S.S, Massignon fut au cœur de l'actualité islamologique européenne. Cependant, il mena toujours sa recherche loin des académismes, selon sa méthode propre : *pour comprendre quelque chose d'autre, ce n'est pas s'annexer la chose, c'est se transférer, par un décentrement, au centre même de l'autre*. Comme le souligna son successeur au Collège de France, Jacques Berque, « il était attiré par l'islam de la brûlure contre l'islam du commentaire et de la ratiocination ». D'où ses nombreuses études sur les traditions mystiques et eschatologiques, shi'ites, kharéjites, yezidies etc…ainsi que sur des figures à la destinée prophétique tels Fatima, Salman Pâk et les Sept Dormants de la sourate 18. Ouvrages scientifiques ou autres textes brillent d'un style châtié d'une rare qualité littéraire qui ne s'oublie pas.

Arabisant et bon connaisseur du terrain, le gouvernement français lui confia à plusieurs reprises des missions diplomatiques délicates relatives à la politique musulmane de la France: accords Sykes-Picot (1916) et Faysal-Clemenceau (1920), diverses enquêtes socio-politiques au Maghreb et au lendemain de la Deuxième guerre mondiale, tournée d'inspection dans tout le monde arabo-musulman pour le rétablissement de bonnes relations. Il se fit un honneur de placer ces hautes responsabilités sous le signe de la Parole donnée et de l'Hospitalité, dans le désir de voir la France rester fidèle à sa *vocation de grande puissance musulmane*. Aussi fut-il très critique envers sa politique coloniale et alerta, dès les années vingt, sur les conséquences néfastes qui en résulteraient : il prit alors l'engagement de *faire justice aux revendications musulmanes méconnues, à travailler à une entente loyale, civique et sociale avec les musulmans pour notre commun destin*. Lucide sur la détérioration de la situation en Algérie, il fonde en juin 1947, avec les parlementaires MRP André de Peretti et Jean Scelles, le *Comité chrétien d'Entente France-Islam*. Puis, en 1953, devant les violences perpétrées au Maroc et la déshonorante destitution du sultan, il suscite sous la présidence de François Mauriac, un

Comité moins marqué religieusement, le *Comité France-Mahgreb*, (assisté de G. Izard, C. A. Julien, R. Blachère) et n'épargne pas ses démarches en vue de la réhabilitation de Sidi Mohammed ben Youssef sur le trône – sous le nom de Mohammed V – et de la signature des traités d'indépendance (18 nov. 1955). En signe de reconnaissance, le roi lui remettra le *Grand Cordon de l'Ordre du Ouissam Alaoui*. Durant la guerre d'Algérie, qu'il qualifie dès le début de « fratricide », il multiplie les appels au respect mutuel et à la négociation par voie de presse ou de conférences. Il dénonce énergiquement l'utilisation de la torture par l'armée française et se soucie des soldats et officiers algériens en ses rangs. Il se rendit plusieurs fois devant la grande mosquée de Paris pour prier publiquement en expiation, et ne compta pas sa peine pour visiter régulièrement les détenus du FLN à la prison de Fresnes.

Cependant si Massignon s'impliqua surtout en Afrique du Nord, d'autres causes mobilisèrent son sens de l'hospitalité et de la justice : celle des personnes déplacées suite aux conflits internationaux pour lesquelles il demande en haut lieu l'instauration du droit d'asile et surtout celle des Palestiniens, chassés de leurs terres suite à la proclamation de l'État d'Israël qu'il n'admettra jamais. Il ira les rencontrer dans leurs camps et militera en faveur de l'internationalisation de Jérusalem. Provoqué par l'arbitraire de la condamnation de militants indépendantistes, il décide de leur venir en aide en créant le *Comité pour l'amnistie des prisonniers politiques d'Outre-mer* (17 févr. 1954), finira par obtenir la libération de quelques malgaches après avoir été sur place. Grand admirateur de Gandhi qu'il croisa à Paris en 1931, il présida *l'Association des amis de Gandhi* depuis 1954, et fervent adepte de sa théorie de la non-violence, ne cessa de prôner en tous les cas l'utilisation des « moyens pauvres », le jeûne, la prière et le pèlerinage.

Profondément croyant, il compte parmi les intellectuels chrétiens du début du XXᵉ siècle, tels ses amis Claudel et Maritain. Sa piété de converti, son attirance vers la mystique, sa dévotion pour les saints, particulièrement les stigmatisés (il éditera pendant une vingtaine d'années un petit bulletin dédié à *Anne Catherine Emmerick*), entretinrent chez lui une spiritualité de compassion réparatrice souvent incomprise. Cependant, il faut rappeler qu'on lui doit en grande partie la notoriété du P. de Foucauld qu'il connut intimement de 1909 à 1913, hésitant même à le suivre au désert. Il intervint en effet pour que paraisse sa biographie (René Bazin, *Charles de Foucauld, explorateur au Maroc, ermite au Sahara*, 1921), édita son *Directoire*, et fut approché comme conseiller par la plupart des fondations religieuses et séculières qui naquirent en son sillage. Il se montre attentif au sort des immigrés maghrébins, ouvriers (il participe aux *Équipes sociales* de Robert Garric en banlieue parisienne) ou intellectuels (étudiants, parmi lesquels le jeune marocain Mohammed Abd-el-Jalil le choisira comme parrain de baptême avant d'entrer chez les franciscains en 1930).

Artisan du dialogue interreligieux, il s'inspire de la figure d'Abraham, père de tous les croyants et regrette qu'il ne soit pas célébré dans l'Église. Dans les années trente, il convie ses collègues juifs à des partages bibliques. Avec Mary Kahil, égyptienne melkite, il promeut au Caire un centre islamo-chrétien, le *Dar el Salam* qui publia des *Cahiers* de haute tenue pendant plus de vingt ans. En 1947, il institue, avec autorisation canonique, une sodalité de prière reliant des chrétiens impliqués dans le monde musulman, la *Badaliya* (substitution) et les édifie par des réunions régulières et la publication de *Lettres annuelles*. Il s'y consacre totalement au point, quoique marié, de se faire ordonner prêtre dans l'Église grecque melkite, arabophone (28 janv. 1950). Pendant la guerre d'Algérie, il invite ce petit groupe à pratiquer régulièrement prières et jeûnes *pour une paix sereine entre chrétiens et musulmans*. La découverte au lieu-dit *Le Vieux-Marché* (Côtes d'Armor) d'une chapelle dédiée aux Sept Dormants d'Éphèse, sur lesquels il avait mené une exégèse approfondie parce que honorés dans le Coran 18, (*La Caverne*), le poussa à y organiser à partir de 1954 un *pèlerinage islamo-chrétien*, pèlerinage annuel qui n'a pas cessé depuis.

Il s'éteignit à Paris à la veille de la fête de la Toussaint 1962. Il a été inhumé dans le caveau de famille à Pordic (Côtes d'Armor).

ÉCRITS. *Tableau géographique du Maroc dans les quinze premières années du XVIᵉᵐᵉ siècle d'après Léon l'Africain*, Alger 1906. – *La Passion d'Al-Hallâj, martyr mystique de l'islam*, Paris, 1922, (rééd. Paris, 1975 et 1990) ; traduction anglaise par H. Mason, Princeton University Press, 1982. – *Essai sur les origines du lexique technique de la mystique musulmane*, Paris, 1922, 1954 (rééd. 1999). – *Enquête sur les corporations d'artisans et de commerçants au Maroc*, dans *Revue du monde musulman*, 58, 1924. – *Dîwân d'Husayn Mansûr Hallâj*, Paris, 1955 (rééd. Paris, 1981). – *Les trois prières d'Abraham*, Paris, 1928 (rééd. Paris, 1997).

Sa correspondance a également fait l'objet de plusieurs éditions. – *Claudel-Massignon (1908-1914)*, Paris, 1973 ; *(1908-1953) « braises ardentes, semences de feu »*, Paris, 2012. – *L'hospitalité sacrée (avec Mary Kahil)*, Bruyères-le-Châtel, 1987. – *L'aventure de l'amour de Dieu (avec Ch. de Foucauld)*, Paris, 1993. – *Autour d'une Conversion : lettres de Louis Massignon et de ses parents au Père Anastase de Bagdad*, Paris, 2004. – *Parrain et filleul, (avec J. M. Abd El-Jalil)*, Paris, 2007. – *Badaliya (lettres et convocations)*, Paris, 2011. – *Louis Massignon-Jacques Maritain, 1913-1962*, à paraître.

Ses articles ont été rassemblés une première fois par Y. Moubarac dans *Opera minora*, 3 t., Beyrouth, 1963 ; ce corpus fut repris, augmenté, annoté et présenté sous la direction de Ch. Jambet par F. Angelier, F. L'Yvonnet et Souâd Ayada dans *Écrits Mémorables*, 2 vol. (coll. Bouquins), Paris, 2009, avec une biographie : vol. I : p. XXIX-LXXX et bibliographie, vol. II, p. 941-997.

TRAVAUX. Outre de nombreuses notices dans les encyclopédies d'islamologie, il convient de citer : C. Drevet, *Massignon et Gandhi*, Paris, 1967. – *Massignon* (coll. Cahiers de l'Herne), Paris, 1970. – G. Harpigny, *Islam et christianisme selon Louis Massignon* (coll. Homo religiosus, 6), Louvain-la-Neuve, 1981. – V. M. Monteil, *Louis Massignon (1883-1962). Le linceul de feu*, Paris, 1987. – P. Rocalve, *Louis Massignon et l'Islam*, Damas, 1993. – H. W. Mason, *Massignon, chronique d'une amitié*, Paris, 1990 ; Id., *Memoir of a friend, L. Massignon*, Notre Dame (Ind.), 1988. – C. Destremau et J. Moncelon, *Louis Massignon, le « cheikh admirable »*, Paris, 1994. – M. L. Gude, *Louis Massignon : The Crucible of compassion*, Notre Dame (Ind.), 1996. – J. Keryell, *Louis Massignon et ses contemporains*, Paris, 1997. – *Louis Massignon au cœur de notre temps*, Paris, 1999. – P. Laude, *Massignon intérieur*, Lausanne, 2001. – D. Massignon, *Le voyage en Mésopotamie et la conversion de Louis Massignon en 1908*, Paris, 2001. – F. Jacquin, *Louis Massignon, hôte de l'Étranger*, Marseille, 2016. – Bulletin de l'*Association des Amis de Louis Massignon* (23 nᵒˢ de 1994 à 2013).

F. JACQUIN

Jules Monchanin, photo tirée d'*Église vivante*, t. 10/1,
Paris-Louvain, 1958.

MONCHANIN (Abbé Jules), prêtre diocésain, Lyon et Tiruchirappalli (1895-1957).

L'abbé Monchanin eut un grand rayonnement au lendemain de la guerre, inaugurant par ses prédications lyonnaises antérieures et sa vie d'ermite en Inde, une nouvelle conception des relations entre l'Église, les cultures et les religions.

Il naquit le 10 avr. 1895, à Fleurie en Beaujolais, dans une famille de négociants viticulteurs. Son enfance maladive se déroula au village entre sa mère et sa sœur, instruit par quelques précepteurs. Curieux de tout, il lit beaucoup et se sent être appelé à servir Dieu sans supposer une formation particulière. Toutefois, en 1911, il entre au petit séminaire Saint-Jean-de Leidrade à Lyon puis, en 1913, au grand séminaire de Francheville. Réformé pendant la guerre, il est requis pour remplacer les professeurs mobilisés dans différentes écoles cléricales (dont le collège Saint Joseph de Roanne). Très individualiste, il développe des convictions pacifistes et internationalistes. Ordonné prêtre en 1922, il se fait violence pour prononcer le serment antimoderniste. Destiné par ses supérieurs au professorat, il entreprend une thèse sur *La notion théologique de membre de l'Église* mais y renonce au bout de quelques mois craignant de ne pouvoir mener son travail en toute liberté. Il demande alors d'« aller au peuple ». Nommé vicaire dans le bassin houiller de Saint-Étienne, à La Ricamarie (1924-1925), brutalement confronté au monde de la mine, de la misère et de la maladie, il adhère aux combats ouvriers. Sa prise de parole lors d'un meeting communiste avec Paul Vaillant-Couturier lui vaut un rappel immédiat à Lyon.

Vicaire à Saint-Maurice de Monplaisir (1925-1930) puis à Saint-Vincent (1930-1932), il s'affirme « apôtre aux frontières », convaincu qu'*aucune zone ne doit rester en dehors du Christ. [...] L'Église ne sera totale, que lorsqu'elle aura incorporé toutes les civilisations, toutes les richesses culturelles et spirituelles du monde entier.* Paroles vite remarquées par les acteurs du renouveau du catholicisme lyonnais, notamment par le P. de Lubac qui deviendra un ami intime et fervent admirateur. Il est ainsi amené à intervenir dans divers domaines : *liturgique*, auprès du P. Laurent Remillieux, curé de Notre-Dame-Saint-Alban, *intellectuel*, à la Société lyonnaise de philosophie, où ses communications sur « Le problème de l'Un dans le Multiple » (1931) et « Mystique comparée » (1934) font date, au Groupe d'études médicales, philosophiques et biologiques du Dr. Joseph Biot où il est conseiller théologique, œcuménique avec l'abbé Paul Couturier qu'il seconde aux premières Semaines de prière pour l'Unité des chrétiens avec de surprenantes conférences sur le judaïsme (1935) et l'islam (1936), *missiologique*, promoteur de l'« incorporation » aux cultures et dénonciateur des abus du colonialisme, *interreligieux*, initiateur de rencontres entre juifs et chrétiens qui le conduisent à seconder Louis Massignon au cercle judéo-catholique de Paris (1936-1939).

Depuis sa grave pneumonie (1932) au cours de laquelle il fait le vœu, s'il guérissait, d'aller servir aux Indes, il assure diverses aumôneries, suit des cours de sanscrit à l'Université et répond à de nombreuses demandes de conférences (le jeune Louis Althusser note en sortant de l'une d'elle : « que cela nous fait du bien, comme j'ai besoin de me retremper dans ce christianisme fort et beau et universel »). Il reçoit enfin en 1938 , de Mgr Pierre Gerlier, la permission de quitter son ministère à Lyon. Afin de faciliter son incardination dans un diocèse indigène, il entre à la SAM (Société des Auxiliaires des Missions fondée par le P. Vincent Lebbe, à Louvain). Au printemps 1939, Mgr James Mendonça, évêque de Tiruchirappalli au Tamil Nadu, se montre prêt à le recevoir. Mais parlant mal l'anglais et pas du tout le tamoul, affichant une indécente sympathie pour l'hindouisme, Monchanin est relégué au service de curés de pauvres paroisses rurales. L'épreuve de cette immersion au dernier échelon du clergé indien redoublera avec l'angoisse de la Deuxième guerre mondiale qui imposera une coupure de quatre ans avec la France occupée.

Au lendemain des conflits, Mgr Mendonça le requiert comme secrétaire-interprète pour sa visite *ad limina* à Rome (hiver 1946-1947). Outre le bonheur de revoir tous les siens et amis, ce retour inespéré lui permet d'expliciter son grand projet missionnaire mûri par six années de réflexion (notamment à Paris, à l'Institut de civilisation indienne, à la revue *Dieu Vivant* et Lyon, à l'Institut Catholique de Lyon): la fondation d'un ashram *afin de repenser toute l'Inde en chrétien et le christianisme en indien*, se mettant à l'écoute de maîtres hindous pour tenter *la greffe de la Révélation telle que les pères grecs l'ont faite sur la pensée hellénique.*

Cet audacieux dessein ne put prendre corps qu'en 1948, grâce à l'arrivée du jeune bénédictin Henri Le Saux (1905-1973) venu le rejoindre. Au printemps 1949, les deux hommes s'installent au *Shantivanam* (bois de la paix) près de Kulitalaï dans un humble *ashram* dédié au *Saccidananda*, vocable sacré de la tradition hindoue désignant l'Absolu comme Être, Pensée, Béatitude, lointaine évocation de la Trinité. Ils prennent alors l'état de *sannyasa* (voie de renoncement), adoptent des noms sanscrits (Monchanin, *Parama Arubi Ananda*, « Celui qui met sa joie dans le Sans-Forme » et Le Saux, *Abhishiktananda*, « Celui qui met sa joie dans l'Oint »), suivent le régime de vie des ascètes du pays, rédigent une Règle en anglais, *An indian benedictine ashram* qui s'étoffera quelques années plus tard, dans le volume, en français, *Ermites du Saccidananda* (Tournai-Paris, 1956). Ce pauvre lieu se veut ouvert à tous les « chercheurs de Dieu », désireux d'accueillir des disciples afin de de susciter un dialogue spirituel intra-religieux. Mais le propos jugé « archaïsant » ou « syncrétiste » n'attire guère les candidats, indiens comme européens. L'entreprise semble sans avenir et le P. Le Saux, séduit par l'enseignement de gourous renommés, partira en 1956 pour le Nord de l'Inde dans l'espoir de faire revivre le Shantivanam.

Si, dans son désert, Monchanin intériorise toujours plus son idéal d'échange spirituel et intellectuel, son héroïque expérience ne passe pas inaperçue des milieux francophones de Pondichéry (lycée et Institut français d'indologie, où il donne quelques communications d'indianisme) ; ni même de l'Église de l'Inde qui l'invite pour son séminaire sur *Indian culture and the Fullness of Christ* (Bangalore, décembre 1956). Hélas, cette fructueuse promesse de collaboration, signe avant-coureur de Vatican II restera sans lendemain car sa santé délabrée exige, contre son vœu, un rapatriement urgent en France. Moins d'un mois après son retour, il décède à l'hôpital Saint-Antoine (Paris, 10 oct. 1957). Après des obsèques célébrées à Saint-Séverin où se presse une foule nombreuse, il est inhumé dans le cimetière de Bièvres (Essonne) où un ami achète une concession.

ÉCRITS. *L'Église et la pensée indienne*, dans *Bulletin des Missions*, 4, 1936, p. 254-257. – *Islam et Christianisme*, *Ibid.*, 17, 1938, p. 10-23. – *La spiritualité du Désert*, dans *Dieu Vivant*, 2, 1945, p. 47-52. – *L'Inde et la contemplation*, *Ibid.*, 3, 1945, p. 13-42. – *Religions et civilisations indiennes*, dans *Recherches de Science Religieuse*, 35, 1948, p. 618-636. – *Le temps selon l'hindouisme et le christianisme*, dans *Dieu Vivant*, 14, 1949, p. 111-120. – *Théologie et mystique du Saint Esprit*, *Ibid.*, 23, 1949, p. 69-76. – Avec H. Le Saux, *An Indian Benedictine Ashram*, Tiruchirappalli, 1951. – *La pensée de Sri Aurobindo*, dans *Église Vivante*, 3, 1952, p. 312-336. – *De l'esthétique à la mystique*, Tournai-Paris, 1955. – *Ermites du Saccidananda, un essai d'intégration chrétienne de la tradition monastique de l'Inde*, Tournai-Paris, 1956. – *Yoga et hésychasme*, dans *Institut français d'indologie, Entretiens, 1955*, p. 2-20 ; *Apphatisme et Apavada*, *Ibid.*, p. 23-34.

Une partie de sa correspondance a aussi été éditée. – *Lettres à sa mère*, Paris, 1989. – *Lettres au P. Le Saux*, Paris, 1995. – *Une amitié sacerdotale, lettres à Duperray*, Bruxelles, 2003. – *Le monde à sauver, lettres d'amitiés spirituelles*, Paris, 2018.

TRAVAUX. *L'abbé Jules Monchanin*, Tournai-Paris, 1960. – *Écrits spirituels*, Paris, 1965. – H. de Lubac, *Images de l'Abbé Monchanin*, Paris, 1967. – *Monchanin, Jules*, dans M. Viller et Ch. Baumgartner (éd.), *Dictionnaire de Spiritualité*, t. X, col. 1618-1619. – *Mystique de l'Inde, mystère chrétien* (reprise de nombreux articles), Paris, 1974 (rééd. Saint-Clément-de-Rivière, 1999). – *Théologie et spiritualité missionnaires*, Paris, 1985. – *Jules Monchanin (1895-1957). Regards croisés d'Occident et d'Orient. Actes du Colloque du Centenaire*, Lyon, 1996. – F. Jacquin, *Jules Monchanin, prêtre 1895-1957*, Paris, 1996 ; Ead., *L'abbé Monchanin. À l'écoute d'un prophète contemporain*, Paris, 2012. – Y. Vagneux, *Co-esse. Le mystère trinitaire dans la pensée de Jules Monchanin – Swâmi Paramârûbyânanda (1895-1957)* (coll. Sed contra), Paris, 2015.

F. JACQUIN

O'FLANAGAN (Michael), né Michael Flanagan, en irlandais Mícheál Ó Flannagáin, prêtre du diocèse d'Elphin, homme politique républicain et activiste social (1876-1942).

Né le 13 août 1876 à Kilkeevan, dans le comté de Roscommon (ouest de l'Irlande), de Edward Flanagan et Mary Crawley, petits agriculteurs bilingues (irlandais et anglais), il fit ses études primaires au *National School* (école primaire publique) de Cloonbonniffe. À l'âge de 14 ans (1890), il entra au Summerhill College, le petit séminaire du diocèse d'Elphin à Sligo, et il fut admis au grand séminaire national, Saint Patrick's College (Maynooth), quatre ans plus tard, en 1894. Il fut ordonné prêtre à Sligo le 15 août 1900.

Pour son premier poste, il fut nommé professeur d'irlandais à Summerhill College (1900-1912), où il commença vers la fin de cette période à s'intéresser, comme tant d'autres de sa génération, à la régénération de la langue irlandaise en tant que principe d'une renaissance nationale culturelle et politique. Il entra dans la *Gaelic League*/*Conradh na Gaeilge* (la Ligue gaélique), l'organisation-clé du *Gaelic Revival* (renaissance gaélique) qui deviendra bientôt un des principaux facteurs dans l'essor du nouveau républicanisme irlandais, et fut membre du comité permanent national de la Ligue à plusieurs reprises dans les années 1910. Son activisme gaélique lui inspira d'épeler son nom avec un préfixe (O'Flanagan), ou même en gaélique. Un autre vecteur de son activisme naissant fut le coopérativisme agricole, favorisé fortement par le parti *Home Rule* (le mouvement nationaliste constitutionnel), mais également par son évêque, Mgr John Clancy (1895-1912). O'Flanagan devint un membre actif de l'*Irish Agricultural Organisation Society* (Société Irlandaise de l'Organisation Agricole). En outre, il préconisa le transfert des terres vouées au pâturage extensif aux petits fermiers pour le labourage, s'inscrivant ainsi dans une longue tradition d'agitation rurale irlandaise.

Ses talents oratoires lui valurent plusieurs missions à l'étranger, comme l'invitation à prêcher des retraites d'avent (1912) et de carême (1914) à San Silvestro in Capite, l'église des anglophones à Rome, ainsi que de longues tournées de collecte de fonds aux États-Unis pour des causes diverses, comme le développement rural irlandais, la Ligue gaélique, et plus tard, le parti républicain du *Sinn Féin*. Ces fréquents voyages restèrent un aspect important de sa vie et furent un témoignage des liens qui existaient entre les mouvements culturels et politiques irlandais – et l'église catholique irlandaise – et le reste du monde anglophone.

En 1912, il fut nommé prêtre assistant dans la paroisse de Roscommon, ce qui ne l'empêcha pas d'aller soutenir des dockers grévistes dans le port de Sligo en 1913. Après deux ans, il fut transféré à Cliffoney et Grange, une paroisse côtière au nord du comté de Sligo, où il fut nommé vicaire. L'accession en 1913 au siège d'Elphin de Mgr Bernard Coyne (1913-1926), plus méfiant vis-à-vis du nationalisme avancé de la nouvelle génération que son prédécesseur, ne fut pas de bon augure pour O'Flanagan, et selon l'historien Patrick Maume, les rapports difficiles qu'ils entretinrent furent une cause principale des difficultés presque permanentes qu'O'Flanagan connut avec les autorités ecclésiastiques à partir de ce moment-là.

Ce fut pendant ces quelques mois à Cliffoney et Grange qu'O'Flanagan commença à se manifester comme activiste plutôt radical. D'abord il critiqua dans un journal local la suspension, à cause de la Première guerre mondiale, de la répartition des terres, demande centrale du nationalisme irlandais depuis les années 1850, et il organisa une campagne pour revendiquer le droit de la population de sa paroisse d'utiliser la tourbière pour leurs besoins propres. Il se forgea une réputation nationale durant l'été 1915 quand il fut invité à prononcer une oraison pendant l'exposition en chapelle ardente de la dépouille de Jeremiah O'Donovan Rossa (1851-1915), ancien leader fénien (mouvement républicain militant), dont les funérailles furent une grande manifestation de la nouvelle milice républicaine des *Irish Volunteers*.

Transféré à cause de ses activités à la paroisse isolée de Crossna (comté de Roscommon), ses anciens paroissiens à Cliffoney et Grange protestèrent en déniant l'accès à son successeur, mais Mgr Coyne rétablit vite son autorité. À Crossna, O'Flanagan continua son activisme républicain. Il devint un conférencier recherché aux réunions publiques républicaines, et un auteur prolifique d'articles sur des thèmes antibritanniques et anti-'ranching' dans des journaux nationaux. Ses contributions à la pensée républicaine ne furent pas sans originalité, comme l'attesta son soutien en 1916 à des propos pour la partition de l'Irlande, qu'il considérait comme le seul moyen de réconcilier les revendications des nationalistes avec ceux des unionistes de la province d'Ulster.

O'Flanagan était devenu membre de l'exécutif du parti nationaliste – mais pas encore républicain ou même séparatiste – *Sinn Féin* en 1910. Comme la plupart des membres de ce parti, il n'était pas au courant des préparatifs pour l'Insurrection de Pâques 1916, mais il joua un rôle important dans le regroupement du mouvement républicain après la répression de cette insurrection et l'exécution de ses dirigeants. Il contribua beaucoup à organiser la campagne électorale d'un séparatiste dans la circonscription de Roscommon-Nord pour une élection partielle en février 1917. Cet épisode aida beaucoup à revitaliser le républicanisme après les « Pâques sanglantes » de 1916 et présagea le remplacement l'année suivante du parti *Home Rule* par le *Sinn Féin* renouvelé, républicain et séparatiste cette fois.

O'Flanagan fut élu vice-président du *Sinn Féin* après la reconstitution du parti en octobre 1917. Mgr Coyne devint de moins en moins tolérant envers ses activités politiques, qui heurtaient les fidélités plus 'homerulistes' de beaucoup de curés et évidemment encore plus les sensibilités des autorités civiles, et il lui interdit à plusieurs reprises de prendre la parole dans des réunions publiques. Cependant, après l'arrestation de la plupart des dirigeants du parti en mai 1918 (y compris

le président, Eamon de Valera, mais à l'exclusion d'O'Flanagan grâce à son état clérical), la direction du parti incomba entre autres à O'Flanagan. Comme leader de fait du *Sinn Féin* en pleine campagne électorale, il est difficile d'imaginer comment il aurait pu obéir aux désirs de son évêque, et sa suspension *a divinis* s'ensuivit inévitablement en mai 1918.

Son travail énergique de campagne et de propagande contribua à la victoire du *Sinn Féin* aux élections générales de décembre 1918 et à l'établissement d'un parlement républicain (*Dáil Éireann*) à Dublin en janvier 1919. Cependant, O'Flanagan ne put empêcher l'éclipse du parti par les hommes armés des *Irish Volunteers*, une évolution qui se poursuivit après le commencement en 1919 d'une guérilla par l'Armée républicaine irlandaise (IRA) contre la police et les forces britanniques. O'Flanagan, quoique suspendu et bien que vice-président du *Sinn Féin*, intervint comme aumônier aux séances du *Dáil*, et ce fut peut-être cette circonstance qui convainquit Mgr Coyne de lever sa suspension à l'été 1919, en le nommant vicaire à Roscommon.

Cette nomination marqua le sommet de l'influence politique d'O'Flanagan, qui continua ses activités pour le *Sinn Féin* et le *Dáil*, mais dans une situation où l'IRA leur faisait de plus en plus de l'ombre. Bien que sa vie fût menacée par les membres des forces de l'ordre pendant la guerre d'Indépendance de 1919-1921 (son biographe Denis Carroll a supposé qu'il portait une arme sur lui à cause de cela), il s'opposa aux actes de violence commis par l'IRA. Il perdit la confiance de beaucoup de républicains en décembre 1920, quand il prit l'initiative auprès du premier ministre britannique David Lloyd George (1863-1945) d'entamer des négociations de paix au moment où cela ne pouvait que démontrer la faiblesse du camp républicain.

En novembre 1921, il partit aux États-Unis pour une tournée de récolte de fonds qui se prolongea jusqu'en 1925, et qui inclut également un voyage en Australie en 1923, où il fut arrêté et déporté à cause de son soutien envers les républicains opposés au Traité anglo-irlandais de 1921 et à l'État libre d'Irlande qui en était le résultat. À son retour en Irlande en 1925, Mgr Coyne le suspendit de nouveau, et il vécut dès lors principalement à Dublin, mis à part de fréquentes tournées de conférences aux États-Unis qui étaient aussi une façon d'augmenter ses modestes revenus.

Quand le chef des républicains opposés à l'État libre, de Valera, proposa en 1926 d'abandonner l'abstentionnisme et d'entrer dans le *Dáil*, O'Flanagan s'y opposa. Cette décision fut le début d'une longue et infructueuse période à la tête du parti 'croupion' du *Sinn Féin*, alors que la majorité des membres passèrent – sous le nom de *Fianna Fail* – à un brillant futur dans le système démocratique de l'État irlandais. Pendant ce temps, O'Flanagan soutint de nombreuses causes radicales et gauchistes – comme par exemple celle des républicains durant la Guerre civile espagnole (1936-1939) – et critiqua à l'oral comme à l'écrit les pouvoirs établis de tout genre, y compris celui du pape Pie XI.

Il se montra créatif pour soulager sa situation financière précaire, et fut entre autres l'inventeur de techniques de conservation de la chaleur et de lunettes de protection. Il se vit également contraint d'accepter parfois des commissions du gouvernement non reconnu pour des travaux scientifiques, comme par exemple quand il écrivit des manuels scolaires en gaélique sur l'histoire des divers comtés. Quand il fut élu président du *Sinn Féin* en 1933, quelques membres doctrinaires s'opposèrent à lui pour cette raison, et sa participation en 1936 aux commémorations de l'établissement du *Dáil* organisé par l'État entraîna son expulsion du parti.

Le successeur de Mgr Coyne, Mgr Edward Doorly (1926-1950) lui accorda la permission de célébrer la messe en privé, mais ce ne fut qu'en 1939 que sa suspension fut définitivement levée, par la médiation du nonce apostolique à Dublin, Mgr Paschal Robinson, OFM (1870-1948), qui l'avait déjà protégé auparavant contre des mesures romaines plus sévères. O'Flanagan devint recteur des carmélites déchaussées à Kilmacud à Dublin, et il mourut dans cette ville le 7 août 1942. Il fut inhumé au cimetière de Glasnevin le 10 août 1942.

ÉCRITS. *Irish Phonetics*, Dublin, 1904. – *The Non Catholic Mission Movement in the U.S.*, dans *The Irish Ecclesiastical Record*, 22, 1907, p. 349-356. – *Father O'Flannagan's suppressed speech*, s.l., [1918]. – *Co-Operation*, Baile Átha Cliath, 1922. – *Church and Politics. Should Governor Alfred E. Smith be Excommunicated for his Letter to Marshall*, New York, 1927. – [éd.], *Letters containing Information relative to the Antiquities of the County of [Armagh, Cavan, Clare, Donegal, Kerry, Kildare, Leitrim, Limerick, Londonderry, Louth, Mayo, Meath, Monaghan, Roscommon, Sligo]. Collected during the Progress of the Ordnance Survey in [1834-1841]*, Bray et Dublin, 1927-1934. – *The Strength of Sinn Féin. The Presidential Address delivered by the Rev. Michael O'Flanagan at the Annual Ard-Fheis of Sinn Féin, 14th October, 1934*, Dublin, 1934. – *Ros Comáin*, Baile Átha Cliath, 1938. – *Muineachán*, Baile Átha Claith, 1940. – *Ciarraighe*, Baile Átha Cliath, 1941. – *Ceatharlach*, Baile Átha Cliath, 1942. – *Sligeach*, Baile Átha Cliath, 1944.

SOURCES. UCD Archives, Dublin, Papiers Eamon de Valera, Mary MacSwiney et George Noble Plunkett. – Papiers de J. J. O'Kelly (collection privée). – Bureau of Military History, Dublin, dépositions de plusieurs témoins.

TRAVAUX. D. Greaves, *Father Michael O'Flanagan ; Republican Priest. The Story of his Life with Extracts from his Speeches*, London, 1954. – B. P. Murphy, *Patrick Pearse and the Lost Republican Ideal*, Dublin, 1991. – D. Carroll, *They have fooled you again. Michael O'Flanagan (1876-1942). Priest, Republican, Social Critic*, Dublin, 1993. – M. Laffan, *The Resurrection of Ireland. The Sinn Féin Party 1916-1923*, Cambridge, 1999. – P. Maume, *The Long Gestation. Irish Nationalist Life, 1891-1918*, Dublin, 1999; Id., *O'Flanagan, Michael*, dans *Dictionary of Irish Biography*, Cambridge-Dublin, 2017 (en ligne). – P. Murray, *Oracles of God. The Roman Catholic Church and Irish Politics, 1922-37*, Dublin, 2000. – J. aan de Wiel, *The Catholic Church in Ireland 1914-1918. War and Politics*, Dublin-Portland, 2003. – M. Patton et T. G. McMahon, *The Dynamics of the Clerical-Lay Relationship in the Roscommon Gaelic League*, dans *Éire-Ireland*, 48, 3-4, 2013, p. 129-54. – M. Finnane, *Deporting the Irish Envoys : Domestic and National Security in 1920s Australia*, dans *The Journal of Imperial and Commonwealth History*, 41/3, 2013, p. 403-425. – B. Heffernan, *Freedom and the Fifth Commandment. Catholic Priests and Political Violence in Ireland, 1919-21*, Manchester, 2014.

B. HEFFERNAN

ONCLIN (Willy), prêtre, juriste et canoniste (1905-1989).

Willy Onclin fut non seulement un prêtre exemplaire et un juriste chevronné, mais aussi un canoniste

Willy Onclin, photo obtenue grâce à l'abbé Guido Cooman (Kulak) et au prof. Laurent Waelkens, Faculté de droit canonique de la KU Leuven, avec tous nos remerciements.

d'envergure mondiale appelé à relever d'importants défis concernant l'avenir du Peuple de Dieu : en particulier, le concile Vatican II et la réforme du Code de droit canonique. Sa carrière universitaire, liée à l'Université catholique de Louvain, s'est ainsi doublée d'un travail considérable effectué au service direct de l'Église dans la *Città eterna*.

I. SA FORMATION ET SA CARRIÈRE À L'UNIVERSITÉ CATHOLIQUE DE LOUVAIN. – Né le 22 févr. 1905 dans la commune de Hamont, située dans la province flamande du Limbourg (Belgique), il s'éteignit le 15 juil. 1989 dans sa demeure à Heverlee-Leuven. Après des études à l'école communale de Val-Meer, où il habitait depuis 1907, il fit ses humanités classiques au petit séminaire de Saint-Trond, puis sa théologie au grand séminaire de Liège. Précisons qu'à l'époque, le diocèse de Liège s'étendait encore sur le territoire qui relève à présent du diocèse de Hasselt (érigé en 1967). Le 7 avr. 1929, Onclin est ordonné prêtre par Mgr Louis-Joseph Kerkhofs, évêque de Liège (sur celui-ci, cf. *DHGE*, t. 28, col. 1302-1307).

Il débute alors sa préparation à une brillante carrière académique à l'Université catholique de Louvain. En 1932, il obtient son doctorat en droit canonique. Deux ans plus tard, il devient aussi docteur en droit, puis, en 1938, maître en droit canonique. La thèse soutenue lui valut l'année suivante un prix interuniversitaire ; elle s'intitule : *De territoriali vel personali legis indole. Historia doctrinae et disciplina Codici iuris canonici* (Gembloux, 1938, XXIV-390 p.). Après avoir donné cours au grand séminaire de Liège (1932-1934), il entame en 1937 son enseignement universitaire à Louvain par une matière portant sur la théorie générale de l'État (au Département de sciences politiques et sociales). Il poursuit sa formation juridique, canonique et civile, à la Rote romaine, puis à l'*Akademie für Deutches Recht* de Munich.

En 1938, il est nommé professeur ordinaire à la Faculté de droit canonique de Louvain. Il succède ainsi au chanoine Alfons Van Hove – célèbre historien du droit canonique, mais aussi fin connaisseur du droit ecclésial en vigueur, comme en témoignent ses volumes du *Commentarium Lovaniense*. Il y réalisera sa carrière sans discontinuité, jusqu'en 1975, où il sera atteint par l'âge de la retraite.

Plusieurs centaines d'étudiants provenant des divers continents suivirent ses cours de droit canonique qui, en général, étaient ouverts à des étudiants d'autres facultés. Il enseignait normes générales, histoire du droit, droit matrimonial, Église et État, de même que théologie du droit canon. Polyglotte, il donnait cours en latin, en français, en néerlandais (à partir de l'ouverture de la section néerlandaise de l'Université catholique de Louvain, puis, à plus forte raison, suite à la scission en deux universités autonomes) ainsi qu'en anglais. Il ne perdait jamais de vue la nécessité d'intégrer harmonieusement les institutions canoniques dans l'histoire qui les a vues naître, pas plus qu'il ne négligeait la perspective de foi et l'éclairage théologique et ecclésiologique qui leur conférait leur véritable signification. Il ne craignait pas d'engager des discussions avec ses étudiants. Il était doté d'une jovialité et d'un sens de l'humour qui s'alliait à son réalisme naturel. Ses amis appréciaient sa convivialité et connaissaient sa rare habileté à identifier les meilleurs vins.

Dans le même temps, Onclin enseignait également aux juristes civils. Il forma ainsi à Louvain de nombreuses générations de juristes belges, néerlandophones et francophones. Non seulement lors de cours de type d'introductif (encyclopédie du droit, introduction aux sources, introduction au droit civil), mais aussi par des enseignements plus techniques comme le droit constitutionnel et le droit administratif, cours qu'il dispensera en 1944-1945 en remplacement du professeur Frans Brusselmans. Voilà qui permet de mieux apprécier la qualité et l'étendue de la formation juridique qu'il a pu acquérir. Cette expérience constituait une préparation idéale pour « flairer » les questions que les canonistes allaient devoir aborder ultérieurement dans un monde de plus en plus sécularisé et juridicisé.

Un mot sur sa production scientifique (1932-1985). Sa bibliographie, complète, mais inachevée (jusqu'en 1974), se trouve dans le *Liber Amicorum* (XV-XXII) ; tandis que sa bibliographie chronologiquement achevée, mais allégée des recensions, actes académiques, rapports parus dans *Communicationes* et chroniques des actes du Saint-Siège, figure dans le *Repertorium* (21-24). Plusieurs enseignements peuvent être tirés de son œuvre. D'abord, son apport doctrinal, novateur et stimulant à plus d'un titre, ne prend pas la forme d'abondants traités, voire de recueils d'articles, propres à divulguer ses idées sous la forme de thèses précises. Ses notes de cours pour étudiants, qui sont généralement restées au stade d'un modeste *pro manuscripto* (et dès lors ne figurent pas dans sa bibliographie), ne sont cependant pas dépourvues d'intérêt. Le nombre impressionnant d'études parues tout au long de sa carrière dans des revues ou des ouvrages collectifs impose le respect. Il

est également frappant de constater qu'il aborde des sujets juridiques variés, historiques ou concernant le droit en vigueur, tant dans l'ordre canonique que relatifs au domaine séculier. À côté du caractère international de ses publications, sa collaboration assidue avec la revue *Ephemerides Theologicae Lovanienses* mérite d'être soulignée ; il en était membre du conseil de rédaction depuis 1940. Il publia de nombreux rapports concernant l'état des travaux de la révision du Code, dont nous parlerons plus loin. Il dirigea pas moins de 18 thèses doctorales en droit canonique, notamment celles de Paul Theeuws, Gérard Fransen et Luc De Fleurquin. Toujours sur le plan académique, il était loin de se borner à ses activités louvanistes, comme l'atteste son séjour de quatre mois en 1947 en tant que *visiting professor* dans les Facultés de droit et de droit canonique de l'Université de Laval (Québec). De 1959 à 1966, il fut aussi professeur extraordinaire à l'Université catholique de Nimègue (Nijmegen), où il enseigna l'histoire du droit canonique.

Avant de refermer le volet louvaniste, il y a lieu de mettre en relief la forte déception que suscita la déchirure de l'Université catholique de Louvain chez ce véritable universitaire qui se caractérisait précisément par son ouverture d'esprit, sa maîtrise des langues, ainsi que son appartenance aux deux sections linguistiques de l'université unitaire, puis des deux universités (Université catholique de Louvain et Katholieke Universiteit Leuven). Le fait que, malgré la scission de l'*Alma Mater*, la possibilité de maintenir un enseignement unitaire de droit canonique ait été sérieusement envisagé n'est sans doute pas tout à fait étranger aux souhaits de Mᵍʳ Onclin. Mais cette idée ne prospéra pas. Quelques décennies plus tard, il fallut bien constater un progressif déclin de l'enseignement du droit canonique à Louvain-la-Neuve. Actuellement, à Leuven, subsiste la Faculté spéciale de droit canonique. Elle compte une section néerlandaise et une section anglaise et organise annuellement la *Monsignor W. Onclin Chair*. À Louvain-la-Neuve, la formation en droit canonique en langue française a fonctionné à tous les effets (dans le cadre de la Faculté de Théologie et de droit canonique) donnant lieu notamment à de nombreuses thèses doctorales. Depuis la suspension de la Faculté pour des motifs économiques, l'enseignement du droit canonique a été réduit aux seules exigences établies en la matière par les programmes de théologie, sciences religieuses et droit des religions.

II. Sᴀ ᴄᴏɴᴛʀɪʙᴜᴛɪᴏɴ ᴀᴜ ᴄᴏɴᴄɪʟᴇ Vᴀᴛɪᴄᴀɴ II. – La stature de Mᵍʳ Onclin n'atteindra son total déploiement qu'avec le Concile, puis avec la réforme du CIC 1917. Ce volet commence dès 1958, année où il devient membre de la Commission préparatoire du Concile (*De disciplina cleri et populi christiani*). De 1962 à 1965, il intervient également comme expert dans les commissions *De episcopis et diœcesium regimine* ainsi que *De seminariis, de studiis et de educatione catholica*. Cela lui valut de participer à la rédaction des décrets *Presbyterorum Ordinis* et *Optatam totius*. Les retouches qu'il apporta au texte original de la constitution dogmatique *Lumen Gentium*, préparé par son compatriote Mᵍʳ Gérard Philips – il le rencontrait régulièrement au Collège belge, de même que le chanoine Gustave Thils – sont loin d'être négligeables. Mais les historiens de Vatican II ont surtout souligné le rôle déterminant qu'il a joué en sa qualité de secrétaire de la Commission en charge de la rédaction du décret *Christus Dominus* : « bourreau de travail (…) [il] fut en quelque sorte le Philips de ce décret » (Cl. Soetens, *Vatican II…*, p. 172-173 ; pour plus de détails *vide* J. Grootaers, *Willy Onclin et sa participation…*, p. 420-455). Faisant équipe avec Mᵍʳ Pierre Veuillot, le canoniste de Louvain n'avait pas son pareil pour rédiger en excellent latin des textes conciliant les points de vue discordants sans perdre le cap fixé, expliciter des passages contestés ou amender des formules qui pouvaient prêter à des malentendus. Le schéma Veuillot-Onclin, qui visait à s'inspirer davantage du schéma *De Ecclesia*, fut décisif et la défense du texte fut remarquable. Au long de ces années, il fit preuve de réalisme, de franc-parler et de loyauté, et il conserva son sang-froid en toute circonstance. Après le Concile, il poursuivit sa collaboration comme membre de la Commission chargée de l'exécution des décrets.

III. Sa participation au processus de réforme du Code. – L'étape la plus significative de la vie du professeur sexagénaire était encore à venir : le 14 nov. 1965, Paul VI le nomme secrétaire adjoint de la Commission pontificale chargée de la révision du Code de droit canonique. Il fut ainsi proche collaborateur du card. Pericle Felici. Un secrétaire adjoint n'est pas un simple sous-secrétaire, tenait-il à préciser : les 17 ans qu'il consacra utilement à cette tâche lui permettront d'illustrer cette nuance. Certains auteurs ont tenté de rendre compte des désagréments que pouvaient représenter pour lui ces navettes mensuelles entre Rome et Louvain, ces séjours de travail intense venant s'ajouter à ses activités académiques normales. Outre sa compétence juridique, sa capacité de jeter des ponts entre des catégories canoniques parfois un peu figées et certaines idées novatrices portées par le souffle conciliaire, son aptitude à relier le centre et la périphérie, ainsi que sa connaissance du latin et des principales langues vernaculaires, faisaient de lui une cheville ouvrière dans le processus de réforme du Code. Ses nuits s'en trouvaient parfois raccourcies. On a chiffré à plusieurs centaines le nombre des réunions de travail tenues pour préparer les plus de 1700 canons. Nombre d'entre eux, dans plusieurs parties du CIC, ont été rédigés de sa main ou, à tout le moins, portent sa marque. Ses archives – le professeur Constant Van de Wiel les a ordonnées et répertoriées et on peut les consulter à Leuven (*cf. Repertorium…*) – contiennent de nombreux textes inédits prouvant ses nombreuses prises de position. De plus, il lui arrivait souvent de répondre par écrit à ces questions pour lui-même, sans se soucier de donner une notoriété à ces réflexions juridiques. On se souviendra notamment de son intéressante contribution à la *Lex Ecclesiæ Fundamentalis* destinée à protéger les droits fondamentaux des fidèles : chère aux canonistes qui saisissaient les avantages dont l'Église et son droit pourraient bénéficier suite à l'adoption d'une constitution, non seulement matérielle, mais aussi formelle. Mais ce projet, sans doute trop novateur pour un contexte ecclésial devenu « frileux » par rapport à tout ce qui pouvait évoquer le moindre soupçon de « juridisme », fut finalement jugé immature et reporté *sine die*.

La fonction du secrétaire adjoint comprenait aussi le traitement des nombreuses réactions, parfois critiques, et des propositions de diverses provenances : évêques, conférences des évêques et experts du monde entier. Le travail diligent effectué par Onclin contribua à augmenter sa reconnaissance et sa notoriété. Lorsque le fruit de ce labeur fut mûr, Jean-Paul II promulgua le CIC 1983. Il n'oublia pas de saluer à cette occasion celui qui fut l'un de ses principaux artisans, l'élevant au rang des noms qui resteront à jamais liés à Vatican II et, en particulier, à l'avènement du dernier document du Concile, pour reprendre une expression chère à ce saint pontife. La constitution *Sacrae Disciplinae Leges* souligne son appréciable contribution en ces termes : « qui assidua diligentique cura ad felicem operis exitum valde contulit ». Entre-temps, alors que l'âge de la retraite avait déjà sonné pour lui à Louvain depuis plusieurs années, son activité romaine se poursuivait en raison d'une nouvelle nomination (en 1984) comme membre de la Commission pontificale pour l'interprétation authentique du Code.

IV. Sa reconnaissance internationale comme canoniste. – À côté de sa participation au Concile et à la réforme du Code, il faut encore signaler d'autres facettes de sa vie. En 1969, il intervient comme secrétaire du synode des évêques organisé à Rome. De manière habituelle, il participait activement à de nombreux congrès universitaires, surtout juridiques et canoniques. Il comptait notamment parmi les fondateurs et les dirigeants de la *Consociatio internationalis studio iuris canonici promovendo*. Il représenta plusieurs fois le Saint-Siège lors de congrès internationaux et de conférences. Au plan des distinctions honorifiques, il fut fait chanoine honoraire de la cathédrale de Liège en 1942, prélat d'honneur du pape en 1962, puis, en 1975, *protonotarius apostolicus*.

En 1967, S. Josémaria Escrivá, Grand Chancelier de l'Université de Navarre, lui décerne le grade de Docteur *Honoris Causa* de ladite Université. Il était parrainé par Pedro Lombardía qui, au sein de la Faculté de droit canonique, y a joué un rôle de pionnier. Dans le discours que Mᵍʳ Onclin prononce à cette occasion transparaît sa grande humilité, mais aussi sa fierté de voir, à travers la distinction qui lui est octroyée (il est alors doyen de la Faculté de droit canonique louvaniste), le désir d'honorer l'Université catholique de Louvain. Comme l'on sait, cette dernière remonte à 1425, et sa Faculté de droit canonique – il tient à le préciser – fut créée antérieurement à sa Faculté de théologie. Il souligne l'idéal commun unissant les deux universités (de Louvain et de Navarre) de la manière suivante : « chercher le vrai, servir le juste, rapprocher les hommes et ainsi édifier un monde meilleur ». En 1976, un *Liber Amicorum* lui fut offert lors d'une séance académique à Louvain. Enfin, comment passer sous silence les termes élogieux que la revue *Communicationes* emploira à son égard suite à son décès : « hoc in officio sese ingenio, iuris peritia, sedulitate… totum impendit. Fideli sacerdoti, optimo professori, indefesso laboratori atque amico carissimo tribuat Dominus coronam iustitiae » (21, 1989, p. 104).

L. De Fleurquin, *In memoriam W. Onclin*, dans *Ephemerides theologicae lovanienses*, 65, 1989, p. 481-483 ; Id., *Mons. Willy Onclin. Doctor 'Honoris causa' de la Universidad de Navarra (1905-1989)*, dans *Ius canonicum*, 30, 1990, p. 15-18. – J. Grootaers, *Willy Onclin et sa participation à la rédaction*

L'abbé Pélier de Lacroix, dans *Biographie du clergé contemporain par un solitaire*, t. 3, Paris, 1841, p. 216.

du *Décret « Christus Dominus »*, dans Id., *Actes et acteurs à Vatican II*, Leuven, 1998, p. 420-455. – J. Herranz, *Nei dintorni di Gerico. Ricordi degli anni con san Josemaría & con Giovanni Paolo II*, Milano, 2005. – J. Lindemans et H. Demeester (dir.), *Liber Amicorum Monseigneur Onclin. Actuele thema's kerkelijk en burgerlijk Recht. Thème actuels de droit canonique et civil* (coll. Bibliotheca Ephemeridum Theologicarum Lovaniensium, 42), Gembloux, 1976. – J. S. Quinn, *Monsignor Onclin and the second Vatican Council*, *Ibid.*, p. 13-21. – P. Lombardía, *Palabras en elogio del graduado Dr. Willy Onclin*, dans *Ius canonicum*, 30, 1990, p. 19-20. – Cl. Soetens, *Vatican II et la Belgique*, Louvain-la-Neuve, 1996, p. 172-173. – C. Van de Wiel, *Repertorium van de Documenten in het Archief Monseigneur Willy Onclin : tweede Vaticaans Concilie en Pauselijke Commissie voor de Herziening van het Wetboek van Canoniek Recht* (Coll. Novum Comentarium Lovaniense in codicem iuris canonici), Leuven, 1998, spéc. p. 11-24. – J.-P. Schouppe, *Les archives louvanistes de Mgr Willy Onclin. À l'occasion de leur ouverture et de la publication du 'Repertorium'*, dans *Ius Ecclesiae*, 10, 1998, p. 621-626 ; Id., *La découverte de saint Josémaria Escriva par le canoniste Willy Onclin*, dans *Studia et Documenta*, 6, 2012, p. 123-161. – R. Torfs, *Monsignor W. Onclin revisited*, dans *Bridging past and future : Monsignor W. Onclin revisited*, Leuven, 1998, p. 21-31.

J.-P. Schouppe

PELIER DE LACROIX (François-Xavier-Joseph), prêtre du diocèse de Saint-Claude, polémiste (1783-1853).

François-Xavier-Joseph Pélier (ou Pellier) est né à Orgelet (actuel département du Jura) le 10 nov. 1783. Pélier de Lacroix est en fait un nom littéraire, issu de la juxtaposition du nom de son père et de celui de sa mère, sous lequel, dès 1813, il a composé une pièce satirique en vers sur Napoléon. Il reçoit les premiers rudiments d'instruction par des prêtres insermentés. Tenté par les mathématiques et l'armée, il se décide à entrer au séminaire de Besançon fin 1805. Ordonné

diacre en 1811, il est envoyé à Nozeroy pour y créer un petit séminaire, puis pour des raisons de santé devient précepteur au sein de la famille de Froissard. Connu pour être « ultramontain » et donc peu favorable à Mgr Le Coz, il n'est ordonné prêtre qu'en 1815 à Soissons. En 1820, il est secrétaire puis vicaire général de Mgr de Latil à Chartres, et chanoine, mais se brouille avec l'évêque. En 1822, il est nommé premier aumônier de la maison royale de la légion d'honneur à Saint-Denis puis chevecier aux Quinze-Vingts. Il est enfin aumônier du prince de Condé (1826) dont il présidera les obsèques religieuses en 1830. Prêtre acquis aux idées de Lamennais, il collabore au *Mémorial catholique* et à *L'Univers religieux*, et corrige l'*Histoire de l'Église* de Bérault-Belcastel en 1829-1830. Il participe à la polémique anti-gallicane avec sa *Lettre d'un curé franc-comtois à MM. les gallicans du Rouergue et de la nouvelle Sorbonne* (1826). Après la mort du prince de Condé, il se retire provisoirement à Bruxelles près de Félix de Mérode puis à Dole en tant qu'aumônier du collège de l'Arc et du couvent de la Visitation. Nommé chanoine titulaire de Saint-Claude en 1835, il se heurte à l'évêque, Mgr de Chamon, qui l'accuse de faire circuler des chansons inconvenantes et de mener la fronde contre lui. Un vif accrochage a lieu lors d'une assemblée capitulaire en octobre 1837. Le conflit s'envenime à tel point que le chanoine, sous la signature de son neveu F. Clerc, publie en octobre 1838 un *Avis au clergé du diocèse de Saint-Claude* dans lequel il détaille les avanies qu'il a subies de la part de l'évêque et de l'abbé Joseph-Célestin Girod, vicaire général. Frappé successivement d'une défense de célébrer puis d'une suspense en mars 1839, le chanoine en appelle au métropolitain puis au conseil d'État, et décide de publier l'ensemble de la procédure qu'il intente. Dans une nouvelle brochure, *Monsieur Girod et Monsieur Droz en 1839*, signée aussi par son neveu, il s'en prend directement à l'évêque, aux deux vicaires généraux et aux « feseurs diocésains », et dénonce leurs agissements iniques en exposant le cas de l'abbé Droz. Au terme de cette polémique, l'évêque le frappe de défense de célébrer, d'où une procédure judiciaire en 1839 qui n'aboutit à rien. Il se retire alors à Paris et sert comme chapelain des dames hospitalières de Saint-Augustin et de la clinique de l'école de médecine. Il est décédé à Paris le 25 mars 1853.

Écrits. *Lettre d'un curé franc-comtois à MM. les gallicans du Rouergue et de la nouvelle Sorbonne, sur les affaires présentes*, Paris, 1826. – *L'assassinat du dernier des Condé démontré contre la baronne de Feuchères et ses avocats*, Paris, 1832. – *Mensonges et calomnies pour la baronne de Feuchères, par les avocats du suicide. Deuxième partie de L'Assassinat du dernier des Condé*, Paris, 1832. – *Le Nécessaire du chrétien qui veut remplir ses devoirs et avancer dans la perfection*, Dole, 1836. – *Avis au clergé du diocèse de Saint-Claude*, Besançon, 1838. – *Mémoire pour M. l'Abbé Pélier de Lacroix, chanoine de la cathédrale de Saint-Claude, appelant à Monseigneur l'Archevêque d'Amasie d'une suspense totale, déclarée, encourue ipso facto par Monseigneur de Chamon, évêque de Saint-Claude*, Dole, 1839. – *Pièces justificatives de mon appel comme d'abus au Conseil d'État* [25 mai 1839], Lons-le-Saunier, 1839. – *Recours au Conseil d'État. Mémoire pour M. l'abbé Pélier Delacroix,… appelant contre des abus de pouvoir de Mgr de Chamon, évêque de Saint-Claude, et contre un déni de justice de Mgr de Pins, administrateur du siège métropolitain de Lyon* [24 juin 1839], Paris, 1839. – *Monsieur Girod et Monsieur Droz en 1839*, Dole, 1839.

SOURCE. – *Biographie du clergé contemporain par un solitaire*, vol. 3, Paris, 1841, p. 217-252.

TRAVAUX. M. Perrod, *Le chanoine Pellier de la Croix (1785-1857)*, dans *Procès-verbaux et mémoires. Académie des sciences, belles-lettres et arts de Besançon*, 1934, p. 147-167. – V. Petit, *Pellier de la Croix, François-Xavier-Joseph*, dans L. Ducerf et al. (dir.), *Franche-Comté* (coll. Dictionnaire du Monde religieux dans la France contemporaine, 12), Paris, 2016, p. 589.

V. PETIT

PERREY (Félix), prêtre du diocèse de Saint-Claude, fondateur de la congrégation des Sœurs de la Présentation de Marie (1798-1863).

Il est né à Sancey-le-Long (Doubs) le 16 oct. 1798. Après des études à Médière auprès de son oncle curé, il est successivement élève aux collèges et petits séminaires de Luxeuil, Marast et Dole. Admis au grand séminaire de Besançon en 1818, il est ordonné le 28 déc. 1821. Nommé vicaire à Arinthod (Jura), il se consacre aux activités pastorales qui lui sont dévolues par son curé : confessions, visite des pauvres et des malades, catéchisme. Un jour de décembre 1822, alors qu'il va prêcher dans un village du canton, il est ému par le délabrement de l'église. En mars 1823, il décide donc de réunir quelques jeunes filles pauvres de la paroisse pour travailler à la confection de linges et d'ornements d'autel. Il s'ouvre auprès du nouvel évêque de Saint-Claude, Mgr Antoine de Chamon, le 21 sept. 1823, de son projet de créer « une communauté de filles qui travailleraient aux ornements d'église [qui] rappellerait ces filles d'Israël du nombre desquelles fut la sainte Vierge qui travaillaient pour l'honneur et la décoration du temple de Jérusalem ». Il établit donc un règlement des « filles dites du Temple », tout en refusant dans un premier temps de leur donner l'habit. Par la suite, la congrégation qui porte le nom de Sœurs de la Présentation de Marie s'occupera en plus du soin des malades, de l'animation des retraites et des écoles de campagne. Les années qu'il passe dans le diocèse de Besançon, en tant que professeur au séminaire d'École (1824-1831) puis curé de Vieilley (1831-1832), ne le détournent pas de la congrégation qu'il a fondée. Le 4 août 1826, il est reçu à Rome par le pape Léon XII qui l'encourage à poursuivre son œuvre. En 1833, il en reprend la direction : la congrégation s'installe à Chagny, dans le diocèse d'Autun, organise son premier chapitre général en 1834 et établit définitivement son règlement. Cette période est marquée par la fondation de nombreuses écoles (trente-trois dans les diocèses de Saint-Claude, Dijon et Autun). L'abbé Perrey se révèle aussi un prédicateur de premier ordre : il prêche de nombreuses missions et retraites dans les diocèses de Dijon et d'Autun, il prêche le jubilé à Annecy en 1826 et un autre en 1851 sur les paroisses de Cousance, Beaufort et Cuisia. En 1849, la congrégation se fixe dans les bâtiments d'un ancien prieuré bénédictin, à proximité d'une vénérable église sise sur les hauteurs de Châtel (Jura), au cœur du cimetière communal de Gizia – l'installation définitive a lieu au printemps 1852. Un pensionnat de filles et une école pour les garçons sont ouverts en octobre. À partir de 1853, la congrégation peut compter sur l'aide du neveu du fondateur, l'abbé Étienne Perrey (1827-1907). L'abbé Félix Perrey est décédé à Châtel le 8 janv. 1863 et il est inhumé le

10 janvier dans le cimetière de la paroisse de Gizia, « au milieu d'un grand concours de prêtres et de fidèles ».

SOURCES. Archives paroissiales de Gizia.

TRAVAUX. G. Rocca (dir.), *Dizionario degli Istituti di Perfezione*, t. 6, col. 1522. – V. Petit, *Perrey, Félix*, dans L. Ducerf et al. (dir.), *Franche-Comté* (coll. Dictionnaire du Monde religieux dans la France contemporaine, 12), Paris, 2016, p. 576-577.

V. PETIT

PETITCUENOT (Pierre-Joseph), prêtre du diocèse de Besançon, apologète (1763-1855).

Pierre-Joseph Petitcuenot est né à Vercel (actuel département du Doubs) le 25 mars 1763. Ordonné prêtre en 1787, il est vicaire à Vercel, puis vicaire en chef de Chaux-les-Passavant (Doubs) en 1789. Il refuse la Constitution civile du clergé et continue à exercer clandestinement le culte pendant toute la Révolution. Relevé de déportation en août 1797, il est proscrit début 1798 mais échappe aux poursuites grâce à la protection des habitants. Après le Concordat, il dessert la même paroisse de Chaux-les-Passavant, où il ouvre une école de latinité et dans laquelle il s'intéresse aux progrès agricoles. Il a aussi laissé des ouvrages d'apologétique. Lorsqu'en 1854 il se retire à Besançon, l'abbé Petitcuenot met un terme à 64 années de sacerdoce dans la même paroisse, avant, pendant et après la Révolution. Ce prêtre, dont même l'administration épiscopale admet l'affairisme, est moqué par Pierre-Joseph Proudhon pour son appât du gain et son art dans le négoce du bois : il aurait oublié ciboire et hosties consacrées qu'il destinait à un mourant dans les grumes qu'il contrôlait en chemin. Il est décédé à Besançon le 7 févr. 1855.

ÉCRITS. *Complots des prétendus philosophes du XVIIIᵉ siècle contre la religion et preuves de sa vérité*, Besançon, 1839. – *La Vérité du Christianisme démontrée par la seule raison*, Baume-les-Dames, s.d.

SOURCES. *L'Union franc-comtoise*, 8 févr. 1855. – P.-J. Proudhon, *De la justice dans la Révolution et dans l'Église*, t. 1, Paris, 1858, p. 251-252.

TRAVAUX. V. Petit, *Petitcuenot, Pierre-Joseph*, dans L. Ducerf et al. (dir.), *Franche-Comté* (coll. Dictionnaire du Monde religieux dans la France contemporaine, 12), Paris, 2016, p. 587 ; Id., *Bons et mauvais prêtres au sortir de la Révolution : une enquête sur le clergé franc-comtois en 1817-1821*, dans *Barbizier. Culture et patrimoine en Franche-Comté*, 43, 2017, p. 31-55.

V. PETIT

PILLER (François-Xavier), ecclésiastique suisse, liturgiste (1812-1893).

François-Xavier Jules Piller est né à Menzisberg, sur la paroisse de Dirlaret (Rechthalten en allemand, partie germanophone du canton de Fribourg), le 10 avr. 1812. Après des études au collège des Jésuites à Fribourg en 1825, puis au séminaire, il est ordonné prêtre par Mgr Pierre Yenni le 28 mai 1836. Sa première affectation l'emmène à Constantinople, comme aumônier de la Légation de Naples, et précepteur du fils de l'ambassadeur, le baron de Tschudi. En 1840, il est à Naples où il poursuit l'éducation des fils de son protecteur. En 1844, il revient dans le canton de Fribourg, successivement comme chapelain à Saint-Antoine, curé de Plasselb (21 août 1845) et curé de Bösingen (1846). Le 21 oct. 1857, il est appelé pour être professeur de théologie dogmatique au séminaire diocésain qui vient de rouvrir à Fribourg. À partir de 1859, il est chargé de donner le cours de liturgie et de travailler à la rédaction du manuel des rites commandé par Mᵍʳ *Étienne* Marilley. Il est ainsi le principal artisan de l'adoption de la liturgie romaine dans le diocèse rétablie par l'évêque en 1854 et rendue obligatoire en 1868. L'abbé Piller a laissé des opuscules officiels comme l'*Ordo officiorum publicorum in ecclesiis diocesis Lausannensis et Genevensis* (1868), le *Status ecclesiarum et sacellorum publicorum diocesis Lausannensis et Genevensis* (1886), le *Directorium seu Ordo recitandi divini officii et sacri faciendi* (1881-1894). À partir de 1863, il est en outre confesseur du couvent de la Visitation. Sa contribution à la romanisation et à l'enseignement de la liturgie lui vaudra la dignité de camérier surnuméraire de Sa Sainteté en 1883. Il est décédé le 20 nov. 1893 à Fribourg.

Écrits. *Manuale rituum liturgiae romanae ad usum venerabilis cleri diocesis Lausannensis et Genevensis*, Freiburg, 1864 (réédité en 1884 et 1891). – *Manuale Precum Liturgicarum pro Processionibus, Benedictionibus aliisque Functionibus Sacris in Dioecesi Lausannensi et Genevensi*, Freiburg, 1865. – *Manuel des enfants de chœur selon le rite romain*, Freiburg, 1877 (traduit en allemand en 1890). – *Manuel du sacristain ou directoire du culte divin selon le rite romain*, Freiburg, 1880 (traduit en allemand en 1889).

Sources. *La Semaine catholique de Suisse*, 25 nov. 1893, n° 47, p. 590-592. – *Nouvelles étrennes fribourgeoises. Almanach des villes et des campagnes 1895*, Freiburg, p. 108-115.

Travaux. F. Python, *Mᵍʳ Étienne Marilley et son clergé à Fribourg au temps du Sonderbund 1846-1856*, Freiburg, 1987. – V. Petit, *De la modernité en religion : l'invention de la norme liturgique à travers le cas du monde francophone (France, Suisse, Belgique, Canada)*, dans *Schweizerische Zeitschrift für Religions- und Kulturgeschichte*, 105, 2011, p. 487-508.

V. Petit

POUX (Barbe-Élise), en religion Mère Marie Saint-Michel, supérieure de la Congrégation des Saints-Anges (1797-1855).

Comme l'écrit son biographe le P. Jean Ladame, la vie de Barbe-Élise Poux « éducatrice et fondatrice » conjugue vocation religieuse et mission éducative. Aînée de sept enfants, elle est née aux Planches-en-Montagne (Jura) le 24 oct. 1797 (bien que certaines sources mentionnent l'année 1798) et est baptisée dans la clandestinité. Un de ses oncles paternels a été ordonné prêtre à moins de vingt ans en 1793 par l'évêque constitutionnel, Mᵍʳ François-Xavier Moïse, avant de quitter le sacerdoce ; deux de ses oncles maternels sont au contraire des prêtres insermentés ; son frère sera curé de Parcey, chanoine titulaire du diocèse de Saint-Claude avant d'entrer chez les capucins ; enfin, le P. Zozime, capucin, était souvent reçu au sein du foyer. Conséquence d'une certaine ascension sociale, la famille Poux s'installe à Poligny en 1800. Vers 1812, l'aînée est placée comme institutrice dans un château près de Meximieux mais revient à Poligny en 1814, et obtient son brevet de capacité en 1819. Désireuse d'entrer en religion comme sa sœur cadette admise chez les Sœurs du Saint-Esprit en octobre 1821 pour s'occuper des enfants abandonnés, elle quitte rapidement le noviciat pour soigner sa mère malade. Elle ouvre donc en 1822 une école à Poligny pour les fillettes de la classe moyenne.

C'est le 15 oct. 1831 qu'elle consent, à la demande de Mᵍʳ Antoine de Chamon, à s'installer à Lons-le-Saunier avec sa mère pour prendre la tête de la congrégation des Saints Anges. Cette œuvre, qui existait depuis l'automne 1825, ne lui était pas inconnue : elle avait fait en 1826 ou 1827 la connaissance de sa fondatrice, Anne-Marie Viret (décédée le 6 févr. 1829) qui aurait souhaité dès cette époque en faire sa collaboratrice. La congrégation, voulue comme telle par Mᵍʳ de Chamon mais créée par le P. Agathange et son vicaire l'abbé Ecoiffier, est celle d'une communauté de femmes aspirant à la vie religieuse, vouées à l'éducation des jeunes demoiselles et à l'accueil des orphelines de bonne famille. La maison acquise par le P. Agathange au 38-40 rue Saint-Désiré comprend un réfectoire, des dortoirs, des salles d'études, des lingeries, une bibliothèque, une chapelle et un oratoire, et bientôt un orphelinat. Mais Barbe-Élise Poux comme l'évêque entendent surtout fonder un institut religieux qui est établi à titre provisoire le 1ᵉʳ sept. 1834. Toutefois, l'absence de constitutions et des intérêts divergents amènent la disparition de la communauté. Barbe-Élise Poux est alors appelée à commencer une nouvelle fondation à Morez en 1841, puis une autre à Mâcon en 1844 et enfin une autre encore à Dole en 1855. Ces religieuses qui ne portent pas l'habit – elles sont vêtues en « veuves », un châle et un chapeau avec grand voile – parviennent ainsi à vaincre les préventions d'une bourgeoisie restée voltairienne. Mère Marie Saint-Michel insiste sur l'importance de la piété, les exercices communautaires (oraison mentale, célébration de la messe, récitation de l'office des saints anges, examen particulier), l'instauration du mois de Marie (à Lons dès 1831, à Morez, à Mâcon), les prières du chemin de croix ou l'adoration du Saint-Sacrement. En 1851, elle fait le voyage à Ars pour rencontrer l'abbé Jean-Marie Vianney. Elle meurt à Mâcon (Saône-et-Loire) le 22 déc. 1855. La maison-mère de la congrégation est à Morez jusqu'en 1857, puis à Mâcon et enfin à Rio de Janeiro où les sœurs sont présentes depuis 1893. Le procès de béatification de Barbe-Élise Poux a été introduit à Rome en 2001 et le *Nihil obstat* est accordé le 6 juil. 2002. En 2013, le procès en béatification qui semblait au point mort a été relancé.

Source. *Dictionnaire des Ordres Religieux* (Encyclopédie Théologique. Première série publiée par M. l'Abbé Migne, 23), t. 4, 1859, col. 95-97.

Travaux. G. Rocca (dir.), *Dizionario degli istituti di perfezione*, t. VII, col. 196. – J. Ladame, *Éducatrice et fondatrice au XIXᵉ siècle. Mère Marie Saint-Michel Poux*, dactyl., s.l., 1984. – *Mère Marie Saint-Michel Poux, fondatrice des Sœurs des Saint-Anges. Les origines*, Paris, 1986. – *Tout pour la gloire de Dieu : Barbe Élise Poux, fondatrice de la Congrégation des Saints Anges*, Strasbourg, 2003. – V. Petit, *Poux, Barbe-Élise*, dans L. Ducerf et al. (dir.), *Franche-Comté* (coll. Dictionnaire du Monde religieux dans la France contemporaine, 12), Paris, 2016, p. 614-615.

V. Petit

PROMPSAULT (Jean-Henri-Romain), prêtre français, canoniste (1798-1858).

Il est né à Montélimar le 7 avr. 1798, dans une famille où les vocations ecclésiastiques et religieuses abondent. Ordonné prêtre le 4 nov. 1821, il est d'abord vicaire à Grane avant de devenir brièvement professeur de théologie dogmatique au grand séminaire de Romans en 1823-1824 puis curé de Réauville. Il quitte le diocèse de Valence le

1er juil. 1827 pour devenir professeur de philosophie au collège de Tournon puis chapelain à l'hospice des Quinze-Vingts à Paris de 1829 à 1855. Après avoir suivi les cours de l'école des chartes, il se livre à des travaux de linguistique, en éditant en particulier les œuvres de François Villon. Homme d'études, il se constitue une bibliothèque de 25 000 volumes qui sera acquise par Lacordaire pour Saint-Maximin. Mais c'est surtout comme canoniste que Prompsault est connu : il est l'auteur de plus de 3000 consultations parues dans *La Voix de la vérité* et le *Moniteur catholique* à partir de 1846. Hostile au processus de romanisation du catholicisme français, au plan canonique comme au plan liturgique, il porte la contradiction à dom Guéranger. Surtout, il rédige des *Observations sur l'Encyclique du 21 mars* à la demande de M\gr Sibour pour répondre à l'encyclique *Inter Multiplices* et défendre les libertés et coutumes de l'Église gallicane, qui suscitent les commentaires acides du pape en personne et la condamnation officielle de plusieurs évêques. Son *Dictionnaire raisonné de droit et de jurisprudence en matière civile ecclésiastique* paru dans l'*Encyclopédie théologique* de l'abbé Migne en 1849-1850, et sa brochure, *Du siège du pouvoir ecclésiastique dans l'Église de Jésus-Christ*, sont dénoncés à l'Index. Pour lui, cela ne fait pas de doute : il s'agit d'une mesure de rétorsion de la part de dom Guéranger, de l'abbé Bouix et des « autres écrivains d'un zèle aussi peu éclairé ». Lâché par M\gr Sibour pour avoir soutenu la cause de prêtres interdits, il est suspendu de toute fonction ecclésiastique dans le diocèse de Paris le 18 sept. 1854. En canoniste conséquent, il se pourvoit devant le Conseil d'État et fait appel au pape, en vain. Fatigué d'avoir eu à lutter, presque seul au sein du clergé, en faveur des libertés de l'Église de France, qu'il estimait avoir été admises par le Saint-Siège au moment du Concordat, abandonné par ce qu'il reste de l'épiscopat gallican et peu soutenu par les milieux catholiques gouvernementaux, il démissionne de sa charge de chapelain le 2 juin 1855 et se retire dans sa famille à Bollène. Revenu dans la capitale pour soigner un cancer, il meurt à Paris le 7 janv. 1858. La ville de Valence (Drôme) a donné à l'une de ses rues le nom de l'abbé Prompsault.

ÉCRITS. *Traité de ponctuation et de lecture*, Paris, 1837 (réédité en 1861). – *Dictionnaire raisonné de droit et de jurisprudence en matière civile et ecclésiastique*, Petit-Montrouge, 1849 (réédité en 1862). – *Manuel législatif à l'usage des fabriques paroissiales*, Paris, 1851. – *Lettre au R.P. Dom Guéranger*, Paris, 1852. – *Du Siège du pouvoir ecclésiastique dans l'église de Jésus-Christ*, Paris 1854.

SOURCES. Archivio Segreto Vaticano, Archivio della Nunziatura in Parigi, 104, f\os 147-184 ; Segreteria di Stato, 248, anno 1854, fasc. 2, f\os 95-175. – H. Barbier, *Prompsault, M.*, dans *Biographie du clergé contemporain*, t. VII, Paris, p. 1-36 (avec portrait gravé). – *Extrait du catalogue de 25 à 26 000 volumes de feu M. l'abbé J.-H.-R. Prompsault*, Pont-Saint-Esprit, 1858. – V. Advielle, *L'abbé J.-H.-R. Prompsault [...]. Notice biographique et littéraire*, Paris, 1862. – *Les Quinze-Vingts, notes et documents recueillis par feu l'abbé J.-H.-R. Prompsault, coordonnés, rédigés et édités par son frère M. l'abbé J.-L. Prompsault*, Carpentras, 1863. – J. Brun-Durand, *Prompsault, Jean-Henri-Romain*, dans *Dictionnaire biographique et biblio-iconographique de la Drôme*, t. 2, Grenoble, 1900-1901, p. 275-279.

TRAVAUX. A. Gough, *Paris et Rome. Les catholiques français et le Pape au XIXe siècle*, Paris, 1996, p. 264-266. – V. Petit, *God save la France. La religion et la nation*, Paris, 2015, p. 76-78.

V. PETIT

L'abbé Prompsault, dans *Biographie du clergé contemporain par un solitaire*, t. 7, Paris, 1844, encart avant la p. 1.

RAYMOND-LAURENT (Jean), député de la Loire de 1938 à 1942, membre de la première et de la seconde Assemblée nationale constituante (Manche), député de la Manche de 1946 à 1958, secrétaire d'État aux Forces armées (Marine) d'octobre 1949 à juillet 1959 dans le second cabinet Queuille (1890-1969).

D'ascendance catalane par sa mère et d'origine lorraine par son père, ce jeune catholique fervent né le 27 juil. 1890 à Nîmes (Gard) fréquente l'école Saint-Martin puis le Lycée d'Amiens où, à l'âge de 15 ans, il découvre la revue *l'Éveil démocratique*, organe du *Sillon* auquel il adhère aussitôt, de même qu'à l'œuvre des Jardins ouvriers. Jeune bachelier, il est envoyé par sa mère en Amérique, à la Havane puis à New York où il devient, par conviction religieuse, correspondant de *La Croix*. En janvier 1914, Gabriel Hanoteaux, ancien ministre des Affaires étrangères, l'engage au secrétariat du Comité France-Amérique puis ce militant démocrate chrétien soutient la candidature de Marc Sangnier à Vanves au printemps 1914.

Titulaire de la médaille militaire et de la croix de guerre 1914-1918, il est membre fondateur de l'Union nationale des combattants. Marié et bientôt père de quatre enfants, il enseigne au collège libre des sciences sociales de Paris. Après avoir été secrétaire de l'*Âme française* de 1917 à 1920, il est choisi, dès novembre 1924, comme secrétaire général du Parti démocrate populaire et le demeure jusqu'en 1944 ; il dirige Le *Petit Démocrate*, journal acquis aux principes du catholicisme social. Conseiller général de la Seine et conseiller municipal de Paris en 1925, il accède à la présidence de ce prestigieux conseil en 1936-1937. Candidat du Parti démocrate populaire (P.D.P.), en juin 1938, lors d'une élection partielle dans la 1ère circonscription de la Loire, il l'emporte et défend à la Commission de l'armée les principes exposés par le colonel de Gaulle.

Ayant voté les pleins pouvoirs à Pétain le 10 juil. 1940, il est exclu, en décembre 1941, du conseil municipal de Paris par le gouvernement de Vichy pour son hostilité à la politique de collaboration. En janvier 1941, il entre dans le réseau militaire créé par le commandant d'Estienne d'Orves, puis dans celui dirigé par « Alexandre ». Membre du groupe dit de la rue de Lille, il imprime et diffuse des journaux et tracts clandestins sous le couvert d'une action familiale à travers la France. Il accueille, le 24 août, à l'hôtel de ville, les chars de la division Leclerc.

Réélu, en mars 1945, conseiller municipal de Paris, laissant Georges Bidault se présenter dans la Loire, il devient, à la place d'Émilien Amaury, député du Mouvement républicain populaire (M.R.P.) de la Manche, le 21 oct. 1945, en compagnie de Maurice Lucas, agriculteur et maire, du docteur Étienne Fauvel, conseiller général, et du pharmacien Paul Guilbert : la liste M.R.P. obtient 91 632 suffrages. Le 2 juin 1946, recueillant 105 320 voix, il est réélu ainsi que ses collègues, puis le 10 nov. 1946 grâce aux 95 495 voix qui se portent sur sa liste. Le 10 juin 1951, avec 44 384 suffrages, seul son colistier Lucas l'accompagne au Palais-Bourbon, de même que le 2 janv. 1956, mais avec 39 490 voix, soit une baisse des deux tiers des suffrages. Membre de la Commission de la reconstruction et des dommages de guerre, de la Commission des affaires étrangères en 1945, en juin et novembre 1946, il fait, en décembre 1945, une proposition de résolution sur la réparation intégrale des dommages de guerre puis, en août 1946, dans la seconde Assemblée constituante, il propose une loi relative au fonctionnement des commissions départementales du travail. Durant la première législature, Georges Bidault, en tant que ministre des Affaires étrangères, le charge d'une mission auprès du général Marshall, puis le prend dans son gouvernement comme secrétaire d'État aux Forces armées (Marine) d'octobre 1948 à juillet 1950 : il demeure à ce poste dans le second cabinet Queuille de juillet 1950.

Vice-président du groupe parlementaire et membre du Comité national M.R.P., il appartient à la Commission des affaires étrangères dont il assure la vice-présidence à partir de décembre 1946 puis en janvier 1949, et celles de la reconstruction et des dommages de guerre et logement puis de la Défense nationale en 1950. Fidèle à ses convictions catholiques sociales, il dépose, en janvier 1949, une proposition de loi relative aux jardins ouvriers. En tant que secrétaire d'État aux Forces armées, il intervient dans la discussion, survenue le 10 mai 1950, sur le projet de loi de répartition des crédits affectés aux dépenses militaires pour 1950. À nouveau vice-président de la Commission des affaires étrangères en juillet 1951, il dépose une proposition de résolution en février 1953 tendant à inviter le gouvernement à encourager la construction familiale par l'abaissement du taux des prêts du Crédit foncier, l'institution d'une journée nationale dite « Journée du logement familial » et la création d'un Comité national d'action pour le logement. Il intervient, le 13 déc. 1951, dans le débat sur le projet de loi portant sur la ratification du traité instituant une Communauté européenne du charbon et de l'acier, se déclare favorable à l'accession de la Grèce et de la Turquie au traité de l'Atlantique Nord, estimant que la défense de la Méditerranée orientale est liée à celle de l'Europe et il se montre partisan des réformes en Tunisie.

Le 13 janv. 1954, il est élu vice-président de l'Assemblée nationale et, en cette qualité, préside 39 séances. En juillet 1954, il qualifie la déposition de l'ancien sultan de « regrettable » et demande, au nom du M.R.P., la mise en place d'institutions représentatives et l'instauration d'un « dialogue » dans le cadre de l'Union française. En juillet 1955, il souhaite l'autonomie interne de la Tunisie et son intégration dans la défense de l'Occident. Membre de la Commission du suffrage universel, des lois constitutionnelles du règlement et des pétitions, de la Commission de la marine marchande et des pêches, de celle de la défense nationale en octobre 1957, il se montre discret en séance commune. Durant cette période, il effectue des voyages officiels en Autriche, Allemagne, Suisse, Irlande, USA ; il fonde et préside un groupe d'amitiés parlementaires France-Canada de l'Assemblée nationale.

En 1958, malgré les objurgations de ses amis de Cherbourg et de Saint-Lô, il décide de ne pas se représenter pour protester contre le rétablissement du scrutin d'arrondissement. Toujours aussi actif, il fait partie de la commission des contrôles de films, au titre de l'Union nationale des associations familiales ; il organise dans son immeuble, 6 rue de Furstenberg dans le 7e arrondissement, le musée « Eugène Delacroix », fonde la Société des amis d'Eugène Delacroix, et préside les Amitiés de Marc Sangnier. Dès l'Entre-deux-guerres, il publie avec Marcel Prélot un Manuel politique, puis d'autres ouvrages comme une Histoire du parti populaire, Paris : sa vie municipale, Face à la crise, sans compter les articles pour le Courrier de l'Ouest. Doté d'un réel sens de l'organisation, ouvert aux questions sociales, ce catholique fervent est officier de la Légion d'honneur.

Il décède le 26 mars 1969 à Paris (16e).

SOURCES. Archives de l'Assemblée nationale, notice biographique de Jean Raymond-Laurent. – Archives nationales, Documentation « Paul Dehème ». – Le Monde, 1er nov. 1949, 28 mars 1969. – A. Bour, Une noble figure de la démocratie chrétienne : Jean Raymond-Laurent », Carrefour, 2 avr. 1969.

TRAVAUX. J. Jolly (dir.), Dictionnaire des parlementaires français. 1889-1940, t. 8, Paris, 1977, p. 2158-2159. – J.-C. Delbreil, Centrisme et démocratie chrétienne en France. Le Parti démocrate populaire des origines au M.R.P. (Publications de la Sorbonne), Paris, 1990.

B. BÉTHOUART

RECEVEUR (Joseph), ecclésiastique du diocèse de Besançon, professeur de théologie (1765-1814).

Il est né à Noël-Cerneux (actuel département du Doubs) le 1er déc. 1765. Après avoir été vicaire à Morteau, il est déporté volontaire fin 1792, puis revient en France où il exerce à Morteau en juillet 1795. Rayé provisoirement de la liste des émigrés fin 1796, puis relevé de déportation le 19 août 1797, il est à Besançon lorsqu'il fait sa soumission au concordat en août 1801. Il est nommé succursaliste à Bonnétage (Doubs) et installé le 29 mai 1803, et y réside jusqu'au printemps 1804, date à laquelle il est remplacé par un vicaire-administrateur jusqu'à sa démission en 1810. Effectivement, il a été nommé professeur, chargé du dogme et de la morale, au grand séminaire de Besançon qui a rouvert ses portes en novembre 1805. Il est parfois confondu avec Antoine-Sylvestre Receveur (1750-1804), le fondateur de la Retraite chrétienne. Il est décédé le 29 sept. 1814 à Luxeuil (Haute-Saône) où il était allé prendre les eaux.

V. PETIT

RIGAL (Eugène-Louis-Joseph), membre de la première et de la seconde Assemblée nationale constituante (Seine), député Mouvement républicain populaire (M.R.P.) de la Seine de 1946 à 1951 (1898-1966).

Né le 13 sept. 1898 à Beaumont-de-Lomagne (Tarn-et-Garonne), fils d'un négociant de la commune, Raoul Rigal, et d'Émilie Fraysinnet, sans profession, il suit des études de comptabilité et de gestion qui lui permettent d'exercer par la suite comme comptable agréé dans une entreprise privée. Militant du PDP à partir de 1928, il préside la section du 19ᵉ arrondissement de Paris tout en étant administrateur du *Réveil du 19ᵉ*, un journal mensuel de la section des démocrates populaires attaché à la doctrine sociale de l'Église. À la suite de son mariage en 1924 avec Simone Bourgoin, il fonde avec elle une famille de quatre enfants : trois garçons et une fille.

À la Libération, il est élu conseiller général M.R.P. de la Seine dans le canton de Sceaux-est, à Saint-Mandé. Il se présente en seconde position sur la liste des républicains populaires dans la 6ᵉ circonscription de la Seine où se trouvent les villes de Saint-Denis, Aubervilliers, Pantin, Noisy-le-Sec, Montreuil et Vincennes. André Pailleux, cheminot C.F.T.C. résistant, conduit cette liste M.R.P. qui obtient 82 166 suffrages : Eugène Rigal est élu à la plus forte moyenne. Les démocrates d'inspiration chrétienne arrivent en seconde position loin derrière les communistes qui recueillent 143 942 suffrages et possèdent 4 élus : Jacques Duclos, Charles Tillon, Fernand Grenier, et Madeleine Braun, journaliste. La liste S.F.I.O. emmenée par Gérard Jacquet, n'obtient que 60 211 suffrages. En juin 1946, à la suite du retrait d'André Pailleux qui choisit de se consacrer au syndicalisme chrétien, Eugène Rigal devient tête de liste et se trouve, derrière Joseph Dumas, élu à la plus forte moyenne, grâce à 70 292 suffrages. La liste communiste est toujours largement en tête avec 141 254 voix et quatre élus, celle de la S.F.I.O. de Gérard Jacquet obtient pour sa part 59 562 voix. En novembre 1946, malgré une légère baisse, avec 63 948 suffrages, les deux élus retrouvent leur siège.

Eugène Rigal se montre assez discret dans les deux premières assemblées constituantes tout en se spécialisant dans des interventions relevant de ses compétences professionnelles. Il prend part à la discussion du projet de loi sur la nationalisation de la Banque de France et des grandes banques, et à l'organisation du crédit. Il prend la parole lors de l'examen du budget, rapporte sur la Caisse nationale d'épargne, et intervient sur un projet de loi portant création de nouvelles ressources et aménageant la législation fiscale. Durant la seconde Assemblée constituante, il s'investit dans des propositions de résolution à caractère fiscal pour les petits commerçants, en faveur du retour du marché libre pour la viande, mais fait également des propositions de lois pour le cumul de retraites et de rémunérations publiques, en faveur de l'augmentation de l'abattement pour les sociétés à responsabilité limitée ; il s'intéresse également aux questions électorales. Durant la première législature, Eugène Rigal donne sa pleine mesure. Membre de la Commission du règlement et du suffrage universel en 1946, de la Commission du ravitaillement en 1946, de la Commission des finances en 1947, 1948, 1950, de la Commission de l'Intérieur en 1951, il fait preuve d'une grande activité et dépose 24 propositions de loi entre 1946 et 1951, 12 propositions de résolution, et présente 16 rapports. Le 3 janv. 1948, il intervient sur le projet de loi instituant un prélèvement exceptionnel de lutte contre l'inflation puis, en qualité de rapporteur, il est encore présent à la tribune de l'Assemblée les 5 et 6 mars 1948. Actif lors de l'examen de chaque exercice budgétaire, notamment sur les décisions relatives à la Caisse nationale d'épargne, il intervient le 10 août 1948 sur le projet de loi tendant au redressement économique et financier. Dans le projet de loi des finances 1950, lors de la discussion générale, le 21 déc. 1949, il demande des réformes fiscales nécessaires et la réévaluation des bilans des sociétés.

Il prend la parole lors des investitures de président du Conseil désigné concernant Robert Schuman, le 31 août 1948, Jules Moch le 13 oct. 1949, René Mayer le 20 oct. 1949, ainsi que dans le débat sur l'investiture d'Henri Queuille le 30 juin 1950. Il intervient également sur les questions électorales notamment le 16 mai 1950 avec une proposition de loi pour instituer un scrutin de liste majoritaire à deux tours dans le cadre du département comportant un maximum de six candidats par liste, une détermination du nombre de sièges en fonction de la population, la répartition proportionnelle des sièges en fonction des résultats du second tour lorsque la majorité absolue n'est pas atteinte, la possibilité de panachage, le vote obligatoire et l'interdiction de nouvelles candidatures après le premier tour. En 1951, ce catholique libéral, dénonçant la pression fiscale et installé dans l'aile droite du M.R.P., cède la tête de liste à Joseph Dumas qui est réélu en 1951, mais non en décembre 1955, victime de la vague mendésiste, des diverses listes de droite et de centre-droit ainsi que d'une augmentation du nombre de votants.

Homme souriant, volubile, aimant la bonne chère, Eugène Rigal, qui a repris alors ses activités professionnelles, se détache de toute activité politique. Divorcé en 1961, il épouse en secondes noces la même année Germaine Charbonnier.

Il décède le 23 avr. 1966 à Neuilly-sur-Seine.

Sources. Archives de l'Assemblée nationale, notice biographique d'Eugène Rigal. – Archives nationales, Documentation « Paul Dehème ». – Renseignements fournis par Jacques Parini, 18 avr. 2003.

B. Béthouart

ROLAND (Jean-François), en religion R. P. Bonaventure, prêtre du diocèse de Saint-Claude, restaurateur du Tiers-Ordre franciscain (1794-1865).

Originaire de Malbrans (actuel département du Doubs), il est né à Montrond le 20 mars 1794 et il est baptisé clandestinement dans la maison familiale. Très tôt orphelin, il est placé par le curé de Malbrans, dom Lespermont, un ancien bénédictin, chez les Frères des écoles chrétiennes d'Ornans, puis commence ses études ecclésiastiques auprès de son protecteur nommé curé de Conliège en 1811. Il les continue au collège de Lons-le-Saunier puis fait sa philosophie à Ornans. J.-F. Roland entre au grand séminaire de Besançon, puis est ordonné prêtre le 23 sept. 1820. Il est alors nommé vicaire à Conliège, puis à Arbois, avant de retourner à Conliège auprès de dom Lespermont, puis curé de Trenal et enfin de Courtefontaine. En 1826, il est appelé comme directeur au grand séminaire du nouveau diocèse de Saint-Claude par l'abbé Genevay qui a été son professeur au grand séminaire de Besançon. Il devient en outre l'économe de l'établissement en 1839. À Lons-le-Saunier, il développe une intense activité pastorale et spirituelle auprès des Frères des écoles chrétiennes, des Dames de la charité, encourage la dévotion au Rosaire vivant, se dévoue à l'œuvre des « bons livres » et à celle des âmes du purgatoire. Confesseur et directeur de conscience recherché, il réunit autour de lui des personnes soucieuses d'approfondir leur foi dans une « pieuse union » dont il a rédigé le règlement. En mai 1840 Mgr Antoine de Chamon, évêque de Saint-Claude, le fait chanoine honoraire et père spirituel des clarisses de Poligny où naît sa vocation de tertiaire : après une retraite chez les capucins à Lyon, il rétablit le Tiers-Ordre franciscain en 1841 avec pour chapelle celle de Saint-Étienne de Coldres, qu'il fait revivre avec l'aide d'Élie Simonin, bientôt reçu dans le Tiers-Ordre. Fin 1843, le diocèse de Saint-Claude compte 198 tertiaires ; à sa mort en 1865, 1300 à 1400. Il prend aussi sous sa protection la maison d'orphelines fondée à Macornay en 1842 par Caroline Lorain (sur cette dernière, *cf. supra*, col. 1394-1396), membre du Tiers-Ordre et décide pour pérenniser l'œuvre d'y établir une communauté de religieuses du Tiers-Ordre régulier dont il est le supérieur : ce sera en 1857 la congrégation des Franciscaines de l'Immaculée Conception dirigée par Mère Saint Joseph (Caroline Lorain) puis par Mère Marie de la Croix (Louise Luquet : *cf. supra*, col. 1409-1410). Il est décédé à Lons-le-Saunier le 8 févr. 1865.

Sources. *Notice biographique sur M. J.F. Roland, directeur-économe au Séminaire de Lons-le-Saunier, décédé le 8 février 1865*, Lons-le-Saunier, 1865. – *Annales franciscaines*, 2, 1865, p. 586-588. – N. de Laissac *Les Religieuses Franciscaines. Notices sur les diverses congrégations*, Paris, 1897, p. 153-160. – V. Petit, *Roland, Jean-François*, dans L. Ducerf et al. (dir.), *Franche-Comté* (coll. Dictionnaire du Monde religieux dans la France contemporaine, 12), Paris, 2016, p. 652.

V. Petit

SAINTE-CHAPELLE DU CHÂTEAU DES DUCS DE SAVOIE

Construite de 1408 à 1430 à Chambéry, alors capitale des États de Savoie, sous le règne d'Amédée VIII, comte puis premier duc de Savoie (1416). La Sainte-chapelle se trouve sur la place du château des ducs de Savoie, bâti au XIe siècle et plusieurs fois remanié au XIIIe siècle, qui est aujourd'hui le siège du Conseil départemental et de la préfecture de Savoie ; elle s'intègre au système défensif qui entoure le chemin de ronde du château en prenant directement appui sur la courtine nord d'où elle domine la ville. Elle est célèbre pour avoir abrité de 1502 à 1578 le Saint-Suaire. Cette chapelle est un bel exemple de style gothique flamboyant. Son clocher, ajouté en 1470 par Blaise Neyrand sous l'impulsion de Yolande de France, épouse du duc Amédée IX de Savoie, est aussi appelé « Tour Yolande ». Il abrite le grand carillon de Chambéry, dit de « Saint-François de Sales », composé de 70 cloches d'un poids total

L'abbé Roland, tiré de N. [Monjaux], *Les religieuses franciscaines. Notices sur les diverses congrégations de Sœurs du Tiers-Ordre régulier de Saint-François établies actuellement en France*, Paris, 1897, p. 157.

de 42 tonnes : « Sa grande homogénéité musicale s'explique par un alliage commun à toutes les cloches. Sa dimension le place en tête des carillons européens et sa qualité musicale en fait l'un des plus performants au monde ».

La Sainte-Chapelle est la troisième chapelle du château de Chambéry, racheté par le comte de Savoie Amédée V en 1295. La première mention d'une chapelle remonte au XIIe siècle. Sous le règne d'Amédée VIII (1391-1439), Chambéry est devenue une ville prospère et la puissance de la Maison de Savoie est à son apogée. En 1416, l'empereur Sigismond élève le comté de Savoie au rang de duché ; la cour de Savoie, qui compte jusqu'à 300 dignitaires, mène une vie fastueuse au château de Chambéry. Une chapelle neuve est alors de mise pour Amédée, soucieux d'affirmer son rang. Chambéry relevant de l'évêché de Grenoble, les ducs de Savoie ambitionnent aussi la création d'un siège épiscopal dans leur capitale : c'est le duc Charles III qui l'obtiendra en 1515 avec la Sainte-Chapelle pour cathédrale, mais la mesure sera reportée à l'année suivante à l'instigation du roi de France.

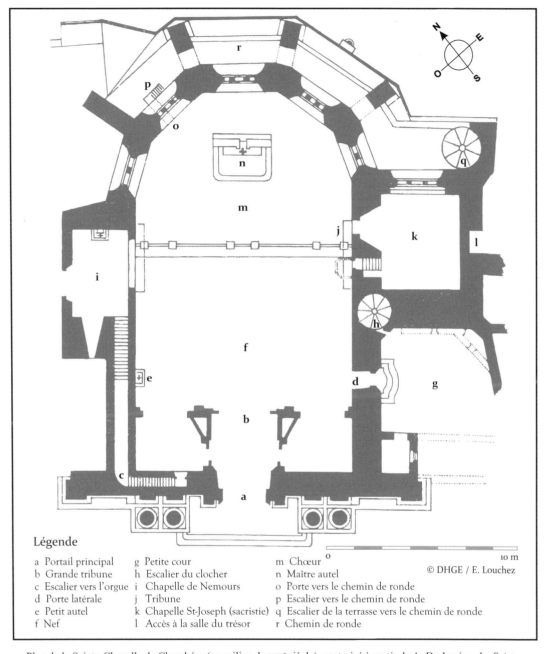

Plan de la Sainte-Chapelle de Chambéry (au milieu du XIXe siècle), vectorisé à partir de A. De Jussieu, *La Sainte-Chapelle du château de Chambéry*, Chambéry, 1868, encart entre les p. 16 et 17, modernisé et complété par les informations tirées de A. Devillechaise, M. Escoffier et J. Noblet, *Chambéry, Château des Ducs de Savoie. Sainte-Chapelle. Rapport d'opération d'archéologie préventive*, Chaponnay, 2011, p. 88. © DHGE/EL.

L'intérieur du bâtiment est majestueux. Il se présente sous la forme d'une nef unique que prolonge une abside polygonale à cinq pans. Il frappe par son élévation avec une hauteur sous les voutes qui atteint 31,5 m, pour 22,5 m de longueur et 13 m de largeur. L'ensemble est composé d'une nef et d'un chœur pentagonal, couverts de voûtes sur croisées d'ogives. Deux chapelles sont disposées latéralement : à l'est, la chapelle de Nemours, dédiée à Notre-Dame, où fut inhumée en 1523 Philiberte, duchesse de Nemours et sœur du duc de Savoie ; à l'ouest, dans le clocher, l'ancienne chapelle Saint-Joseph, transformée en sacristie.

Peu de temps après sa construction, qui a duré plus de vingt ans, dont six mois pour les seules fondations, ce nouveau lieu de culte doit accueillir « les prêtres voués à célébrer le service liturgique auquel assisteront la famille ducale et leurs familiers. Par ailleurs, l'édifice est doté dès l'origine d'insignes reliques, notamment des fragments provenant des Saintes-Reliques de la Passion ». Il devient ainsi le théâtre de nombreuses cérémonies princières, de baptêmes et de mariages prestigieux à commencer par celui de Louis, fils d'Amédée VIII, avec Anne de Lusignan, princesse de Chypre, le 14 févr. 1434. La messe fut alors composée par le maître de chapelle Guillaume Dufay.

La chapelle musicale, créée par Amédée VIII, fut améliorée en 1476 par Yolande de France qui fit installer le premier orgue de tribune en 1469 et fonda le « collège des Innocents », avec six enfants de chœur, un maître de chant et un maître de grammaire : « Entrés dans ce collège vers l'âge de 6 ans, les enfants pouvaient y demeurer huit ou neuf ans jusqu'au moment où leurs voix muaient ». Mais c'est dans la seconde moitié du XVe siècle, sous le règne de Philibert II de Savoie, dit le beau, et de sa seconde épouse Marguerite d'Autriche, que la chapelle musicale connut son apogée. À cette époque, la Sainte-Chapelle devint chapelle collégiale, placée sous le double vocable de S. Paul et S. Maurice ; elle était alors composée d'un doyen, de douze prêtres, six enfants de chœur, deux maîtres, quatre clercs et un organiste. Une autre princesse de Savoie, Marie-Jeanne-Baptiste de Savoie-Nemours, veuve de Charles-Emmanuel II, se préoccupa de faire progresser la schola des Innocents avec un nouvel instrument : « Elle fit appel à un facteur d'orgues français, Étienne Sénot, originaire de Bourges, résidant à Chambéry depuis peu. Les boiseries seront sculptées par François Cuenot. Ces orgues seront démontées pour des travaux vers 1836 et remisées. En 1975, l'instrument est reconstruit par le facteur Haerpfer-Erman, d'après la composition des jeux relevés sur la boiserie de Cuenot, et intégré dans l'ancien buffet ». En 1619, Victor-Amédée Ier épousa en la Sainte-Chapelle Christine de France, fille d'Henri IV, et l'année suivante, la nouvelle duchesse de Savoie y fit chanter un *Te Deum* lors de la victoire française sur les Espagnols. Une dizaine de messes sont toujours célébrées chaque année en la Sainte-Chapelle, dont celle, traditionnelle, de la Délégation de Savoie de l'Ordre de Malte, avec l'orgue et les chantres de la cathédrale, qui attire de nombreux fidèles chaque 24 juin pour la Saint-Jean-Baptiste.

La chapelle ducale prend officiellement le titre de Sainte-Chapelle du Saint-Suaire, le 11 juin 1502, au moment de l'installation officielle de la relique. Au XIIIe siècle, le Saint-Suaire était la propriété de la famille de Charny, qui résidait en France près de Troyes, mais en 1453, Marguerite de Charny, sans héritier, décida de le vendre aux ducs de Savoie, « famille catholique, puissante et riche ». C'est le duc Louis et son épouse Anne de Lusignan qui en firent l'acquisition. Ce drap mortuaire, qui aurait enveloppé le corps du Christ, vient ainsi affirmer davantage encore la puissance de la Maison de Savoie aux yeux de la chrétienté, et depuis que sa vénération publique a été autorisée par le pape Jules II, le 26 avr. 1506, d'importantes ostensions publiques, depuis le chemin de ronde ou depuis le sommet des murs de la ville, attirent des foules considérables à Chambéry. Alors que la ville ne compte qu'environ 5000 habitants au XVIe siècle, on évoque la venue de 10 000 pèlerins. Des princes étrangers y venaient en pèlerinage et « on prétend même que, dans

ce but pieux, François Ier, en 1516, se serait rendu de Lyon, à pied et à petites journées, dans la capitale de Savoie », indique Adolphe Fabre.

Conservée précédemment dans différents lieux, la relique prend place dans une châsse déposée dans une niche derrière l'autel. L'inventaire du « Trésor de la Sainte-Chapelle », réalisé le 6 juin 1483 sur ordre de Charles Ier, duc de Savoie, précise que la première châsse du Saint-Suaire était d'aspect plutôt simple et ordinaire : elle était « en bois recouvert de velours cramoisi, ornée de clous en vermeil ». Elle fermait au moyen d'une serrure d'argent avec la clef du même métal, et le suaire était enveloppé dans un drap de soie rouge et n'était pas la seule relique que la châsse aurait contenue. En 1509, il est déposé dans une châsse d'argent, don de Marguerite d'Autriche, épouse du duc Philibert II Le Beau. Dans la nuit du 4 déc. 1532, un incendie ravage une partie du château de même que l'intérieur de la Sainte-Chapelle ; les décors initiaux sculptés entre 1408 et 1425 par Jean Prindale et des sculpteurs flamands, sont à cette occasion totalement détruits, tout comme une partie des vitraux et la châsse, mais le suaire échappe, lui, de justesse aux flammes. Des traces de brûlures sont d'ailleurs toujours visibles, ainsi que les réparations du tissu en certains endroits, faites par les clarisses de Chambéry.

Le Saint-Suaire réintègre la Sainte-Chapelle en 1561, mais en 1563, le souverain de Savoie Emmanuel-Philibert ainsi que sa Cour s'installent à Turin, nouvelle capitale de ses États. C'est ainsi qu'en 1578, il fait venir le Saint-Suaire auprès de lui pour éviter à S. Charles Borromée, archevêque de Milan, qui avait fait le vœu d'honorer le Saint-Suaire pour épargner son diocèse de la peste, les fatigues d'un long voyage. Depuis cette date, la relique ne quittera plus la ville « malgré les suppliques des Chambériens et des chanoines de la Sainte-Chapelle de Chambéry » ; une chapelle baroque est même construite par Guarino Guarini contre le Palais Royal afin de l'y abriter. Propriété personnelle de la Maison de Savoie, le suaire y est toujours conservé, mais depuis 1983, date de la mort du dernier roi d'Italie, Umberto II, il est devenu par testament propriété de l'Église. Depuis, deux copies, offertes par l'archevêque de Turin, sont visibles dans la Sainte-Chapelle et la cathédrale de Chambéry.

Au cours des siècles, la Sainte-Chapelle a subi plusieurs évolutions, à commencer par la massive porte d'entrée installée au début du XIVe siècle. Le détail de tous les travaux réalisés est admirablement décrit et illustré dans le Rapport final d'opération d'archéologie préventive de Devillechaise et Noblet, de 2011. La façade, reconstruite en style classique, est datée pour certains de 1641 mais elle a plus vraisemblablement été commencée en 1655 pour être achevée au début des années 1660 : « sans doute que la façade médiévale ne correspondait plus au goût du jour. Le XVIIe siècle, en affirmant le baroque, rejetait le gothique », souligne justement François Juttet. La nouvelle façade est l'œuvre du célèbre architecte de Turin, le comte Amadeo de Castellamonte, l'un des grands urbanistes de Turin au XVIIe siècle avec son père, à qui la régente de Savoie, Christine de France, veuve du duc Victor-Amédée Ier, confie les travaux. Le décor de la façade rappelle évidemment les riches heures de la Royale Maison de Savoie à travers les lacs d'amour, blasons et tableau

« portant des louanges à la gloire de Christine de France et de son époux, ainsi qu'un rappel de son appartenance à la Royale Maison de France » avec la présence de fleurs de lis au sommet des obélisques.

Caractéristique du style baroque piémontais, réalisée en calcaire appareillé de Saint-Sulpice (Savoie), la Sainte-Chapelle a cependant été fortement endommagée à la Révolution où elle est d'abord transformée en grenier avant d'être désaffectée fin 1793 : « Elle est privée de tous ses symboles royaux et d'une grande partie de son mobilier ». En 1798, un nouvel incendie endommage considérablement la toiture et une partie des vitraux. Le roi Charles-Félix, très soucieux du patrimoine religieux de son duché, comme il l'a montré avec l'abbaye d'Hautecombe, entreprend des travaux de grande ampleur ; ceux-ci sont poursuivis par son successeur le roi Charles-Albert, qui fait intervenir le célèbre peintre fresquiste Casimir Vicario.

Après l'annexion de la Savoie par l'empereur des Français Napoléon III, en 1860, la Sainte-Chapelle est classée Monument Historique en 1881. Elle est alors dans un état catastrophique que résume bien une phrase de l'architecte Revel, qui en fait la description en 1883 : « En un mot, la physionomie intérieure de cette Sainte-Chapelle est altérée, et toutes ses constructions extérieures n'ont jamais été sérieusement restaurées ». Elle va, dès lors, faire l'objet de plusieurs restaurations entre 1894 et la première moitié du XXe siècle. Pour les célébrations du centenaire du rattachement de la Savoie à la France en 1960, une nouvelle campagne de travaux est menée, de même qu'en 1970, 1975, les années 1985-1986 ou encore les années 2000. Les derniers travaux en date ont été réalisés en 2011-2012 sous la maîtrise d'ouvrage du Conseil général de Savoie. Si l'installation d'un mobilier contemporain ne fait pas l'unanimité, l'ensemble a été largement mis en valeur grâce à un nouvel éclairage et à la restauration du gigantesque trompe-l'œil de Vicario peint sur la voute principale.

L'édifice emblématique de l'ancienne capitale des comtes puis ducs de Savoie a retrouvé son éclat. Et aujourd'hui, toujours présents en de nombreux endroits, sur les vitraux, les sièges de chœur, au-dessus de l'ancien autel… les blasons des Savoie « attestent de l'importance de la Sainte-Chapelle de Chambéry, liée à la fois à une des plus importantes familles d'Europe et à une relique exceptionnelle ».

S. Guichenon, *Histoire généalogique de la royale maison de Savoie, justifiée par titres, fondations de monastères… et autres preuves authentiques, par Samuel Guichenon… Nouvelle édition, avec des supplémens jusqu'à nos jours, suivis d'une dissertation contenant des remarques et additions… à cette histoire*, Torino, 1778, 5 vol. – A. Dufour, *Documents inédits relatifs à la Savoie extraits de diverses archives de Turin : histoire féodale de Chambéri*, dans *Mémoires de la Société Savoisienne d'Histoire et d'Archéologie*, t. 5, 1861, p. 313-402 ; Id. et F. Rabut, *Notes pour servir à l'histoire des Savoyards de divers états : les peintres et les peintures en Savoie du XIIIe au XIXe siècle*, *Ibid.*, 1ère partie, t. 12, 1870, p. 3-303 et 2e partie, t. 15, 1876, p. 13-268 ; Id. et F. Rabut, *Notes pour servir à l'histoire des Savoyards de divers états : Les sculpteurs et les sculptures en Savoie du XIIIe au XIXe siècle*, *Ibid.*, t. 14, 1873, p. 181-278 ; Id. et F. Mugnier, *Notes pour servir à l'histoire des Savoyards de divers états : les verriers-vitriers du XIVe au XIXe siècle*, *Ibid.*, t. 33 (2e série, t. 8), 1894, p. 431-476. – Th. Fivel, *Aperçu historique et artistique sur le château et la Sainte-Chapelle de Chambéry*, dans *Mémoires de la Société Savoisienne d'Histoire et d'Archéologie*, t. 6, 1862, p. 117-131. – Th. Chaperon, *Chambéry à la fin du XIVe siècle*, Paris, 1863. – A. de Jussieu, *La Sainte-Chapelle du château de Chambéry*, Chambéry, 1868. – A. Fabre, *Trésor de la Sainte-Chapelle des Ducs de Savoie au château de Chambéry, d'après des inventaires inédits des XVe & XVIe siècles. Étude historique et archéologique*, Lyon, 1875. – F. Rabut, *Méreaux de la Sainte-Chapelle de Chambéry et de l'église de Belley*, dans *Mémoires de la Société Savoisienne d'Histoire et d'Archéologie*, t. 15 (2e partie), 1876, p. 161-174. – F. Trépier (abbé), *Recherches historiques sur le décanat de Saint-André*, dans *Mémoires de l'Académie des Sciences, Belles Lettres et Arts de Savoie*, 3e série, t. 6, 1878, spéc. p. 219-241. – F. Bourdier, *L'Atelier de sculpture et le chantier de la Sainte-Chapelle de Chambéry*, dans *La sculpture en Savoie au XIVe siècle et la mise au tombeau d'Annecy, couvent du Saint-Sépulcre* (coll. Annesci, 21), Annecy, 1878. – J. Vernier, *Notice historique sur le château et la Sainte-Chapelle de Chambéry*, dans *L'Académie de Savoie*, Chambéry, 1894. – G. Pérouse, *Le château de Chambéry depuis Victor-Amédée II*, (coll. Mémoires de la Société Savoisienne d'Histoire et d'Archéologie, 58), Chambéry, 1918. – A. Greyfie de Bellecombe, *Philiberte de Savoie, duchesse de Nemours (1498-1524)*, dans *Mémoires de l'Académie des sciences, belles-lettres et arts de Savoie*, 5e série, t. 6, 1928, p. 181-430. – F. Gaudin, *Les vitraux du Saint-Suaire à la chapelle du château de Chambéry*, dans *Mémoires de l'Académie de Savoie*, 5e série, t. 7, 1931, p. 93-108. – Ph. Falcoz, *Les Innocents et la Maîtrise Métropolitaine de Chambéry. Notice historique*, Chambéry, 1933. – *La maîtrise de la Sainte-Chapelle de Chambéry en 1735*, dans *Revue de Savoie*, 1, 1er trimestre 1943. – *Misère et splendeur de la Sainte-Chapelle du château de Chambéry. Notes de Gabriel Pérouse*, *Ibid.*, 8, janvier 1955. – R. Naz, *La vie d'autrefois à la Sainte-Chapelle de Chambéry (1467-1779)*, dans *Mémoires de l'Académie de Savoie*, 6e série, t. 2, 1955, p. 17-21. – Th. Lestien, *La Sainte-Chapelle du château de Chambéry et les anciennes chapelles de ce château*, Diplôme d'Études Supérieures, Faculté de Grenoble, 1956. – Vesco (chanoine), *La chapelle du château de Chambéry*, dans *Revue des Monuments historiques de la France*, 1960, 2-3, p. 129-134. – R. Oursel, *Maîtres d'œuvres et architectes en Savoie au Moyen-Âge*, dans *Les Monuments historiques de France*, 6, 1960, p. 78-88 ; Id., *Les chemins du sacré. Pèlerinage architectural en Savoie*, vol. 2, Montmélian, 2008, p. 51-53. – A. Perret, *Essai sur l'histoire du Saint-Suaire à Chambéry, du XIVe au XVIe siècle*, dans *Mémoires de l'Académie de Savoie*, 6e série, t. 4, 1960 ; Id., *Le château et la Sainte Chapelle de Chambéry*, dans *Congrès Archéologique de France*, CXXIII[e] session, *Savoie 1965*, Paris, 1965, p. 9-20 ; Id., *La Sainte-Chapelle du château ducal de Chambéry*, Lyon, 1967. – P. Amiet, *Un peintre chambérien du XVIe siècle : Gaspard Masery*, dans *Revue du Louvre*, n° 1, 1961, p. 19-22 ; Id., « Gaspard Masery et la peinture savoyarde au XVIe siècle », dans *Mémoires de l'Académie des Sciences de Savoie*, 6e série, t. 7, 1963, p. 1-16. – I. Hacker-Sück, *La Sainte-Chapelle de Paris et les chapelles palatines au Moyen Âge en France*, dans *Cahiers archéologiques*, 13, 1962, p. 217-257. – Société des amis de la Sainte chapelle, *La Sainte chapelle du château ducal de Chambéry*, Chambéry, 1967. – M. Dumont-Mollard, *Les orgues de la Sainte-Chapelle du château de Chambéry : rapport et projet de reconstitution*, Chambéry, 1975. – J.-O. Viout, *Le dernier mariage royal célébré en la Sainte-Chapelle, 6 septembre 1775*, dans *Revue des Amis du Vieux Chambéry*, bulletins n° 11-18 (1972-1979), 1976, p. 50-55. – P. Duparc, *La naissance d'une capitale, Chambéry aux XIIe et XIIIe siècles*, dans *Bulletin philologique et historique*, 1980, p. 39-70. – *Corpus Vitrearum. Recensement des vitraux anciens de la France*, vol. 3, *Les vitraux de Bourgogne, Franche-Comté et Rhône-Alpes*, Paris, 1986, p. 317-320. – Cl. Billot, *Les Sainte-Chapelles (XIIIe-XVIe siècles). Approche comparée de fondations dynastiques*, dans *Revue d'Histoire de l'Église de*

France, 73, 1987, p. 229-248 ; Id., *Les Saintes-Chapelles du XIIIe au XVIe siècles*, dans A. Chastel (dir.), *L'église et le château*, Bordeaux, 1988, p. 95-114 ; Id., *Les Saintes-Chapelles royales et princières*, Paris, 1998. – R. Brondy, *Chambéry, histoire d'une capitale*, Lyon-Paris, 1988. – Chr. Sorrel, *Histoire de Chambéry*, Toulouse, 1992. – F. Juttet et guides conférenciers de Chambéry, *Regards sur Chambéry*, Chambéry, 1997, 201 p. ; Id., *Chambéry, lecture d'une ville. Patrimoine, architecture, urbanisme*, Chambéry, 2005, 447 p. – A. Pinot, *Chambéry, Sainte-Chapelle du château. Étude préliminaire des baies 0-1-2*, Chambéry, D.R.A.C., Conservation Régionale des Monuments historiques, mai 1998. – D. Richard, *La restauration des grandes verrières Renaissance de la Sainte-Chapelle, 1998-2002*, dans *La rubrique des patrimoines de Savoie*, 10, décembre 2002, p. 9-11. – Ph. Raffaelli, *La Sainte-Chapelle du Saint-Suaire, Ibid.*, p. 11-13. – M. Santelli, *La sainte-Chapelle du château des ducs de Savoie à Chambéry* (coll. Mémoires de la Société Savoisienne d'Histoire et d'Archéologie), Chambéry, 2003. – J. B. Scott, *Architecture for the Shroud. Relic and Ritual in Turin*, Chicago, 2003. – E. Ferber, *Chambéry, cour du château des ducs de Savoie*, dans Direction régionale des affaires culturelles de Rhône-Alpes, *Bilan scientifique 2002*, Lyon, 2004. – F. Isler, *Le château des ducs de Savoie : 1285-1860, Chambéry*, Évian, 2006. – J. Noblet, *En perpétuelle mémoire. Collégiales castrales et Saintes-Chapelles à vocation funéraire en France (1450-1560)*, Rennes, 2009 ; Id., *Sanctuaires dynastiques ligériens. L'exemple des collégiales castrales et Saintes-Chapelles (1450-1560)*, Châtillon-sur-Indre, 2009. – *Savoie, Chambéry, Sainte-Chapelle des ducs de Savoie*, plaquette publiée par la Direction régionale des affaires culturelles de Rhône-Alpes, Patrimoine restauré, n° 16, juillet 2010. – A. Devillechaise (dir.) et J. Noblet, *Chambéry, Château des Ducs de Savoie – La Sainte-Chapelle. Rapport final d'opération d'archéologie préventive*, Chaponnay, décembre 2011. – Chr. Guilleré et A. Palluel-Guillard, *Le château de Chambéry. Dix siècles d'histoire*, Chambéry, 2011, 240 p.

L. GRUAZ

SALA Y DE CARAMANY (Fray Benito), OSB, évêque de Barcelone et cardinal, Gerona, 16 avr. 1646-Roma, 2 juil. 1715.

Il fut le benjamin des quatre enfants (Esteban, María, Anna et lui) qu'eurent les nobles époux D. Francisco de Asís Sala Campos, doctor *in utroque*, habitant de Gérone et auditeur de la troisième chambre du Conseil de Catalogne, et Dña. Ana Caramany y Cella, originaire de San Pedro Pescador (Gérone). Il fut baptisé dans la collégiale San Félix de Gérone le 20 avr. 1646, son parrain étant D. José de Lanuza Rocabertí, comte de Plasencia et par suite vice-roi de Majorque, et sa marraine Magdalena Homs. Encore enfant, il entra dans la manécanterie de Montserrat, le 16 avr. 1652, et plus tard (1656-1658), il étudia la philosophie à l'Université de Barcelone. Il prit l'habit bénédictin à Montserrat le 16 avr. 1658 et fit profession l'année suivante. Ensuite il étudia la théologie dans le collège bénédictin de San Vicente de Salamanque (165-1668) et fut professeur des arts du collège de San Esteban de Ribas de Sil (Orense) (1669-1673), secrétaire du conseil et maître des étudiants (1673-1677), régent des études (1677-1681) et lecteur de vêpres de théologie (1681-1682) du collège de Salamanque. Il obtint la licence en théologie de l'Université de Salamanque le 4 oct. 1675, où le 23 décembre suivant, il incorpora son titre de maître en théologie obtenu à l'Université navarraise d'Irache le 14 mai de la même année, avec les grades

Le card. Benito Sala y de Caramany, portrait tiré des collections digitales du *Bildarchiv Austria* (Österreichische Nationalbibliothek).

de philosophie. À l'Université de Salamanque, il occupa les chaires de *Logica magna* (1671-1673), de Vêpres de théologie (1673-1676) et de philosophie (1676-1681), et dans la Congrégation de San Benito de Valladolid, il remplit les charges de lecteur de théologie morale et définiteur général (1681-1682). Il fut également abbé de Montserrat du 3 août 1682 au 12 avr. 1684, où il commença la chambre abbatiale, mais après les deux ans, Charles II le présenta comme abbé béni des monastères barcelonais unis de San Pablo de Campo et San Pedro de la Portella (1684-1698) ainsi que de Nuestra Señora de Gerri de la Sal (Lérida) (1689-1698), pour lequel il fut présenté à Rome par le Real Patronato Eclesiástico le 9 juil. 1689, refusant l'abbaye de Ripoll en 1696, pour des raisons familiales.

En 1698, Benito Sala fut présenté pour occuper le diocèse de Barcelone, préconisé pour celui-ci le 24 novembre de la même année. En 1699, il donna licence pour la dédicace de la nouvelle église du monastère de las Arrepentidas de la calle San Pablo, de Barcelone et pour transférer les reliques de S. Olegario à sa nouvelle chapelle de la cathédrale, et en 1703, il approuva la fondation d'une maison de lazaristes à Barcelone. Il se distingua particulièrement dans la Guerre de Succession, en tant que partisan décidé et déclaré de la maison d'Autriche, de telle sorte qu'en juillet 1706, il fut appelé à Madrid, ville gagnée à la cause de Charles III. Mais à son retour à Barcelone, le 4 août de la même année, il fut capturé à Alcalá de Henares par une troupe de soldats bourbons, qui l'emmenèrent à Bayonne comme prisonnier. De là, il passa ensuite au château Trompette de Bordeaux, et le 24 mars 1707 à Avignon, sous l'influence du pape, à la condition qu'il ne s'éloigne pas de la ville sans permission du pontife. Il était là quand il reçut l'ordre d'exil de tous les domaines espagnols, décrété par le gouvernement de Philippe V. À sa demande, il fut transféré dans les domaines papaux en Italie, bien qu'il souffrît une infinité de privations, de dégoûts et de peines, non seulement du fait de son long exil mais aussi parce qu'il ne recevait pas d'émoluments de son diocèse. Le pape Clément XI, qui le 4 oct. 1709 s'était mis du côté de l'archiduc Charles, voulut le faire archevêque de Tarragone mais Frère Benito n'accepta pas ; le même pontife, le 15 mai 1712, le nomma inquisiteur général de tous les royaumes d'Espagne et, trois jours plus tard, le nomma cardinal-prêtre *in pectore*, rendant la décision publique le 30 janv. 1713. Il lui envoya la barrette avec son bref le 4 mars 1713, mais Philippe V, le 24 du même mois, ordonna qu'aucun Espagnol ne le reconnaisse comme cardinal, le traitant d'infidèle, conspirateur et félon, l'accusant d'avoir obtenu la pourpre par des moyens indignes. Avec tout cela, le 23 mars 1713, la Catalogne devint libre et le 10 avril suivant, il retourna à Barcelone, après huit années d'exil. Cependant ce fut pour peu de temps parce qu'avec la signature de la paix de Hospitalet le 22 juin de la même année, la Catalogne retourna sous le pouvoir de Philippe V. Devant le danger de retomber dans les mains du roi bourbon, il laissa le diocèse au vicaire général Francisco Agulló († Rome 1732) et, le 3 juillet, il appareilla du port de Barcelone en direction de Gênes, accompagné de quelques partisans des Autrichiens, avec l'intention d'aller à Rome et de recevoir là des mains du pape le chapeau cardinalice ; mais il arriva très malade dans la Ville éternelle. Nonobstant, sur l'initiative du marquis Hercule-Louis de Prié, ambassadeur de Charles VI à Rome, le 29 nov. 1714, il reçut un hommage solennel de la part du pape et du collège cardinalice en consistoire public, pour contrebalancer l'infâme décret de Philippe V contre sa promotion au cardinalat.

Benito Sala y de Caramany mourut six mois plus tard, dans la paroisse de Santa Maria ad Montes, où il était hébergé. Ses obsèques furent célébrées solennellement – en Espagne, elles furent très simples, le gouvernement ne les autorisant pas –, en la basilique des Douze Apôtres le 4 juil. 1715, mais il fut enterré dans la basilique de Saint-Paul-hors-les-Murs, devant l'autel de Saint-Benoît, dans la chapelle du Saint-Christ, à la droite, contre le banc de communion, sous une pierre de marbre blanc, avec l'épitaphe suivante : D.O.M. / BENEDICTVS DE SALA / CLARO GENERE GERVNDE NATVS / ORDINIS SANCTI BENEDICTI MONACHVS / POST SALMANTICEN, CATHEDRAM EPVS. BARCHINONEM / IN HISPANIARVM REGNIS SVPREMVS FIDEI INQVISITOR / HISQVE NOMINIBVS DE ECCLESIA OPTIME MERITVS / A CLEMENTE XI P.P.M.S.R.E. PRESBYTER CARDINALIS CREATVS DIE XVIII MAII MDCCXII / RELIGIONE, DOCTRINA, ANIMI LIBERALITATE ET HVMANITATE OMNIBVS CARVS / AETATIS SVAE ANNO SEPTVAGESIMO, DIE DECIMAQVINTA / MENSIS III, OBIIT ROMAE II JVLII / MDCCXV.

ÉCRITS. Il ne publia pas de livre mais il laisse quelques écrits manuscrits, parmi lesquels : *Constitutio circa processiones*. – *Memorial al Emperador sobre expolios i vacantes de España*. – *Sobre elecciones del prior del convento de la Merced, de Barcelona*. – *Duda sobre si el Vicario General del Ejército puede dar licencia los soldados para casarse*. – *Parecer canónico sobre las insignias de la Basílica Lateranense sobre la puerta de la iglesia de San Severo de Barcelona, en construcción*. – *Instrucciones a su Vicario General para el gobierno del obispado en su ausencia*. – *Memorias de las pensiones sobre el obispado de Barcelona*. – *Diligencias para cobrar las cotidianas durante su destierro*. – *Declaración a Carlos III*, depuis Avignon. – A prononcé la censure contre les vol. I et II de la *Theologia Sancti Anselmi* (15 mai 1678) del cardenal fray José Sáenz de Aguirre OSB. – Et 340 lettres (1709-1713), publiées par : E. Girbal, *Epistolario del Cardenal Gerundense D. Fray Benito Sala y de Caramany, obispo de Barcelona*, Gerona, 1889.

SOURCES. Archivo Parroquial de San Félix de Gerona, *Libro de bautizados*, VIII, f° 470r°. – Archivo de la Congregación de San Benito de Valladolid, en la abadía de Silos, *Actas de los capítulos generales*, II, f°s 338r°, 352v°, 367v°, 388r°. – Archivo de la Universidad Civil de Salamanca, ms. 788, *Libro de grados mayores (1669-1683)*, f°s 191v°-201v°. – Archivio Segreto Vaticano, Processus Consistoriales, 92, f° 248ss ; *Secretaria Brevium Apostolicorum*, 2520, f° 96r° ; Acta Consistorialia, 25, f° 204v° et 26, f° 204v°. – Archivo del Ministerio de Asuntos Exteriores (Madrid), *Códices José Jacinto del Pino*, vol. XXII. – Biblioteca Nacional de Madrid, ms. 2401, f° 433r° ; ms. 2403, f° 261r°, 283r° ; ms. 11260/19.

TRAVAUX. M. Aymerich, *Nomina et acta episcoporum barchinonensium*, Barcelona, 1760. – E. Flórez, *España Sagrada*, t. XXIX, Madrid, 1775, p. 359-365. – E. Girbal, *Biografía del Cardenal Gerundense D. F. Benito Sala y de Caramany*, Gerona, 1886 ; Id., *Epistolario del Cardenal Gerundense D. Fray Benito Sala y de Caramany, obispo de Barcelona*, Gerona 1889. – F. Curiel, *El Cardenal Sala*, dans *Revista Montserratina*, 9, 1915, p. 247, 314, 422, 519 ; 10, 1916, p. 6-11, 252-256. – S. Puig, *El episcopologio de Barcelona*, Barcelona, 1916, p. 36. – A. M. Albareda, *Contribució a la biografía del Cardenal Dom Benet de Sala O. S. B., abat de Montserrat (la persecución de Felipe V)*, dans *Analecta Montserratensia*, 6, 1925, p. 10-77 ; Id., *Correspondència adreçada al cardenal Dom Benet de Sala, monjo de Montserrat*, dans *Ibid.*, 7, 1928, p. 309-365. – M. del Álamo, *Valladolid, Congregación de*, dans *Enciclopedia universal illustrada europeo-americana*, vol. 66, 1929, p. 970. – J. Ibarra, *Historia del monasterio benedictino y de la Universidad literaria de Irache*, Pamplona, 1939, p. 415. – R. Ritzler et P. Sefrin, *Hierarchia Catholica Medii et Recentioris Aevi*, t. V, Padua, 1952, p. 29, 114. – J. Pérez de Úrbel, *Varones insignes de la Congregación de Valladolid*, Madrid, 1967, p. 281-282. – T. Moral, *Sala y de Caramany, Benito*, dans *Diccionario de Historia Eclesiástica de España*, t. IV, Madrid, 1975, p. 2137. – J. Massot, *Història de Montserrat*, Montserrat, 1977, p. 186-187. – E. Zaragoza Pascual, *Los Generales de la Congregación de San Benito de Valladolid*, t. IV, Silos, 1982, p. 496, 503 ; V, Silos, 1984, p. 19, 24, 64, 118, 274-275, 508, 524-526 ; Id., *Abaciologi benedictí de la Tarraconense*, Barcelona, 2002, p. 83, 200, 284-285, 311. – C. Baraut, *Sala i de Caramany, Benet*, dans *Diccionari d'Història Eclesiàstica de Catalunya*, t. III, Barcelona, 2001, p. 329-330.

E. ZARAGOZA

SCHMIDT (Joséphine), en religion Sœur Marie de Jésus, religieuse, mystique, supérieure de la Congrégation des Franciscaines de l'Immaculée Conception de Lons-le-Saunier (1826-1899).

Fille d'un verrier d'origine allemande établi à Clairfontaine (Vosges), Joséphine Schmidt, née à Labondue (Haute-Marne) le 18 janv. 1826, connaît une jeunesse marquée par de nombreuses expériences charitables : elle est membre d'une société qui se voue à l'éducation pratique des orphelines à Nancy, puis est maîtresse d'étude, s'occupe d'œuvres de charité à Hennezel, fait le catéchisme à Mirecourt. Autant d'expériences au gré des déménagements de sa mère devenue très tôt veuve, entrecoupées de retraites religieuses chez les religieuses dominicaines et de séjours à l'hôpital en raison d'une santé sans cesse chancelante. À l'âge de 25 ans, elle ouvre un refuge à Mirecourt pour les filles de mauvaise vie qui fonctionne jusqu'en 1856. À cette date, elle part pour Paris où elle prend l'habit franciscain et le nom de Sœur Marie de Jésus en faisant profession en 1858. Elle est chargée de fonder de nouvelles communautés, avec plus ou moins de succès, à Troyes, Ville-sous-Terre, Strasbourg, Saint-Cyr près de Marseille, puis de nouveau à Paris. Elle arrive enfin le 18 oct. 1864 à Macornay (Jura) où elle est nommée maîtresse des novices de la Congrégation des Franciscaines de l'Immaculée Conception. Elle participe au développement de la congrégation avec la mère supérieure, Révérende Mère Marie de la Croix née Louise Luquet (*cf. supra*, col. 1409-1410), à qui elle succède à la tête de la communauté de 1873 à 1882 et qu'elle continue de seconder jusqu'à sa mort comme maîtresse des novices. C'est pendant son supériorat que la congrégation s'installe à Lons-le-Saunier. Elle est connue pour avoir développé la pratique du scapulaire de S. Joseph, approuvée par Léon XIII en 1884 (approbation officialisée en 1893). Elle a laissé un journal dans lequel elle livre, comme Ste Thérèse, ses expériences mystiques : abandon absolu à Dieu, sacrifice de soi, union intime avec Jésus-Christ. Toute sa vie a été marquée par la souffrance physique (jeûne, flagellation, port du cilice) et psychique (elle raconte les nombreuses tentations et violences que le démon lui fait en apparition) qu'elle sublime par l'extase, la prière, la communion. Certaines dans la communauté lui attribuent des miracles et le don de prophétie. Elle meurt à Lons-le-Saunier le 8 mai 1899.

SOURCES. P. Damase de Loisey, *Vie de la Révérende Mère Marie de Jésus. Des Franciscaines de l'Immaculée Conception, à Lons-le-Saulnier, apôtre du scapulaire de Saint-Joseph*, Clermont-Ferrand, 1907. – V. Petit, *Schmidt, Joséphine*, dans L. Ducerf et al. (dir.), *Franche-Comté* (coll. Dictionnaire du Monde religieux dans la France contemporaine, 12), Paris, 2016, p. 673-674.

V. PETIT

SCHNEITER (François-Charles-Pierre), membre de la première et de la seconde Assemblée nationale constituante (Marne), député de la Marne de 1946 à 1958 ; sous-secrétaire d'État aux Affaires étrangères du 8 févr. au 16 déc. 1946 et du 24 nov. 1947 au 26 juil. 1948 ; ministre de la Santé publique et de la Population du 26 juil. 1948 au 11 août 1951 (1905-1973).

Né à Reims le 13 mai 1905, le jeune Schneiter dont la famille catholique est, en partie, d'origine lorraine, fait des études secondaires au collège d'Épernay. Il est admis ensuite à l'École des Hautes études commerciales à Paris. En 1926, alors qu'il pense à une carrière dans l'aviation, il doit reprendre la direction de l'entreprise familiale de courtage en vins de champagne. Il fait de nombreux voyages à l'étranger, en Europe et en Afrique, et devient membre correspondant de la Chambre de commerce de Reims-Epernay. Marié à Marguerite Fandre, fille d'un industriel du textile rémois, il fonde une famille de cinq enfants. Pierre Schneiter préside, durant l'Entre-deux-guerres, l'association des jardins ouvriers de sa cité, dont il poursuit l'œuvre durant la guerre en ouvrant près de

3000 nouveaux jardins. De retour à Reims dès la fin de 1940, il s'engage dans la Résistance auprès de son frère, André, responsable du Bureau d'opérations aériennes (B.O.A.). Arrêté en décembre 1943, il est libéré et se cache dans la région champenoise. Il est choisi comme sous-préfet de son arrondissement à la Libération par les mouvements de Résistance.

Dès le 21 oct. 1945, il décide de se lancer dans le combat électoral au sein du Mouvement républicain populaire (M.R.P.). Il est élu député de la Marne avec René Charpentier, agriculteur, résistant déporté à Buchenwald, grâce à 74 367 suffrages, alors que la liste communiste reçoit 55 812 suffrages et compte également deux députés ; la liste S.F.I.O. se contente de 45 238 voix et d'un député. Il s'inscrit à la Commission des finances et se voit chargé, à ce titre, du rapport du budget du ministère de l'Intérieur ; il dépose des amendements dans la discussion sur la nationalisation de la Banque de France et des autres grandes institutions bancaires. D'abord sollicité comme sous-secrétaire d'État aux Affaires étrangères dans le gouvernement Gouin en janvier 1946, il intervient particulièrement sur la situation autrichienne à la Chambre le 2 oct. 1946. Il est réélu ainsi que René Charpentier en juin 1946 avec 62 556 suffrages et conserve son poste dans le gouvernement Bidault. Présent à nouveau au Palais-Bourbon en novembre 1946 avec son colistier grâce à 63 010 voix engrangées, il devient secrétaire d'État aux Affaires allemandes et autrichiennes du 24 nov. 1947 au 25 juil. 1948 dans le cabinet Robert Schuman. Il est proposé comme ministre de la Santé publique et de la Population dans le cabinet Marie, le 26 juil. 1948 et demeure à ce poste jusqu'au 10 juil. 1951 successivement dans les cabinets Robert Schuman, Henri Queuille, Georges Bidault, de nouveau Henri Queuille, René Pleven, et Henri Queuille, soit à sept reprises et pendant plus de trois ans ; avec Jules Catoire comme adjoint à trois reprises, avec lequel il partage une pratique religieuse assidue, il poursuit la politique familiale et sociale de ses deux prédécesseurs, Germaine Poinso-Chapuis et Robert Prigent, également, comme lui, démocrates chrétiens. « La France a la meilleure législation familiale », déclare-t-il à *La Croix*, le 28 oct. 1950. Outre la défense des budgets de son ministère, il réussit à harmoniser les conventions d'assistance sociale et médicale des signataires du Traité de Bruxelles, à organiser des bureaux d'aide sociale, à créer un Conseil supérieur d'entraide sociale, à instituer un Laboratoire national de contrôle issu de son Ministère et de l'Académie de médecine. Fidèle à ses convictions chrétiennes, il défend des projets de loi qui visent au renforcement de la lutte contre l'avortement, au contrôle des adoptions d'enfant, à la célébration de la fête des Mères en avril 1950.

Il est réélu député de la Marne ainsi que son colistier, malgré un score plus faible de 36 702 suffrages du fait de la présence d'une liste du Rassemblement du peuple français (R.P.F.) emmenée par Pierre Closterman, qui recueille 45 912 voix le 17 juin 1951. Après être intervenu dans la discussion sur le projet de loi portant ratification du traité instituant la Communauté européenne du charbon et de l'acier (C.E.C.A.) en décembre 1951, il fait partie de la délégation française à l'Assemblée générale de l'O.N.U. durant les sessions de 1952 et 1953. Il intervient dans le débat sur l'investiture de Joseph Laniel le 26 juin 1953. En 1954, il est le successeur de

René Coty, devenu président de la République, à la tête du groupe fédéraliste du Parlement français. Membre de la Commission des affaires étrangères, il est choisi, en février 1954, comme représentant spécial du Conseil de l'Europe pour les réfugiés nationaux et les excédents de population. À sa grande surprise, il est élu président de l'Assemblée nationale, le 11 janv. 1955, au troisième tour de scrutin, par 232 voix contre 188 à André Le Troquer, 86 à Marcel Cachin. Il doit « gérer », avant celle d'Edgar Faure, la chute du cabinet Mendès-France. Durant cette séance de nuit du 4 au 5 février, le président du conseil battu demande la parole vers cinq heures du matin alors que ce n'est pas l'usage. Rappelant qu'« aucun article ne s'y oppose », Pierre Schneiter demande, en « se plaçant sur le plan de l'intérêt national », de laisser l'orateur s'exprimer. Au total, il préside plus de 60 séances. À nouveau candidat à sa succession lors de la nouvelle législature, il est battu au troisième tour après être arrivé en tête au premier tour. À nouveau élu député en 1956 avec René Charpentier sur une liste recueillant 42 248 voix apparentée au Rassemblement des gauches républicaines (RGR)/Républicains sociaux et aux Indépendants paysans, il intervient lors de la présentation de la loi de finances relative aux Affaires étrangères, le 22 nov. 1956, sur le projet de loi des accords sur la Sarre et la canalisation de la Moselle, le 11 déc. 1956, où il parle de la nécessité d'un « acte de foi en l'Europe » et rappelle le danger d'un isolement de la France.

Devenu maire de Reims de 1957 à 1959, et conseiller général de 1958 à 1964, il exerce ensuite des responsabilités régionales telles que président de la Commission de développement économique régional (C.O.D.E.R.) de 1964 à 1973 puis président du Comité économique et social. Sur le plan international, il préside le comité de direction du Fonds de Rétablissement du Conseil de l'Europe et fait office de représentant spécial du Conseil de l'Europe pour les réfugiés nationaux et les excédents de population. Combinant discrétion, modestie avec courage et détermination, il dispose, selon Philippe Seguin, d'un « incontestable et paradoxal charisme ». Officier de la Légion d'honneur, ce titulaire de la croix de guerre et de la médaille de la Résistance, commandeur de l'Ordre national du Mérite, est le père de Jean-Louis Schneiter, futur député-maire centriste de Reims.

Il est décédé le 17 mars 1973 à Reims.

Sources. Archives de l'Assemblée nationale, renseignements fournis par le Service de Documentation générale de la Presse. – Le Figaro, 19 mars 1979.

Travaux. Ph. Seguin, 240 dans un fauteuil. La saga des présidents de l'Assemblée, Paris, 1995, p. 971-972.

B. Béthouart

TELLIER (Gabriel), sénateur du Mouvement républicain populaire (M.R.P.) (Boulogne 13 janv. 1899-Boulogne 9 sept. 1976).

Exploitant agricole, il adhère dès 1945 au M.R.P. dans lequel il peut conjuguer son attachement à la doctrine sociale de l'Église et sa fidélité au général de Gaulle et siège comme député à la première Assemblée constituante. Il fonde le syndicat des sinistrés agricoles du Littoral et préside la Société d'Agriculture de l'arrondissement de Boulogne-sur-Mer. Ayant quitté le M.R.P. pour rejoindre les rangs gaullistes, il se fait

battre par Paul Caron en juin 1946. Il est élu en 1948 conseiller de la République et sénateur du Pas-de-Calais. Réélu sénateur en 1959, il ne se représente pas en 1965. Maire de Pittefaux, il appartient au Sénat au groupe du Centre Républicain d'action rurale et sociale.

La Voix du Nord, 11 oct. 1976. – Interview de Paul Caron, le 9 nov. 1978.

B. Béthouart

THEETEN (Paul-Émile-Michel), député du Nord de 1946 à 1951, né le 18 janv. 1918 à Berck-Plage (Pas-de-Calais) et décédé le 15 avr. 1975 à Paris (15ᵉ arrondissement).

À la fin de ses études au collège catholique Saint-Jude à Armentières, durant lesquelles il fait partie d'une troupe de scouts, il obtient le baccalauréat puis, à la suite d'études à la London School of Economics, devient titulaire de cet organisme consulaire. Négociant en combustibles comme ses ancêtres, il donne à l'entreprise une ouverture internationale. Mobilisé et affecté en Tunisie, dès le 18 juin 1940, il part à Londres. Il est le premier secrétaire du général de Gaulle et s'inscrit dans les Forces françaises libres (FFL) de la marine. Présent en Afrique Équatoriale française de septembre 1940 à octobre 1943 puis en Afrique Occidentale française au début de 1944, il parvient en Italie en juillet 1944 puis, du mois d'août suivant à juillet 1945, il fait la campagne d'Allemagne avant de terminer son périple militaire à nouveau en Tunisie en octobre 1945. Marié, ce père d'un enfant retrouve ses activités commerciales et participe à la mise en place dans le Nord de l'Union gaulliste, fondée par René Capitant après le discours de Bayeux en juin 1946, en tant que président départemental.

En novembre 1946, il parvient à se faire élire député dans la 2ᵉ circonscription de Lille comme second sur la liste de l'Union des républicains et de rassemblement gaulliste qui est conduite par Louis Christiaens, chef de file des Indépendants. La liste, avec 94 657 suffrages arrive en 4ᵉ position derrière celle du Mouvement républicain populaire (M.R.P.) conduite par Maurice Schumann qui rassemble 131 095 voix et obtient trois sièges, celle de la Section française de l'Internationale ouvrière (S.F.I.O.) d'Augustin Laurent avec 113 298 et trois élus, celle du Parti Communiste français rassemblant 110 254 suffrages et deux élus. En 1947, Paul Theeten décide logiquement de s'inscrire au Rassemblement du peuple français (R.P.F.). À l'Assemblée, attaché à la défense de l'école catholique, il fait partie de plusieurs commissions, celle des territoires d'Outre-mer, de la reconstruction et des dommages de guerre en 1948, du travail et de la sécurité sociale en 1949 et 1951, des boissons en 1950, des affaires économiques en 1950, des pensions en 1951. Désigné par la Commission des territoires d'Outre-mer en 1947 puis en 1949 pour représenter l'Assemblée dans le comité de gestion des fonds d'investissement pour le développement, puis dans le Conseil de surveillance de la Caisse centrale de la France d'Outre-mer, il est également élu vice-président suppléant de la Haute Cour de justice en 1947. Son activité parlementaire porte sur la politique conduite dans les territoires d'Outre-mer et sur les questions de l'Union française. Il est également présent dans les débats portant sur le statut des anciens combattants et victimes de guerre mais aussi lors du vote du budget des armées. Il s'intéresse aux questions économiques telles que les réductions fiscales, le statut d'entreprises nationalisées comme la SNECMA. Il propose, en 1947, une réduction provisoire de la durée du travail à 40 h et intervient lors du vote du projet de loi sur les conventions collectives et le règlement des conflits du travail, au sujet du mode d'élection des conseils d'administration de la sécurité sociale. Sa défense de la région passe par des demandes de prise en compte de sinistres à Rosendael et à Tourcoing ; il insiste sur la construction de l'autoroute Paris-Lille en 1950 et la mise en site classé des vieux moulins à vent des Flandres. En 1951, malgré les 95 261 voix obtenues, soit 21% des suffrages dans la seconde circonscription du Nord, Paul Theeten est battu par l'apparentement S.F.I.O., *Rassemblement des gauches républicaines* (*R.G.R.*), M.R.P. et Indépendants et paysans, qui récupère ainsi la totalité des sièges. Il est élu au conseil général du Nord de 1955 à 1961. En 1956, il se présente sur la liste d'Union des républicains indépendants et paysans du Nord conduite par Louis Christiaens et qui n'obtient qu'un seul siège. Vice-président de l'Assemblée de l'Union française de 1952 à 1959 et conseiller du Commerce extérieur de 1955 à 1961, il est également conseiller municipal d'Armentières de 1950 à 1959.

Ayant échoué en 1958 dans la 10ᵉ circonscription du Nord, il est également battu aux législatives de 1962 dans la 1ᵉʳᵉ circonscription du Pas-de-Calais face à Guy Mollet et, derechef, en 1967 et 1968. Déjà membre du bureau de la fédération du Nord des républicains sociaux en novembre 1955, il devient en 1968 secrétaire fédéral du Pas-de-Calais Sud de l'Union pour la nouvelle République (U.N.R.), membre du Conseil national de l'Union pour la défense de la République (U.D.R.) et du Comité directeur de l'Association des Français libres. Présent à la Chambre de commerce et d'industrie d'Armentières de 1955 à 1961, il prend, dans les années soixante, la tête de diverses missions d'aide et de coopération auprès de gouvernements africains comme le Niger ou le Gabon. De 1972 à 1975, il devient conseiller du directeur général du Programme des Nations Unies pour le développement. Dès 1968, il est membre du Conseil économique et social pour le développement économique et social des pays autres que la France et de la coopération technique.

Ce lieutenant-colonel de réserve est titulaire de la Légion d'honneur et officier de l'Ordre national du mérite, il reçoit la croix de guerre 1939-1945. Il décède subitement à l'âge de 57 ans.

SOURCES. Archives de l'Assemblée Nationale, renseignements fournis par le Service de Documentation : fiche « Paul Dehème », mise à jour le 15 oct. 1959. – Table nominative du *Journal officiel des débats parlementaires*. – *Le Monde*, 18 avr. 1975.

TRAVAUX. C. Krajewski, *Le Rassemblement du Peuple français dans le Nord (1947-1955)*, Lille, 1984.

                                                    B. BÉTHOUART

THIBAULT (Édouard-Joseph-Marie-Lucien), membre de la première et de la seconde Assemblée nationale constituante et député du Gard de 1946 à 1958. Secrétaire d'État à l'Intérieur du 2 juil. 1953 au 19 juin 1954 (1912-1977).

Il naquit le 27 sept. 1912 à Sablé (Sarthe) et décéda le 16 nov. 1977 à Paris (15ᵉ arrondissement).

Fils d'un professeur de philosophie, militant du *Sillon* puis de la Jeune République et maire d'Uzès après la Libération, Édouard Thibault, catholique convaincu, fréquente le collège de Remiremont, le lycée de Nancy puis les facultés de Dijon et Montpellier où il milite à la Jeune République et au mouvement des Volontaires de la paix créé par Marc Sangnier, dont il admire la conviction chrétienne et démocratique. Il obtient une licence en droit, un DES d'histoire-géographie et enseigne au lycée de Nîmes à partir de 1936. Il se marie avec Yvonne Borel, professeur agrégée d'histoire-géographie. Mobilisé en 1939, il est réformé après avoir perdu un œil et reprend ses activités d'enseignant. Ayant fait échapper au Service du travail obligatoire (S.T.O.) nombre de ses élèves, il est menacé d'arrestation au printemps 1944 et suspendu de ses fonctions. Réfugié dans la ferme de ses grands-parents en Bourgogne, il entretient de nombreux contacts avec un maquis proche. Après la Libération, il est placé à la tête du *Mouvement républicain populaire* (M.R.P.) dès sa formation dans la cité nîmoise et dirige de 1946 à 1965 le journal de la Fédération M.R.P. du Gard, *L'Avenir*, tout en enseignant notamment à l'Université de Nîmes.

Membre de la première Assemblée constituante en octobre 1945, il est élu avec 39 947 suffrages sur 187 100 votants alors que les communistes et les socialistes possèdent deux élus chacun ; il siège à la Commission des territoires d'Outre-mer. Durant la seconde Assemblée constituante en juin 1946, il est élu avec sa colistière Henriette Bosquier, exploitante agricole, grâce aux suffrages de 57 440 électeurs. Inscrit également à la Commission de l'intérieur, de l'Algérie, de l'administration générale, départementale et communale, juré à la Haute Cour de justice, il est chargé, le 13 sept. 1946, d'un rapport sur la mise à disposition du public des projets, propositions et rapports déposés sur le bureau de l'Assemblée nationale constituante. Il est élu député du Gard à l'Assemblée nationale le 10 nov.1946 en compagnie de sa colistière, maintenant son score au-dessus des 50 000 voix face aux deux élus communistes et au député socialiste. Toujours présent dans la Commission des Territoires d'Outre-mer, il siège également à celles de la presse et des boissons. Ce dernier choix s'explique par ses liens avec André Farel, vice-président du Comité de salut viticole. Il intervient également sur le statut des fonctionnaires coloniaux et sur l'École nationale de la France d'Outre-mer. L'une des grandes questions qui l'occupe en 1947 tient au règlement du statut des écoles et des personnels des Houillères des bassins du Gard, de l'Aveyron et de la Loire puis, en mai 1948, celle des écoles privées des houillères nationales. Ses combats en faveur de la justice scolaire l'amènent à devenir par la suite, en accord avec ses convictions catholiques, premier vice-président de l'Association parlementaire pour la liberté de l'enseignement (juin 1951).

Il est le seul républicain populaire de son département réélu en juin 1951 avec 32 326 suffrages sur une liste d'union du MRP avec les Républicains indépendants et paysans face aux deux communistes et aux deux socialistes. Il devient vice-président du groupe parlementaire MRP de juillet 1951 à juillet 1953 et à nouveau en janvier 1956. Membre de la Commission des boissons, de l'Éducation nationale durant la seconde législature, il continue de prendre en charge les questions viticoles et les problèmes d'éducation où il combat en faveur de la défense des écoles catholiques : la loi Barangé est votée dès septembre 1951. Appelé comme secrétaire d'État à l'Intérieur dans le cabinet Laniel, du 2 juil. 1953 au 19 juin 1954, il y défend le budget de son ministère en décembre 1953, répond à des interpellations sur la réintégration de préfets révoqués, sur des questions liées à l'incapacité et à l'inéligibilité électorales. Redevenu député, il pose des questions relatives à l'organisation de la déconcentration industrielle, à la santé scolaire et universitaire, au maintien et au rappel de soldats sous les drapeaux. En janvier 1956, avec 24 692 voix, et, grâce au ralliement d'une partie des Indépendants du Gard, il est réélu avec deux communistes, un socialiste et un poujadiste. Il constate durant sa campagne que le MRP est combattu « à la fois par les tenants du conservatisme et par les marxistes qu'unit le laïcisme ». En juillet 1957, il demande, lors de la conférence des présidents, l'inscription à l'ordre du jour de la réforme de l'enseignement. Siégeant à la Commission de la production industrielle et de l'énergie, il continue d'être présent à la Commission des boissons où il assure la vice-présidence en 1956. Préoccupé par la question sociale, il intervient le 28 févr. 1956 sur le projet de loi modifiant les congés payés, le 26 oct. 1956 sur la proposition de loi tendant à réserver les fonds publics à l'enseignement public. Lors de son intervention sur le projet de loi ratifiant les traités instituant la CEE et l'Euratom, il insiste sur les avantages sociaux résultant du pool charbon-acier pour les salariés français.

Élu conseiller général du Gard en 1958 et député de la circonscription d'Alès-Est en novembre de la même année, il est battu en novembre 1962 et décide de ne plus se représenter à la députation mais demeure conseiller général du Gard jusqu'en 1964. Il est élu maire de Saint-Ambroix en 1959 et le demeure jusqu'en 1971. Il réalise le complexe sportif communal composé d'un gymnase, de terrains de tennis, d'une piscine. Il programme également la construction d'une école primaire, du collège de Saint-Ambroix et d'un immeuble HLM. Porté à favoriser les équipements destinés à la jeunesse, il est également à l'origine, au nom de ses convictions européennes, du jumelage de sa commune avec la ville allemande d'Aßlar. En 1971, il choisit de laisser la direction de sa liste à son premier adjoint qui devient alors le premier magistrat de la cité. De 1963 à 1977, ce père de trois enfants, attaché à l'Église catholique et à ses valeurs, assure la fonction de délégué général du comité français contre la Faim dans le monde (FAO) à Paris.

SOURCES. Archives de l'Assemblée Nationale, renseignements fournis par le Service de Documentation : fiche « Paul Dehème », mise à jour 15 oct. 1959. – Courrier du maire de Saint-Ambroix, 19 mars 2003. – Table nominative du *Journal officiel des débats parlementaires*.

TRAVAUX. R. Bichet, *La démocratie chrétienne en France. Le MRP*, Besançon, 1980. – B. Béthouart, *Des syndicalistes chrétiens en politique, de la Libération à la Vᵉ République*, Lille, 1999.

B. BÉTHOUART

THIÉBAUD (Victor-Joseph), ecclésiastique du diocèse de Besançon, chanoine, polémiste (1799-1892).

Il est né à Pontarlier (Doubs) le 4 sept. 1799. Ordonné prêtre le 21 déc. 1822, il est d'abord curé d'Ougney (Jura) jusqu'en 1829, puis devient secrétaire de Mᵍʳ Louis-François de Rohan-Chabot, archevêque de Besançon, au souvenir duquel il restera toute sa vie très attaché. Chanoine honoraire en 1833, il est nommé chanoine titulaire le 5 mars 1844 en lieu et place de Mᵍʳ Jean-Marie Doney, promu évêque de Montauban (cf. *DHGE*, t. 14, col. 659-662), qui a appuyé sa promotion. L'abbé Thiébaud, comme nombre de séminaristes francs-comtois, a été gagné par l'influence mennaisienne et professe un ultramontanisme fervent, ce qui l'amène à se faire héraut de la piété mariale, champion de la liturgie romaine et adversaire résolu de tout ce qui peut ressembler au gallicanisme. Le 20 juin 1830, il est reçu en audience par le pape Pie VIII avec l'abbé Th. Gousset. À cette occasion, le jeune abbé Thiébaud rencontre le prince Chigi, père du futur nonce et cardinal, et retrouve Mᵍʳ Carlo Oppizzoni, archevêque de Bologne, qui avait trouvé refuge à Pontarlier lors de la dispersion de la curie romaine ; plus tard, il se liera avec le nonce Tommaso Pasquale Gizzi, représentant du Saint-Siège à Bruxelles (cf. *DHGE*, t. 21, col. 107-110). Le chanoine Thiébaud nouera aussi des relations avec ses confrères des chapitres de Lyon (les chanoines de Serre et Des Garets), de Belley (le chanoine Girard) et de Valence (le chanoine Jouve). La nomination de Mᵍʳ Césaire Mathieu, semi-gallican et proche du pouvoir, sur le siège archiépiscopal de Besançon en 1834, lui donne un adversaire doctrinal et un ennemi personnel et lui permet de se poser en chef de file du clergé intransigeant. Dès août 1847, il rédige un recueil de notes critiques sur le nouveau catéchisme publié par l'archevêque, où il répertorie les « définitions incorrectes », les « locutions défectueuses », les « inexactitudes théologiques », les « omissions importantes », les « répétitions inutiles »… Surtout, à partir de 1856, face à l'attentisme de Mᵍʳ Mathieu, il s'érige en militant de l'adoption de la liturgie romaine, multipliant les coups d'éclats, les appels à Rome, les écrits polémiques aux titres suggestifs et mobilisant le clergé contre l'autorité épiscopale. À l'occasion du concile du Vatican, il s'en prend directement à Mᵍʳ Mathieu, à Mᵍʳ Georges Darboy (cf. *DHGE*, t. 14, col. 84-86), à Mᵍʳ Félix Dupanloup (cf. *DHGE*, t. 14, col. 1070-1122) et d'une manière générale à ceux qu'il nomme « la fanfare gallicane », c'est-à-dire à l'ensemble des évêques anti-infaillibilistes. Il poursuit avec la même acrimonie et la même obstination le principal collaborateur de Mᵍʳ Mathieu, l'abbé Louis Besson, qui sera promu évêque de Nîmes en 1875 (cf. *DHGE*, t. 8, col. 1212-1213), et à qui il reproche « ses complicités avec ce faux catholicisme parlementaire, soi-disant libéral » et ses liens avec Montalembert. Fort du soutien du jeune clergé et de ses appuis romains, il entretient des relations tout aussi difficiles avec les successeurs du card. Mathieu, Mᵍʳ Justin Paulinier et Mᵍʳ Joseph-Alfred Foulon (cf. *DHGE*, t. 17, col. 1300-1302). La violence de ses attaques personnelles – il a traité son collègue, l'abbé Suchet, de « bouffon ennemi de Rome et du Saint-Siège » – et sa suspicion quasi-générale à l'égard du corps épiscopal – il fustige le « pachalisme » du « seigneur grand-vizir » Mᵍʳ Théodore

Legain, neveu et successeur de Mgr Doney (*cf. DHGE*, t. 31, col. 153-154) – amènent le vieux chanoine à sa perte. En 1874 déjà, le nonce le désavoue à propos de sa brochure sur Mgr Dupanloup. En 1879, une procédure devant l'officialité de Besançon est interrompue suite à ses excuses publiques. Enfin, Mgr Foulon obtient de Rome un bref de condamnation, en date du 14 nov. 1884, flétrissant le vénérable doyen du chapitre. Amer, isolé et infirme, il est décédé à Besançon le 25 sept. 1892.

ÉCRITS. *Journal de Marie pendant le mois de mai, ou fleurs choisies dans les litanies de la Sainte Vierge*, Besançon, 1852 (2e édition en 1853). – *Les Fleurs de Marie*, Paris, 1853. – *Supplément aux « Fleurs choisies », ou six invocations nouvelles, faisant suite à l'explication des litanies de la Sainte Vierge*, Besançon, 1854. – *Nouvelles fleurs choisies, complément de l'explication des litanies de la Sainte Vierge*, Besançon, 1855. – *Petit jardin de Marie, ou Reflet des vertus de la Sainte Vierge dans la beauté des fleurs*, Besançon, 1857. – *État de la question liturgique dans le diocèse de Besançon pendant les derniers jours de 1856 et les premiers de 1857*, Besançon, 1857. – *Réponse à M. Besson*, Besançon, 1857. – *Observations particulières sur quelques points du discours de M. Besson président de la séance solennelle académique de 1858*, Besançon, 1859. – *Épisode liturgique sur l'usage du missel romain dans le diocèse de Besançon*, Besançon, 1859. – *Notice historique sur M. Claude-Ignace Busson*, Besançon, 1860. – *Le bisontinisme liturgique*, Besançon, 1860. – *Profession de foi liturgique ou solution de quelques questions encore problématiques dans le diocèse de Besançon*, Besançon, 1861. – *Crise nouvelle du bisontinisme agonisant ou analyse critique d'un document apocryphe destiné à prolonger l'existence de l'irrégularité liturgique dans le diocèse de Besançon*, Besançon, 1861. – *Le départ ou nouvelle phase de la question liturgique dans le diocèse de Besançon*, Besançon, 1864. – *Réflexions sur les problèmes du bisontinisme en déménagement*, Besançon, 1864. – *Fleurs mystiques, ou les Litanies de la Sainte Vierge expliquées et commentées*, 3e édition, Paris, 1864. – *Marie dans les fleurs, ou Reflet symbolique des privilèges de la Sainte Vierge dans les beautés de la nature*, Paris, 1867. – *Examen liturgique de notre réforme bisontine*, Besançon, 1869. – *Lettre de Notre Saint Père le Pape Pie IX à Monseigneur l'archevêque de Paris en date du 26 octobre 1865*, Genève, 1869. – *Rome et la France, chronique de l'époque*, Besançon, 1870. – *Observations relatives à la décision du Concile concernant le schéma De parvo catechismo, extrait du journal de Franche-Comté du 25 juin 1870*, Besançon, 1870. – *Rome et la France. Chronique des coïncidences et des contrastes de l'époque. Fin de 1870 et primeurs de 1871*, Paris, 1871. – *Histoire du concile par M. l'abbé Besson. Analyse de M. l'abbé Thiébaud*, Besançon, 1871 (deux autres éditions en 1871 et 1873). – *Introduction du rite romain dans l'église métropolitaine de Besançon. Réflexions de circonstance*, Besançon, 1872. – *Lettre première [-seconde], à Mgr Jacques-Marie-Adrien-Césaire Mathieu, archevêque de Besançon, en date des 1er et 15 août 1874, sur le particularisme liturgique du diocèse de Besançon*, Besançon, 1874. – *Souvenirs historiques et documents officiels relatifs à la section bisontine pendant le concile du Vatican*, Bern, 1874. – *À Mgr Dupanloup, l'abbé Thiébaud*, Besançon, 1874. – [Premier] et [Deuxième] *Épisode capitulaire de l'église métropolitaine de Besançon. Le siège vacant par la mort de Son Em. Mgr le cardinal Mathieu. Notice historique*, Besançon, 1875. – Mgr *Legain évêque de Montauban et l'abbé Thiébaud chanoine de Besançon*, Besançon, 1875. – *Schema juris canonici, ou Dissertation sur un point de droit canonique*, Bern, 1879. – *Lettre que le Chanoine Thiébaud,... a cru devoir écrire à Mgr [Czacki]... nonce apostolique, le 17 novembre 1881, pour informer S.E. de ce qui avait eu lieu le dimanche précédent (13 novembre)*

dans la réunion officielle où les quatre vicaires généraux capitulaires ont été nommés, Besançon, 1881. – *À Monseigneur Paulinier, archevêque*, Bern, 1881. – *Discours prononcé par le Chanoine Thiébaud, le 6 juin 1882, en l'honneur de l'entrée de Mgr Foulon, nouvel archevêque de Besançon, dans sa ville métropolitaine*, Besançon, 1882. – *Église métropolitaine de Besançon. Question de préséance canoniale*, Besançon, 1882. – *Boutade d'un vieux solitaire*, Bern, 1882. – *Le chant du cygne*, Bern, 1883 (une 2e édition en 1884). – *Officialité de Besançon. Mémoire justificatif de M. l'abbé Thiébaud*, Bern, 1883.

SOURCES. Archives diocésaines de Besançon, fonds du séminaire, liasse 148/2, Notes du chanoine Thiébaud et divers manuscrits. – Bibliothèque municipale de Besançon, ms. 1496. – Archivio Segreto Vaticano, Archivio della Nunziatura in Parigi, 253. – *Semaine Religieuse de Besançon*, 1892, p. 632.

TRAVAUX. J. Gadille, *La pensée et l'action politiques des évêques français (1870-1883)*, t. 1, Paris, 1967, p. 155. – M. Pourchet, *Un chanoine contestataire au XIXe siècle*, dans *Mémoires de la Société d'Émulation du Doubs*, 1985, p. 63-72. – V. Petit, *Catholiques et comtois. Liturgie diocésaine et identité régionale au XIXe siècle*, Paris, 2011, p. 254, 400-407 ; Id., *Thiébaud, Victor-Joseph*, dans L. Ducerf et al. (dir.), *Franche-Comté* (coll. Dictionnaire du Monde religieux dans la France contemporaine, 12), Paris, 2016, p. 700-701.

V. PETIT

THOMAS DE JÉSUS (Díaz Sánchez Dávila), carme déchaussé, 1564-1627.

I. NAISSANCE ET PREMIÈRE FORMATION (1564-1586). – Díaz (Diego) Sánchez Dávila est né en 1564 à Baeza (Jaén) en Andalousie, de Baltasar Sánchez Dávila et Teresa de Herrera. Il est le troisième enfant de cinq frères. À Baeza, il poursuit ses études supérieures, ainsi que des cours de philosophie et de théologie à l'Université locale. En 1583, Díaz étudie le droit à l'Université de Salamanque où il obtient le titre de docteur. Là, grâce à l'incitation enthousiaste de maître Baltasar Céspedes (1551-1615), successeur de Francisco Suarez (El Brocense, 1523-1599), à la chaire de Rhétorique, de Latin et de Grec, il lit une copie de l'*Autobiographie* de Thérèse de Jésus, qui ne paraîtra officiellement qu'en 1588 (*Los Libros de la Madre Teresa de Jesus,... En la hoja que se sigue se dizen los libros que son. Un tratado de su vida... con algunas cosas de oración ; otro tratado del Camino de la perfecion juntamente con unas Reglas y avisos ; otro que se intitula Castillo espiritual, o las Moradas, con unas Esclamaciones, o Meditaciones espirituales*, Salamanca, G. Foquel, 1588, 3 parties en 1 vol. in-4°, portrait, armoiries de Philippe II au titre). Immédiatement séduit par le style inimitable de la carmélite et par sa description si précise des modes d'oraison « cuatro aguas », il décide d'entrer chez les carmes déchaux.

II. LES ANNÉES DE FORMATION CARMÉLITAINE ET D'ENSEIGNEMENT (1586-1589). – En 1586, un mois après son compagnon d'étude Fernando del Pulgar y Sandoval qui, sous le nom de François de Sainte-Marie (1567-1646) deviendra historiographe de l'ordre et auteur de la *Historia general profetica de la orden de Nuestra Señora del Carmen* (Madrid, F. Martinez, 1630), Díaz Sánchez demande l'habit au couvent de Valladolid. Par dévotion envers l'Aquinate, il prend le nom de Thomas de Jésus. Il fait son noviciat sous la direction de Blas de Saint-Albert (1546-1636). À la demande du P. Grégoire de Naziance (Martinez,

Le carme déchaux Thomas de Jésus, tiré de *Thomas de Jésus 1564-1627* (Spiritualité carmélitaine, 4), Bruxelles, 1939, encart entre les p. 8 et 9.

1548-1599), prieur du noviciat et du P. Louis de Saint-Jérôme, prieur d'Alcalá, il participe à la rédaction d'un *Ordinaire* ou *Cérémonial* pour fixer les normes liturgiques du chœur, conformément au rite romain introduit depuis peu dans la réforme carmélitaine (*Ordinario y Ceremonial de los religiosos primitivos Descalzos*, Madrid, 1590). Sa formation de juriste – qui n'avait pas échappé à ses supérieurs –, le prédisposait à ce travail.

Le Frère Thomas de Jésus fait profession le 5 avr. 1587. Le jeune profès est aussitôt nommé maître des étudiants au couvent de Valladolid. Il le sera jusqu'à son ordination presbytérale en 1589. Il y retrouve une trentaine d'étudiants issus des noviciats de Pastrana et de ce même couvent de Valladolid. Le P. Léandre du Saint-Esprit (Villaverde, † 1612), ancien étudiant à Alcalá, y exerce la fonction de lecteur. Le P. Blas de Saint-Albert est *maestro de espíritu*. Puis, à la demande du P. Grégoire de Naziance, vicaire provincial, Thomas est envoyé comme lecteur de théologie au couvent de Séville. Jusqu'en 1591, il partage son temps entre l'enseignement et l'étude de la spiritualité monastique. Enfin, de l'hiver 1591 au printemps 1594, il est à Alcalá de Henares au Collège Saint-Cyrille, administré alors par le P. Jean de Jésus-Marie (Aravalles, 1549-1609). Le Père Thomas y occupe les fonctions de professeur de théologie scolastique et de vice-recteur. La formation de Thomas de Jésus et de ses condisciples est profondément marquée par la personnalité et la pédagogie du P. Blas du Saint-Esprit. Le portrait qu'en

dresse François de Sainte-Marie mérite d'être cité pour son éloquence, certes baroque, mais significative des premiers maîtres de la Réforme : « Formé à l'école de ce prodige de courage, de pénitence et de contemplation, je veux dire notre vénérable Mère Catherine de Cardone (1519-1577), garda toute sa vie une impression si vive de ses exemples et de ses salutaires instructions, que ni le nombre des années, ni les longues infirmités qu'il eut à endurer, ni les travaux continuels de la discipline régulière ne purent jamais affaiblir en lui cette chaleur et cette vigueur célestes que lui avait communiquées le premier lait dont il avait été nourri. (…) Tout imbu de l'esprit de notre Père saint Élie, il n'avait qu'un désir, en animer et en faire vivre de même tous les religieux ses frères. Il réalisa à Valladolid l'idée parfaite du maître des novices de la réforme, et que, dans les autres charges plus élevées qu'il occupa, il fut le modèle accompli du supérieur véritablement observant et zélé » (François de Sainte-Marie, *Seconde partie de l'Histoire générale des Carmes deschaussez et des Carmelites deschaussées contenant les admirables progres de cette Sainte Reforme…*, traduite en François par le R. P. Gabriel de la Croix, Paris, chez Gilles Blaizot, 1646, Livre V, chap. XVI, p. 531-532). Deux caractéristiques majeures apparaissent chez ce formateur de belle trempe ; l'austérité teintée du culte de l'observance régulière et de l'application de l'esprit de solitude ; la présentation de la Mère Thérèse de Jésus comme fondatrice et réformatrice plus que comme mystique et maîtresse de vie spirituelle. Les étudiants de Salamanque avaient pourtant à leur disposition les œuvres de la moniale avilaise, à l'exception du *Livre des Fondations*. En quelques années, Thomas de Jésus a aidé à l'établissement du *Cérémonial* en usage dans le jeune Ordre du Carmel déchaussé, il a assumé des charges dans la formation religieuse et intellectuelle. Ce parcours fulgurant n'est pas seulement le sceau d'une nature riche et d'un caractère décidé, c'est aussi celle de la clairvoyance des supérieurs et de leur liberté à utiliser pour le bien commun les qualités dont un frère est doté par Dieu.

III. UN RETOUR AUX SOURCES : L'INTUITION ÉRÉMITIQUE (1589-1607). – Pendant son séjour au Collège Saint-Ange de Séville (1589-1592), Thomas écrit un mémoire, hélas perdu, dans lequel il expose la convenance pour les déchaux de vivre la vie érémitique selon la Règle du Carmel, puisqu'il est loisible de conjuguer le style érémitique et celui des Mendiants. De cette manière, il suggère de retrouver (récupérer ?) ceux qui ont voulu céder à la tentation d'entrer à la chartreuse. Le Frère Thomas s'est forgé cette conviction au contact de la Règle qu'il étudia avec ardeur lors de la rédaction du *Cérémonial* et qu'il compara avec d'autres sources monastiques et érémitiques dont il avait été nourri pendant son noviciat. N'a-t-il pas appris que Grégoire de Naziance et Basile nommaient les religieux de leur temps les « disciples du prophète Élie » ? Progressivement, il prend conscience que la réforme thérésienne a été amputée structurellement d'une part constitutive de la vocation primitive de l'ordre. Sans renier leur appartenance aux ordres mendiants, les carmes déchaussés doivent honorer leur appel à la solitude dans des lieux absolument dégagés des contacts avec les séculiers, où la vie se déroulera dans un climat de silence absolu, une mortification rigoureuse et une

« oraison continuelle » (*Constitutions*, Madrid, 1604, IIᵉ Partie, chap. 8). La découverte du P. Thomas de Jésus doit beaucoup, on le sait, à l'esprit dans lequel il avait effectué son noviciat. À l'influence du P. Blas du Saint-Esprit et de celle de Catherine de Cardone, s'ajoutent les lectures des *Vies des Pères du désert*, des *Conférences* de Jean Cassien et de l'*Échelle sainte* de Jean Climaque annotée par Louis de Grenade (Alcalá de Henares, en casa de Juan Gracian, 1596). On sait que, malgré l'intervention de Jean de la Croix au noviciat de Pastrana, l'esprit érémitique importé au Carmel par les anciens anachorètes de la Sierre Morena, Mariano Ambrosio et Jean de la Misère, avait laissé des traces profondes.

Quelques années plus tard, dans son *Libro de la antigüedad y santos de la Orden* (Salamanque, 1599), Thomas de Jésus soutiendra que la réforme thérésienne se rattache directement à l'ordre fondé par le prophète Élie sur le Mont Carmel. L'instrument de cette connexion est la Règle primitive, donnée par Albert de Jérusalem aux premiers ermites, que Ste Thérèse adoptera pour la réforme du Carmel. La Règle est pour Thomas un *compendium* de toutes les règles monastiques. Cette lecture réductrice de Ste Thérèse impose à Thomas de Jésus de définir la vie carmélitaine à partir des notions de solitude, de pénitence, de contemplation et de travail manuel.

La fondation de Saints-Déserts doit offrir aux carmes des lieux de retraites propices à l'exercice de l'oraison, à la pratique des vertus et au repos spirituel pendant des périodes limitées. Il communique ce projet de « desiertos y casas de yermo » à ses ancien co-novices, Alphonse de Jésus-Marie (Rivero y Coello, 1565-1638) et François de Sainte-Marie et propose l'idée au P. Nicolas de Jésus-Marie (Doria, 1539-1594) qui, dans un premier temps, la repousse. Pour le vicaire général, les couvents d'observances offrent assez de garanties pour que les religieux puissent vivre l'esprit du Carmel déchaussé. De plus, le risque est que les meilleurs religieux (*los buenos y perfectos*) se précipitent au Désert, abandonnant les couvents aux mains des frères moins zélés. Vice-recteur du Collège d'Alcalá, Thomas de Jésus, reçoit l'appui du P. Grégoire de Naziance, prieur du couvent, et du P. Jean de Jésus-Marie (Aravalles), recteur du Collège. Au printemps 1592, après une deuxième tentative, il emporte l'assentiment du P. Nicolas de Jésus-Marie qui impose l'exécution immédiate de l'entreprise.

Le 24 juin 1593, avec trois compagnons, Thomas de Jésus célèbre la messe dans un oratoire improvisé, recouvert d'un toit de branchages et de feuilles séchées, donnant ainsi naissance au Saint-Désert de Bolarque, situé tout près du Tage, non loin du couvent de Pastrana (Guadalajara). Le P. Alphonse de Jésus-Marie est nommé prieur du « premier désert des déchaussés », qui s'enrichit rapidement d'une douzaine d'ermitages bâtis dans les alentours. L'austérité y est tellement extrême et le silence si sévère que le chapitre de 1601 imposera aux PP. Thomas de Jésus et Alphonse de Jésus-Marie de rédiger des *Instructions* propres aux Saints-Déserts modérant les excès susceptibles de repousser les candidats les plus courageux.

Mais en 1594, il est nommé prieur de Saragosse. Lors du chapitre général de Madrid (24 mai 1597), le P. Thomas de Jésus est élu provincial de la Vieille-Castille (il a 33 ans). Durant son provincialat, il publie ses réflexions sur la Règle primitive et sur l'expérience de ceux qui ont rejoint les déchaux et il fonde le Désert de Saint-Joseph de Las Batuecas (5 juil. 1599) où il se retire jusqu'en 1607. Pendant cette période heureuse, Thomas sera prieur de 1604 à 1607. Il compose quelques traités sur l'oraison *Tratado de la oración mental*, et son œuvre restée inédite, *Primera Parte del Camino espiritual de oración y contemplación* (avant 1607). Dans celle-ci, il expose les points fondamentaux sur l'oraison : concept, éléments constitutifs, division et fin essentielle à laquelle elle est ordonnée (Livre I). Il y aborde aussi les trois états – commençant, progressant, parfait – correspondants aux trois voies – purgative, illuminative, unitive – (Livre II), pour terminer par un traité sur la contemplation (Livre III). Il révise les écrits de Jean de la Croix en vue de leur impression (1601-1603). Il rédige sous le nom de Diego de Yepes (1529-1613), une biographie de Ste Thérèse, publiée en 1606.

IV. « LA CONVERSION MISSIONNAIRE » (1606-1627). – En 1606, Thomas de Jésus reçoit une lettre de son ancien compagnon François du Saint-Sacrement (Gasero, 1568-1606), alors prieur du couvent de Gênes. Ce dernier avait été lecteur de théologie à Alcalá de Henares et maître des novices à Pastrana. Dans sa lettre, il disait que c'était « de l'égoïsme de rester dans la solitude ne regardant qu'à sa propre consolation, alors que tant d'âmes dans le monde se perdaient faute de recevoir le secours nécessaire ». La Congrégation d'Italie qui projette l'érection des carmels en France a besoin du soutien du Père Thomas. Celui-ci décline l'offre de s'arracher au Désert de La Batuecas. Le Père François risque une nouvelle tentative par l'intermédiaire du P. Pierre de la Mère de Dieu (Pierre Jérôme de Villagrasa, 1565-1608), commissaire général de la Congrégation d'Italie et surintendant des missions du pape. Dans son message à Thomas de Jésus, le Père Pierre lui rapporte qu'en accord avec Clément VIII, les carmes déchaux préparent une expédition au Congo, pour reprendre celle déjà commencée entre 1584 et 1586, et de là passer en Abyssinie à la recherche du légendaire prêtre Gianni, c'est-à-dire au négus d'Éthiopie. Rien n'y fait. Thomas répond « qu'il n'a rien à dire sur ce point ». Mais peu de temps après, le P. Thomas de Jésus ressent une puissante motion intérieure qui corrige sa résistance en une irrésistible inclination à accepter la proposition. La lecture du chapitre premier du *Livre des Fondations* de Ste Thérèse avait élargi sa spiritualité en l'ouvrant à l'œuvre universelle des missions. Ce que les historiens qualifient de « conversion missionnaire » (« conversión misionera »), Thomas de Jésus l'appelle la « grande mutation » (« mudanza tan grande »). Il fait alors le vœu de travailler à la « conversion de tous ceux qui sont hors de l'Église » et écrit au P. Pierre de la Mère de Dieu sa disponibilité d'aller dans « n'importe quelle partie du monde ».

Lors du Chapitre général de Pastrana du 5 mai 1607, les carmes espagnols, ignorant tout des tractations transalpines, élisent le P. Thomas de Jésus prieur du couvent de Saragosse. Mais au même moment, Pierre de la Mère de Dieu obtient du pape un bref concernant le Père Thomas. Il demande au nonce en Espagne, Giovanni Garcia Millini (1562-1629), récemment créé cardinal (1606), d'escorter le futur missionnaire jusqu'à la Ville éternelle. Lorsque le général Alphonse de la

Mère de Dieu l'apprend, il envoie deux religieux pour arrêter Thomas, avec l'ordre de le conduire à Madrid. Mais le carme « rebelle » est déjà en route vers l'Italie avec Diego de l'Incarnation (1557-1617), ancien missionnaire au Congo. Ils rejoignent le nonce Millini à Gênes et parviennent à Rome dans les premiers jours de 1608. L'expédition au Congo qui doit se faire en collaboration avec les carmes des deux Congrégations échoue à cause de l'opposition de la Congrégation d'Espagne soutenue par la cour. Tandis que la mission en Abyssinie est impossible car les voies d'accès passent par les pays musulmans peu accueillants. Thomas de Jésus reste donc à Rome comme collaborateur de Pierre de la Mère de Dieu.

D'accord avec ce dernier, il élabore la création d'un nouvel institut religieux spécialement dédié à l'apostolat missionnaire. Outre le fait qu'il n'existe aucun institut de ce genre, il est probable que la résistance des carmes italiens aux missions lointaines – malgré la décision du Chapitre général de la Congrégation d'Italie de 1605 de s'y consacrer et le récent envoi de religieux en Perse –, ait poussé Thomas de Jésus dans cette direction. Paul V, par le bref *Onus pastorali officii*, approuve l'idée le 22 juil. 1608. Les religieux de la nouvelle Congrégation Saint-Paul, en plus des trois vœux habituels, doivent en émettre un quatrième qui les oblige à s'appliquer à la mission, même au prix de leur vie, et un cinquième selon lequel ils ne doivent pas assumer de charge et de dignité ni à l'intérieur, ni à l'extérieur de l'Ordre. Thomas de Jésus est nommé Commissaire général du nouvel organisme. Peu après avoir obtenu ce bref, le principal appui nécessaire à Thomas de Jésus lui échappe. Le P. Pierre de la Mère de Dieu meurt le 28 août 1608. Le projet de fondation en reste là. Son successeur, Ferdinand de Sainte-Marie (Martínez, 1558-1631), influencé par l'ambassadeur d'Espagne et le procureur général de la Congrégation espagnole, persuade Paul V de ne plus soutenir la Congrégation Saint-Paul. L'exécution du bref est suspendue et finalement le poids de l'objection des carmes à « l'excessif zèle missionnaire » de Père Thomas impose au Pontife de dissoudre la Congrégation le 7 mars 1613 par le bref *Romani pontificis*.

Thomas de Jésus se voue à l'étude et à l'écriture. Sa première œuvre est un opuscule qui paraît à Rome en 1610 intitulé *Stimulus Missionum*. Dès l'ouverture, l'auteur s'exprime en des termes clairs : « La calamité qui de nos jours frappe le monde entier... est l'extrême nécessité des âmes ». L'ouvrage se compose de quatre parties dans lesquelles sont exposés les motifs pour lesquels les religieux – surtout s'il s'agit des ordres mendiants – doivent se prêter à l'activité missionnaire. En particulier, le quatrième livre illustre l'obligation pour les carmes déchaux de s'y livrer, en consonance avec leur esprit essentiellement contemplatif. La mission est le lieu où s'épanouissent toutes les vertus à un degré héroïque. Parmi les vertus théologales, la charité est la source de l'oraison contemplative, le fondement de la prédication, l'énergie de l'activité extérieure. Dans le chapitre 6 du Livre II consacré au « personnel missionnaire », Thomas de Jésus développe, à partir des témoignages des ermites eux-mêmes, que les moines et les solitaires sont les instruments les plus aptes à l'activité apostolique. Sa pensée, enrichie par l'enseignement de S. Augustin et S. Thomas, est

confirmée par l'expérience et les écrits de Ste Thérèse. Il y a bien pour le Père Thomas un lien étroit entre la sainteté et la vie missionnaire. C'est pourquoi, la contemplation la plus haute, le retrait du monde le plus drastique n'affranchissent pas les religieux de leurs engagements apostoliques. Belle démonstration de ce que Thomas de Jésus nomme l'« envidia », le zèle apostolique débordant de Ste Thérèse, qui provoqua sa « conversion missionnaire » en 1607.

L'exposition la plus complète de la pensée de Thomas de Jésus se trouve dans son second ouvrage : *De conversione omnium gentium procuranda*, publié à Anvers en 1613, mais déjà écrit avant son départ pour la France en 1610. Il s'agit d'un volume important scindé en douze chapitres, avec comme appendice un *Catéchisme général pour les catéchumènes de toutes les sectes*. Il est substantiellement partagé en deux parties : une première, dans laquelle est démontrée la nécessité de se préoccuper de ce qu'il appelle le « salut des infidèles », parmi lesquels il inclut non seulement les non-chrétiens, mais aussi les baptisés qui n'appartiennent pas à l'Église catholique. À la demande des papes, ce texte sera utilisé pendant des siècles pour la formation des missionnaires. Dans la seconde, Thomas reprend ce qu'il avait déjà écrit dans le *Stimulus*, énumérant les motifs pour lesquels les religieux doivent participer en premier à l'annonce de la Parole de Dieu aux infidèles, surtout les ordres mendiants comme collaborateurs des évêques dans le soin des âmes.

Vers la fin de 1609 arrivent à Rome des lettres des archiducs de Flandre, Albert et Isabelle, adressées au pape et au vicaire général des déchaux, dans lesquelles on demandait d'envoyer quelques religieux pour fonder des couvents et combattre l'hérésie. Dans ce but, Paul V décide d'envoyer Thomas de Jésus, avec d'autres religieux. Avant même que la fondation du couvent de Paris soit terminée (14 mai 1611), Thomas est déjà parti pour Bruxelles où il arrive le 20 août 1610. Pendant ses treize années de permanence en Belgique, Thomas fonde dix couvents de frères dont un Saint-Désert (Marlagne, 1619) et le Séminaire des Missions (Louvain, 1621) ainsi que six de moniales. En 1617, Thomas de Jésus est élu premier provincial de Belgique et prieur de Louvain. Il passe son temps à écrire des œuvres spirituelles : *Reglas para examinar y discernir el interior aprovechamiento*, le *De contemplatione divina* et le *De oratione divina*... Le 6 mars 1623, le Père Thomas est choisi comme quatrième définiteur général, puis en 1626, comme troisième définiteur général. Il ne s'éloigne plus de Rome où il meurt le 24 mai 1627.

V.º L'ŒUVRE. – L'édition complète des œuvres de Thomas de Jésus a été publiée par les soins du carme allemand Paul de Tous-les-Saints, à la demande du Pape Urbain VIII, relayée par le Chapitre général de la Congrégation d'Italie de 1632, l'ensemble des écrits se répartissant idéalement sur trois volumes. Deux volumes en un tome parurent à Cologne en 1684, contenant 12 ouvrages, 12 autres étaient réservés pour le troisième volume qui ne parut jamais. Plus récemment, le P. José de Jesús Crucificado a présenté ces 24 écrits authentiques, mentionnant en plus certains textes indiqués par Cosme de Villiers (*Bibliotheca carmelitana*, Orléans, 1752, t. II, col. 817). En conclusion, il recense 22 ouvrages publiés à cette date, 20 autres inédits, dont 8 originaux conservés aux Archives générales OCD à Rome. Quatre autres manuscrits, découverts par Siméon de la Sagrada Familia à la Bibliothèque nationale de Madrid, s'ajoutent à cette liste déjà imposante. Cette œuvre littéraire se divise en trois grandes sections. La première est consacrée à la tradition spirituelle et à la Règle du Carmel (*Expositio in Regulam Ordinis Carmelitarum, Liber de Regularium Visitatione, Liber de antiquitate et Sanctis Ord. Carmelitarum, Bibliotheca Carmelitana, Elogia sanctorum ac virorum illustrium Ordinis Carmelitarum*) ; la seconde comporte les deux grands traités de missiologie, le *Stimulus missionum* et le *De Conversione omnium gentium procuranda* ; la troisième, la plus copieuse, se rapporte à l'oraison et à la théologie mystique. Cette dernière peut également se partager en trois parties. La première se réfère à Ste Thérèse (sa vie, ses vertus et ses écrits), la seconde aux traités systématiques sur l'oraison, la troisième enfin, porte sur des questions spirituelles plus générales. Ce corpus n'est pas seulement abondant, il frappe par la variété des thèmes abordés à l'intérieur d'un cadre bien délimité. Thomas de Jésus fait montre d'une connaissance littéraire et théologique particulièrement riche et étendue. Parfaitement maîtrisée, elle est au service d'une écriture précise et claire, même si l'originalité ne transparaît pas toujours dans l'exposition. Il n'empêche que l'auteur est un témoin de la transmission d'une culture carmélitaine séculaire, d'une connaissance approfondie de l'histoire de l'Ordre, de ses figures illustres, de sa législation et de la théologie mystique, malgré une première interprétation parfois réductrice de la Réforme thérésienne, dont François de Sainte-Marie se fera le chantre et le propagateur particulièrement zélé. Le lecteur contemporain ne peut être qu'admiratif face à ce travail réalisé par un religieux d'une santé fragile, occupé par les charges de gouvernement, les fondations, les voyages.

Sources. Archives Générales OCD, Roma : *Apologia pro defensione B. M. N. Teresiæ*, Plut. 387-bc ; *Rhetorica spiritualis in concionibus habenda*, Plut. 331-i ; *Fundaciones. De la fundación del convento de Bruxellas, Paris, Lowayna, Colonia*, Plut. 334-a ; *Repertorium... in ordine ad libros de contemplatione et oratione*, Plut. 334-a ; *De virtutibus, libris et vita S. Matris Teresiæ*, Plut. 385-e ; *Suma de las cosas que están probadas en los procesos de Canonización*, Plut. 387-a ; *Scholos sobre los libros de nra S. Madre*, Plut. 387-d ; *Examen de espiritus*, Plut. 333-d ; *De los tres estados de perfección en común*, Plut. 333-d ; *Instrucçion spiritual para los que professan la vida eremetica*, Plut. 334d. – Bibliothèque nationale, Madrid : *Primera parte del Tratado de oración y contemplación*, ms. 8273, fˢ 81-151, ms. 12398 ; *De varios nombres y grados y effetos de la oración sobrenatural*, ms. 6873, fˢ 1-4 ; *Tratado de la oración y contemplación, Ibid.*, fˢ 4-127 ; *Mystica theologia, Ibid.*, fˢ 128-151 ; *Modo breve para saber tener oración, Ibid.*, fˢ 152-179 ; *Del modo de caminar por la mística Theulujia*, ms. 12658 ; *Primera parte del Camino espiritual de oración y contemplación*, ms. 6533 ; *Vida de la V. Catalina Cardona*, ms. 3537, fˢ 326-337 ; *Cautelas y tratado de oración*, ms. 12398, fˢ 32-172 ; *Tratado de Mística Teología*, ms. 12658, fˢ 11-26 ; *Tratado de la presencia de Dios, Ibid.*, fˢ 168-173. – Archivio de los Padres Carmelitas Descalzos, Segovia, *Del modo de caminar por la mística Theulujia*, ms., fˢ 197-221. – Archivio de los Padres Carmelitas Descalzos, Pampelona, ms., fˢ 284-297.

Sources imprimées. *Commentaria in Regulam primitiuam fratrum beatæ Mariæ Virginis de monte Carmeli, quae in noua Discalceatorum reformatione seruatur. Vbi etiam plures aliorum ordinum Regulæ obiter explanantur, potissimum verò Basilij, Augustini, Benedicti & Francisci*, P. Fr. Thoma a Iesu, Salmanticæ, apud Ioannem Ferdinandum, 1599 ; *Libro de la antigüeda y santos de la orden de Nuestra Señora del Carmen y de los privilegios de su Cofradía*, Salamanca, Andrés Renaut, 1599 ; *Vida, virtudes y milagros de la bienaventurada virgen Teresa de Jesús, Madre y Fundadora de la nueva Reformación de la Orden de los Descalços y Descalças de Nuestra Señora del Carmen*, Çaragoça [Zaragoza], por A. Tavanno, 1606 (Madrid, por L. Sánchez, 1615) ; *Stimulus missionum, sive de Propaganda a religiosis per universum orbem fide... Adjuncta brevi collectione privilegiorum et gratiarum quae a Summis Pontificibus concessæ sunt religiosis inter hęreticos et infideles in propagatione fidei laborantibus*, Auctore P. Fr. Thoma a Jesu, Romæ, apud J. Mascardum, 1610 ; *Suma y compendio de los grados de oración, por donde sube un alma a la perfeción de la contemplación, sacado de todos los libros y escritos que compuso la B. Madre Teresa de Jesús*, colegido por el P. Fr. Thomás de Jesús, juntamente con otro *Tratado de la oración mental*, por el mismo autor, Roma, J. Mascardo, 1610 ; *Sommaire et abbrégé des degrez de l'oraison... extroict des livres de la B. Mère Térèse de Jésus*, par le R. P. F. Thomas de Jésus, avec un autre *Brief traité de l'oraison mentale et de ses parties*, composé par le mesme Père, et traduits d'espagnol en françois par G. C. T. A., À Paris, chez R. Foüet, 1612 ; *De Procuranda salute omnium gentium, schismaticorum, haereticorum, Judaeorum, Sarracenorum caeterorumque infidelium libri XII... Accedit pro laborantibus inter infideles brevis casuum resolutio, gratiarum ac privilegiorum compendium, et pro conversis catechismus*, auctore R. P. Thoma a Jesu, Antverpiæ, sumptibus viduæ et haeredum P. Belleri, 1613 ; *Suma y compendio de los grados de oracion, por donde sube un alma a la perfecion de la contemplacion : sacado de todos los libros, y escritos, que compuso la B. Madre Teresa de Iesus, fundadora de la reformacion de Carmelitas Descalços*, colegido por el padre F. Thomas de Iesus, religioso de la mesma Orden. Iuntamente con otro tratado *Breve de la oracion mental, y de sus partes* compuesto por el mismo autor, en Brussellas, en casa de Iuan Mommarte, 1616 ; *Commentaria in cap. Non dicatis XII. Q. I. c. Monachi, et c. Cum ad monasterium. De statu monachorum [...] Adiuncta expositione in omnes fermè regulas sanctorum*, Auctore R. P. F. Thoma à Iesu, Antverpiæ, apud Gerardum Wolsschatium, 1617 ; *Practica de la viva fe, de que el justo vive y se sustenta*, Bruxelas, 1613 (*Opera omnia*, t. II, p. 1-45). L'ouvrage connaît trois éditions : en espagnol (Bruxelles, 1617), Barcelone 1618 et 1858. Traduction latine (Cologne, 1618), Bruges, 1765. Traductions française, 1644, italienne, 1673 ; *Commentaria in cap. « Non dicatis », XII, q. I ; c. « Monachi » ; etc. « Cum ad monasterium » : de Statu monachorum. In quibus de natura voti paupertatis, de proprietate abdicanda, de licentia superiorum praerequisita, de vita communi, ac denique de paupertate in communi, tam ex antiquorum Patrum quam aliorum Doctorum sententia, agitur. Adjuncta expositione in... Regulas sanctorum Basilii, Augustini, Benedicti, Francisci ac aliorum ordinum, praecipue in Regulam Carmelitarum*, auctore R. P. F. Thoma a Jesu, Antverpiæ, apud G. Wolsschatium, 1617 ; *De Contemplatione Divina libri sex*, auctore R. P. F. Thoma a Iesu carmelitarum excalceatorum in Belgio et Germania provinciali, Antverpiae, ex off. Plantiniana, Apud Balthasarem Moretum : Viduam Io. Moreti : et Io. Meursium, 1620 ; *De Contemplatione divina libri sex*, auctore R. P. F. Thoma a Jesu, Antverpiæ, ex officina Plantiniana, 1620 ; *Reglas para examinar y discernir el interior aprovechamiento de un alma*, Bruxelas, 1620. L'ouvrage paraît la même année en espagnol, latin et français. Une autre édition espagnole paraît en 1621. Traductions en Flamand en 1644 et en Italien en 1652 ; *Beatissimo D.N. Vrbano 8. summo ecclesiæ pastori, pro obtinenda serui Dei*

Ioannis Rusbrochij, viri sanctitate & doctrina clari, beatificatione, relatio fide digna de sanctitate vitæ ac miraculis eiusdem serui Dei Ioannis Rusbrochij, Thomas a Iesu, Antverpiæ, ex Officina Plantiniana, 1623 ; *Divinæ orationis, sive a Deo infusæ methodus, natura et gradus, libri quatuor*, auctore R. P. F. Thoma a Jesu, Antverpiae, ex officina Plantiniana, 1623 ; *Praxis vivae fidei qua justus vivit*, authore R. P. Fr. Thoma a Jesu, congregationis S. Eliae carmelitarum ex-calceatorum olim diffinitore generali, ex hispanico in latinum sermonem traducta per alium ejusdem ord. religiosum [R. P. Isidorum a Sancto Josepho], Coloniæ Agrippinæ, apud J. Kinckium, 1628 ; *De Regularium visitatione liber, in quo clare ac breviter ea omnia, quae in visitandis regularibus tam quo-ad theoriam quam quo-ad praxim observanda sunt, ex communi theologorum doctrina diligenter excerpta traduntur*, auctore Rev. P. F. Thoma a Jesu, Editio secunda, correctior, Duaci, ad exemplar romanum excudebat B. Bellerus, 1634 ; Diego de Yepes, *La vie de la sainte Mère Thérèse de Jésus, fondatrice de la réforme des carmes et des carmélites déchaussées*, Paris, Étienne Richer, Denis de La Noüe, 1643 ; *La Vie du juste dans la pratique de la vive foi*, composé par le R. P. Thomas de Jésus, et nouvellement traduit d'espagnol en français par le R. P. Cyprien de la Nativité de la Vierge, à Paris, chez la Veuve Chevalier, 1644 ; *Compendio dell'oratione mentale opera del reu. padre fra' Tomaso di Giesu*, Nuouamente dalla lingua spagnola nell'italiana tradotta, in Roma, nella stamperia di Giacomo Fei, 1652 ; *Sommaire et abbrégé des degrés de l'oraison mentale... tiré des livres de la sainte Mère Térèse de Jésus*, par le P. F. Thomas de Jésus, traduit d'espagnol en français par le R. P. Nicolas Cabart, Paris, G. Josse, 1663 ; *La Vie du juste dans la pratique de la vive foi*, Paris, 1674 ; *La Vie du juste dans la pratique de la vive foy*, composée en espagnol par le R. P. Thomas de Jésus, traduite en françois par le R. P. Cyprien de la Nativité de la Vierge, et, dans cette nouvelle édition, revue, corrigée et mise dans la pureté de notre langue, Paris, J. Couterot, 1674 ; Venerabilis Patris Thomæ à Jesu... *Opera omnia homini religioso et apostolico tam quo ad vitæ activæ, quam contemplativæ functiones utilissima*, duobus tomis comprehensa, tomus I. [-II.], Coloniæ Agrippinæ, apud J. W. Friessem juniorem, 1684 ; *Trattado della presenza di Dio*, composto dal M. R. P. Tommaso di Giesù, tradotto dalla lingua spagnuola nell'italiana dal P. F. Gio. Chrisostomo di S. Paolo, in Roma, N. L'Hullié, 1685 ; *Leer-wegh om t'ondersoeken, en t'onderscheyden den gheestelycken voortganck de ziele...* In't Spaensch ghemaeckt door den eerw. P. F. Thomas a Jesu Discalceat, ghe-naer door een religieus van 't selve Orden overgheset in't Latyn. Ende nu in het Neder-duyts vertaelt door H. Petrus Mallants, Cartuyser, tot Brussel, by Eug. Hendrick Fricx, achter het Stadt-huys, 1686 ; *Het lyden van onsen saligmaker Jesus-Christus*, beschreven in't Portugies door den verlichten pater Thomas van Jesus... en nu vertaelt in't Vlaemsch door den Eerw. P. Servatius van den H. Petrus... tweeden tome behelsende 't lyden van onsen Saligmaeker J. C. geduerende syne passie ende syne doodt, derde deel ; Den tweeden druck, Tot Ghendt, By Mauritius vander Ween, ghesworen boeck-drucker woonende op de Coore-merct, 1715 ; *Les souffrances de notre seigneur Jesus-Christ*, ouvrage écrit en Portugais par le Père Thomas de Jesus, et traduit en François par le P. Alleaume, à Brusselle, chez Pierre Foppens, 1738 ; *Praxis vivae fidei, ex qua justus vivit*, P. Thoma a Jesu, Brugis : Typis Josephi van Praet, territorii Franconatensis typographii [1765] ; *Vida, virtudes y milagros de la bienaventurada virgen Teresa de Jesús*, Madrid, P. Barco López, 1797 ; *Cartas de santa Teresa, precedidas de un extracto de su vida por Fr. Diego de Yepes*, Paris, Baudry, 1868 ; *De contemplatione acquisita* (opus ineditum) *et via brevis et plana orationis mentalis*, ven. P. Thomas a Jesu O.C.D., edidit et annotavit P. Eugenius a Sto. Joseph ejusdem ordinis, Milano, tipografia S.

Lega eucaristica, 1922 ; *Instruction spirituelle pour ceux qui pratiquent la vie érémitique*, Thomas de Jésus, traduction [du latin] du Fr. Étienne de Saint-Élie, revue et introduite par le Fr. Yves-Marie du Très-Saint-Sacrement, Toulouse, Éditions du Carmel, 2009 ; *Tra filosofia e mistica*, a cura di Elisabetta Zambruno, presentazione di V. Melchiorre, Città del Vaticano, Libreria ed. vaticana, 2009 ; *Traité de l'oraison mentale d'après sainte Thérèse d'Avila*, textes établis, introduits et annotés par Stéphane-Marie Morgain, traduction de : *Suma y compendio de los grados de oración, por donde sube un alma e la perfeción de la contemplacíon, sacados de todos los libros y escritos que compuso la b. madre Teresa de Iesus*, Toulouse, Éditions du Carmel, 2010.

TRAVAUX. *Mémoires pour servir à l'histoire littéraire des dix-sept provinces des Pays-Bas, de la Principauté de Liège, et de quelques contrées voisines*, t. II, Louvain, Imprimerie académique, 1768. – S. Salaville, *Un théoricien de l'apostolat catholique au XVIIe siècle : le carme Thomas de Jésus ou Didace Sanchez d'Avila*, dans *Écho d'Orient*, 19, n° 118, 1920, p. 129-152. – A. a Jesu, *De seminario nostro missionum historica disquisitio*, dans *Teresianum*, 1933, p. 19-66. – T. di Gesù (Pammolli), *Il Padre Tommaso di Gesù e la sua attività all'inizio del secolo XVII*, Roma, 1936. – S. de Santa Teresa, *Historia del Carmen Descalzos*, t. 8, Burgos, 1938, p. 569-604. – *Thomas de Jésus (1564-1627)* (Coll. Spiritualité carmélitaine, 4), Bruxelles, 1939. – J. de Jesús Crucificado, *El P. Tomás de Jesús escritor místico 1*, dans *Ephemerides Carmeliticæ*, 3, 1949, p. 305-349; Id., *El P. Tomás de Jesús escritor místico 2*, dans *Ephemerides Carmeliticæ*, 4, 1950, p. 149-206. – S. de la Sagrada Familia, *Tomás de Jesús y san Juan de la Cruz*, dans *Ephemerides Carmeliticæ*, 5, 1951, p. 91-159. – *Contenido doctrinal de la Primera Parte del Camino Espiritual de Oración y Contemplación, obra inédita y fundamental del P. Tomás de Jesús*, Monte Carmelo, dans *Revista de Estudios Carmelitanos*, 60, 1952, p. 3-36, 145-172, 233-252. – M. del N. Jesús, *¿Quién es el autor de la Vida de Santa Teresa a nombre de Yepes?*, dans *Monte Carmelo*, 64, 1956, p. 244-255. – J. Orcibal, *La rencontre du Carmel thérésien avec les mystiques du Nord*, Paris, 1959 (en appendice, texte du « Censura in libellum vulgo Theologia Germanica sive Libellus aureus nuncupatum in qua hæreses latentesque errores omnium oculis expositi refelluntur » de Tomás de Jesús). – S. della S. Famiglia, *Panorama storico-bibliografico degli autori spirituali teresiani*, Roma, 1972, p. 31-35. – T. Alvarez, *El ideal religioso de Santa Teresa de Jesús y el drama de su segundo biographo*, dans *Monte Carmelo*, 86, 1978, p. 203-238. – F. Antolín, *Tomás de Jesús y Juan de Jesús María : tema misional*, dans *Monte Carmelo*, 96, 1987, p. 387-397. – M. A. Díez, *Thomas de Jésus*, dans M. Viller et Ch. Baumgartner (éd.), *Dictionnaire de spiritualité*, t. XV, Paris, 1991, col. 833-844. – J. Baudry, *Thomas de Jésus*, dans G. Jacquemet et G. Mathon (éd.), *Catholicisme. Hier-Aujourd'hui-Demain*, t. XIV, Paris, 1996, col. 1213. – F. Antolín, *Un breve misional desconocido dirigido a Tomás de Jesús*, dans *Teresianum*, 47, 1996, p. 287-302. – M. del Niño Jesús, *Tomás de Jesús (Dávila), verdadero biógrafo teresinano*, dans *Archivium Bibliographicum Carmeli Teresiani*, 36, 1999, p. 591-606. – S. de Crevoisier de Vomécourt, *Les Carmes déchaussés de Paris et de Charenton, aux XVIIe et XVIIIe siècles*, 3 vol., thèse de l'École des chartes, Paris, 2000. – E. Zambruno, *Filosofia e teologia in Tomás de Jesús* (Coll. Collana di Filosofia, 76), Genoa, 2002. – T. Egido, *Tomás de Jesús Sánchez Dávila*, dans *Herencia historica y dinamismo evangelizador. Actas del Coloquio Internacional de Misiones OCD, Larrea, 14-19 enero 2002*, dans *Monte Carmelo*, 110, n° 1-3, 2002, p. 75-99. – D. A. Fiez de Mendola, *Opción misional de la Congregación italiana, siguiendo el espíritu de Santa Teresa y el espíritu de los Papas, Ibid.*, p. 141-204. – L. J. F. Frontela, *El Desierto en el Carmelo Descalzo*, dans *Revista de Espiritualidad*, 62, 2003,

p. 79-115. – St.-M. Morgain, *Thomas de Jésus (1564-1627)*. *Première Partie : Les années de formation et la fondation des Saints-Déserts*, dans *Vives Flammes. Revue carmélitaine de spiritualité*, 271, juin 2008, p. 62-68 ; Id., *Thomas de Jésus (1564-1627). Seconde Partie : L'ardent missionnaire et les dernières années*, dans *Vives Flammes. Revue carmélitaine de spiritualité*, 272, septembre 2008, p. 71-77.

St.-M. Morgain

VAN CLÉ (Cornelius Josephus, religious name Antoon), Belgian Norbertine, founder of *Sporta vzw* (1891-1955).

Cornelius Josephus Van Clé was born on 15 July 1891 in Meerhout-Zittaart in the Antwerp Campine region. The son of local headmaster Jozef Vennekens (1862-1934) and Elizabeth Vennekens (1861-1945), Van Clé grew up in a well-off family. He was the oldest child of six and received a strict education that emphasised respect, humility, exemplary behaviour, and attentiveness. In 1910, he completed grammar school with outstanding results at the St Aloysius College of Geel. For a while he was also a member of the *Algemeen Katholiek Vlaams Studentenverbond (AKVS)* (General Catholic Flemish Student Union), during which time his sense of responsibility caught attention. The slogan of his Student Union – *All for Flanders, Flanders for Christ* (*Alles voor Vlaanderen, Vlaanderen voor Christus*) – revealed a firm attachment to the emancipation of Flanders set within a Christian context. Many of the Van Clé family members were called to the priesthood and the monastic life, so it was no surprise when, on 15 Sept. 1910, Cornelius Josephus entered the Abbey of the Norbertines at Tongerlo, where he took simple vows and received his religious name, Antoon, in honour of St Anthony of Padua. The First World War proved a decisive moment in his training. For the first few months, he served as a stretcher-bearer at the Battle of the Yser. Afterwards, he served in a hospital to treat soldiers diagnosed with typhoid fever. Van Clé was declared unfit for further military service due to noise-induced hearing loss, an injury he suffered during the bombardment of Nieuwpoort in 1915. In later life, the affliction caused him to wear his trademark, horn-shaped hearing device, but most importantly, it destroyed his dream of becoming a Missionary of Scheut (Congregation of the Immaculate Heart of Mary, CICM). Nonetheless, Father Antoon now revealed himself at the heart of a smuggling route that ensured correspondence between soldiers and their families. Still during the war, Van Clé also initiated and contributed to several pro-Flemish magazines, such as *Ons Vaderland*, *Belgische Standaard* and *De Vlaamse Stem*, while also writing for *De Meerhoutenaar aan den IJzer*, a local war magazine. Van Clé was posthumously decorated for his efforts during the First World War.

In 1918, he took his solemn vows as a Canon Regular of Prémontré in Great Britain and returned to the Abbey of Tongerlo. Two years later, after completing his studies in theology, he was ordained a priest by Mgr Heylen in Namur (15 Aug. 1920). Over the course of the following decade, he edited the journals *Tongerlo's Tijdschrift* and *Algemeen Nederlands Eucharistisch Tijdschrift*, while also devoting himself to the student cause. To this end, he organised Eucharistic days until they were prohibited by the authorities due to their highly political Flemish nationalist message. Furthermore, he did apostolate work among the young workers (*Katholieke Arbeiders Jeugd, KAJ*) and the displaced youth, as well as within the Caritas Movement and, above all, the Temperance Movement. Between 1928 and 1933, he organised the Ruysbroeck Movement, which brought into focus the spiritual and cultural training of university students and seminarians. Between 1941 and 1953, he was active in his abbey's organisation of popular missions. Van Clé also published several booklets on the sacrament of the Eucharist.

During the 1930s, the Norbertine became increasingly interested in competitive cycling. Although he later also acquainted himself with the milieu of boxing, athletics, weightlifting and wrestling, his main interest lay with cycling, and especially with cyclists as individual human beings. He was aware of the public perception of cyclists as somewhat dim, empty-minded musclemen. To the public, athletes such as Romain Maes (1912-1983) – who had suffered verbal abuse for abandoning the Tour de France in 1936 – were without emotions or personal problems, as if their only interest was in pushing the pedals. This undeserved and prejudiced perception surprised Van Clé. It incited him to do his specific apostolate among cyclists, characterised by three objectives which he set out in his diaries written between the summer of 1936 and December 1943.

First, he wanted to bring cyclists together and encourage them to discuss profound subjects – among themselves and/or with him. In doing so, Van Clé took the opportunity to address their religious needs and their "hunger of the soul". That the cyclists were open to the Word of God became clear on several such 'pilgrimages'. These fraternal gatherings, or religious recollections, increased throughout the years in size and frequency. The most important "organising cities" were, apart from the Abbey of Tongerlo itself, Dendermonde, Steenbrugge, Kortrijk, Hasselt, and Heverlee or Korbeek-Lo. Later on, pilgrimages took place in Wallonia and the Netherlands. With the help of an extensive mailing list, Van Clé invited ever more cyclists, who defied severe weather conditions to attend. The programme of such a day was a mixture of relaxation (a game of football and group dinner) and reflection (group or private conversations). Nothing was taboo or compulsory. Van Clé was very cautious, with respect for each individual's character and his willingness to discuss private matters. Steadily, he gained the confidence of many a cyclist – Sylveer Maes (1909-1966), Romain Maes, Edward Vissers (1912-1994), Émile Masson (1915-2011), Albéric Schotte (1919-2004), Stan Ockers (1920-1956), Raymond Impanis (1925-2010) and Rik Van Steenbergen (1924-2003), to mention only a few.

Second, Van Clé wanted to polish up the cyclists' image and straighten out public opinion. This he did through an extensive advertising campaign, informing the press of his actions, conferences and sport events. However, the relationship between the Norbertine and a younger generation of journalists was strained. His connection with Karel Steyaert (1882-1961), also known as Karel Van Wijnendaele – a journalist who also coached the Belgian cyclists in the Tour de France – was problematic at best. Despite Van Clé's personal insistence on collaboration, and regardless of his ever-increasing activities, Steyaert did not

M^sgr Van Clé (1950), photo taken from the *Archief van de Abdij van Tongerlo* and digitized thanks to the collaboration of Fr. Kees van Heijst, archivist, whom we thank for his competence and helpfulness.

mention him once – over a three year period – in his sports paper *Sportwereld*. It was only as a result of the second pilgrimage to Beauraing, in 1939, that Steyaert became less hostile. Nevertheless, the relationship between these two strong personalities continued to be tense. Steyaert's attitude was in stark contrast to that of Walloon journalist Paul Beving, who argued in favour of Van Clé's sport apostolate from the outset. In his *Les Sports*, he even suggested to organise Walloon fraternal gatherings, despite his personal distaste for many a cyclist's love of money and embarrassing behaviour.

Third, Van Clé made an effort to combat the difficulties and abuses associated with sport, and especially with cycling. His vision on this subject was clearly expressed in his treatise *Het Sportprobleem* ("The Sport Problem"), published in 1949. Van Clé based his study on a 1947 dissertation in theology by a Hungarian Franciscan, Lásló Mihály Fodor (1917-1960), which, at the time, was considered the most systematic and detailed Catholic work on sport (see below, literature). Van Clé warned about the multiple 'demons' in the world of cycling. By that he meant the dangers of exaggeration, excessive training, megalomania, the absence of spiritual education and study, indecency, discrimination, insulting comments during a race, the press looking for sensation, hostile fans, and women and houses of immorality. But he also criticised external elements such as commerce, a kind of publicity that portrayed sport as showmanship, individual boasting during interviews and sport events,

overstated tributes, sensational articles, star-making, record-chasing, a misguided emphasis on the financial aspect of sport (among others, bookmakers), mixed-gender sports (deemed too carnal), and women's sports (deemed too revealing). To conclude, Van Clé warned about disillusion, while denouncing false prophets such as materialism and sensuality. In his own words: "We applaud wholeheartedly moderation within sport, and we are convinced that sport, under capable guidance and conceived of in its correct meaning, can and should be a valuable part of physical education." Among those things that would lead up to disillusion, Van Clé also mentioned, as of 1954, pills and drugs.

Van Clé's pastoral practices should be contextualised within the increasing popularity of body culture and sport during the interwar period. This modern phenomenon was a real challenge for the Catholic Church, whose leaders did not always agree on how to react: some theologians and clerics strongly opposed this "sports rage" and banned every form of physical culture and sport; others, however, were more positive towards a moderate and ethical practice of physical culture and sport. We cannot forget that in this period the Christian theological vision on the body was conceived within the hierarchical duality between body and soul, whereby the body stood at the service of the soul. Van Clé's own position was in line with the Church's tentative openness towards competitive sport and physical exercise, which had started during the pontificate of Pius X (1903-1914). Under Pius XI (1922-1939) and Pius XII (1939-1958), the Church gave sport its place within child education. Catholic Action, instigated first and foremost by the Church, was embodied by the initiatives of Van Clé during the 1930s and 1940s. His apostolate was a tool to give young sportsmen, especially those originating from lower social classes, a Catholic education. His aim was to bring up independent, responsible, virtuous men, whose behaviour and way of life would set an example to spectators. It was the task of the Church to purge the world of sports by means of the Catholic Action. With regard to sport, the Church based itself particularly on Paul, who wrote in his First Letter to the Corinthians (1 Cor 6: 9-12): "*Do you not know that your bodies are temples of the Holy Spirit, who is in you, whom you have received from God? You are not your own; you were bought at a price. Therefore honour God with your bodies.*" This approach was no different at the time of Van Clé's apostolate, as seen from a passage in Card. Van Roey's Lenten Letter of 1942 (which Van Clé quoted in his own treatise *Sport en spel in de opvoeding*): "Far from being hostile towards physical education, physical exercises, and sport competitions, the Church applauds everything that leads to the conservation and the development of physical health, muscular strength, and litheness of limbs – especially of the youth – provided that the right order of values is honoured and that at the same time, and increasingly so, the noble capacities of the Soul are exercised."

The Archbishop of Malines, Card. Jozef Van Roey, supported Van Clé's sport apostolate, and on 13 Dec. 1943, his initiative led to the foundation of the *National Committee for the Moral Encouragement of All Sportsmen* (*Nationaal Comité voor de Zedelijke Opbeuring van Alle Sportmannen*), called 'Sporta' from 1944 onwards. The name was suggested by Romain Maes, who had already qualified cyclists as Van Clé's "sport apostles" in 1936. Apart from Van Clé as the "chief apostle", Sporta's central administration consisted of a general chairman, a treasurer and a secretary; every Flemish province had its own chairman. Two years later, after the magazine *Sporta-zon* was established with an eye to instructing its leaders, *Sporta* was officially erected as a non-profit organisation. *Sporta's* constitution was signed on 5 Oct. 1946 and its statutes were published on 15 Feb. 1947 in the *Belgian Official Gazette* (*Staatsblad*). The national committee was then abolished. To avoid being considered a Catholic association with a political-ideological agenda, the founder expressed his specific desire to remain independent of the organised Catholic Action movement. In July 1947, the first issue of the monthly magazine *Sportakerel* appeared, in which Van Clé wrote an unfinished series of articles (between 1952 and 1955) on the origins, goal, meaning and method of his sport apostolate. On 19 May 1955, Van Clé died unexpectedly while in the railway station of Brussels North, at the age of 64.

After Van Clé's death in 1955, *Sporta* was expanded with *Sporta Pilgrimages* and *Sporta Youthcamps*, while study and information services, a social service and a fair play club were founded. Through the sport camps and youth holidays, *Sporta* nowadays reaches 15,000 youngsters annually. Today, *Sporta* continues to safeguard the values of the world of sport: promoting fair play, fighting the use of drugs, and liberating sports from exaggerated commercialisation.

ARCHIVAL SOURCES. Tongerlo, Archives of the Abbey, Section A, 19.056 (Van Clé, A.). This archive contains, among others: 1a (Box 85): personalia; 2 (Box 86): Death and Funeral; 4a and 4b (Box 86): preparatory documents of W. Dekkers for his monograph *Pater Antoon van Clé*, 1998, see below) and inventory Sporta Archives; 6 (Box 88): papers and notes by W. Dekkers; 8a and 8b (Box 88): typed copy and duplicate monograph W. Dekkers; 9 (Box 88): Published monograph by W. Dekkers (1998); 10 (Box 88): article from *Nationaal Biografisch Woordenboek* from 1977, see below; 11 (Boxes 89, 90, 91, 95 and 96): Sporta Archives; 15a (Box 103): Diaries of Van Clé; and 15b (Box 107): two of his publications mentioned below: *Sport en spel in de opvoeding* and *Het Sportprobleem*.

WRITINGS/EDITED SOURCES. A. Van Clé, *De Ruusbroecbeweging*, Tongerlo, 1928; Id., *De Ruusbroecgedachte*, Tongerlo, 1931; Id., *Het heilig misoffer meebidden*, Tongerlo, 1932; Id., *Het heilig misoffer meezingen*, Tongerlo, 1932; Id., *Officieboek voor de Derde Orde van St.-Norbertus*, Tongerlo, 1935; Id., *Het mystiek lichaam in verband met het heilig misoffer*, Tongerlo, 1936; Id., *Leer het heilig misoffer beleven*, Tongerlo, 1936; Id., *Misboekje voor kinderen voor actieve deelname door het volk*, Tongerlo, 1936; *De missiemethode volgens de norbertijnen*, Tongerlo, 1942; Id., *Sport en spel in de opvoeding*, Antwerpen, 1951; Id., *Gebeden voor sportmannen*, Antwerpen, s.d.; Id., *Historiek van Sporta*, Tongerlo, 1956. Apart from his monographs, Van Clé also wrote contributions in the following journals: *Ons Vaderland* (1914-1918); *Belgische Standaard* (1914-1918); *De Vlaamse Stem* (1914-1918); *De Meerhoutenaar aan den IJzer* (1914-1918); *Tongerlo's Tijdschrift* (1920-1925); *Algemeen Nederlandsch Eucharistisch Tijdschrift* (1920-1930); *Sportaleiding* (1944-1945); *Sportazon* (1946-1947); *Sportakerel* (1947-1955), for ex. A. Van Clé, *Sporta, ontstaan, groei en werking*, in *Sportakerel*, 1952-1955.

LITERATURE. L. M. Fodor, *Christiana cultura corporis cum speciali respectu ad modernum sport: natura et moralitas* (Pontificium Athenaeum Antonianum. Facultas theologica. Theses ad lauream, 32), Cluj, 1947. – W. Van Doninck, *Pater Antoon van Clé, zijn leven en zijn werk* (Master's thesis UGent), Gent, 1973. – W. Dekkers, *Clé, Cornelius Josephus Alphonsus*, in *Nationaal Biografisch Woordenboek*, 7, Brussel, 1977, cols 148-155; Id., *Pater Antoon van Clé*, Tongerlo, 1998. – A. Cauwels, *Een man van gisteren voor morgen*, Leuven, 1982. – H. Verbruggen and M. den Hollander, *Apostolaat binnen de sport: Ontstaan en werking van Sporta*, in M. D'hoker, R. Renson and J. Tolleneer (eds), *Voor lichaam en geest: katholieken, lichamelijke opvoeding en sport in de 19e en 20e eeuw*, Leuven, 1994, pp. 178-199. – D. Claes, *Antoon van Clé, stichter en bezieler van Sporta*, Tongerlo, 2005. – A. Pittoors, '*Voor de renners, door de renners en onder de renner.' Het wieleapostolaat van Antoon van Clé (1936-1955) en zijn morele visie op sport, gekaderd in de bredere kerkelijke standpunten* (Master's thesis KU Leuven), Leuven, 2010. – D. Vanysacker, *Vlaamse wielerkoppen: 150 jaar drama en heroïek*, Leuven, 2011, pp. 150-156; Id., *A Champion of Ethics in the World of Professional Sport: Antoon Van Clé O.Praem. (1891-1955)*, in *Analecta Praemonstratensia*, 88, 2012, pp. 239-249; Id., *Wieleapostolaat, een evidentie in de katholieke Lage Landen? Een blik op de houding van de kerk en gezaghebbende geestelijken tegenover de professionele wielersport (1900-1971)*, in *Trajecta: Tijdschrift voor de Geschiedenis van het Katholiek Leven in de Nederlanden*, 23, 2014, pp. 91-119. – D. Mombert, '*Een koers van de aarde naar de hemel.' De Vlaams-katholieke sportpers afgewogen aan het wieleapostolaat van Antoon Van Clé binnen de maatschappelijke wielercontext van 1936 tot 1955* (Master's thesis KU Leuven), Leuven, 2015.

D. VANYSACKER

VAUCHEZ (Emmanuel), naturaliste, sociologue, militant spirite français (1836-1926).

Il est né à Courlans (Jura) le 19 mai 1836. Voyageur de commerce en Algérie – pendant la guerre de 1870-1871, il s'engagera au 1er régiment de zouaves –, il est franc-maçon. Venu à Paris, il est l'un des premiers adhérents de la ligue française de l'enseignement fondée en 1866 par Jean Macé, dont il devient le proche collaborateur. Il est ainsi le fondateur, et secrétaire général, du cercle parisien de la ligue de l'enseignement qui coordonne toutes les sections locales de la ligue. A ce poste, il déploie une activité débordante et en fait une organisation « plus militante, anticléricale, centralisée et patriotique » (T. Zeldin) que ne le voulait Jean Macé : il contribue à créer des sociétés d'instruction, des bibliothèques militaires, des sociétés de tir, des bibliothèques pédagogiques pour instituteurs, à offrir des livres, des fournitures et des subsides aux écoles... Il écrit 7000 lettres et envoie 80 000 circulaires, dès avant la guerre de 1870-1871, pour mettre sur pied une pétition en faveur de l'instruction obligatoire, gratuite et laïque qui réunit plus d'un million de signatures en 1872. Il anime aussi des campagnes pour l'éducation gymnastique et militaire de la jeunesse, pour la suppression des congrégations religieuses, pour la séparation de l'Église et de l'État, pour l'expulsion des jésuites... Durant ses loisirs, il s'intéresse à Darwin. C'était aussi un propagandiste du massage et du magnétisme, et un spirite convaincu, disciple d'Allan Kardec : il participe aux tentatives de démonstration de l'immortalité de l'âme par la photographie et fonde en 1908 le comité d'études de photographie transcendantale qui décerne un prix destiné à récompenser l'inventeur d'un « appareil photographique assez puissant pour permettre aux intelligences ou aux choses invisibles de l'espace de se fixer sur une plaque ». Il s'était retiré dans son château de Chasseneuil-du-Poitou (Vienne), « où il continuait son œuvre humanitaire s'efforçant de donner une base scientifico-spiritualiste à la morale » (*La Presse*, 9 sept. 1926). Vauchez est le type, aujourd'hui oublié, du militant républicain et patriote, qui pourfend l'Église catholique et les religions révélées au nom d'un idéal à la fois techniciste et spiritualiste. Il est décédé à Chasseneuil-du-Poitou le 31 août 1926.

ÉCRITS. (avec Jean Macé), *Enquête sur l'obligation, la gratuité et la laïcité de l'enseignement*, Paris, 1880. – *Manuel d'instruction nationale*, Paris, 1885 (plusieurs rééditions). – *La terre. Évolution de la vie à sa surface. Son passé, son présent, son avenir*, 2 vol., Paris, 1893. – *Préservation sociale, suppression des congrégations religieuses, séparation des Églises et de l'État, enquête*, Paris, 1897-1898. Il laisse aussi différents opuscules : *Éducation morale, Messieurs de Loyola, la banqueroute de la science et la faillite de l'instruction obligatoire, gratuite et laïque*, issus de différents journaux.

SOURCES. H. Carnoy (éd.), *Dictionnaire biographique international des écrivains*, vol. 4, Paris, 1909, p. 169-171 ; *La revue métaphysique*, septembre-octobre 1926, p. 417-418.

TRAVAUX. T. Zeldin, *Histoire des passions françaises (1848-1945). Orgueil et intelligence*, Paris, 1980, p. 175-176. – N. Edelman, *Voyantes, guérisseuses et visionnaires en France (1785-1914)*, Paris, 1995, p. 119, 131, 202. – V. Petit, *Vauchez, Emmanuel*, dans L. Ducerf et al. (dir.), *Franche-Comté* (coll. Dictionnaire du Monde religieux dans la France contemporaine, 12), Paris, 2016, p. 724-725.

V. PETIT

Emmanuel Vauchez, caricature de Gill parue sur la couverture de la brochure « Les hommes d'aujourd'hui », 48, Paris, s.d., (coll. personnelle d'E. Louchez).

VERMOT (Alexandre), ecclésiastique du diocèse de Besançon, missionnaire, théologien (1797-1852).

Il est né à Pontarlier (Doubs) le 28 févr. 1797. Il est ordonné prêtre en 1822. Il est brièvement professeur au petit séminaire de Luxeuil puis missionnaire à École (Doubs). « Son action oratoire, très dramatique, était accompagnée d'un organe propre au pathétique, et on sentait qu'il était vivement convaincu des vérités qu'il annonçait » (J.-M. Suchet). Reprenant le manuscrit inachevé de son collègue Jean-Baptiste-Thadée Vernier (*cf. infra*, col. 1506-1507), il prend part à la querelle théologique portant sur le sacrement de pénitence et s'élève contre les théories liguoriennes véhiculées par l'abbé Th. Gousset. Installé dans le diocèse de Nîmes à la demande de Mgr Claude Petit-Benoît de Chaffoy, il y fonde une société de missionnaires, tout comme à Bordeaux et à Agen. Chanoine honoraire de Bordeaux (1847) et missionnaire apostolique (1851), il se fixe à Fraisans (Jura) en 1847 et achète le château pour en faire une maison de retraite pour les prêtres. Venu prêcher à Pontarlier, il meurt accidentellement, le 18 mai 1852, quand la diligence qui le menait à Morteau tombe dans le Doubs, dans le défilé d'Entreroches.

ÉCRITS. *Lettre d'un curé de... à M. G[ousset], vicaire capitulaire du diocèse de Besançon sur sa prétendue justification de la théologie du B. Liguori*, Reims, 1834. – *Examens de conscience développés et expliqués*, Lyon, 1840. – *Questions pratiques et de direction sur le sacrement de pénitence*, Lyon-Paris, 1841. – *Conférence sur le dogme de la présence réelle et sur la fréquente communion*, Lyon-Paris, 1842. – *Dictionnaire des cas de conscience [...] de Pontas* (Encyclopédie théologique, 2 vol.), Petit-Montrouge, 1847.

SOURCE. J.-M. Suchet, *Histoire de l'éloquence religieuse en Franche-Comté*, Besançon, 1897, p. 204.

TRAVAUX. J. Guerber, *Le ralliement du clergé français à la morale liguorienne. L'abbé Gousset et ses précurseurs (1785-1832)*, Roma, 1973. – V. Petit, *Vermot, Alexandre*, dans L. Ducerf et al. (dir.), *Franche-Comté* (coll. Dictionnaire du Monde religieux dans la France contemporaine, 12), Paris, 2016, p. 734.

V. PETIT

VERNEREY (Maurice), ecclésiastique français, théologien (1762-1834).

Il est né au Luhier (actuel département du Doubs) le 21 sept. 1762. Admis au grand séminaire de Besançon en 1783, il est ordonné prêtre vraisemblablement en 1786. Maître ès arts, élève au collège de Dole (Jura) sous la direction de l'abbé François-Xavier Moïse dont il devient le disciple et l'ami, docteur en théologie de l'université de Besançon, il est instituteur pour les pensionnaires du collège de Besançon de novembre 1786 à mars 1788. Il adhère à la Constitution civile du clergé et devient dès lors un des représentants les plus remarquables de l'Église constitutionnelle – alors que son frère aîné, prêtre lui aussi, est insermenté. En 1791, il est qualifié d'« excellent patriote, instruit, ayant de l'énergie », et en 1801 : « grand sujet à tous égards ». En septembre 1791, il suit son ancien maître, élu évêque constitutionnel du Jura. Professeur au séminaire de Saint-Claude, il est en outre vicaire épiscopal de Mgr Moïse jusqu'à 1793. Revenu au Luhier, il est secrétaire-greffier de la commune et président de la Société républicaine montagnarde du village. Il est appréhendé et emprisonné fin 1794 pour avoir exercé le culte au mépris de l'arrêté des représentants en mission dans la région. Dès le printemps 1795, il reprend ses activités pastorales, entre en relation avec l'abbé Grégoire et adhère à la Société de Philosophie chrétienne en juin 1796. Il participe activement à la réorganisation de l'Église constitutionnelle dans le département du Doubs, en jouant un rôle actif lors du synode diocésain d'août 1798 et du concile métropolitain de septembre 1800. Fin 1798, il est envisagé qu'il soit placé à la tête du séminaire commun au Doubs et au Jura, projet resté sans suite. Théologien, auteur d'un catéchisme dogmatique, il est le représentant du clergé du Doubs au concile national de 1801 et s'y fait remarquer par son rapport sur l'éducation des clercs : « Dissertation sur les études cléricales et sur le projet de les renouveler ». Après le Concordat, il est à nouveau nommé desservant du Luhier. À plusieurs reprises, Mgr Claude Le Coz, archevêque de Besançon, cherche à le nommer professeur à la faculté de théologie (qui ne verra pas le jour) et directeur au grand séminaire, mais ces tentatives échouent devant l'hostilité du clergé réfractaire. En mai 1808, Mgr Le Coz l'impose pour enseigner l'histoire ecclésiastique, suscitant la colère des autres directeurs qui sont accusés, en mai 1809, d'avoir suscité une « insurrection » contre lui et son enseignement. Vernerey renonce et retourne dans sa petite paroisse du Luhier. Entretemps, il aura été le théologien de Mgr Le Coz lors du concile de 1811 convoqué par Napoléon. Après avoir lutté pour défendre sa conduite et celle de ses amis, l'abbé Vernerey s'enfonce dans un isolement de plus en plus complet. Par exemple, en 1819, les desservants de la région font en sorte qu'il ne soit pas invité, avec l'abbé Berthod

curé du Russey lui aussi ancien constitutionnel, lorsque les missionnaires diocésains prêchent une mission au Bizot. Il riposte d'abord aux attaques dont il est l'objet par un petit imprimé publié en 1814, mais après une première soumission en 1820, il rétracte publiquement son serment en novembre 1823. L'abbé Vernerey a été victime de son engagement, rendu d'autant plus visible qu'il était sans doute l'un des ecclésiastiques les plus brillants du diocèse. Il laisse une très riche bibliothèque qui est dispersée à sa mort, le 29 sept. 1834 au Luhier.

ÉCRITS. *Exposition des fondemens de la religion de Jésus-Christ, ou les preuves de cette religion expliquées aux fidèles, par demandes et par réponses*, Arbois, 1798. – *Défi public à la calomnie*, Besançon, 1814. – *Aux prêtres constitutionnels*, Besançon, 1823.

TRAVAUX. B. Plongeron, *Dom Grappin correspondant de l'abbé Grégoire (1796-1830)*, Paris, 1969, p. 24, 26, 34 et sv. Sa correspondance avec l'abbé Grégoire est conservée à la Bibliothèque de Port-Royal, Fonds de correspondance Grégoire, Doubs, et a été éditée par V. Petit, *Un prêtre comtois constitutionnel et démocrate. Maurice Vernerey, curé du Luhier, prêtre, théologien, professeur, de la Révolution à la Restauration*, Besançon, 2018 ; Id., *Vernerey, Maurice*, dans L. Ducerf et al. (dir.), *Franche-Comté* (coll. Dictionnaire du Monde religieux dans la France contemporaine, 12), Paris, 2016, p. 734-735.

V. PETIT

VERNEYRAS (Paul Georges), secrétaire de la Fédération des syndicats professionnels chrétiens de Champagne et dirigeant de la *Confédération française des travailleurs chrétiens* (CFTC). Né le 19 mai 1898 à Troyes (Aube) et décédé le 19 mai 1996 à Mathaux (Aube), il a été délégué à l'Assemblée consultative provisoire de Paris en 1944, membre de la première Assemblée nationale constituante en 1945 (3e circonscription de la Seine), et député de la Seine (3e circonscription) de 1946 à 1951.

De père agent de police et de mère brodeuse, il est issu d'une famille de tisserands indifférents à la religion. Inscrit dans une école maternelle tenue par des religieuses, il affermit sa foi grâce à la fréquentation d'un patronage, en parallèle à ses études à l'école communale de Troyes. Ayant obtenu son certificat d'études primaires à 12 ans, il travaille dans une bonneterie et fréquente un cercle catholique d'ouvriers tenu par des jésuites, les PP. Desbuquois, Prieur, Rigaut, qui font de cette institution un lieu d'expérimentation de l'action sociale. Grâce à eux, il découvre Zola, s'initie au théâtre. Ayant fait la connaissance de Léon Jouhaud à la Bourse du travail de Troyes en 1908, il décide d'entrer à la *Confédération générale du travail* (CGT) après consultation de ses maîtres spirituels qui lui font aussi découvrir la pensée de Marc Sangnier : il adhère ensuite à la *Jeune République*. Mobilisé comme chasseur à pied en 1916, il est blessé à deux reprises et gazé, ce qui lui vaut la Croix de guerre. En 1919, de retour dans son usine de bonneterie, il décide d'organiser des syndicats chrétiens dans l'Aube. En contact avec Gaston Tessier, et membre de l'équipe de fondation de la CFTC, il est élu secrétaire général de l'Union départementale CFTC de l'Aube et milite dans le Parti démocrate populaire. Marié à une institutrice, Marie Cinier, il fonde avec elle une famille de trois enfants. Après avoir dirigé une scierie à Mathaux, commune proche de Briennele-Château, dans l'Aube, il rachète une petite librairie, 5 rue Manin à Paris, en 1939. Lors de la Seconde guerre mondiale, entré dans la résistance dès 1940 sur les conseils du général de Castelnau et du card. Feltin, il rencontre Christian Pineau et fait partie, avec Gaston Tessier, du comité directeur clandestin de *Libé-Nord*. Il prépare la Libération grâce à des contacts avec Yvon Morandat, Robert Prigent, Paul Bacon et Jules Catoire qu'il accueille dans son appartement avant d'y cacher Gaston Tessier durant plusieurs mois.

Choisi comme maire-adjoint du 19ᵉ arrondissement de Paris à la Libération et premier vice-président du conseil municipal de Paris, il est élu conseiller général de la Seine. Administrateur de *Libé-Soir*, de *Paris-Normandie*, il est également présent aux *Nouvelles messageries de la presse parisienne* (NMPP), rue de Réaumur, qui disposent du monopole de la distribution et où il fréquente les patrons de presse comme Émilien Amaury et Robert Hersant. Par la suite, il entre dans d'autres conseils d'administration de grandes sociétés telles que les *Galeries Lafayette*. Homme d'influence, il entretient, durant toute sa carrière professionnelle, de nombreuses relations professionnelles qui lui permettent d'organiser des rencontres entre responsables économiques et politiques. En octobre 1945, il est élu dans la 3ᵉ circonscription de la Seine comme délégué à l'Assemblée consultative provisoire en tant que conseiller général et conseiller municipal sur une liste du *Mouvement républicain populaire* (MRP) dirigée par Marc Sangnier, dont il est le second élu, avec Francine Lefebvre, ouvrière. Avec 119 472 suffrages, cette liste se trouve en seconde position derrière la liste communiste conduite par Florimond Bonte qui recueille 163 512 suffrages et trois élus, devant la liste socialiste qui compte 111 153 voix et trois élus, dont André Le Troquer. Membre de la Commission des finances, de la Commission de l'information et de la propagande, de la Commission de l'Alsace et de la Lorraine, il fait un rapport sur le projet d'ordonnance portant fixation du budget des services civils pour l'exercice 1945, le 6 février, concernant l'information et la radiodiffusion et intervient dans le débat. Il prend part à la discussion du projet de loi sur la nationalisation de la Banque de France et des grandes banques. En juin 1946, placé en troisième position, derrière Francine Lefebvre, il est battu du fait de la perte de 60 000 voix par la liste du MRP et du quasi-maintien de la liste communiste qui récupère un siège supplémentaire. En novembre 1946, avec 94 493 voix, la liste républicaine populaire retrouve le siège perdu et Paul Verneyras revient au Palais-Bourbon pour la première législature dans une circonscription largement dominée par le Parti communiste français (PCF) qui obtient quatre sièges. Il est nommé membre des commissions de la presse, des moyens de communication et des transports, de la commission nationale de la presse et d'information. Il s'intéresse aux questions liées aux médias sur le plan des personnels, à la réglementation des affranchissements des journaux. En séance, il intervient au sujet des accords Blum-Byrnes et, à plusieurs reprises, se prononce nettement en faveur de l'aide à accorder aux films réalisés avec des participations extérieures, dans le cadre de coproductions, à des manifestations comme le festival de Cannes, à des organismes tels que le Centre national de cinéma. Il propose des réductions de tarifs aux Postes, télégraphes et téléphones (PTT), la suppression de l'abattement pour les subventions au Centre national de la cinématographie, à *France-Presse*. Il intervient également sur le projet de loi d'amnistie sur les faits de collaboration en décembre 1950 en approuvant ce projet pourtant « trop étroit » dans son champ d'application.

Se consacrant à nouveau à temps plein à ses activités professionnelles à partir de 1951, il continue de suivre la vie syndicale et fait partie de ceux qui considèrent comme inopportune la déconfessionnalisation de la CFTC en 1962. Il se montre partisan d'une Grande Fédération liant le MRP et la Section française de l'Internationale ouvrière (*SFIO*), au milieu des années soixante, puis refuse la mise en sommeil du MRP au profit du *Centre Démocrate* de Jean Lecanuet et Joseph Fontanet, au nom de la fidélité à l'idéal démocrate-chrétien. Après avoir été conseiller municipal du XIXᵉ arrondissement de Paris, il demeure administrateur dans un hôpital, et fréquente régulièrement le Sénat présidé par son ami Alain Poher. Ayant acquis une résidence secondaire à Mathaux, il en fait, au fil des années, son lieu de séjour principal à la belle saison ; il y tient table ouverte chaque jour, partageant son temps entre des matinées studieuses, érudites, suivies de fréquentes réceptions. Il aime inviter ses nombreux amis, notamment ceux issus de la démocratie chrétienne tels que le sénateur Fosset résidant à Radonvilliers, Pierre Pflimlin, Pierre-Henri Teitgen, Jules Catoire et sa fille Bernadette. Catholique attaché à la pratique dominicale jusqu'à la fin de sa vie, se considérant comme un « fils du peuple » qui refuse les discriminations sociales, il fonde dans sa commune de résidence le *Club de recherche et d'information sur le Briennois* (CRIB). Titulaire de la rosette de la Résistance, il est officier de la Légion d'honneur au titre de la Résistance.

Sources. – Papiers Verneyras. – Renseignements fournis par le Service des Archives de l'Assemblée Nationale, extrait du Service de Documentation : voir le site de l'Assemblée nationale. – Interview de Paul Verneyras le 4 mars 1993. – Renseignements fournis par la Mairie de Mathaux (10 mars 2003) et par Bernard Fosset (18 avr. 2003).

Travaux. – M. Launay, *Verneyras Paul, Georges*, dans J. Maitron (dir.), *Dictionnaire biographique du mouvement ouvrier français*, t. 43, Paris, 1993, p. 157.

B. Béthouart

VERNIER (Jean-Baptiste-Thadée), ecclésiastique du diocèse de Besançon, missionnaire, théologien (1760-1833).

Il est né à Ouvans (actuel département du Doubs) le 4 janv. 1760. En 1784, alors qu'il n'est encore que diacre, il devient missionnaire diocésain. Il refuse de prêter serment à la Constitution civile du clergé et s'exile en Suisse jusqu'en 1794. Rentré en France, il est arrêté et emprisonné à Baume-les-Dames et à Besançon. En octobre 1797, il est dénoncé par le commissaire Compagny en ces termes : « Vernier surtout a fait les plus grands ravages dans les cantons de Passavant, Pierrefontaine et Baume, cherchant à chasser de force les prêtres constitutionnels des paroisses où ils s'étaient maintenus malgré les efforts du royalisme ». Cependant, il échappe à une nouvelle arrestation. Après Thermidor, il se cache trois années à Surmont (Doubs) où il tient une école de latinité puis, revenu dans son village natal en 1800, il y crée une école pour enseigner la philosophie et faire office de séminaire jusqu'à l'ouverture d'un établissement officiel par Mᵍʳ Claude Le Coz en novembre 1805. Comme la mission diocésaine n'a pas été rétablie, il prêche plus de quarante retraites entre 1802 et 1814 tout en desservant la paroisse d'Ouvans. Les relations avec l'archevêque de Besançon et ancien évêque constitutionnel d'Ille-et-Vilaine, Mᵍʳ Le Coz, ne sont pas des plus chaleureuses : le prélat lui reproche vertement en 1809 ses « excursions », ses « prétendues retraites », son sens de la « division antiévangélique » et l'appelle donc à l'obéissance. Toutefois, et bien qu'il considère que ce soit une « tête un peu fêlée », il est contraint de le nommer professeur de théologie au grand séminaire en juillet 1814. En novembre 1815, il rejoint la mission diocésaine qui vient d'être rétablie à École (Doubs), et dont il devient le supérieur le 7 mars 1822. Il entreprend de répondre au travail de l'abbé Th. Gousset justifiant la théologie morale d'Alphonse de Liguori. Après sa mort, ses notes sont reprises par l'abbé Alexandre Vermot (cf. supra, col. 1501-1502). Il laisse aussi une histoire de la Révolution de 1793 et un mémoire sur le blocus de Besançon en 1814, restés à l'état de manuscrit. Il est décédé à École le 24 mai 1833.

ÉCRITS. *Theologia pratica sub titulis sacramentorum*, 2 vol., Besançon, 1828-1836. – *Méditations sur les vérités de la vie chrétienne et ecclésiastique... de Beuvelet, refondues par J.-B.-T. Vernier*, Besançon, 1832.

SOURCES. Archives diocésaines de Besançon, correspondance Lecoz, L1-12, fᵒ 112-113. – J.-B. Bergier, *Histoire de la communauté des prêtres missionnaires de Beaupré*, Besançon, 1853. – J.-M. Suchet, *Histoire de l'éloquence religieuse en Franche-Comté*, Besançon, 1897, p. 199-200.

TRAVAUX. J. Guerber, *Le ralliement du clergé français à la morale liguorienne. L'abbé Gousset et ses précurseurs (1785-1832)*, Roma, 1973. – V. Petit, *Vernier, Jean-Baptiste-Thadée*, dans L. Ducerf et al. (dir.), *Franche-Comté* (coll. Dictionnaire du Monde religieux dans la France contemporaine, 12), Paris, 2016, p. 737.

V. PETIT

VIATTE (Charles-Alphonse), membre de la première et de la seconde Assemblée nationale constituante de 1945 et 1946 pour le Jura. Député du Jura de 1946 à 1958 (1911-1978).

Né le 18 mars 1911 à Liebvillers (Doubs) et décédé le 19 févr. 1978 à Cannes (Alpes-Maritimes), il est issu d'une famille d'agriculteurs installée dans la région de Saint-Hippolyte, commune où sa parenté est présente dans les conseils municipaux depuis la Révolution. De 1927 à 1930, il est élève de l'école normale d'instituteurs de Besançon, puis de Lyon. Durant les trois années suivantes, il vient à l'École normale supérieure de Saint-Cloud où il n'hésite pas à afficher ses convictions catholiques et sort en 1933 premier dans chacune des sections de sciences mathématiques et physiques et sciences appliquées. Surveillant à l'École normale de Versailles, il prépare la licence ès sciences de 1933 à 1935, fait son service militaire en 1936-1937 comme officier d'artillerie après avoir enseigné un an comme professeur à l'Institut Colbert de Tourcoing. De 1937 à 1945, il enseigne au lycée de Lons-le-Saunier comme professeur et, seul, prépare et obtient l'agrégation de mathématiques en 1939. Il enseigne également à l'École d'agriculture d'hiver du Jura : durant son cursus professionnel, il enseigne dans toutes les classes jusqu'en mathématiques supérieures et aux écoles de l'armement terrestre. Il décide d'adhérer, en accord avec son engagement chrétien dans l'enseignement public, au Syndicat général de l'Éducation nationale – Confédération française des travailleurs chrétiens (*SGEN*-CFDT). Marié, il devient par la suite père de 5 enfants. Officier de réserve d'artillerie, mobilisé en août 1939, il est blessé en service commandé le 4 juin 1940 mais refuse toute distinction en solidarité avec ses hommes dont une courageuse initiative n'a pas été prise en compte par ses supérieurs. Délégué départemental du Secours national pour le Jura-sud en 1942, il multiplie les contacts avec la Résistance puis devient responsable de l'Entraide française. Il collabore régulièrement à *La Croix jurassienne*, hebdomadaire catholique de Lons-le-Saunier, et publie quelques articles dans la revue *Droit social* et dans celle du père Chaillet, *Temps nouveaux*.

Dès octobre 1945, il est élu député Mouvement républicain populaire (M.R.P.) du Doubs obtenant 38 013 voix contre 31 637 à la liste communiste emmenée par André Barthélémy, et 20 213 à Jean Courtois de la Section française de l'Internationale ouvrière (S.F.I.O.). Membre de la Commission de l'équipement national et de la production, il deviendra rapidement, en accord avec ses convictions chrétiennes, l'un des spécialistes de la question sociale dans le Mouvement. Nommé membre de la Commission du conseil supérieur des assurances sociales dès 1945, il intervient dans la discussion du projet de loi relatif à la nationalisation de l'électricité et du gaz puis au sujet du statut des délégués du personnel dans les entreprises. En juin 1946, il est réélu avec 41 029 voix et le 26 du même mois, profitant de la large victoire du M.R.P., il dépose une proposition de loi visant à reporter l'application de l'ordonnance sur l'organisation administrative de la sécurité sociale ; il intervient également sur le statut général des fonctionnaires. En novembre 1946, grâce aux 38 053 voix récoltées, il distance toujours les communistes et les socialistes ainsi que son concurrent Edgar Faure qui obtient 20 488 suffrages. Nommé secrétaire de l'Assemblée nationale dès novembre 1946, il demeure membre du conseil supérieur de la sécurité sociale, fait partie de la commission chargée d'étudier les modifications à apporter à la loi prévoyant la généralisation de la sécurité sociale et d'une autre commission chargée de procéder à une étude d'ensemble des divers régimes de prestations familiales. Au total, durant cette première législature, il intervient à 66 reprises sur des sujets qui, pour moitié, concernent des questions sociales, comme l'allocation vieillesse pour les non-salariés, ou les conditions d'adaptation de la sécurité sociale aux cadres puis aux militaires. En août 1948, il dépose une proposition de loi pour assurer la liberté intellectuelle et spirituelle aux enseignants du public et un autre texte pour rétablir les allocations de salaire unique. Il intervient à de nombreuses reprises sur l'organisation de la sécurité sociale et particulièrement sur le mode d'élection à la représentation proportionnelle mais aussi sur les missions de la mutualité, sur les comités d'entreprise, sur le statut social des ministres du culte catholique. Il est l'un des parlementaires les plus redoutés et respectés par les ministres lors de leurs auditions en Commission du travail et de la sécurité sociale. Fortement appuyé sur les valeurs évangéliques qu'il s'efforce de servir, il impose l'autorité des équipes ouvrières dans le bureau du groupe parlementaire du M.R.P. et devient l'adjoint de Robert Lecourt, président du groupe. La compétence et la réputation qu'il acquiert lui permettent de favoriser les requêtes de la Commission du travail lors de la fixation de l'ordre du jour à l'Assemblée. Charles Viatte collabore à la revue *Droit social* où il se distingue par de longs et minutieux articles de recherches et de propositions. Il s'est également acquis une solide réputation dans la défense de la production laitière de Franche-Comté et dans les questions de recherche scientifique et d'éducation.

En 1951, après une campagne où il dénonce « la démagogie facile » des communistes et « l'institution d'un parti nouveau, plus totalitaire que tous les autres », le Rassemblement du peuple français (R.P.F.), il demeure en tête des candidats avec 29 359 voix, juste devant Edgar Faure. Il est à nouveau désigné pour faire partie de la Commission chargée d'étudier et de soumettre au Gouvernement les simplifications pouvant être apportées à la législation et au fonctionnement de la sécurité sociale. Il continue d'être aussi actif : parmi ses 52 interventions figurent 36 rapports consacrés à la situation financière, aux prestations familiales, aux allocations pour les vieux et pour les non-salariés relevant de la sécurité sociale. Ses interventions en faveur de la recherche scientifique l'amènent à être élu par ses collègues, le 9 mars 1955, président de la Commission de l'éducation nationale. Il reçoit, le 5 déc. 1955, les remerciements de l'Académie des Sciences en séance publique pour ses efforts en faveur de l'amélioration de la recherche scientifique en France ; il a fait de nombreux rapports sur le Centre national de la recherche scientifique (C.N.R.S.). Ayant regretté de ne pouvoir s'apparenter avec Edgar Faure en 1956, il lui cède la place de meilleur élu du Jura avec 44 352 suffrages alors qu'il doit se contenter de 26 163 voix. De nouveau élu dans les commissions de l'éducation nationale, du travail et de la sécurité sociale, il est également membre du Conseil supérieur de la mutualité. En deux ans, il intervient encore à 29 reprises au profit des travailleurs indépendants, de la promotion de l'allocation logement, de l'allocation de la « mère au foyer », chère aux catholiques sociaux, sur la création à Lyon d'un Institut national des sciences appliquées, sur le développement de l'enseignement scientifique en France tant dans le secondaire que dans le supérieur, sur la revalorisation des chercheurs du CNRS et sur sa conception de la laïcité à l'école. Il fait partie de la délégation parlementaire française à l'OTAN. En 1958, il décide de ne plus se représenter et devient membre honoraire du Parlement.

Il revient dès lors à ses fonctions d'enseignant et exerce au lycée de Saint-Cloud où il demeure jusqu'à sa retraite en 1971. Il publie en 1960 *L'essentiel des mathématiques*, ainsi que des articles portant sur les questions sociales dans *Droit social*, revue fondée par Pierre-Henri Teitgen et François de Menthon, ses amis démocrates chrétiens, et d'autres contributions sur la conquête de l'espace, et la conquête du temps, dans des revues scientifiques. Dès le début de sa retraite, il vient s'installer dans le pays de son épouse qui est native d'Indevilliers et avec qui il a fondé une famille de six enfants. Il poursuit sa collaboration régulière à *La Croix jurassienne*,

hebdomadaire de Lons-le-Saunier. En 1973, il part dans le midi où il a acheté une villa à Saint-Tropez et continue d'avoir des contacts avec des membres de la famille démocrate chrétienne comme Pierre Pflimlin ou Pierre-Henri Teitgen. Il s'occupe également d'astronomie à Cannes au sein d'un club. Grand-père de quatre petits enfants, il décède subitement à l'âge de 68 ans.

SOURCES. Archives de l'Assemblée Nationale, Renseignements fournis par le service de Documentation : fiche « Paul Dehème », mise à jour 15 oct. 1959. – Table nominative du *Journal officiel des débats parlementaires*. – Interview de Madeleine Viatte, sa belle-sœur et de Françoise Cools, sa fille, 13 mars 2003.

TRAVAUX. – B. Béthouart, *Le MRP et la question sociale*, Thèse d'habilitation, Lille, 1997. – L. Ducerf, *Viatte, Charles*, dans Id. et al. (dir.), *Franche-Comté* (coll. Dictionnaire du Monde religieux dans la France contemporaine, 12), Paris, 2016, p. 739-740.

B. BÉTHOUART

VILLÈLE (Henri de), sous-officier des Zouaves pontificaux, entré dans la Compagnie de Jésus dont il devint Supérieur de plusieurs missions (1842-1922).

Henri de Villèle est né le 19 déc. 1842 à l'Île Bourbon (La Réunion) où il fit ses classes au collège Sainte-Marie, à Saint-Denis. Il est mort à Rose Hill (Maurice) le 6 avr. 1922.

Lorsqu'en 1860 le pouvoir temporel du pape Pie IX fut menacé par l'armée du roi de Sardaigne Victor-Emmanuel II de Savoie, désireux de réaliser l'unité italienne, et que le Souverain pontife lança un appel aux volontaires catholiques du monde entier en vue de résister à l'occupant, il fut l'un des premiers à rejoindre le bureau de recrutement. On le trouva trop jeune, à peine âgé de dix-huit ans, et il ne put être incorporé au tout nouveau bataillon des Tirailleurs Franco-Belges alors en création. Il put cependant rejoindre, l'année suivante, les Zouaves pontificaux, bataillon bâti sur les restes du précédent. Engagé le 15 juin 1861 avec le numéro matricule 876, il est nommé caporal le 21 août 1862 puis sergent le 1er mars 1863. Il termine son engagement le 15 déc. 1866. Durant ces années, il ne connut guère que la vie monotone de garnison. On peut toutefois penser qu'il a participé, comme la plupart des compagnies de Zouaves, à la « chasse aux brigands », une activité éprouvante menée dans les montagnes du Latium qui permettait d'exercer les hommes et de les aguerrir. Ces traques aux bandits de grands chemins qui détroussaient, enlevaient et rançonnaient les passants et les riches villageois étaient en effet de rudes combats livrés dans un environnement difficile et escarpé.

Malgré une absence totale d'affrontements avec l'armée italienne durant cette période, Henri de Villèle trouva le moyen de s'illustrer à sa manière au sein du régiment où son influence ne fit que croître. Particulièrement attentif à ses camarades, il n'a eu de cesse de s'enquérir des nouvelles de chacun ou de prodiguer quelques recommandations de piété et de dévotion : « Versez dans mon âme les chagrins, les peines et les tristesses de la vôtre. À deux nous serons plus forts pour chasser le découragement », écrit-il à un soldat en 1865 ; à cet autre : « Si vous n'avez pas de médaille de l'Ange gardien, procurez-vous en une au plus vite et faites-la toucher soir et matin à votre front », ou encore : « Ne pensez pas pouvoir rectifier tout en l'espace d'un jour, d'un mois, d'un an ; nous aurons toujours des défauts à combattre, par conséquent, pourquoi nous fâcher, pourquoi maltraiter notre âme ? Ayez patience ». Cette spiritualité n'était évidemment pas celle d'un zouave ordinaire, ni « même d'un Zouave pontifical : un directeur éminent s'annonce déjà chez lui », souligne un article de *L'Avant-Garde*, le bulletin de liaison des anciens soldats du pape. À plusieurs reprises, Henri de Villèle est qualifié de « saint » par ses compagnons d'armes. Son ami le sergent Henri Le Chauff de Kerguenec dit de lui : « C'était la perle des Zouaves. Il n'y a pas à dire, il nous dame le pion à tous ; ce n'est pas seulement au bataillon mais dans Rome même que Monsieur est réputé pour un saint et vénéré comme tel de son vivant. Son influence parmi nous est unique ».

Quittant son engagement peu avant Noël 1866, il entre au noviciat des jésuites de Saint-Acheul le 23 févr. 1867. Il aurait souhaité rejoindre la Compagnie de Jésus bien plus tôt, mais le P. de Villefort ne lui avait pas permis jusqu'alors de mettre ce projet à exécution, « trouvant que sa présence était indispensable (au bataillon) ». En 1880, âgé seulement de 38 ans, il est nommé recteur du collège Saint-Joseph de Sarlat qu'il doit cependant quitter peu après, à la suite du décret d'expulsion des jésuites de France signé par le président du Conseil Charles de Freycinet et son ministre de l'Instruction publique, Jules Ferry. Ses supérieurs l'envoient alors en Espagne dans le vieux monastère d'Uclès, à une centaine de kilomètres au sud-est de Madrid, où il reste jusqu'en 1885. Cette année-là, il inaugure une vie nouvelle en devenant missionnaire et rejoint, d'abord La Réunion pour devenir Supérieur de la Mission, avant de quitter son île natale où il ne semble plus le bienvenue, pour Madagascar.

À cette époque, dans les anciennes colonies françaises, les Pères jésuites ne faisaient, en effet, pas mystère de leur catholicisme intransigeant et montraient une préférence marquée pour l'aristocratie légitimiste. Le P. de Villèle en est une parfaite illustration : « Secrètement monarchistes et fermement ultramontains, les Jésuites de La Réunion sont considérés de plus en plus, au cours des années, comme les soldats du Pape ». Cette affirmation est évidente mais qu'on ne s'y trompe pas, elle traduit aussi une interprétation anachronique dans la mesure où elle exprime un sentiment politique passé jugé avec un œil contemporain. Or, d'une part, à cette époque le monarchisme dans la IIIᵉ République naissante n'est pas une option politique confidentielle plus ou moins folklorique mais un mouvement d'un réel poids électoral, et d'autre part, on sait très bien que bon nombre de Zouaves pontificaux, français notamment, ont fait leur scolarité chez les jésuites au moment de la loi Falloux sur la liberté d'enseignement, et qu'une partie significative de ceux entrés dans les ordres par la suite, a rejoint les jésuites ou des congrégations où régnait une forte discipline. C'est dans ce contexte, et d'autres, liés à l'histoire familiale, que le R.P. Henri de Villèle est à juste titre considéré comme un antirépublicain notoire et un partisan de la monarchie. De ce fait, ses rapports ont été particulièrement houleux avec son ordinaire, Mᵍʳ Frédéric Fuzet (*cf. DHGE*, t. 19, col. 492-496), évêque ouvertement républicain, qui lui reprochait son conservatisme et son influence sur les

élites locales lorsqu'il était à La Réunion. L'évêque se veut d'ailleurs particulièrement véhément à l'encontre de l'ancien soldat du « Pape-Roi », lorsqu'il affirme que « les Jésuites ont tort de laisser ici comme Supérieur, le Père Villèle. Ses nombreux parents et cousins, plus royalistes que le roi, plus catholiques que le Pape, commettent ici toutes sortes de sottises politiques dont on rend responsables les Jésuites ».

Le P. de Villèle exerce ainsi sa charge à Madagascar pendant dix ans avant d'être rappelé à Paris en 1897. Deux ans plus tôt, il se trouvait en visite dans la ville d'Arivonimamo au moment où des troubles liés à l'insurrection de la tribu des Menalamba contre la présence française venaient d'éclater : des Européens et fonctionnaires malgaches furent alors massacrés et le P. de Villèle ne dût son salut qu'à un stratagème de quelques fidèles dévoués qui l'enveloppèrent dans un drap mortuaire, comme cela se faisait pour mettre les défunts en terre, et simulèrent un enterrement. Ils traversèrent ainsi les groupes rebelles, sauvant la vie de leur curé.

Toujours missionnaire à son retour de Madagascar, il restera quatorze ans à Paris comme Procureur de la Mission, œuvrant avec un dévouement et un oubli de soi remarqués de ses frères et de ses anciens compagnons d'armes, « que voilent parfois une discrétion presque excessive ». Cependant les lois de 1901 l'ont entre-temps arraché à cette vie communautaire qu'il affectionnait beaucoup, et c'est dans un modeste appartement de l'avenue de Breteuil qu'il trouve refuge avec le P. Ferdinand Héraudeau, Procureur de Maduré (Inde), souffrant de multiples infirmités, dont il s'occupe. Là, il retrouve les petites attentions qu'il prodiguait autour de lui lorsqu'il était au bataillon et se fait le père ou l'ami de ceux qu'il croise ou visite.

En 1910, ses supérieurs le relèvent de son poste pour le rendre aux missions. Avant de s'embarquer pour l'Île Maurice, « la Providence lui ménage une douce consolation » puisque le 2 juin, il assiste dans la basilique de Montmartre au cinquantenaire du régiment des Zouaves pontificaux où il célèbre lui-même la messe d'action de grâces, entouré de ses vieux compagnons d'armes. Il remplace au pied levé Mᵍʳ Bouriau, ancien Zouave et ancien missionnaire, curé de Beauchamps, retenu par la maladie. Tous les officiers encore vivants sont là avec leurs familles, derrière leur chef, le général de Charette, et la bannière du Sacré-Cœur qui avait été déployée lors de la charge de Loigny contre les Prussiens, le 2 déc. 1870. Après la messe du P. de Villèle, c'est le futur cardinal royaliste légitimiste Mᵍʳ Anatole de Cabrières, qui prononça un discours dithyrambique sur « l'armée de Pie IX » en introduisant son propos par une citation de l'Office des martyrs : « Leur récompense est auprès de Dieu ».

À son arrivée comme Supérieur de l'Île Maurice et Bourbon, le P. de Villèle prend la direction de l'importante paroisse de Rose Hill. C'est presque une nouvelle vie qui s'ouvre à lui, une vie de curé faite de leçons de catéchisme aux enfants, de longues séances de confessions, de responsabilités des écoles, d'accueil des prêtres et des fidèles, de charité auprès des pauvres de l'île… Il travaille ainsi pendant dix années encore, épuisé par le labeur et par l'âge, avant d'être envoyé à Port-Louis, l'autre grande ville de Maurice ; là, il assure le service de la chapelle de la résidence du Sacré-Cœur. Mais le 5 mars 1922, il est subitement pris d'une crise aiguë d'entérite. On le transporta à Rose Hill, et jusqu'au 2 avril, il trouva encore la force d'aller assister tous les matins à la messe et de communier. Le 2, cependant, il dut s'avouer vaincu et on lui donna l'Extrême-Onction. Ce jour-là et les suivants, il communia dans sa chambre. C'est encore ce qu'il fit le 6 avril, à quatre heures et demie du matin avant de perdre connaissance et de rendre son âme à Dieu vers sept heures. Ses funérailles furent particulièrement imposantes, Mgr John Tuohill Murphy, évêque de Port-Louis, avait tenu à les présider lui-même.

H. Le Chauff de Kerguenec, *Souvenirs des Zouaves Pontificaux, 1861 et 1862, recueillis par François Le Chauff de Kerguenec, ancien Zouave Pontifical*, Poitiers, 1890, 401 p. ; Id., *Souvenirs des Zouaves Pontificaux, 1864, 1865 et 1866, recueillis par François Le Chauff de Kerguenec, ancien Zouave Pontifical*, Paris, 1891, 500 p. – G. de Villèle et Ch. de La Noüe, *Les Français Zouaves Pontificaux, 5 mai 1860-20 septembre 1870, par deux anciens*, Saint-Brieuc, 1903, 400 p. – *Matricule du bataillon des Tirailleurs Franco-Belges*, Lille, 1910, 109 p. – *Matricule des Zouaves Pontificaux et Volontaires de l'Ouest*, Lille, 1910, 477 p. – V. Crombé, *Zouaves Pontificaux et Volontaires de l'Ouest entrés dans les ordres religieux ou dans le clergé*, document dactylographié, non publié, 1928. – Cl. Prudhomme, *Histoire religieuse de la Réunion*, Paris, 1984. – *L'histoire : L'Église se sépare de l'État*, dans *Le journal de l'île de La Réunion*, 1er janv. 2005.

L. Gruaz

WETZEL (Robert-Georges-Joseph), membre de la première Assemblée nationale constituante de la 2e circonscription de la Seine (1910-1988).

Fils de Nicolas Wetzel, âgé de 34 ans et à l'époque garçon de café, et de Jeanne Fourniquet, sans profession, tous deux marqués par leur éducation chrétienne, il naît à Paris le 12 févr. 1910 dans le 9e arrondissement et fait des études qui lui permettent de devenir expert-comptable. Il fait la connaissance de Lucienne Bernier, parisienne née le 4 juil. 1914 dans le 17e arrondissement, fille d'Alphonse Bernier et de Suzanne Chenais. Ils se marient religieusement le 17 déc. 1936 à Paris dans le 18e arrondissement, et fondent une famille de trois enfants. Lors des élections du 21 oct. 1945, dans le département de la Seine, la seconde circonscription recouvre les 1er, IIe, VIIIe, XVIe, XVIIe et XVIIIe arrondissements de Paris. Robert Wetzel

y est élu en quatrième position sur la liste du Mouvement républicain populaire (M.R.P.) conduite par Robert Lecourt et dans laquelle figurent Jean-Jacques Juglas en seconde position et Louis Bouté, deux républicains attachés comme lui à l'école catholique et à la liberté religieuse. Cette liste, avec 133 702 suffrages, distance de plus de 30 000 voix celle du Parti communiste français (P.C.F.) conduite par Marcel Cachin, Jeannette Vermeersch et Henri Wallon. La liste de la Section française de l'Internationale ouvrière (S.F.I.O.), sous la direction de Daniel Mayer, n'atteint que 81 516 suffrages et la liste d'union républicaine nationale démocratique de Joseph Denais recueille pour sa part 65 323 voix. Membre de la Commission des affaires économiques, des douanes et des conventions commerciales, de la Commission de la comptabilité, de celle des finances et du contrôle budgétaire, il fait un rapport, le 13 avr. 1946, au nom de la Commission des affaires économiques, sur un projet de loi et des propositions de loi portant dissolution d'organismes professionnels tels que les comités d'organisation, les offices professionnels, les offices centraux de répartition. Il intervient également sur une proposition de loi relative à la limitation des débits de boisson, à propos de la nationalisation de l'électricité et du gaz et de celle de certaines sociétés d'assurances. En juin 1946, il est de nouveau candidat, mais n'est pas réélu, de même qu'en novembre 1946 et en juin 1951. En 1956, il ne se représente plus.

Expert-comptable inscrit au tableau de l'ordre du conseil régional de Paris-Île-de-France le 11 juil. 1950, il demeure et exerce son activité professionnelle dans le 17e arrondissement de Paris et possède une autre résidence à Sèvres (Hauts-de-Seine), 10 rue du Théâtre, où, six mois après lui (27 déc. 1987), son épouse décède le 7 juil. 1988.

Sources. Archives de l'Assemblée Nationale, renseignements fournis par le Service de Documentation : fiche « Paul Dehème », mise à jour 15 oct. 1959. – Table nominative du *Journal officiel des débats parlementaires*. – Renseignements fournis par le Conseil supérieur de l'ordre des experts-comptables, le 16 avr. 2003. – Courrier de la Mairie du 9e arrondissement de Paris, 24 avr. 2003. – Archives et état civil de la mairie de Sèvres, 5 mai 2003.

Travaux. P. Chamouard et G Weill, *Députés et sénateurs de la région parisienne de 1848 à 1894*, Nanterre, 1985.

B. Béthouart

DICTIONNAIRE

D'HISTOIRE ET DE GÉOGRAPHIE

ECCLÉSIASTIQUES

———

Tome trente-deuxième

DICTIONNAIRE

D'HISTOIRE

ET DE

GÉOGRAPHIE

ECCLÉSIASTIQUES

ENCYCLOPÉDIE PUBLIÉE SOUS LE PATRONAGE DE LA
REVUE D'HISTOIRE ECCLÉSIASTIQUE. LOUVAIN JOURNAL OF CHURCH HISTORY
UNIVERSITÉ CATHOLIQUE DE LOUVAIN • KATHOLIEKE UNIVERSITEIT LEUVEN

DIRECTEUR DE RÉDACTION
L. COURTOIS

COLLABORATEURS SCIENTIFIQUES À LA RÉDACTION
F. KEYGNAERT et E. LOUCHEZ

Tome trente-deuxième

BREPOLS

2019

REVUE D'HISTOIRE ECCLÉSIASTIQUE • LOUVAIN JOURNAL OF CHURCH HISTORY
UNIVERSITÉ CATHOLIQUE DE LOUVAIN - KATHOLIEKE UNIVERSITEIT LEUVEN

CONSEIL DE GESTION • RAAD VAN BESTUUR
Un délégué de chacun des recteurs de l'Université catholique de Louvain
et de la Katholieke Universiteit Leuven,
les doyens des Facultés de théologie et de philosophie et lettres,
le directeur et le secrétaire de la Revue

CONSEIL INTERNATIONAL • INTERNATIONAL BOARD
G. Cuchet, K. Cushing, Ph. Denis, J.-D. Durand, I. Fernández Terricabras, E. Hrabovec,
A. Melloni, M. S. A. Mihail, D. A. T. Müller, L. Perrone, P. Pulikkan, M. Robson,
O. Saldarriaga, H. Schilling, C. Sorrel, J.-P. Wiest, J. Yates

COMITÉ DE RÉDACTION • REDACTIECOMITÉ
J.-M. Auwers, P. Bertrand, R. Burnet, L. Courtois, R. Dekoninck, A. Delfosse, J. De Maeyer,
J. den Heijer, W. Druwé, R. Faesen, W. François, J.-P. Gay, R. Godding, M. Lamberigts,
J. Leemans, B. Meijns, S. Mostaccio, V. Soen, T. Van Osselaer, D. Vanysacker

COMITÉ DE DIRECTION • KERNREDACTIE

M. Lamberigts	P. Bertrand	J.-M. Auwers	D. Vanysacker
directeur	secrétaire	trésorier	secrétaire-adjoint

L. Courtois, J. De Maeyer, J.-P. Gay, W. François, B. Meijns

DICTIONNAIRE D'HISTOIRE ET DE GÉOGRAPHIE ECCLÉSIASTIQUES

RÉDACTION • REDACTIE

L. Courtois	F. Keygnaert	E. Louchez
Directeur	collaborateur scientifique	collaborateur scientifique

DHGE
Collège Descamps
Grand-Place, 45
B-1348 Louvain-la-Neuve

++/32/[0]10/47 37 81
courriel : dhge-teco@uclouvain.be

DHGE
Maurits Sabbebibliotheek
Sint-Michielstraat, 6
B-3000 Leuven

site : www.rhe.eu.com

SERVICE D'ABONNEMENT

Brepols Publishers * Begijnhof 67 *
B-2300 Turnhout (Belgium)
Tél. : +32 (14) 44.80.30 * Fax : +32 (14) 42.89.19
courriel : info@brepols.net * site : www.brepols.net

CONSULTATION EN LIGNE
www.brepolis.net

LISTE DES COLLABORATEURS DU TOME XXXII

ADRIANY (Dr G.), professeur émérite à l'Institut für Kirchengeschichte, Université de Bonn, Allemagne.

ALBARIC (M.), OP, archiviste de la Province de France, Paris, France.

†AROSIO (R.P. M.), OFM, professeur émérite à l'Université du Sacré-Cœur de Milan, Italie.

†AUBERT (Chanoine R.), professeur émérite de l'Université catholique de Louvain, et membre de l'Académie royale de Belgique, Bruxelles, Belgique.

AUWERS (J.-M.), professeur à l'Université catholique de Louvain, Belgique.

BAUDRY (B.), responsable des Archives des jésuites de France, Vanves, France.

BEKE (M.), professeur émérite de la Faculté de théologie de l'Université catholique Péter Pázmány, Budapest, Hongrie.

BERGIN (J.), professeur émérite de l'Université de Manchester, Grande-Bretagne.

BERTRAND (P.), professeur à l'Université catholique de Louvain, Belgique.

BÉTHOUART (B.), professeur émérite de l'Université du Littoral, Boulogne, France.

BISCHOF (F.-X.), professeur à la Katholisch-theologisch Fakultät de la Ludwig-Maximilians Universität, Munich, Allemagne.

BOAGA (R.P. E.), OCarm., ancien archiviste de l'Archivum generale ordinis Carmelitum, Rome, Italie.

†BONÉ (R.P. Éd.), SJ, professeur émérite de l'Université catholique de Louvain, Belgique.

BORD (R. P. L.-J.), OSB, bibliothécaire-archiviste de l'Abbaye Saint-Martin de Ligugé, France, et vice-président de la Société Mabillon (IRHT), Paris, France.

BOSSCHAERT (D.), chercheur à la Katholieke Universiteit Leuven, Belgique.

BOULET (L.), directeur honoraire au Service de gestion et de promotion urbaine (SPGU) de l'Université catholique de Louvain, Belgique.

BRODKORB (R.P. C.), SJ, directeur des Archiv der Deutschen Provinz der Jesuiten (ADP SJ).

BROOKE (Ch. N. L.), professeur émérite de l'Université de Cambridge, Royaume-Uni.

BROWN (G. H.), professeur à Standford University, Californie, États-Unis.

CANNUYER (Ch.), Professeur à l'Université catholique de Lille, France.

CHENAVIER (R.), Président de l'Association pour l'étude de la pensée de Simone Weil, Passy-Marloiz, France.

Chiron (Y.), directeur du *Dictionnaire de biographie française*, Paris, France.

CIANFROCCA (R.P. G.), SP, curateur des Archives générales des piaristes, Rome, Italie.

COURTOIS (L.), professeur à l'Université catholique de Louvain, Belgique.

AMBRIÈRES (R. d'), historien, ancien élève de l'École Polytechnique, Paris, France.

†DE CLERCQ (R.P. V.C.), professeur émérite à l'Université Notre-Dame, Indiana, États-Unis.

DE GRAUWE (J.), Destelbergen, Belgique.

DE GUCHTENEERE (R.P. P.), professeur émérite de l'Université La Molina, Centro de estudios y publicaciones, Lima, Pérou.

DELISLE (Ph.), professeur à l'Université de Lyon 3, France.

DELMAS (S.), enseignante, membre associée du CNRS (Ciham et Cercor), France.

DELVILLE (J.-P.), évêque de Liège.

DEPLOIGE (J.), professeur à l'Université de Gand, Belgique.

Destefanis (E.), Università degli Studi del Piemonte Orientale « Amedeo-Avogadro », Piémond, Italie.

DEMOULIN (B.), directeur général de la Culture de la Province de Liège, professeur à l'Université de Liège, Belgique.

DESMULLIEZ (J.), professeure émérite à l'Université de Lille 3, France.

DORFBAUER (L.J.), collaborateur scientifique à l'Université de Salzbourg, Autriche.

DURY (J.), professeure à la Haute École de la Ville de Liège, Belgique.

†EDWARDS (R.P. F.), SJ, ancien archiviste de la province anglaise des jésuites.

FAESEN (R.), SJ, professeur à l'Université de Tilburg, Pays-Bas et professeur à la Katholieke Universiteit Leuven, Belgique.

FAGGIOLI (M.), professeur invité au Jesuit Institute du Boston College, États-Unis.

FAILLER (A.), Chargé de recherche retraité du *CNRS*, directeur adjoint de l'Institut français d'études byzantines (IFEB).

FOUILLOUX (É.), professeur émérite de l'Université de Lyon 2, France.

FOURNOT (F.), professeur à l'Université Bourgogne Franche-Comté, Besançon, France.

FUSTER-CANCIO (M.), doctorante de l'Università Pontificia della Santa Croce, Rome, Italie.

†GADILLE (J.), professeur émérite de l'Université de Lyon 3, France.

GAILLARD (M.), professeure à l'Université de Lille 3, France.

†GASNAULT (P.), conservateur honoraire de la bibliothèque de l'Institut de France, Paris.

LISTE DES COLLABORATEURS DU TOME XXXII

† Gérin (P.), professeur émérite de l'Université de Liège, Belgique.

Gruaz (L.), historien, assistant parlementaire à l'Assemblée nationale, Paris, France.

Guasco (M.), professeur émérite de l'Università degli Studi del Piemonte Orientale « Amedeo-Avogadro », Piémond, Italie.

Guignet (Ph.), professeur émérite à l'Université de Lille 3, France.

Haquin (A.), professeur émérite de l'Université catholique de Louvain, Belgique.

† Haub (R.), Archivum Monacense Societas Jesu, Münich, Allemagne.

Hefferman (B. J.), professeur à l'Université de Leiden, Pays-Bas.

Hellinghausen (R.P. G.), professeur au Grand séminaire de Luxembourg, Grand-Duché de Luxembourg.

Hogg (Dr J.), OCart, professeur émérite de l'Université de Salzbourg, Autriche.

Houthaeve (R.), historien de la Compagnie de Jésus en Belgique, Moorslede, Belgique.

Ingegneri (R.P. G.), OFMCap, Istituto storico dei cappuccini, Rome, Italie.

Jačov (M.), professeur à l'Univertsità del Salento, Lecce, Italie.

Jacquin (F.), histoire religieuse contemporaine, Paris, France.

Januszek-Sieradzka (A.), assistante à l'Université catholique de Lublin, Pologne.

Joassart (R.P. B.), SJ, Société des Bollandistes, Bruxelles, Belgique.

Jürgensmeier (Fr.), professeur à l'Institut für Mainzer Kirchengeschichte, Mayence, Allemagne.

Keygnaert (F.), docteur en histoire, collaborateur scientifique à la Katholieke Universiteit Leuven, Belgique.

Kupper (J.-L.), professeur émérite à l'Université de Liège, Belgique.

Łaszkiewicz (Dr H.), professeur à l'Université catholique de Lublin, Pologne.

Lazcano (R.), Madrid, Espagne.

Lecleir (Chanoine St.), professeur au Grand séminaire de Namur, Belgique.

Legros (A.), Chercheur associé à l'Université François Rabelais de Tours, France.

Lehner (M.), archiviste de l'Österreichische Provinz der Gesellschaft Jesu, Vienne, Autriche.

Lill (R.), professeur émérite de l'Université de Karlsruhe, Allemagne.

Linage Condé (J. A.), Madrid, Espagne.

Llobbet (G. de), professeur émérite d'histoire au Lycée Léonard-Limousin, France.

Louchez (E.), collaborateur scientifique à l'Université catholique de Louvain et à la Katholieke Universiteit Leuven, Belgique.

Macquarrie (A.), University of Strathclyde, Glasgow, Royaume-Uni.

Maraval (P.), professeur émérite à l'Université Paris IV-Sorbonne, France.

† Martina (R.P. G.), SJ, professeur émérite de l'Université grégorienne de Rome, Italie.

Masson (C.), professeure émérite de la Faculté des lettres et sciences humaines de l'Institut catholique de Lille et ancienne conservatrice des archives de l'Université catholique de Lille, France

† Mathon (abbé G.), professeur émérite de l'Institut catholique de Lille, France.

Mattei (P.), Université Lumière Lyon II et Institut Sources chrétiennes (Lyon), France.

McCoog (R.P. Th.), SJ, archiviste, Archivum Romanum Societatis Jesu, Rome, Italie.

Mélard (F.), chercheuse à l'Université catholique de Louvain, Belgique.

† Michiels (Dom G.), OSB, abbaye du Mont-César, Leuven, Belgique.

Mihl (A.), aspirant-chercheur au FWO (Vlaanderen) et collaborateur scientifique à la Katholieke Universiteit Leuven, Belgique.

Minke (A.), directeur honoraire des Archives de l'État, Eupen, Belgique.

† Molien (A.), chanoine honoraire, Amiens, France.

† Montagnes (R.P. B.), OP, Toulouse, France.

Morgain (R.P. St.-M.), OCD, Université de Fribourg, Suisse.

Murray (L.), doctorand à la Katholieke Universiteit Leuven, Belgique.

Neulinger (Th.), Österreichische Provinz der Gesellschaft Jesu Archiv, Vienne, Autriche.

Ossandon (M. E.), professeur à l'Università Pontificia della Santa Croce, Rome, Italie.

Ortner (Fr.), professeur à l'Université de Salzbourg, Autriche.

Pagano (S.), préfet de l'Archivio Segreto Vaticano, Rome, Cité du Vatican.

† Perouas (R.P. L.), SMM, directeur de recherches au CNRS, Université de Limoges, France.

Petit (V.), docteur en histoire, professeur agrégé d'histoire, Besançon, France.

† Platelle (H.), professeur émérite de l'Institut catholique de Lille, France.

LISTE DES COLLABORATEURS DU TOME XXXII

PLONGERON (R.P. B.), directeur de recherche émérite au CNRS et professeur émérite de l'Institut catholique de Paris, France.

PTAK (J.), Université catholique de Lublin, Pologne.

PYCKE (J.), professeur émérite à l'Université catholique de Louvain, Belgique.

RACINE (J.), professeur associé à Université Laval, Québec, Canada.

RACINET (Ph.), professeur à l'Université Picardie Jules Verne, France.

RAPP (F.), professeur émérite à l'université Marc-Bloch, Strasbourg, France.

REQUENA (F.M.), doctorand à l'Università Pontificia della Santa Croce, Rome, Italie.

RIAUD (J.), professeur émérite à l'Université catholique de l'Ouest, Angers, France.

ROSEMANN (P. W.), professeur à l'Université de Dallas, États-Unis.

ROY-LYSANCOURT (Ph.), professeur à l'Université Laval, Québec, Canada.

RUIS JURADO (R.P. M.), SJ, professeur émérite de l'Université Grégorienne, Rome, Italie.

SCAILLET (Th.), archiviste à l'Université catholique de Louvain, Belgique.

SCHATZ (R.P. Kl.), SJ, Philosophisch-Theologische Hochschule Sankt Georgen,Francfort-sur-le-Main, Allemagne.

SCHOCKAERT (R.P. Th.-E.), OSB, Sint-Pietersabdij d'Assebroek (Bruges), Belgique.

SCHOUPPE (R.P. J.-P.), professeur à l'Università Pontificia della Santa Croce, Rome, Italie.

SHELLEY (Mgr Th. J.), professeur émérite à la Fordham University, New York, États-Unis.

SIMONETTA (L.), enseignante, agrégée de philosophie, docteur de l'ENS de Lyon, Paris, France.

SOLVI (D.), professeur à l'Università della Campania Luigi Vanvitelli, Caserta, Italie.

SORREL (Ch.), professeur à l'Université Lumière Lyon 2, France.

SPINELLI (R.P. G.), OSB, Centro benedettino italiano, Césène, Italie.

STELLADORO (M.), professeur émérite à la Scuola vaticana di paleografia diplomatica e archivistica, Rome, Cité du Vatican.

†STIERNON (R.P. D.), AA, professeur émérite de la Pontificia Università Lateranense, Rome, Italie.

TABUTEAU (B.), docteur en histoire, membre du comité scientifique de la Société française d'histoire des hôpitaux, Paris, France.

VALLERY-RADOT (S.), agrégée et docteur en histoire, Université Lumière Lyon 2, France.

†VAN DYCK (Chanoine L. C.), OPraem, abbaye de Tongerlo, Belgique.

VANYSACKER (Dr D.), docteur en histoire, *Revue d'histoire ecclésiastique*, chargé de cours à la Katholieke Universiteit Leuven, Belgique.

†VIEIRA (R.P. G.), CSSp, Archives générales des Pères du Saint-Esprit, Chevilly-Larue, France.

VERPEAUX (N), professeur à l'Université de Namur, Belgique.

VILADESAU (R.P. R.), professeur émérite à la Fordham University, New York, États-Unis.

VILARDI (R.P. S.), OFM, Couvent de Santa-Chiara, Naples, Italie.

†WEISS (O.), ancien archiviste de la Maison généralice des rédemptoristes, Vienne, Autriche.

WHITEHEAD (M.), professeur émérite à la Swansea University, Royaume-Uni.

WILKIN (A.), chercheur qualifié du Fonds national de la recherche scientifique (FNRS), Université libre de Bruxelles, Belgique.

YANTE (J.-M.), professeur émérite à l'Université catholique de Louvain, Belgique.

ZARAGOZA[-PASCUAL] (R.P. E.), OSB, Sant Feliu de Guixols, Espagne.

Ce tome XXXII contient les fascicules :

186, 3e trim. 2015
187, 3e trim. 2016
188-189a, 2e trim. 2017
189b-190, 2e trim. 2018
191, 1er trim. 2019

ISBN 978-2-503-56621-4 tome XXXII

© 2019, Brepols Publishers n.v., Turnhout, Belgium.
All rights reserved. No part of this publication may be reproduced, stored in a retrieval system,
or transmitted, in any form or by any means, electronic, mechanical, photocopying, recording,
or otherwise without the prior permission of the publisher.

Printed in the EU on acid-free paper.
D/2019/0095/58